ADMINISTRAÇÃO
DE VENDAS

ADMINISTRAÇÃO DE VENDAS

MARCOS COBRA

QUINTA EDIÇÃO

SÃO PAULO
EDITORA ATLAS S.A. – 2014

© 1981 by Editora Atlas S.A.

1. ed. 1981; 2. ed. 1984; 3. ed. 1986; 4. ed. 1994; 5. ed. 2014

Capa: Leonardo Hermano
Composição: Formato Serviços de Editoração Ltda.

Dados Internacionais de Catalogação na Publicação (CIP)
(Câmara Brasileira do Livro, SP, Brasil)

Cobra, Marcos
Administração de vendas / Marcos Cobra. – 5. ed. –
São Paulo: Atlas, 2014.

Bibliografia.
ISBN 978-85-224-8471-3
ISBN 978-85-224-8472-0 (PDF)

1. Administração de vendas 2. Administração de vendas – Problemas e exercícios etc. I. Título.

94-0836
CDD-658.81

Índices para catálogo sistemático:

1. Administração de vendas 658.81
2. Gerência de vendas : Administração mercadológica 658.81
3. Vendas : Administração 658.81

TODOS OS DIREITOS RESERVADOS – É proibida a reprodução total ou parcial, de qualquer forma ou por qualquer meio. A violação dos direitos de autor (Lei nº 9.610/98) é crime estabelecido pelo artigo 184 do Código Penal.

Depósito legal na Biblioteca Nacional conforme Lei nº 10.994, de 14 de dezembro de 2004.

Impresso no Brasil/*Printed in Brazil*

Editora Atlas S.A.
Rua Conselheiro Nébias, 1384
Campos Elísios
01203 904 São Paulo SP
011 3357 9144
atlas.com.br

Para
meus pais
e meus filhos Gustavo Henrique e
Isabela Teresa.

In Memoriam
Tio Itagiba Nogueira Cobra,
um grande homem de vendas.

SUMÁRIO

Prefácio, xix

PARTE I – A VENDA NA NOVA ECONOMIA DE MERCADO, 1

1   UMA VISÃO CONTEMPORÂNEA DA ÁREA DE VENDAS NO
    MARKETING, 3
    1.1   Desafios e oportunidades em marketing na nova economia, 11
    1.2   O sistema de marketing: Os 4 Ps, 20
    1.3   O sistema de marketing: os 4 Cs, 20
    1.4   O sistema de marketing: os 4 Es, 21
    Sumário, 22
    Palavras-chave, 23
    Questões, 23
    Pontos de ação, 23
    Bibliografia, 23

2   UMA REFLEXÃO ACERCA DO PAPEL DO VENDEDOR, 24
    2.1   Evolução histórica da venda pessoal, 24
    2.2   Era da revolução industrial, 25
    2.3   Era pós-revolução industrial, 25
    2.4   Era das grandes guerras e da depressão, 26
    2.5   Profissionalismo: a era moderna, 26
    2.6   Vendas 3.0, 26
    2.7   A contínua evolução da venda pessoal, 27
        2.7.1   Evolução: reflexões, 28

VIII   ADMINISTRAÇÃO DE VENDAS • COBRA

2.8   Contribuição da venda pessoal, 28

2.9   O vendedor e a sociedade, 28

2.10   A venda como desencadeadora da economia, 29

2.11   O vendedor e a difusão de inovações, 29

2.12   O vendedor como gerador de receita, 29

2.13   O vendedor como pesquisador de mercado, 30

2.14   O vendedor como gestor de seu território de vendas, 30

2.15   O vendedor e o cliente, 30

2.16   O vendedor e a Internet, 31

2.17   Classificação do tipo de abordagem de vendas, 31

     2.17.1   A venda estímulo-resposta, 31

     2.17.2   A venda estado mental, 32

     2.17.3   A venda de satisfação de necessidades e realização de desejos, 32

     2.17.4   A venda de desejos explícitos e ocultos, 32

2.18   O vendedor deve ser metacompetente, 33

     2.18.1   O vendedor: um educador, 34

     2.18.2   O vendedor: um líder, 34

     2.18.3   O vendedor prestador de serviços, 34

Sumário, 34

Palavras-chave, 35

Questões, 35

Pontos de ação, 36

Bibliografia, 36

PARTE II – ESTRATÉGIAS DE MARKETING E VENDA PESSOAL, 37

3   PLANEJAMENTO ESTRATÉGICO EM VENDAS, 39

3.1   Teoria do caos e o planejamento estratégico, 51

     3.1.1   Análise da situação de mercado: o papel do vendedor na coleta e análise das informações de Marketing, 52

     3.1.2   A informação obtida pelo neuromarketing e pela neuroeconomia, 55

3.2   O que deve conter o plano de marketing, 60

Sumário, 65

Palavras-chave, 65

Questões, 65

Pontos de ação, 66

Bibliografia, 66

SUMÁRIO IX

4 EVOLUÇÃO DAS ESTRATÉGIAS DE MARKETING E A ATUAÇÃO DO
   VENDEDOR, 67

Sumário, 69

Palavras-chave, 70

Questões, 70

Pontos de ação, 70

Bibliografia, 71

PARTE III – AÇÕES ESTRATÉGICAS EM VENDAS, 73

5 A VENDA POR MEIO DO MARKETING DIGITAL, 75

5.1   Introdução, 75

5.2   As estratégias de vendas na internet e o papel das redes sociais, 77

Sumário, 81

Questões, 81

Pontos de ação, 81

Bibliografia, 82

6 VENDA MAIS, 84

6.1   O vendedor e o *design thinking*, 87

Sumário, 87

Palavras-chave, 88

Questões, 88

Pontos de ação, 88

Bibliografia, 88

7 ESTRATÉGIAS DE PREÇO, 89

7.1   Preço, 89

7.1.1   O preço e o composto de marketing, 89

7.1.2   A formação de preço, 90

7.1.3   Fatores determinantes do preço, 91

Sumário, 92

Palavras-chave, 92

Questões, 92

Pontos de ação, 92

Bibliografia, 93

PARTE IV – GESTÃO DE INTELIGÊNCIA DE MERCADO, 95

8 AVALIAÇÃO DAS OPORTUNIDADES DE MERCADO: POTENCIAL E DEMANDA DE MERCADO, 97

8.1 Introdução, 97

8.2 Avaliação das oportunidades de mercado, 98

8.2.1 A busca primária, 98

8.2.2 A demanda primária potencial, 98

8.2.3 Curvas de demanda agregada, 99

8.2.4 Demanda de mercado, 100

8.2.5 Demanda da empresa, 102

8.2.6 Exemplo de demanda de mercado, 102

8.2.7 A estratégia de vendas e a curva de demanda, 103

Sumário, 104

Palavras-chave, 104

Questões, 104

Pontos de ação, 105

Bibliografia, 105

9 MÉTODOS DE PREVISÃO DE VENDAS, 106

9.1 Diferenças entre previsão de vendas e orçamento de vendas, 106

9.2 Caracterização do orçamento, 107

9.3 Natureza e importância da previsão de vendas, 108

9.4 Fatores que influenciam o provável volume de vendas, 108

9.5 Passos básicos para uma previsão sistemática de vendas, 110

9.6 Métodos de previsão de vendas, 112

9.6.1 Métodos não científicos, 114

9.6.2 Métodos matemáticos, 115

Sumário, 136

Palavras-chave, 136

Questões, 136

Pontos de ação, 137

Bibliografia, 137

10 CRITÉRIOS DE SEGMENTAÇÃO DE MERCADO, 138

10.1 A importância da segmentação de mercado para a administração da força de vendas, 138

10.2 O conceito de segmentação de mercado, 139

10.3 Critérios para a segmentação de mercado, 141

10.4 Requisitos para a segmentação de mercado, 146

10.5 A segmentação com base no benefício do produto ou serviço, 151

Sumário, 152

Palavras-chave, 153

Questões, 153

Pontos de ação, 153

Bibliografia, 154

11 SELEÇÃO DE CANAIS DE MARKETING E LOGÍSTICA, 155

11.1 Fatores importantes na seleção dos canais de marketing, 155

11.2 Tipos de cobertura de mercado, 155

11.3 Seleção do tipo de canais de marketing, 156

11.4 Formulação da estratégia de canais de marketing, 158

11.5 Logística, 162

11.6 Técnicas para análise de sistemas de logística, 163

11.7 Estudo de localização de filiais de vendas com depósitos, 165

11.8 *Grid* para a localização de fábrica ou depósito – com base em recursos disponíveis e mercados existentes, 168

11.9 Áreas de mercado para três empresas com igual custo de produção e de transporte, 171

11.10 Áreas de mercado para três empresas com custos desiguais de produção e de transporte, 172

Sumário, 173

Palavras-chave, 173

Questões, 173

Pontos de ação, 173

Bibliografia, 174

PARTE V – ORGANIZAÇÃO DO ESFORÇO DE VENDAS, 175

12 ZONEAMENTO DE VENDAS, 177

12.1 Vantagens do zoneamento de vendas, 179

12.2 Desvantagens do zoneamento de vendas, 180

12.3 Critérios para o zoneamento de vendas, 181

    12.3.1 Agrupamento de clientes, 181

    12.3.2 Análise das bases para o estabelecimento dos limites dos territórios, 182

        12.3.2.1 Limites geográficos: bases para o zoneamento de vendas, 182

XII   Administração de Vendas • Cobra

12.3.2.2   Centros polarizadores: base para o zoneamento de venda, 183

12.3.3   Zoneamento de vendas com base no potencial de mercado e na carga de visitação, 191

12.3.4   Análise das cargas de visitação, 191

12.3.4.1   Fatores de influência, 191

12.3.4.2   Segunda análise de cargas de visitação, 194

12.3.5   Roteiro de visitação por vendedor, 196

12.4   Zoneamento de vendas – erros frequentes, 196

12.5   Fatores importantes para modificar ou reestruturar zonas de vendas, 198

Sumário, 200

Palavras-chave, 200

Questões, 200

Pontos de ação, 201

Bibliografia, 201

13   ESTRUTURAÇÃO DA FORÇA DE VENDAS, 202

13.1   Que tipo de força de vendas adotar?, 202

13.1.1   Estrutura da força de vendas, 203

13.1.2   Classificação dos tipos de força de vendas, 204

13.1.3   Estudo da estrutura da força de vendas, 206

13.2   Determinação do tamanho da força de vendas, 206

13.2.1   Considerações gerais, 206

13.3   Métodos de cálculo do número ótimo de vendedores, 208

13.3.1   Método da carga de visitação, 208

13.3.2   Método do tempo de duração de uma visita, 210

13.3.3   Método derivado da carga de visitação, 211

13.3.4   Método do potencial de vendas, 212

13.3.5   Método da previsão de vendas correlacionada com o ganho médio do vendedor e com o custo médio da equipe de vendas, 213

13.3.6   Método incremental baseado no método de Potencial de Mercado de Semlow, 214

Sumário, 215

Palavras-chave, 216

Questões, 216

Pontos de ação, 216

Exercício, 216

Bibliografia, 217

SUMÁRIO XIII

14 VAREJO VIRTUAL E O PAPEL DA VENDA PESSOAL, 218

    14.1 Comércio eletrônico, 218

        14.1.1 O valor do comércio eletrônico, 219

        14.1.2 Desafios do comércio eletrônico, 220

    14.2 A compra por impulso em ambientes *on-line*, 226

    Sumário, 235

    Palavras-chave, 235

    Questões, 236

    Pontos de ação, 236

    Bibliografia, 236

15 GESTÃO DE ADMINISTRAÇÃO DE VENDAS E SERVIÇOS DE PÓS-VENDA, 238

    15.1 A administração de vendas e a Internet, 238

        15.1.1 A ficha de cadastro do cliente para fins de concessão ou ampliação de crédito, 241

        15.1.2 Emissão, 244

        15.1.3 O formulário de pedido, 245

        15.1.4 Ficha-cliente, 245

        15.1.5 Mapa de vendas, 247

        15.1.6 Relatório de visitas do vendedor, 249

        15.1.7 Mapa estatístico de visitas, 249

        15.1.8 Curva ABC de clientes, 251

        15.1.9 Relatório de despesas do vendedor, 253

    15.2 Manual do vendedor, 256

    15.3 Manual da administração de vendas, 256

    Sumário, 259

    Palavras-chave, 259

    Questões, 259

    Pontos de ação, 260

    Bibliografia, 260

16 PROGRAMAS DE RELACIONAMENTO E FIDELIZAÇÃO DE CLIENTES, 261

    16.1 Como atrair e reter clientes, 261

        16.1.1 Premiação lenta, 262

        16.1.2 Critérios de recompensa equivocados, 262

        16.1.3 Rebaixamento pode destruir o relacionamento, 262

        16.1.4 Quando ser infiel é melhor, 262

XIV Administração de Vendas • Cobra

16.1.5 Recompensas no topo são exageradas, 263

16.1.6 Recompensas na base da pirâmide são pouco estimulantes, 263

16.1.7 Atendimento precário, 263

16.1.8 Serviço pós-venda, 263

Sumário, 264

Palavras-chave, 265

Questões, 265

Pontos de ação, 265

Bibliografia, 265

17 GESTÃO DE VENDAS, 266

17.1 O papel do vendedor – evolução histórica, 266

17.1.1 Fatores que afetam o desempenho do vendedor, 273

17.1.2 Descrição de cargo, 274

17.1.3 O título da função, 274

17.1.4 Objetivos principais e subsidiários, 274

17.1.5 Responsabilidades e deveres, 275

17.1.6 Indicadores de desempenho, 275

17.1.7 A remuneração, 275

17.1.8 O perfil do vendedor, 275

17.2 O papel do supervisor de vendas, 277

17.2.1 O supervisor de vendas e o seu lugar na organização, 283

17.2.2 Responsabilidades gerenciais básicas do supervisor de vendas, 285

17.2.3 O papel de treinamento e de desenvolvimento de vendedores, 285

17.2.4 Supervisão de vendas, 288

17.3 O papel do gerente de vendas, 288

17.3.1 O gerente de vendas como decisor, 289

17.3.2 O gerente de vendas como um homem de marketing, 290

17.3.3 As responsabilidades financeiras do gerente de vendas, 291

17.3.4 Descrição de cargo, funções e responsabilidades, 292

17.3.4.1 Gerente de vendas, 292

17.3.4.2 Gerente administrativo de vendas, 294

17.4 Telemarketing como uma ferramenta promocional, 297

17.5 O telefone pode ser usado como uma arma na negociação de vendas?, 298

17.6 As redes sociais em apoio a vendas, 302

Sumário, 303

Palavras-chave, 303

Questões, 303

Pontos de ação, 304
Bibliografia, 304

18 GESTÃO DE COMPETÊNCIAS, 305

18.1 Reflexões acerca do significado da venda, 305

18.2 Gestão de competências, 306

Sumário, 315

Palavras-chave, 315

Questões, 316

Pontos de ação, 316

Bibliografia, 316

19 TREINAMENTO DE VENDAS, 317

19.1 Os requisitos básicos para o sucesso em vendas, 317

19.2 Treinamento: pontos importantes, 320

19.3 Como treinar novos vendedores, 323

19.4 Treinamento de campo: métodos e técnicas para o supervisor de vendas como treinador, 323

19.5 Levantamento de necessidades de treinamento, 327

19.6 Métodos de treinamento, 329

19.7 Passos básicos de venda persuasiva, 346

19.8 Técnicas de negociação em vendas, 350

Sumário, 352

Palavras-chave, 352

Questões, 352

Pontos de ação, 353

Bibliografia, 353

20 SISTEMAS DE REMUNERAÇÃO DE VENDEDORES, 355

20.1 Considerações iniciais, 355

20.2 Os objetivos da empresa e o sistema de remuneração de vendedores, 356

    20.2.1 Objetivos do sistema de remuneração de vendedores, 360

20.3 O papel do marketing, 362

20.4 Tipos de sistemas de remuneração, 362

    20.4.1 Componentes da remuneração do vendedor, 362

20.5 Avaliação das vantagens e desvantagens de alguns sistemas de incentivos de vendas, 368

20.6 Sistemas de remuneração mais utilizados no Brasil, 373

20.7 Formulação do plano de incentivos, 376

XVI Administração de Vendas • Cobra

20.7.1 *Check-list*, 376

20.7.2 Análise básica para montagem de um sistema de remuneração, 377

20.7.3 Passos básicos para estabelecimento de um sistema de incentivos, 378

20.8 Desenvolvimento do plano de remuneração, 383

20.8.1 Estabelecimento de objetivos, 384

20.8.2 Determinação do nível salarial para vendedores, 384

20.8.3 Determinação da parcela do salário fixo, 385

20.8.4 Estabelecimento de critérios de medidas, 385

20.8.5 Escopo e objetivos da empresa, 386

20.8.6 Avaliação das oportunidades de mercado e seleção dos tipos de estratégias, 387

20.8.7 Escolha da melhor estratégia, 388

20.9 Aspectos legais de remuneração de vendedores, 398

20.9.1 A transação comercial, 399

20.9.2 Remuneração de vendedores, 399

Sumário, 403

Palavras-chave, 404

Questões, 404

Pontos de ação, 404

Bibliografia, 405

PARTE VI – CONTROLE DE GESTÃO DE VENDAS, 407

21 O CONTROLE DE QUALIDADE DA VENDA, 409

21.1 A busca obsessiva da qualidade, 410

21.2 A abordagem científica, 410

21.3 O espírito de equipe, 411

21.4 Objetivos da qualidade em vendas, 411

21.5 Os 14 pontos de Deming aplicados à qualidade em vendas, 412

21.6 Objetivos da qualidade de serviços ao cliente, 414

21.7 Roteiro para a implantação de um programa de qualidade de serviços ao cliente, 415

Sumário, 416

Palavras-chave, 417

Questões, 417

Pontos de ação, 418

Bibliografia, 418

22 CONTROLE DE VENDAS, 419

22.1 O esforço de marketing e o vendedor, 419

22.2 Controle de vendas, 420

    22.2.1 Vantagens do controle baseado em resultados, 422

    22.2.2 Desvantagens do controle baseado em resultados, 422

    22.2.3 Controle baseado em comportamento, 423

    22.2.4 Vantagens do controle baseado em comportamento, 424

    22.2.5 Desvantagens do controle baseado em comportamento, 424

    22.2.6 Outros aspectos importantes dos controles baseados em resultados e comportamentos, 425

22.3 Distribuição de contas, 426

    22.3.1 Controle do esforço de vendas: quotas de vendas, 427

    22.3.2 Controle baseado em custos de vendas, 428

22.4 As ferramentas de controle de vendas, 428

22.5 O controle de vendas: vendedores e administração de vendas, 430

Sumário, 431

Palavras-chave, 431

Questões, 431

Pontos de ação, 432

Bibliografia, 432

PREFÁCIO

A venda é uma atividade que permeia o ser humano por toda a sua existência.

Compramos e vendemos produtos e ideias todos os dias e a qualquer hora.

Embora seja uma atividade tão comum, ainda assim algumas pessoas veem na venda um mito, algo incomum para ser exercido e muitas vezes vista com certo desdém, do tipo: "coitado do Pedrinho, não deu para ser nada na vida, foi ser vendedor"... Como se o ato de vender não tivesse todo o significado e importância que tem. Cristo, Hitler e diversos pensadores e escritores para ir de um extremo a outro foram grandes vendedores.

Ao contrário do que se possa supor, vender não é fácil, pois exige bons conhecimentos, muito discernimento e habilidades, e sobretudo uma atitude muito positiva.

Em outras palavras, vender exige competências indispensáveis para trazer bons resultados por meio de satisfações recíprocas a quem compra e a quem vende.

Enfim, vender e administrar a venda são tarefas distintas mas igualmente importantes tratadas neste livro.

Com os novos desafios da venda pela Internet, o vendedor precisa se reinventar.

Os clientes estão mais bem informados do que nunca, e o vendedor é quase sempre visto como uma ameaça ao bolso.

A venda está cada vez mais integrada ao marketing das organizações, desempenhando um papel estratégico.

Por isso é preciso organizar os vendedores de uma empresa para atuarem com um braço do marketing.

Planejar, organizar, dirigir e controlar o esforço de vendas exige critérios, bom senso de estrategistas competentes e diferenciados e, mais do que isso, exige conhecimento.

Como o prazo de validade do conhecimento está cada vez menor, é preciso investir em educação para desenvolver novos métodos para atrair, reter e manter clientes fiéis.

Ser vendedor diante de tantos desafios é um sacerdócio de privilegiados profissionais que acreditam e gostam do que fazem.

A VENDA NA NOVA ECONOMIA DE MERCADO

PARTE I

1

UMA VISÃO CONTEMPORÂNEA DA ÁREA DE VENDAS NO MARKETING

Pressupõe-se que as relações humanas sempre foram permeadas por ações mercadológicas. Alguns autores, baseados na ideia de intercâmbio, afirmam que o Marketing é tão antigo quanto a própria humanidade, "teria surgido mesmo no paraíso com Adão e Eva, e nessa circunstância a cobra teria sido a primeira e persuasiva mídia".

O primeiro curso universitário sobre comercialização de produtos surgiu na Alemanha em 1898. Nos Estados Unidos, o conceito de marketing foi introduzido para explicar as relações de distribuição e vendas pela Universidade de Michigan, em 1902, e depois em 1905, na Universidade da Pennsylvania, para explicar o conceito de Marketing de Produtos. E praticamente a cada ano surgem novas definições para explicar as ações de Marketing, as atividades de pesquisa de mercado, distribuição, promoção de vendas, propaganda e preço, entre outras atividades de cunho mercadológico, visando agregar valor para o comprador.

O Marketing envolve a identificação e a satisfação de necessidades humanas e sociais e visa ainda a realização de desejos explícitos e ocultos.

Mas afinal onde está o Marketing? Ele está em toda parte. Formal ou informalmente, pessoas e organizações envolvem-se em um grande número de atividades que poderiam ser chamadas de Marketing. Ele está em tudo o que fazemos, das roupas que vestimos aos *sites* que clicamos, passando pelos anúncios que vemos. Até mesmo em uma simples barraca de água de coco, ou de "churrasquinho de gato"...

O Marketing é uma função organizacional e um conjunto de processos que envolvem a criação, a comunicação e a entrega de valor para os clientes, bem como a administração do relacionamento com eles, de modo que beneficie a organização e o seu público interessado. É levar produtos e serviços certos para as pessoas certas nos locais adequados e no tempo preciso, adotando as comunicações e ferramentas de promoção corretas.

Marketing

Um sistema de atividades empresariais direcionado a planificar, fixar preços, promover e distribuir produtos e serviços que satisfaçam as necessidades dos consumidores atuais ou potenciais.

(Stanton, 1969)

Origem do Conceito

- 1902 – Universidade de Michigan: "Indústria distributiva e reguladora nos EUA" (D. G. Jones)
- 1905 – Universidade da Pennsylvania: "Marketing de Produtos"

Marcos do Marketing Moderno

- Composto de marketing
- Ciclo de vida do produto
- Imagem de marca
- Segmentação de mercado
- Auditoria de mercado
- Comportamento do consumidor
- Marketing de guerra
- *Networking*/Viral/Holístico/Lateral/Experiencial/Redes sociais

Tipos de Marketing Especiais

- Marketing direto
- Social
- Relacionamento
- *Affiliate* marketing
- De cooperação
- *Non profit* marketing
- Global
- *On-line*
- Pessoal
- Permissão
- Geográfico
- Verde
- Baixa renda
- Luxo
- *Piggyback*
- Interno
- Político
- Reverso

Um produto ou serviço é algo que pode ser oferecido para satisfazer uma necessidade ou desejo. Necessidade humana é um estado de privação de alguma satisfação básica, segundo a hierarquia de necessidades de Abraham Maslow. Na base da pirâmide estão as necessidades fisiológicas básicas, em ascensão surgem as necessidades de segurança, sociais, autoestima e, por fim, no cume da pirâmide, a autorrealização. Sendo de se observar que as necessidades tornam-se desejos quando direcionadas a objetos específicos que possam satisfazê-la. A demanda de um produto é decorrente de desejos das pessoas apoiados pela capacidade de comprá-los.

Mas o que é o marketing?

E PARA QUE SERVE?

Marketing é uma expressão anglo-saxônica derivada da palavra *mercari,* do latim, que significa comércio, ou ato de mercar, comercializar ou transacionar.

Mas para muitas pessoas marketing é propaganda. E para outras, ainda, tem o mesmo significado de pesquisa de mercado ou promoção de vendas ou de vendas, simplesmente.

No entanto, segundo alguns autores, como Peter Drucker,[1] o marketing deve ser encarado como uma fórmula de tornar o ato de vender supérfluo. O objetivo é conhecer e entender o consumidor tão bem que o produto ou serviço seja vendido por si só.

Para Philip Kotler, marketing é uma atividade humana dirigida a satisfazer necessidades e desejos através do processo de trocas.

Evolução das definições de marketing

Ao longo dos anos, as definições de marketing foram evoluindo do objetivo de maximizar o consumo até, o atual, o de maximizar a qualidade de vida e proporcionar emoções inusitadas. Vejamos, então:

Maximização do consumo

O objetivo do marketing seria estimular a demanda de produtos ou serviços estimulando o consumo.

Maximização de satisfação do consumidor

Outro enfoque seria o da maximização da satisfação do consumidor pela produção e venda de produtos que atendessem a esta premissa.

Maximização da escolha

Alguns mercadólogos acreditavam que o objetivo do marketing era maximizar a variedade de produtos e, portanto, de escolha do consumidor.

Maximização da qualidade de vida e emoções

Muitas pessoas, lembra Philip Kotler,[2] acreditam que o objetivo do sistema de marketing seria proporcionar a melhoria de qualidade de vida, oferecendo produtos ou serviços que efetivamente atendam às necessidades e aos desejos latentes (acrescentaríamos).

Com a evolução das relações ambientais e sociais, o marketing ganha terreno, saindo da área exclusiva das trocas lucrativas e conquistando espaços antes não imaginados.

Com a evolução do sentido dos negócios, também houve uma evolução do próprio conceito das trocas.

Assim, o marketing evolui da troca para a transação e relacionamento. Vejamos cada uma dessas definições:

---

[1] DRUCKER, Peter. *Management: tasks, responsabilities, practices*. New York: Harper & Row, 1973. p. 64-65.

[2] KOTLER, Philip. *Marketing essentials*. Englewood Cliffs, New Jersey: Prentice Hall, 1984. p. 2.

O marketing, hoje, é adotado quer por instituições lucrativas, quer por não lucrativas. E, em sentido amplo, procura estudar os fenômenos que ocorrem no intercâmbio de valores sociais, morais ou políticos, onde ele é utilizado para vender ideias ou propósitos que proporcionem bem-estar à comunidade.

As palavras-chave dessa definição são: necessidades, desejos, trocas, transações, relacionamento, e estão subentendidas demanda, produtos e mercados.

Necessidades

A hierarquia de necessidades humanas é descrita por Maslow como necessidades que as pessoas têm: fisiológicas (como sede, fome, sexo), de segurança (sentirem-se seguras, salvas), sociais (o desejo de pertencer, de receber atenção ou serem aceitas pelos grupos de companheiros), estima (autorrespeito, autoconfiança, realização e reconhecimento), autorrealização (autodesenvolvimento e possibilidade de realização).

Desejos

Os **desejos humanos,** lembra Kotler, são uma forma de necessidade influenciada pela cultura e individualidade da pessoa.

Troca

O marketing ocorre quando as pessoas decidem satisfazer necessidades e desejos através da troca. E a troca é entendida como o ato de obter o objeto desejado de alguém através do oferecimento de algo em retribuição.

A troca é um processo de criação de valor.

Transação

Consiste em uma negociação de valores entre duas partes. Por outro lado, pode-se entender:

> Demanda: como as pessoas têm desejos ilimitados, mas recursos limitados, elas escolhem aqueles produtos que proporcionem a satisfação máxima, por seu dinheiro.

> Produto: é algo que pode ser oferecido a um mercado para atenção, aquisição, uso ou consumo que possa satisfazer um desejo ou necessidade.

> Mercado: é o local onde estão situados os consumidores atuais e os compradores potenciais de um produto ou serviço.

Na **transferência**, não há contrapartida pela posse do bem.

Relacionamento é a construção de laços de confiança entre as partes envolvidas em uma troca ou transação de forma que estas perdurem ao longo do tempo.

Dessa maneira, o papel do vendedor é intermediar os processos de troca, transação e transferências e criar uma rede de relacionamento com clientes e possíveis clientes – *prospects*. Para que a oferta de bens seja sempre bem-sucedida, proporcionando valor e satisfação para o cliente. O valor reflete os benefícios e os custos tangíveis e intangíveis percebidos pelo cliente, na compra de um bem. Por outro lado, a satisfação reflete os julgamentos comparativos do cliente em relação ao desempenho do bem adquirido.

E consiste em obter uma continuidade de compra pelo cliente. Administrar a relação com o cliente é a mais importante ferramenta de vendas CRM – *Costumer Relation Management*. Mais importante do que obter uma venda e conseguir a habitualidade de compra do cliente. Um comprador só pode ser chamado de cliente pela frequência em que ele repete a compra. Ou seja, uma única compra não caracteriza o comprador como cliente.

Experiências

"Sempre que um cliente compra um produto ou serviço de uma empresa terá uma experiência – boa, má ou indiferente. Por isso a questão que se coloca é quão efetivamente a empresa gerencia a experiência. Os melhores resultados serão os que combinarem os benefícios funcionais e emocionais em suas ofertas criando laços efetivos com os clientes que os concorrentes terão dificuldades para cortar. A gestão de experiências pode gerar fidelização. Ao contrário de muitos produtos ou serviços, a natureza holística destes projetos experienciais é muito mais difícil para os concorrentes copiarem..." (Berry)

Em síntese, para cada função (troca, transação, transferência e relacionamento), existe uma respectiva definição de Marketing e um correspondente papel do vendedor, senão vejamos:

Quadro 1.1 *Evolução do marketing e papel da força de vendas.*

	Troca	Transação	Transferência	Relacionamento
Definição de Marketing	Criação de valor	Troca de valores	Da posse do bem	Construção de laços de confiança
Papel da força de vendas	Intermediação: comprador e empresa	Intermediação	Intermediação	Criar uma rede de clientes frequentes e fidelizados

Fonte: O Autor.

Hoje o marketing evolui da transação para o relacionamento, e agora busca proporcionar experiências que atendam a desejos explícitos e ocultos dos consumidores.

Quadro 1.2 *Evolução das definições de marketing.*

	American Marketing Association	McCarthy	Peter Drucker	American Marketing Association
Definições de Marketing	Atividades que dirigem o fluxo de bens e serviços – 1960	Atividades que dirigem o fluxo de bens para satisfazer necessidades do cliente e os objetivos da empresa – 1964	Entender tão bem o cliente que o produto ou serviço se ajuste a ele e se venda sozinho – 1973	Função organizacional para criar, comunicar e entregar valor para os clientes, com benefícios mútuos – 2004
Papel da força de vendas	Elo entre o produtor e o cliente	Identificar necessidades do cliente	Promover o produto	Administrar o relacionamento com clientes

Fonte: Adaptado pelo Autor.

Em síntese, a atividade de vendas deve agregar valor para o cliente e para a sua empresa, administrando o relacionamento entre eles.

Em resumo, desde a sua primeira concepção o Marketing viveu diversas ondas, começando com a era do produto, do serviço, da experiência e, atualmente, das emoções, visando identificar as necessidades e os desejos explícitos e ocultos dos consumidores.

A evolução do Marketing: as ondas do negócio

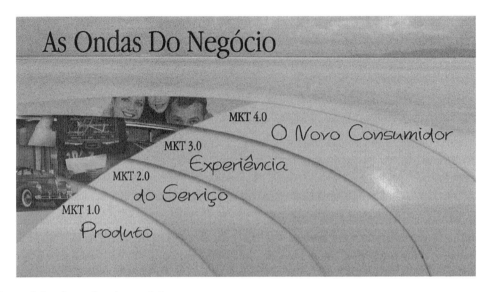

Figura 1.1 *As ondas do negócio.*

A 1ª onda. O Marketing foi desenvolvido inicialmente baseado nas teorias de McCarthy e tinha foco no produto – Marketing 1.0.

O conceito de produção

Como decorrência da evolução natural da Revolução Industrial, as empresas concentraram seus esforços e recursos na produção.

"Qualquer pessoa pode comprar qualquer carro, contanto que seja o modelo **T** na cor preta", dizia Henry Ford. Era a época em que tudo que se produzia se vendia. O mercado era do vendedor. Havia a soberania do produtor, segundo Galbraith.[3]

O conceito de produto

O produto passou durante um período a ser objetivo básico da empresa. A ideia era de que os consumidores valorizariam mais os produtos de melhor qualidade e desempenho do que qualquer outra coisa.

Era a soberania do produto, que levava à miopia de marketing a que se referiu Theodore Levitt em 1960. "O produto era tão bom que seria capaz de suprir todas as necessidades dos clientes."

A 2ª onda. O marketing privilegiou a conquista de clientes, pela anexação de serviços.

O conceito da venda

O enfoque passou a ser centrado no esforço de vendas. Os lucros seriam decorrência do volume de vendas alcançado.

O conceito de serviços

O sucesso da organização depende de metas determinadas para satisfazer necessidades e desejos dos mercados-alvo, mais eficazmente que a concorrência.

O objetivo é a satisfação do cliente, e o lucro é decorrente de serviços de qualidade que encantem e surpreendam o cliente.

A 3ª onda. O foco passou a ser a experiência vinculada a produtos ou serviços.

A gestão de experiências pode gerar fidelização. Ao contrário de muitos produtos ou serviços, a natureza holística desses projetos e a experiência conduz o cliente a momentos de forma inesquecível.

---

[3] GALBRAITH, John K. *The new industrial state*. Boston: Houghton Mifflin, 1967.

4ª onda. A emoção e a humanização.

Da satisfação de necessidades dos clientes, o marketing migrou para a busca de realização de desejos explícitos e mesmo ocultos. Incorporando o uso da neurociência para, por meio da tomografia cerebral e outros recursos, identificar o que se passa no cérebro das pessoas, antes, durante e após a compra, como elas reagem aos impactos da propaganda e do preço e outros apelos emocionais.

As rápidas transformações de Mercado, influenciadas por uma economia mundial, movida a vasos comunicantes, afetam ao mesmo tempo diversas regiões do globo, variando apenas a sua intensidade. E as ações de Marketing permeiam as relações humanas.

Frente a novos e frequentes desafios as empresas precisam se precaver das oscilações da economia mundial e regional, por meio de instrumentos consistentes de planejamento e estratégias calcadas solidamente em metas e objetivos. Sem esforços vitais, afirmam O. C. Ferrell e Michael D. Hartline,[4] as organizações não sobrevivem.

Empresas calcadas em estratégias de inovação de produto, como Apple e a Dell, viram seus mercados se ampliar nos últimos anos, mas não podem descuidar frente às coreanas Samsung e LG.

O grupo Ambev não para de crescer, sobretudo em novos segmentos, como alimentos, na cadeia de hambúrgueres da Burger King e os *ketchups* e mostardas da famosa norte-americana Heinz.

As estratégias de inovação e aquisição são apenas alguns exemplos da acirrada luta para a sobrevivência no Mercado.

Formuladas as ações estratégicas, os objetivos só serão alcançados se as metas da empresa forem consistentes com os recursos alocados, financeiros, tecnológicos e humanos.

A empresa que busca o crescimento com base na diferenciação no Mercado precisa investir fortemente em competências gerenciais em vendas.

As grandes ações estratégicas ainda precisam ser amparadas por ações táticas de campo. A Ambev não teria se tornado uma das principais cervejarias do mundo e disputado o primeiro lugar como maior empresa brasileira sem a ação destemida e aguerrida de sua força de vendas no Ponto de Venda (PDV).

A capacidade de reunir um vasto repertório de informações de Mercado em poder de Mercado é, sem dúvida, um assunto que exige sensibilidade, disciplina e capacidade de análise. Os grandes estrategistas são, normalmente, pessoas de acurada sensibilidade e visão.

Os vendedores de qualquer empresa são os que mais se relacionam no Mercado com clientes, concorrência e fornecedores. Portanto, são eles os primeiros a emitir

---

[4] *Estratégias de marketing*. São Paulo: Thomson, 2005.

sinais de um Mercado. Prescindir do trabalho do vendedor no planejamento e na formulação estratégica, além de miopia, pode ser uma ação de risco.

1.1 DESAFIOS E OPORTUNIDADES EM MARKETING NA NOVA ECONOMIA

As oscilações das bolhas de consumo, muitas vezes, tornam a ação de marketing especulativa ou apenas na base da tentativa e erro. Para evitar a imprevisibilidade nas decisões de Marketing, é preciso reconhecer que hoje o poder não está mais nas mãos do produtor, mas sim nas mãos do consumidor.

É preciso competência em Marketing. É necessário muitas vezes reinventar o marketing por meio de competências diferenciadas. O saber pensar exige competências cognitivas que, associadas às habilidades, permitem ao profissional de marketing e de vendas um trabalho e pensamento organizado. É um raciocínio metacognitivo tanto social como de comunicação e expressão. Em síntese, o profissional de vendas deve aprender a pensar e usar suas habilidades de forma organizada, objetivando comunicações por meio de expressões convincentes, lembrando que o corpo fala.

Figura 1.2   *Competência e marketing.*

- O poder desloca-se para os consumidores – o crescimento da Internet e da World Wide Web, segundo Ferrell, deslocou o poder para os consumidores e não mais para os profissionais de marketing e de vendas. Com a compra comparada, o consumidor estabelece o preço que está disposto a pagar, a qualidade desejada e a confiabilidade exigida do fornecedor. A ação do profissional de marketing e de vendas passa a ser passiva, restando-lhe apenas assegurar que seus produtos sejam exclusivos e de alta qualidade.

- Ampliação da oferta de produtos – hoje pode-se comprar de tudo na Internet, desde produtos básicos como alimentos até ferramentas sofisticadas, automóveis, aviões e iates ou mesmo um exclusivo vestido de noiva. Comprar passou a ser uma diversão como um "game".

- Mudanças na proposição de valor – as agências de viagens foram substituídas por *sites* das companhias aéreas e *sites* de hotéis e de locação de veículo. A aplicação financeira ou a obtenção de financiamento bancário dispensa a presença de um gerente de banco. Tudo é feito pelo Internet Banking. Até mesmo a compra de um imóvel pode ser realizada no *site* da construtora ou corretora. E como fica o corretor de imóveis e o gerente de banco? Sem dúvida, seus papéis se alteram, mas ao mesmo tempo se ampliam para consultor de negócios.

- Mudanças na forma de compra pelo cliente – estabeleceram mudanças no padrão de demanda. As frequentes inovações tecnológicas criam novas "necessidades e desejos" na mente do consumidor, e isso acelera a oportunidade de oferta de novos produtos.

- Novas fontes de vantagem competitiva – os negócios passaram a combinar, segundo Ferrell, redes de parceiros (intranets – redes internas) com redes externas com consumidores, fornecedores e outros parceiros – extranet. A Dell Computer, por exemplo, integrou de modo uniforme sua cadeia de suprimentos – dos fabricantes de *chips, drives, displays* etc.

- Privacidade, segurança e ética – a ampliação do uso da internet em vendas criou uma nova preocupação com a privacidade das vendas, além da segurança e da ética nos negócios.

O sistema de marketing: Os 4 As

Entre os vários sistemas de marketing, existentes para descrever as relações da empresa com seu mercado, o modelo desenvolvido por Raimar Richers apresenta, além do composto mercadológico, a interação da empresa com o meio ambiente e avalia os resultados operacionais da adoção do conceito de

marketing em função dos objetivos da empresa. É o sistema dos 4 As: Análise, Adaptação, Ativação e Avaliação.

Fonte: RICHERS, Raimar. *O que é Marketing?* São Paulo: Brasiliense, 1981/1985.
Figura 1.3   *4 As do marketing.*

O conceito dos 4 As desenvolvido pelo Professor fundador da Escola de Administração de Empresas de São Paulo da Fundação Getulio Vargas e um dos primeiros professores e autores a falar de marketing no Brasil.

Análise

Visa identificar as oportunidades de Mercado. Inclui pesquisa de Mercado, potencial de Mercado, segmentação de Mercado etc.

Adaptação

O produto ou o serviço deve estar adequado às exigências do Mercado.

Ativação

O produto deve ser oferecido por canais de distribuição e entregue ao cliente.

Avaliação

O controle em vendas é tão importante quanto em marketing. Os valores investidos devem ser devidamente confrontados com os resultados alcançados.

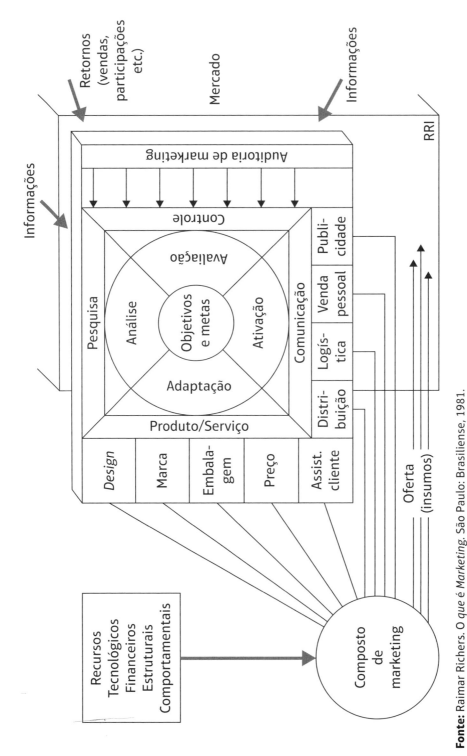

Fonte: Raimar Richers. *O que é Marketing*. São Paulo: Brasiliense, 1981.

Figura 1.4 *Abordagem sistêmica dos 4 As.*

A crescente preocupação em se estudar certos fenômenos sociais, morais e políticos talvez esteja centrada na busca de segurança e melhoria efetiva da qualidade de vida. E é, através dessa ótica, que o vendedor deve dirigir seus esforços: vender proporcionando satisfações múltiplas.

Análise: visa identificar as forças vigentes no mercado e suas interações com a empresa. Os meios utilizados para tal fim são: a pesquisa de mercado e o sistema de informação em marketing (inclui pesquisas cerebrais de Neuromarketing).

Adaptação: é o processo de adequação das linhas de produtos ou serviços da empresa ao meio ambiente, identificado através da análise. E isso ocorre através da apresentação ou configuração básica do produto: *design*, embalagem e marca. E ainda por meio do preço e da assistência ao cliente.

Ativação: os elementos-chave da ativação são a distribuição (seleção dos canais), a logística (a entrega e armazenagem de produtos), a venda pessoal (o esforço para efetuar a transferência de posse do bem ou serviço) e o composto de comunicação (publicidade, mídia social, promoção de vendas, relações públicas e *merchandising* e *trade market*).

Avaliação: é o controle dos resultados do esforço de marketing, isoladamente e em conjunto.

A integração do papel do vendedor no sistema de Marketing: os 4 As

Hoje, o vendedor é exigido a exercer nas funções de vendas o marketing. Embora isso soe como uma teorização, não é. Vejamos como poderia ser descrito, através de algumas exemplificações, à luz dos 4 As do sistema de marketing do Professor Raimar Richers.

Quadro 1.3 *Exemplo de integração do vendedor no Marketing e na Venda.*

Funções de Marketing 4 As	Papel do Vendedor	Resumo das funções de vendas em relação à Análise

Análise
• Pesquisa de mercado:
  – análise de produtos atuais
  – análise de novos produtos
  – análise de ação da concorrência
  – análise de clientes
	• Pesquisar o desempenho dos produtos atuais em cada cliente de seu território.
	• Pesquisar a viabilidade de novos produtos em seu território.
	• Identificar e acompanhar a ação da concorrência em seu território.
	• Pesquisar a situação econômico-financeira e de mercado de cada cliente em seu território de vendas.
		Colaborar na análise e na pesquisa em cada mercado da empresa.

– avaliar as oportunidades de mercado	• Identificar oportunidades para novos negócios.	Avaliar as oportunidades de vendas em cada território de venda.
• Estimar a demanda e o potencial de mercado	• Coletar dados secundários em seu território de vendas que permitam estimar a demanda e calcular o potencial de seu mercado.	Colaborar com a área de marketing, no cálculo da demanda e do potencial de mercado.
• Estabelecer a previsão de vendas	• Fazer e discutir a previsão de vendas para o próximo exercício fiscal por cliente em seu território de vendas.	Realizar a previsão de vendas por produto, cliente e região.
• Orçar vendas	• Discutir o orçamento de vendas para seu território.	Estabelecer o orçamento de vendas por produto, cliente e região.
• Segmentar o mercado	• Ajudar a identificação de segmentos de mercado em seu território.	Colaborar com o Departamento de Marketing para a análise da segmentação de mercado.

UMA VISÃO CONTEMPORÂNEA DA ÁREA DE VENDAS NO MARKETING

Funções de Marketing 4 As	Papel do Vendedor	Resumo das funções de vendas em relação à Análise
• Identificar benefícios	• Ajudar a identificação de benefícios buscados por consumidores e clientes nos produtos ou serviços da empresa.	
Ativação • Distribuição	• Tratar de colocar o maior número de itens em cada um dos pontos de vendas existentes em seu território de vendas.	A colocação dos produtos ou serviços no maior número de pontos de vendas pode ajudar a minimizar os custos de distribuição.
• Logística	• Tratar de evitar que faltem produtos em seus clientes. Sugerir uma política de estocagem para sua empresa. Acompanhar o fluxo de mercadorias de seus depósitos para os de seus clientes.	A venda realizada em conformidade com roteiros de visitas otimizados facilita a entrega e racionaliza os estoques de produtos acabados.
• Promoção de vendas	• Realizar a promoção de vendas dos seus produtos ou serviços para seus clientes. Caso exista uma equipe de promoção de vendas, deve colaborar com ela permanentemente.	Para que os clientes continuem a comprar, eles precisam vender o que compram da empresa; para tanto, é preciso ajudá-los a vender através da promoção de vendas dos produtos.
• Propaganda	• Sugerir campanhas publicitárias de produtos ou serviços com desempenhos insatisfatórios. Sugerir mídias adequadas ao seu território. Administrar redes sociais, no Facebook, Twitter e outros.	Objetivar a propaganda que atinja os consumidores de seus clientes.
• *Merchandising*	• Ajudar seu cliente a vender, seja ajudando-o a demonstrar melhor o produto no ponto de venda, seja realizando ajuste de produtos na gôndola, ou mesmo fazendo reposições, marcando preços, montando vitrinas etc.	*Merchandising* que ajude a demonstrar o produto ou serviço no ponto de venda.
• Relações públicas *Lobby*	• Realizar campanhas de relações públicas junto à comunidade de seus territórios e o *lobby* junto às autoridades constituídas.	O homem de vendas deve ser preparado para, independentemente dos especialistas das áreas, fazer também relações públicas e, se necessário, lobby.

Funções de Marketing 4 As	Papel do Vendedor	Resumo das funções de vendas em relação à Análise
• Venda	• Realizar a venda de produtos ou serviços que atendam às necessidades de clientes, consumidores e de sua empresa.	É preciso colocar o marketing dentro da venda para se obter resultados mais eficazes.

Adaptação
• Produto/serviço
  – *design*
  – ampliação do produto/serviço
	• Sugerir modificações no *design* do produto ou na configuração do serviço.
	• Ampliar o produto pela sugestão de anexação de serviços ou pela sua própria prestação de serviços não esperados pelo cliente e consumidor.
		Vender o produto certo ao cliente certo e no tempo certo, para o consumo adequado.
		Procurar tornar sempre o produto ou serviço ampliado, para satisfazer ao cliente e evitar a ação da concorrência.

• Embalagem	• Sugerir melhorias na embalagem do produto ou na apresentação do serviço (conforme o caso).	Oferecer sugestões ao Departamento de Marketing
• Preço	• Praticar a estratégia de preço objetivando a venda em volumes e a obtenção de lucros crescentes por produto em cada cliente de sua região.	Vender soluções de problemas a clientes e não preço exclusivamente.
• Garantia	• Dar ao cliente garantias da satisfação do funcionamento do produto ou do bom desempenho do serviço.	Vender produtos ou serviços certos que proporcionem segurança de funcionamento ao cliente.
• Assistência ao cliente	• Prestar serviços aos clientes, na pré-venda, orientando-os na venda e auxiliando-os na pós--venda.	Vender satisfações aos clientes pelo bom funcionamento do produto ou serviço.

Avaliação
• Auditoria de marketing
• Meio ambiente:
  – economia
  – tecnologia
  – legislação
  – governo
  – concorrência etc.
	• Identificar a ação do meio ambiente nos negócios da empresa em seu território.	Fazer a ponta de lança entre a empresa e seu meio ambiente, avaliando os impactos positivos e negativos sobre a empresa.

Funções de Marketing 4 As	Papel do Vendedor	Resumo das funções de vendas em relação à Análise
• Auditoria de produtos	• Sugerir a retirada de produtos de linha.	Fazer junto aos clientes a checagem do desempenho dos produtos atuais e também de novos produtos.
• Auditoria de distribuição e logística	• Identificar falhas nos pontos de distribuição e na política de estocagem e transporte e sugerir as correções necessárias.	Fazer a checagem para avaliar se todos os pontos de venda estão sendo atendidos com presteza e eficácia.
• Auditoria de propaganda e promoção de vendas, *merchandising*	• Avaliar a penetração da campanha publicitária – a mídia em seu território de vendas. Avaliar e detectar falhas nas campanhas de promoção de vendas e de *merchandising*.	Fazer da avaliação do esforço promocional uma ferramenta para reorientar a comunicação para resultados efetivos.
• Auditoria de vendas	• Avaliar o seu próprio desempenho e propor plano de melhoria de eficácia operacional.	A autoavaliação é a crítica indispensável ao aprimoramento do profissional de vendas.

A integração do vendedor às suas funções clássicas de vendas começa a ganhar paulatinamente um condicionamento no marketing.

Mais do que exclusivamente vender, o homem de vendas passa a intuir marketing. Este é, também, o seu grande desafio: como utilizar o marketing como um braço para a consecução da sua venda.

É evidente que o papel do vendedor não é uma panaceia ou que ele deva, agora, realizar sozinho todo o esforço de marketing. Não se pode dispensar a conjugação de realizações comuns entre o marketing e as vendas. Mas o vendedor precisa conhecer algumas funções básicas do marketing e, efetivamente, utilizá-las em suas vendas, desde a realização de análise do mercado, até a adaptação do seu produto ou serviço às necessidades dos clientes. Saber como ativar as vendas, entendendo e conhecendo o papel da propaganda, do *merchandising,* da promoção de vendas, das relações públicas, do *lobby* e, até mesmo, visualizar como vender melhor e, por fim, ser crítico de seu trabalho, buscando, pela autoavaliação, meios para corrigir as distorções e maximizar seus resultados.

Vejamos alguns outros sistemas de Marketing:

1.2 O SISTEMA DE MARKETING: OS 4 PS

Fonte: MCCARTHY, Jeronome. *Basic marketing*, 1960; e KOTLER, Philip. *Administração de marketing.* São Paulo: Atlas, 1985.

Figura 1.5   *Os 4 Ps do marketing.*

1.3 O SISTEMA DE MARKETING: OS 4 CS

A seguir, o composto de Marketing denominado 4 Cs proposto pelo Professor Robert Lautenborn.

Cliente – é quem compra com frequência.

Conhecimento – do mercado, suas necessidades e preferências dos clientes.

Conveniência – facilidades ao cliente para estimular a compra.

Comunicação – divulgar, anunciar e promover produtos e serviços.

Fonte: Prof. Robert Lautenborn.
Figura 1.6   Os 4 Cs do marketing.

1.4 O SISTEMA DE MARKETING: OS 4 ES

Concebidos pelos autores Robert Lautenborn e Augusto Nascimento, os chamados 4 Es foram concebidos para estimular o consumidor a comprar.

Fonte: LAUTENBORN, Robert; NASCIMENTO, Augusto. *Os 4Es do marketing.* Rio de Janeiro: Campus, 2009.
Figura 1.7   Os 4 Es do marketing.

Entusiasmar

O papel do vendedor é animar a venda, para entusiasmar o cliente a comprar.

Emocionar

Se preciso for, o vendedor deve emocionar o cliente, para levá-lo a fechar a compra.

Enriquecer

Toda a negociação de vendas deve ser do tipo ganha-ganha, isto é, deve ser boa tanto para o vendedor quanto para o comprador. Proporcionando a sensação de enriquecimento para ambos.

Enlouquecer

A felicidade da compra deve significar para o cliente algo encantador, levando-o a enlouquecer de alegria.

Em síntese, o papel do vendedor no Marketing seria, em exemplos hipotéticos:

	4 Ps	4 As	4 Cs	4 Es
Definição de Marketing	Produto Preço Praça Promoção	Análise Adaptação Ativação Avaliação	Cliente Conveniência Comunicação Custo	Entusiasmar Emocionar Enriquecer Enlouquecer
Papel do vendedor	Atender necessidades	Identificar e atender necessidades	Proporcionar conveniências	Acelerar e motivar a decisão de compra

SUMÁRIO

A atividade de vendas não pode prescindir do marketing e vice-versa. Qualquer que seja o modelo de composto de marketing adotado, é imprescindível esse casamento. Pode-se mesmo afirmar que o vendedor é o profissional de marketing da linha de frente na batalha para a conquista do mercado.

O marketing ainda é confundido com promoção de vendas e propaganda, ou mesmo com vendas e distribuição. Mas para fazer marketing é preciso muito mais do que bom-senso e investimentos financeiros, é preciso criar dentro da organização uma filosofia de procurar entender para poder atender bem. E, nesse sentido, quer pesquisando necessidades, quer animando a relação de vendas, o vendedor é o grande elo entre as empresas e seus clientes.

PALAVRAS-CHAVE

– Troca
– Relacionamento
– Experiência
– Transação

QUESTÕES

1. Afinal, o que é Marketing: satisfação de necessidades ou realização de desejos?
2. Qual é função do Marketing: troca, transação, relacionamento ou experiência?
3. O que vem a ser Marketing de relacionamento?
4. O que é Marketing de experiência?

PONTOS DE AÇÃO

1. Implantar uma filosofia de Marketing em uma organização.
2. Criar uma experiência inesquecível para o cliente.
3. Criar relacionamentos duráveis com os clientes.

BIBLIOGRAFIA

FERRELL, O. C.; HARTLINE, Michael D. *Estratégias de marketing*. São Paulo: Thomson, 2005.

LAUTENBORN, Robert; NASCIMENTO, Augusto. *Os 4Es do marketing*. Rio de Janeiro: Campus, 2009.

LAUTENBORN, Robert – 4 Cs

McCARTHY, Jerome. *Marketing básico*. Rio de Janeiro: Zahar Editores, 1960.

RICHERS, Raimar. *O que é marketing*. São Paulo: Brasiliense, 1981.

SCHMITT, Bernd H. *Customer experience management*. New Jersey: John Wiley, 2003.

2

UMA REFLEXÃO ACERCA DO PAPEL DO VENDEDOR

Hoje, os clientes, de uma maneira geral, estão mais bem informados, com acesso a preços e às mais variadas condições do mercado. Em suma, eles estão mais preparados a comprar até do que o vendedor a vender. O vendedor deixa de vender soluções e passa a integrar uma vasta rede de negócios em busca de revolucionar o modo como o cliente faz negócios.[1]

O vendedor negociador perde espaço, sobretudo, com o crescimento da venda pela Internet – surge um dilema: qual será o papel do vendedor em um futuro próximo?

Mas antes disso façamos uma viagem de volta no tempo, para entender o papel do vendedor ao longo dos anos.

2.1 EVOLUÇÃO HISTÓRICA DA VENDA PESSOAL

A função de vendas tem evoluído no tempo como decorrência natural das mudanças ocorridas no mundo dos negócios.

Documentos relativos à história da Grécia Antiga revelam, nos escritos de Platô, que a venda estava ali presente como atividade de troca, e que o termo *vendedor* já era utilizado.

Contudo, a profissão do verdadeiro vendedor, tal qual é hoje concebida, data dos idos da Revolução Industrial, na Inglaterra, da metade do século XVIII até a metade do século XIX. Antes desse período, havia os mercadores, artesãos e outras pessoas

---

[1] ADAMSON, Brent; DIXON, Matthew; TOMAN, Nicholas. O fim da venda de soluções. *Harvard Business Review*, ed. Brasil, ago. 2012, p. 23-32.

que exerciam a atividade de vendas. Os predecessores dos profissionais de vendas de hoje eram vistos como párias da sociedade.

Na fase da Idade Média, os primeiros vendedores "porta a porta" apareceram sob a forma de *pedders*.

Coletavam produtos do campo e os vendiam nas cidades e, em contrapartida, os produtos manufaturados nas cidades eram por eles comercializados no campo.

Nessa função exerciam importante papel de marketing, identificando necessidades, realizando compra de mercadorias, escolhendo sortimentos e redistribuindo mercadorias.

A associação entre artesãos e mercadores tornou a venda pessoal configurada como atividade mercantil.

2.2 ERA DA REVOLUÇÃO INDUSTRIAL

Com a Revolução Industrial, a produção se intensificou e os excedentes de consumo começaram a justificar o papel econômico do vendedor, pois as economias locais eram incapazes de absorver o que era produzido. O comércio começa então a florescer entre as cidades e mesmo internacionalmente.

Assim, a economia de escala na produção estimula o crescimento de mercados massivos em áreas geográficas dispersas que precisavam ser alcançadas através do trabalho do vendedor.

E a contínua necessidade de novos consumidores em mercados cada dia mais dispersos incrementou significativamente o número de vendedores. Essa foi a primeira onda do trabalho do vendedor na era da Revolução Industrial.

2.3 ERA PÓS-REVOLUÇÃO INDUSTRIAL

Até o início do século XIX, a venda pessoal já estava bem caracterizada na Inglaterra, mas apenas engatinhava no Novo Mundo. A situação se altera significativamente após 1850 e restante do século, com o crescimento da função do vendedor, numa economia agrária fortemente influenciada pelo início da industrialização, sobretudo nos Estados Unidos e de certa forma também no Brasil.

Com a implantação das estradas de ferro no Brasil, o vendedor caixeiro-viajante ganha destaque e ares de personalidade, pois com a comunicação ainda precária ele começa a desempenhar o papel de irradiador de informações para as pequenas cidades interioranas. Era o caixeiro-viajante das Indústrias Reunidas Francisco Matarazzo, um dos primeiros grupos industriais do país, quem levava, por exemplo, as notícias da moda, da política e diversos informes mundanos da época.

2.4 ERA DAS GRANDES GUERRAS E DA DEPRESSÃO

O período de 1915 a 1945 foi marcado por duas grandes guerras mundiais e a grande Depressão, de 1929. Nesses 30 anos, toda atividade econômica mundial passou a se concentrar no esforço de guerra e, portanto, não se desenvolveram novos métodos para vendas.

A Depressão, no entanto, passou a exigir a depuração de negócios e somente empresas com vendedores agressivos conseguiram sobreviver à grande derrocada econômica. Somente com a prosperidade do pós-guerra, ou seja, depois de 1945, é que as empresas passaram a investir no aprimoramento de suas forças de vendas.

2.5 PROFISSIONALISMO: A ERA MODERNA

A partir da metade dos anos 40, a venda pessoal torna-se mais profissional, sobretudo nos Estados Unidos. Não apenas pela exigência dos compradores cansados da venda de alta pressão e de conversas fiadas dos vendedores, mas sobretudo por desejarem mais informação na venda.

Com isso torna-se crescente a necessidade de profissionalização dos vendedores até então amadores. Em 1946, a revista *Harvard Business Review* publicou um artigo, "A venda de baixa pressão", que logo se tornou um "clássico", seguido de muitos outros que passaram a destacar a importância da atuação do vendedor, buscando incrementar seu esforço de vendas através de um maior profissionalismo.

Uma grande ênfase na profissionalização de vendas parece ter sido a tônica dessa era.

O termo *profissionalização* tem tido variados significados. O mais utilizado deles tem destacado a abordagem da orientação para o cliente, como forma de tornar a venda mais credível pela busca da satisfação do cliente.

Em resumo, o vendedor moderno não deve ser apenas um apresentador de informações acerca de seus produtos ou serviços; ao contrário, deve estar apto a responder a uma enorme gama de necessidades do seu cliente antes, durante e após a venda.

2.6 VENDAS 3.0

Após o surgimento da Internet, eis que aparece no cenário dos negócios a venda virtual, e a partir de então o Marketing nunca mais foi o mesmo. A velha cartilha de vendas já não funciona mais. Sobretudo, a comunicação e a venda tradicional. Hoje, vende-se de tudo pela Internet: de imóveis a vestido de noiva. Nada escapa da venda pela tela do computador: livros, eletrônicos, eletrodomésticos, hortifrutigranjeiros; carros, serviços, enfim, de tudo. Mas de tudo mesmo. E no rastro da venda digital, a comunicação mais tradicional se aproxima do computador. A propaganda, a promoção de vendas e o *merchandising*, embora ainda habitem a mídia tradicional, ganharam novos ares na tela da Internet. E fenômenos de comunicação como a mídia social: *twitter*, *facebook* e outros meios criados para o relacionamento entre as pessoas, agora servem de apoio para a venda empresarial, pois a venda evolui da transação de mercadorias para relacionamento com clientes e agora experiência e emoção.

2.7 A CONTÍNUA EVOLUÇÃO DA VENDA PESSOAL

A venda, antes focada na concorrência, evoluiu para a busca do desempenho, passou pela etapa em que os clientes estavam fragmentados, depois passou a ser focada na qualidade do serviço ao cliente. Com o advento da venda pela Internet, o vendedor passou a oferecer experiências inusitadas ao comprador e hoje está centrada na humanização das relações com clientes e comunidade.

Em cada etapa há variação na ação do vendedor, desde a busca da confiança do cliente para inibir a atuação da concorrência e o uso de TI – Tecnologia da Informação, para acompanhar a venda em tempo real a clientes fragmentados. Para atender aos anseios crescentes de qualidade, o vendedor precisou oferecer algo acima da expectativa de cada cliente. Com o surgimento da concorrência da venda direta pela Internet ao consumidor e a clientes, o vendedor teve que se reinventar, vendendo experiências que atendam a desejos explícitos e ocultos de seus clientes, em um mundo mais humanizado. Ou seja, o vendedor hoje vende emoções, entre outras tarefas.

Quadro 2.1   *Foco da venda e ação do vendedor.*

Foco da venda	Ação do vendedor
Concorrência	Manter a confiança do cliente para inibir a atuação da concorrência
Desempenho	Com o incremento da tecnologia da informação e da computação, o desempenho do vendedor passa a ser acompanhado em tempo real
Fragmentação de clientes	A pulverização de clientes em um ambiente cada dia mais globalizado exige do vendedor uma postura de estadista
Qualidade do serviço ao cliente	A ênfase é a satisfação do cliente. Isso implica ir além da expectativa do cliente
Internet – venda 3.0	Usar a ferramenta da Internet como uma ferramenta de vendas
Experiência	Proporcionar experiências para surpreender o cliente
Humanização (emoções)	A satisfação de desejos explícitos e ocultos sucede a anterior satisfação do cliente. Proporcionar emoção e humanizar os produtos e serviços

Fonte: O autor (2013), a partir de modelo adaptado de INGRAM, Thomas N.; La FORGE, Raymond W. *Sales Management*. 2. ed. Orlando: The Dryden Press, 1993. p. 21.

2.7.1 Evolução: reflexões

A imagem do vendedor baseada nos velhos tempos é ainda hoje negativa. Ou seja, o vendedor carrega a imagem de *bon vivant*, que força a venda ao cliente. No entanto, o papel do vendedor é importante como desencadeador de negócios, supridor de necessidades e realizador de desejos, proporcionando retorno aos investimentos de sua empresa e contribuindo de diversas maneiras à sociedade em que vive.

Com a crescente mutação ambiental, sofisticam-se as tecnologias dos compradores, o que implicará a necessidade de melhor adequação do vendedor para suprir necessidades mais específicas de cada cliente. Mas isso não significa que o vendedor tradicional morreu, ele não vai morrer tão cedo, mas... o velho tirador de pedidos precisa se reinventar...

Em 1925, Strong[2] enfatizava que as estratégias de venda pessoal precisariam ser direcionadas à satisfação do cliente, bem como o pedido de compra. Mas apesar de numerosas referências ao benefício da orientação ao cliente, poucas pesquisas foram direcionadas a aferir a efetividade da orientação ao cliente por parte do vendedor. Ainda hoje, encontramos vendedores focados na venda em si, independente da necessidade de seu cliente. Com a venda pela Internet, o vendedor está perdendo espaço no relacionamento com os seus clientes. Essa relação impessoal retira o olhar do vendedor face a face com seu cliente. Mas a venda pessoal ainda é essencial na venda B to B (*business to busines*) e na venda B to C (*business to consumer*).

2.8 CONTRIBUIÇÃO DA VENDA PESSOAL

Embora no mundo do Marketing muita importância seja dada à propaganda, a verdade é que a venda pessoal é de longe a mais importante forma de comunicação de uma empresa com seu mercado.

É através do vendedor que a venda é fechada e os pedidos são tirados. Portanto, em última instância, é o vendedor quem efetivamente realiza a venda, e o Marketing sem Vendas é como o amor sem beijo... Mas a Internet vive a assombrar a vida do vendedor acomodado voltado para os negócios de ontem...

2.9 O VENDEDOR E A SOCIEDADE

O progresso e o desenvolvimento de um país dependem em larga escala da expansão da economia com a necessária difusão de produtos e serviços. Cabe hoje à

---

[2] ADAMSON, Brent; DIXON, Matthew; TOMAN, Nicholas. O fim da venda de soluções. Revista *Harvard Business Review*, edição Brasil, ago. 2012, p. 23-32.

Internet e ao vendedor em uma sociedade de consumo suprirem necessidades e desejos de compra.

Nesse sentido, o vendedor contribui para esse processo de duas maneiras: a primeira, estimulando as transações de natureza econômica; a outra, fazendo a difusão de inovações, quer de produtos, quer de serviços. Ou seja, a Internet pode ser utilizada para venda direta ou servir como uma ferramenta para a realização da venda por meio do vendedor.

2.10 A VENDA COMO DESENCADEADORA DA ECONOMIA

Em uma economia flutuante, a venda pode prestar inestimável contribuição, estimulando o consumo de bens ou serviços, ajudando a driblar crises e mantendo períodos de relativa prosperidade. Dessa maneira, a demanda por ações de incremento ao consumo aumenta toda vez que a economia não cresce. O desenvolvimento dos negócios é, portanto, largamente influenciado pela busca constante de satisfação dos clientes e aumento do consumo.

2.11 O VENDEDOR E A DIFUSÃO DE INOVAÇÕES

O vendedor desempenha papel crítico na difusão de inovações, quer sob a forma de novos produtos, novos serviços ou ainda de ideias.

O vendedor é a fonte de informações sob usos e aplicações de um novo produto ou serviço. Por isso, ele deve estar sempre bem informado acerca do que vende, para poder prestar orientação adequada a cada cliente potencial.

No caso de produtos e serviços industriais, o papel do vendedor é particularmente crucial, pois ele, como agente de inovação, encontra invariavelmente resistências a mudanças por parte dos seus clientes.

Ao encorajar o consumo de um novo produto ou um novo serviço, o vendedor presta contribuição importante ao desenvolvimento da sociedade de consumo.

2.12 O VENDEDOR COMO GERADOR DE RECEITA

Em qualquer tipo de negócio, a empresa como um todo é o grande centro de custos. A única área que efetivamente se incumbe de trazer receita para a empresa é a de Vendas. O vendedor, como um desencadeador de negócios, é quem se incumbe de gerar a receita que torna a empresa viável.

Quando o vendedor vende a preços adequados, a empresa tem lucro; quando, porém, a venda é sacrificada em termos de preço para atender às exigências do mercado, a empresa pode ter prejuízo.

Cabe, portanto, ao vendedor zelar pela saúde financeira da empresa, efetuando vendas lucrativas.

2.13 O VENDEDOR COMO PESQUISADOR DE MERCADO

Ninguém melhor que o vendedor para sentir o mercado e suas necessidades. Sabendo pesquisar o mercado, ele pode sugerir ações estratégicas ou táticas que valorizem os negócios de sua empresa.

Ouvindo seus clientes, identificando como atua a concorrência, conversando com consumidores finais, o vendedor pode desempenhar importante papel como pesquisador de mercado. Basta, para isso, que ele registre essas informações de forma sistemática em relatório de visitas, fichas de clientes e em relatórios especiais.

2.14 O VENDEDOR COMO GESTOR DE SEU TERRITÓRIO DE VENDAS

O vendedor deve agir em seu território como um autêntico gerente, identificando o potencial de mercado, realizando vendas, cobrando os clientes, prestando serviço a seus clientes, fazendo promoção de vendas, acompanhando a atuação da concorrência, sendo corresponsável pela atribuição de crédito aos clientes; enfim, pensando globalmente para obter o melhor desempenho possível de seu território.

2.15 O VENDEDOR E O CLIENTE

Como o cliente vê o trabalho do vendedor? Segundo pesquisas realizadas nos Estados Unidos por uma empresa de consultoria e treinamento, a Learning International, as empresas que responderam à pesquisa disseram que veem o vendedor como:

- Conhecedor do negócio em que atua e da economia desse mercado, bem como o negócio específico do comprador.
- Provedor de satisfações através da venda.
- Consultor do cliente na identificação de necessidades desconhecidas.
- Personalidade agradável e de boa aparência profissional.
- Coordenador de todos os aspectos do produto e serviço, bem como do negócio do cliente, oferecendo um pacote integrado.

Essas expectativas são consistentes com outras pesquisas de expectativas do comprador realizadas ao longo dos anos.

O que o comprador espera, em outras palavras, é que o vendedor contribua para o sucesso de sua empresa.

Portanto, os compradores valorizam a informação fornecida pelo vendedor na exata proporção em que ela os ajuda não apenas na solução de problemas existentes, mas de outros não identificados.

2.16 O VENDEDOR E A INTERNET

O ambiente virtual tem proporcionado uma interatividade com os consumidores em velocidade instantânea. Na verdade, a nova visão da propaganda extrapola a tecnologia ou o ambiente digital, que "é só meio", afirma Igor Puga. A comunicação em mão dupla permite uma interatividade impensável 20 anos atrás. "O publicitário e o vendedor deixam de ser os donos da verdade, uma quebra de paradigma." Se a empresa não dialoga de igual para igual com o consumidor, a relação acabou.

"O publicitário atual cria, tendo o cuidado de pensar como as ações repercutirão."[3] Mas o vendedor está um pouco à frente, na linha do "front", e por isso ele precisa estar mais preparado do que nunca.

Assim, como a propaganda precisa de convergência entre as várias plataformas para chegar com êxito aos consumidores, o vendedor também precisa estar convicto de que a venda já não ocorre por sua única iniciativa. Mas cabe a ele usar e interagir com as ferramentas da venda pela Internet, para poder agir como prestador de serviços, aos clientes potenciais e aos atuais.

2.17 CLASSIFICAÇÃO DO TIPO DE ABORDAGEM DE VENDAS

Há muitos anos são identificadas quatro abordagens de vendas: estímulo-resposta, estado mental, satisfação de necessidades e solução de problemas.

2.17.1 A VENDA ESTÍMULO-RESPOSTA

A venda através da abordagem estímulo-resposta é uma das mais simples. O vendedor provoca estímulos no cliente através de um repertório de palavras e ações

---

[3] SÁ, Nelson de. No ambiente virtual, interação com os consumidores é melhor. *Folha de S.Paulo*, Caderno Mercado, 22 abr. 2012, B4.

destinadas a produzir a resposta desejada, que é a compra. Esse é um tipo de abordagem muito utilizada na "venda enlatada" em que o vendedor tem um texto decorado acompanhado de uma série de dramatizações ensaiadas, visando comover o cliente.

Esse tipo de venda nem sempre é bem aceito pelo comprador que prefere estabelecer diálogo com o vendedor. No entanto, qualquer interrupção na representação de venda reduz o impacto emocional.

2.17.2 A venda estado mental

A venda com base no estado mental é também conhecida como AIDA, ou seja, venda que busca despertar no comprador atenção, interesse, desejo e ação de compra.

Nesse caso, a mensagem de vendas deve prover a transição de um estado mental para outro, e essa é exatamente a maior dificuldade do método.

2.17.3 A venda de satisfação de necessidades e realização de desejos

O pressuposto básico desse método é de que o cliente compra produtos ou serviços para satisfazer a uma necessidade específica ou a um elenco de necessidades, ou ainda realizar desejos explícitos que estão ao nível do consciente, ou seja, que ele sabe que quer e desejos ocultos que estão ao nível do inconsciente e nem ele mesmo sabe o que deseja. Nesse caso, a tarefa do vendedor é identificar necessidades e desejos a serem satisfeitos. Para tanto, o vendedor deve utilizar as técnicas de questionamento para descobrir necessidades e desejos explícitos ou ocultos para, em seguida, oferecer maneiras de satisfazê-los.

Nesta técnica é preciso que o vendedor crie um clima amistoso, num ambiente de baixa pressão para obter a confiança do cliente. Essa técnica é também chamada de "venda não manipulada".

2.17.4 A venda de desejos explícitos e ocultos

A técnica de vendas de solução de problemas é uma extensão da venda de satisfação de necessidades.

Uma vez identificados os problemas do cliente, cabe ao vendedor propor soluções que proporcionem satisfações e a realização de desejos.

Para fazer frente às novas demandas com o surgimento da venda pela Internet, o vendedor precisa ser repensado.

Assim como a propaganda está sendo repensada à luz dos novos meios, sobretudo, a mídia social, também a venda pessoal precisa ser redirecionada, e isso implica em se avaliar o papel do vendedor na nova sociedade de comunicação e consumo.

Mesmo nos segmentos mais conservadores, como na venda industrial, gradualmente a função da venda pessoal tende a ser repensada. A presença física do vendedor tem sido substituída com certa intensidade, no varejo, pelo autosserviço, mas é a venda digital a principal ameaça à venda pessoal, pois os vendedores estão sendo substituídos na loja por uma venda pela Internet. Mesmo prescindido da presença física do vendedor, as empresas ainda precisam de alguma forma do Serviço de Atendimento ao Cliente (SAC), por meios digitais ou telefônicos. Portanto, de alguma maneira alguém está dando suporte à venda.

No entanto, mesmo nos segmentos mais ágeis, onde a venda digital é predominante, o vendedor pode sobreviver se ele sair da transação para o relacionamento, onde o foco venha a ser o serviço.

O cliente precisa ser orientado acerca do uso e aplicações de produtos e até mesmo na orientação de compra. Assim, é muito frequente um cliente comprar pela Internet e buscar orientação acerca do uso do produto pelo vendedor da loja ou do telemarketing passivo.

2.18 O VENDEDOR DEVE SER METACOMPETENTE

Líder, negociador, estrategista, proativo, comunicador, e isso implica ser polivalente. Um negociador e um profissional de marketing de campo, para atuar na linha de frente, seja no ponto de venda, ou em qualquer lugar aonde exista uma transação. E mais do que transações, o vendedor deve estar hoje direcionado para o relacionamento. Não relações líquidas e passageiras, mas relações sólidas. "Que seja bom enquanto dure, dizia o poeta e compositor Vinicius de Moraes."

Assim como nas relações amorosas, o vendedor deve buscar fidelizar o cliente, embora saiba de antemão que ele é infiel por natureza. Mas o vendedor não, ele deve tratar o cliente com uma exclusividade que o surpreenda. Ou seja, o cliente pode ser infiel, mas o vendedor, nunca.

Surge então um novo profissional de vendas, integrando as estratégias gerais de sua empresa ao seu trabalho de campo. Agindo como um estrategista no campo, ele deve saber negociar constantemente com seus clientes, e embora sendo um bom comunicador, o vendedor não deve extrapolar a arte de falar, para não cansar o cliente e causar mais dúvidas do que esclarecimentos.

34 ADMINISTRAÇÃO DE VENDAS • COBRA

2.18.1 O VENDEDOR: UM EDUCADOR

As constantes inovações tecnológicas passaram a exigir um aprendizado contínuo dos usos e aplicações de seus produtos, bem como do que deve ser passado para seus clientes. O ato da venda mudou, desde a época do vendedor tomador de pedidos até a venda cibernética de hoje. É preciso adequar a metodologia da venda, criando instrumentos que habilitem uma venda sem limites.

2.18.2 O VENDEDOR: UM LÍDER

A tarefa de vender não é simples, mas exige liderança e postura proativa junto ao cliente. Em cada negociação, o vendedor deve assumir um liderança, que se imponha pelo conhecimento e respeito a suas ideias e sugestões. Ser respeitado como um líder em cada momento é uma das competências essenciais do vendedor para ter sucesso em vendas.

2.18.3 O VENDEDOR PRESTADOR DE SERVIÇOS

O novo profissional de vendas deve agir na orientação ao cliente, fazendo parte da sua rede de negócios, e mais do que vender soluções, descobrindo o que o cliente precisava para ajudá-lo a comprar, hoje o vendedor deve fazer uma combinação complexa de produtos e serviços. Os consultores de compras das empresas estão atolados de informação que permitem identificar sozinhos os produtos que melhor atendem suas necessidades. Portanto, o foco é transformar o vendedor em um prestador de serviços, ao longo da cadeia de negócios.

SUMÁRIO

A venda pessoal viveu em constantes evoluções desde épocas remotas na Grécia Antiga até os primórdios da Revolução Industrial, chegando à Era Moderna na corrente fase do profissionalismo, e hoje se defronta com os desafios da venda *on-line*.

É inegável a contribuição da venda pessoal para a sociedade, para o negócio da empresa e para os clientes. A contribuição do vendedor para a economia do país e para a difusão de inovações. O vendedor contribui ainda para sua empresa gerando receitas, realizando pesquisas e desempenhando papel de gestor em seu território de vendas.

É importante repensar algumas alternativas da abordagem da venda pessoal com o uso da venda *on-line*, pois, com o surgimento da Internet, o vendedor tradicional, que evoluiu do tomador de pedidos para o negociador, precisa repensar seu papel no mundo dos negócios atuais. Ao invés de confrontar essa nova ferramenta, ele precisa saber usar a Internet como sua parceira de vendas. Como isso é possível? Para cada segmento de negócios, por certo, existirá uma aplicação que pode ser nenhuma até inúmeras.

Ou seja, é preciso criatividade para o uso equilibrado entre venda a distância e a venda presencial. A lacuna que fica na venda pela Internet é o serviço sob vários aspectos: informação de uso, instalação, assistência técnica etc.

Assim, o vendedor pode se encaixar nessa lacuna da venda, que é o serviço ao cliente. Mais do que vender, é preciso atender o cliente, e para isso é preciso reconhecer suas necessidades e ajudá-lo a resolver seus problemas.

PALAVRAS-CHAVE

— Apresentação enlatada de vendas

— Venda profissional

— Custo de venda por visita

— Difusão da inovação

— Receita de vendas

— Estímulo-resposta

— Estado mental

— Satisfação de necessidades

— Venda de *insights*

— Venda pela Internet

— Reiventar o vendedor

QUESTÕES

1. Enumere alguns dos principais fatores que podem influenciar o futuro da venda pessoal face ao incremento da venda pela Internet.

2. De que maneira o vendedor pode ser reinventado para contribuir para a sociedade de consumo?

3. De que forma o vendedor atual pode contribuir para a sua empresa e para seus clientes?

4. Qual é o papel do vendedor na sociedade de informação pós-moderna?

5. De que maneira se correlacionam as abordagens de vendas: satisfação de necessidades e realização de desejos? E de que maneira diferem?

PONTOS DE AÇÃO

1. Identificar necessidades e desejos do cliente.
2. Desenvolver metacompetências no vendedor.
3. Unir a atuação presencial e virtual do vendedor via Internet.
4. Criar um novo conceito de vendas com base em experiências, emoções e espiritualização das organizações.

BIBLIOGRAFIA

ADAMSON, Brent; DIXON, Matthew; TOMAN, Nicholas. O fim da venda de soluções. *Harvard Business Review*, ed. Brasil, ago. 2012, p. 23-32.

ALESSANDRA, Tony; WEXLER, Phil; BARRERA, Rick. *Non manipulative selling.* 2. ed. Fireside Book, 1992.

INGRAM, Thomas N.; LA FORGE, Raymond W. *Sales management*: analysis and decision making. 2. ed. The Dryden Press, 1992.

SÁ, Nelson de. No ambiente virtual, interação com os consumidores é melhor. *Folha de S.Paulo*, Caderno Mercado, 22 abr. 2012, p. B4.

ESTRATÉGIAS DE MARKETING E VENDA PESSOAL

Parte II

3

PLANEJAMENTO ESTRATÉGICO EM VENDAS

A formulação estratégica é o passo básico para a elaboração dos planos de marketing e de vendas.

Enquanto a economia estava baseada na soberania do produtor, tudo o que se fabricava se vendia, e não havia necessidade de vender, pois o mercado era comprador.

Com o surgimento e natural crescimento do varejo virtual, as vendas pela Internet fizeram o vendedor repensar o seu papel e planejar cada passo de sua atividade rotineira. É a venda presencial sob fogo cruzado: de um lado, a concorrência, e de outro, a venda não presencial (*on-line*).

A verdade, porém, é uma só: a empresa que não planeja é obrigada a improvisar e isso nem sempre traz bons resultados. Aliás, já dizia Sócrates, filósofo grego: "Nenhum vento é bom para quem não sabe para onde ir".

Numa sociedade industrial, o recurso estratégico é o capital, mas na nova sociedade da era pós-Industrial – afirmou o sociólogo da Harvard Business School dos Estados Unidos, Daniel Bell –, a sociedade é da informação e do relacionamento, complementaríamos.

Como afirmava Peter Drucker: "A fonte de poder não é o dinheiro nas mãos de poucos, mas a informação nas mãos de muitos."

Para formular o planejamento estratégico, a empresa deve, além de avaliar o cenário ambiental e sua interação, analisar as oportunidades, de forma que possa alocar os recursos necessários para aproveitar e maximizar todas as oportunidades existentes.

E, com base no planejamento estratégico da empresa, o plano de marketing deve conter, além do plano de vendas, o de propaganda, o de promoção e *merchandising* e também o plano de atuação nas redes sociais.

O Papel do vendedor no Planejamento Estratégico de Marketing

"O planejamento estratégico pode ser definido como o processo gerencial para identificar oportunidades de mercado estabelecendo ações estratégicas e táticas, para atingir objetivos viabilizando e rentabilizando os recursos da empresa."

Em síntese, os Passos para o Planejamento Estratégico são:

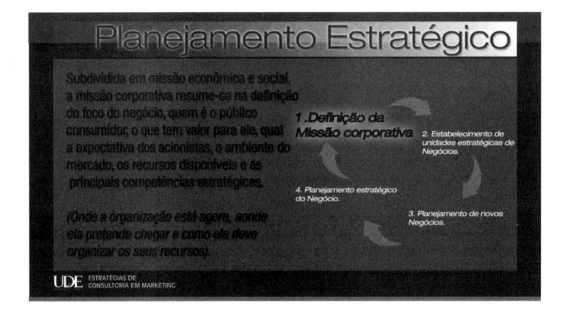

1º Passo: Definição da Missão corporativa

A subdivisão da missão em econômica e social permite uma melhor definição do foco do negócio, quem é o público consumidor, o que tem valor para ele, além de estabelecer a expectativa dos acionistas, bem como avaliar o ambiente de mercado, os recursos disponíveis e as principais competências estratégicas requeridas.

PLANEJAMENTO ESTRATÉGICO EM VENDAS 41

2º Passo: Estabelecimento de unidades estratégicas de negócios

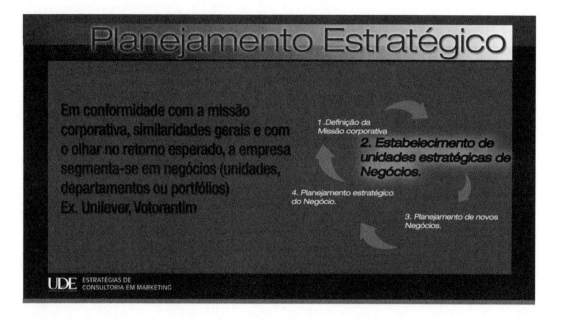

3º Passo: Planejamento de novos negócios

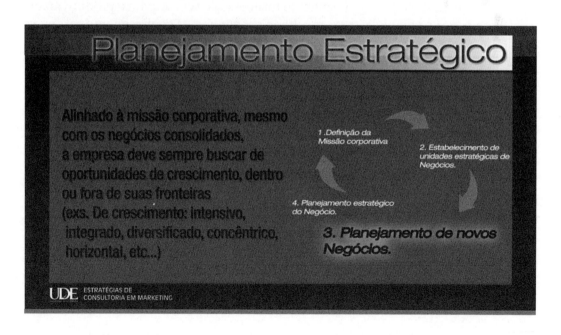

4º Passo: Planejamento estratégico do negócio

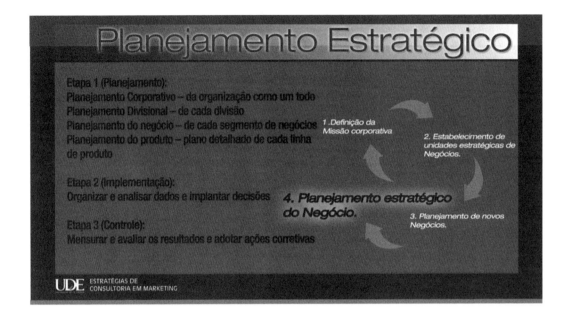

O Planejamento estratégico e o papel do vendedor

> A produtividade do conhecimento tornou-se já a chave para a produtividade, o poder de competição e o resultado econômico. O conhecimento tornou-se já a indústria primária, aquela que fornece à economia os recursos essenciais e centrais da produção. Ou seja, numa economia baseada em informação, o valor é acrescentado não pelo trabalho, mas pelo conhecimento. "Saímos, afirma David Birch, dos negócios de fábrica para o negócio do pensamento. É preciso aprender com o presente para antecipar o futuro."
>
> Durante a era agrícola, o jogo era do homem contra a natureza. Uma sociedade industrial coloca o homem contra a natureza fabricada. Numa sociedade de informação, é o jogo de pessoas interagindo com outras pessoas, nas mídias sociais. E isso aumenta enormemente as transações pessoais.

E mais do que nunca, é preciso estabelecer os direcionamentos para que os objetivos possam ser alcançados, e para isso o processo se inicia com o mapeamento das hipóteses a serem testadas (o "canvas do modelo de negócios"), em nove pilares de um negócio. Cada componente do modelo de negócios traz um série de hipóteses a serem testadas.[1]

---

[1] BLANK, Steve. Por que o movimento *lean startup* muda tudo. *Harvard Business Review*, maio 2013, p. 35-41.

1º Pilar – Principais parceiros

Quem são os principais parceiros da empresa?

Quem são os principais fornecedores?

Que recursos cruciais a empresa está adquirindo dos parceiros?

Que atividades cruciais os parceiros da empresa estão executando?

Ao invés de executar planos de negócios, operar na surdina e lançar produtos totalmente acabados, Steve Blank propõe ouvir a opinião de clientes mais cedo e mais frequentemente, envolver os principais fornecedores em novos projetos, procurando obter recursos cruciais de seus parceiros.

2º Pilar – Principais atividades

Quais são as principais atividades exigidas na proposta de valor da empresa?

Quais são os canais de distribuição mais importantes?

A quantas anda o relacionamento com clientes?

Quais são as principais fontes de receita do setor de atividades da empresa?

3º Pilar – Principais recursos

Quais são os principais recursos exigidos pelas propostas de valor da empresa?

Quais são os canais de distribuição da empresa?

Quais são os relacionamentos mais importantes da empresa?

Quais as principais fontes de receita da empresa?

4º Pilar – Propostas de valor

Que valor a empresa garante aos seus clientes?

Que problemas de seus clientes a empresa está ajudando a resolver?

Que pacote de produtos e serviços a empresa está oferecendo a cada segmento de mercado?

5º Pilar – Relações com clientes

De que maneira a empresa conquista, mantém e expande clientes?

Que relações a empresa estabeleceu com seus clientes?

De que forma os clientes estão integrados ao restante do modelo de negócios da empresa?

Qual é o custo do relacionamento com os seus clientes?

6º Pilar – Canais

Através de que canais os clientes querem ser abordados?

Como os clientes são abordados por outras empresas fornecedoras?

Quais canais funcionam melhor?

Quais canais têm o melhor custo-benefício?

De que maneira esses canais estão integrados à rotina de clientes?

7º Pilar – Segmento de clientes

Para quais segmentos de clientes a empresa está criando valor?

Quais são os clientes mais importantes?

Quais são os arquétipos de clientes?

8º Pilar – Estrutura de custos

Quais são os custos mais importantes inerentes ao modelo de negócio da empresa?

Dentre os principais recursos, quais são os mais caros?

Dentre as principais atividades da empresa, quais são as mais caras?

9º Pilar – Fontes de receita

Por qual benefício (valor) os clientes estão dispostos a pagar?

Por qual pagam atualmente?

Qual é o modelo de receita da empresa?

Quais são as principais táticas de preços?

No modelo convencional de planejamento, a primeira coisa que se faz é criar um plano de negócios como um documento estático, que dá dimensão à oportunidade, frisa Steve Blank. Em geral, tais planos incluem projeções de receita, lucro e fluxo de caixa para os próximos cinco anos.

No modelo proposto por Blank, o processo se inicia com respostas ao *check-list* elaborados em cada pilar. E uma vez obtidas as respostas, são estabelecidos os modelos de vendas a serem desenvolvidos e o plano é montado de fora para dentro, ou seja, a partir do mercado e suas necessidades.

Passos para o direcionamento estratégico de Marketing e de Vendas

Em diversos países em desenvolvimento, a tarefa de planejar é dificultada pelas turbulências da necessidade de desenvolvimento.

É diante desse quadro e de outras projeções ambientais de incertezas que cabe ao planejador, com recursos da neurociência, prever a reação do consumidor e formular estratégias face aos objetivos da empresa.

Estes objetivos podem ser: consolidar participação no mercado, crescer, ou mesmo decrescer como uma decisão estratégica de diminuir riscos. Mas seja qual for o objetivo, ele deve estar em consonância com a missão econômica e com a missão social da organização, com respeito a sustentabilidade do planeta e ações comunitárias que visem desenvolver projetos sociais para minimizar as desigualdades.

A missão econômica

Muitas vezes a missão econômica é apenas perpetuar-se em seu negócio e gerar lucro com padrão de qualidade em todas as suas operações. Mas ao negligenciar sua missão social perante a comunidade, funcionários e até mesmo acionistas, a empresa poderá estar sendo míope, isto é, estará avistando apenas o imediatismo de curto prazo sem atentar para suas responsabilidades. Uma empresa, por exemplo, que se beneficia do meio ambiente, explorando-o predatoriamente, deverá prever com a exaustão dos recursos naturais o término de seu negócio.

É por isso que a tarefa de planejar deve ser diuturna, ou seja, não deve ser realizada apenas de tempos em tempos, pois as condições se alteram muito rapidamente e o planejamento anterior pode tornar-se obsoleto.

Observação: Parte deste texto foi publicado pelo autor no Caderno de Empresas, p. 3, Jornal *O Estado de S. Paulo*, 21-9-85, sob o título "O planejamento estratégico".

Para evitar-se o obsoletismo de um planejamento, ele deve ser sistemático e deve ser estabelecido, entre outros, em dois pontos: no diagnóstico situacional da organização e na análise ambiental.

O **diagnóstico situacional** permite, através de instrumentos de análise, identificar os seguintes aspectos:

1. os fortes e fracos da empresa;
2. a competência gerencial;
3. as ameaças e as oportunidades;
4. as vantagens competitivas e os fatores críticos de sucesso;
5. a análise ambiental.

1. **Fortes e fracos** – toda organização tem seus pontos fortes sobre os quais apoia sua força-motriz, ou seja, sua mola propulsora e sinergias com as quais ela poderá, rapidamente, por exemplo, produzir ou distribuir novos produtos. Muitas vezes, a força-motriz de uma organização é sua imagem de marca. Com ela será possível lançar novos produtos aproveitando-se desse guarda-chuva.

A sinergia da produção baseada em capacidade ociosa ou na sinergia de distribuição ao vender o novo produto nos mesmos pontos de venda da empresa e com a mesma força de vendas.

Ao desconhecer e não utilizar suas forças, a empresa estará enfraquecendo seu poder de fogo de gerar recursos e produzir lucros.

E ao contrário, ao agir calcada em suas fraquezas – como vender um novo produto com a mesma "fraqueza de vendas", isto é, com vendedores incompetentes –, ela estará acelerando sua perda de mercado e de lucros.

2. **Competência gerencial** – o poder de barganha de uma empresa é maior quão mais habilitados e competentes forem os seus gerentes. Contudo, o que se observa em muitas empresas é o descuido na frequência do adestramento de suas equipes de gerentes e vendedores.

Muitas vezes, a equipe tem *habilidade* para conduzir e gerenciar negócios, mas falta *conhecimento* de técnicas de administração que maximizem as oportunidades. E em outras ocasiões o problema é de *atitude*, os homens vão perdendo a motivação e deixam de "vestir a camisa" da empresa com o entusiasmo necessário.

Agora, quando a equipe é falha em conhecimento, habilidade e atitude, ou seja, com baixa competência gerencial, então a situação é dramática.

Investir em recursos humanos é por certo um bom negócio, desde que realizado de forma criteriosa e permanente. Por exemplo, dar treinamento aos gerentes apenas em épocas de convenção ou de crise não basta. Como não basta ter treinamento e não ter uma política salarial atrelada a uma avaliação de desempenho e a um bom plano de benefícios e de carreira.

3. **Ameaças e oportunidades** – os fantasmas da falta de equilíbrio financeiro muitas vezes geram mais ameaças internas do que a própria concorrência ou o ambiente econômico. Por isso, o segredo é neutralizar rapidamente as ameaças, corrigindo os rumos em direção às oportunidades de mercado e de lucro. Mas como isso é possível?

É evidente que não existe uma receita mágica e infalível para detectar ameaças, mas a verdade é que um problema não estoura de repente. Por isso é preciso estar atento e, ao primeiro sinal de problema, é oportuno resolvê-lo de pronto, sem postergações perigosas.

4. **Vantagens competitivas** – o concorrente sempre projeta uma sombra maior e mais ameaçadora do que ela realmente é. E por que isso acontece? Via de regra, porque falta uma confrontação clara dos limites dessas ameaças e sobretudo quando a empresa não conhece bem suas vantagens em relação à concorrência.

Essas vantagens não estão delineadas apenas na qualidade do produto ou em seu preço. Mas, às vezes, são decorrentes de uma equipe de vendas mais agressiva, graças ao treinamento e ao sistema de remuneração que a empurra. A imagem de marca é também uma forte vantagem competitiva. Para descobrir vantagens, basta fazer um confronto com a concorrência que a gente acaba por achar não uma, mas várias vantagens competitivas.

Feito o diagnóstico situacional, é só planejar taticamente o uso das ferramentas estratégicas para tirar proveito em relação à concorrência.

Para planejar é necessário ainda fazer uma análise introspectiva e avaliar as turbulências ambientais sobre o negócio.

5. **Análise ambiental** – o negócio torna-se mais atrativo à medida que a posição da empresa em seu ambiente de negócios for forte.

Quando as inovações tecnológicas não são ameaçadoras, nem a economia, nem os fatores políticos e sociais, nem a concorrência e o mercado, tanto do ponto de vista ambiental externo quanto do ambiente interno, então pode-se planejar o crescimento. Quando o ambiente for moderadamente atrativo, então o jeito é planejar a consolidação da organização em seu mercado, mas quando a atratividade for negativa, é preciso prudência.

Exemplo de matrizes para diagnóstico situacional

Num exercício de autoavaliação, que antecede os planos de marketing e de vendas, é interessante fazer um confronto entre:

1. as *vantagens competitivas* da empresa e de seu(s) principal(is) concorrente(s); dessa maneira, se as vantagens competitivas da concorrência merecerem uma nota de desempenho maior, pode significar que a empresa esteja vulnerável;

2. os *fortes e fracos* da empresa, diante da concorrência, significam que quanto maior for o fraco da empresa, maior será a nota e vice-versa, ou seja, se a empresa tiver mais fracos do que fortes, ela está ameaçada;

3. os *fatores-chave de competências gerenciais* representam em essência as razões que levam a empresa a ter sucesso em seu negócio.

ETAPAS PARA O DIRECIONAMENTO ESTRATÉGICO EM MARKETING E VENDAS

1ª Etapa – Definição da missão econômica, filosofia gerencial, negócio da empresa

Diz respeito à missão econômica da empresa, isto é, à definição do negócio da empresa e para qual caminho se deverá direcionar. Isso envolve uma definição clara dos produtos e serviços da empresa para satisfazer as necessidades de grupos específicos de consumidores através de tecnologias adequadas que satisfaçam a essas necessidades. Pressupõe a adoção de uma filosofia gerencial que direcione os esforços e os recursos da empresa para a consecução de seus negócios hoje e para algum tempo.

2ª Etapa – Alinhar a cultura organizacional e estratégia

Um planejamento tem pouco valor se a organização a que se destina não é capaz de executá-lo[2] e não terá como produzir resultados se a cultura da empresa não estiver alinhada com a sua estratégia. Portanto, a essência do planejamento é gerenciar a cultura com metodologia e não permitir que ela navegue ao sabor das ondas dos seus ritos, mitos e ideologias oportunistas. Uma empresa pode ter no seu DNA a cultura do saber fazer, mas não saber vender. Para contornar esse viés é preciso incorporar à cultura da organização uma nova vocação em vendas. Portanto, a cultura organizacional é uma importante ferramenta de planejamento.

3ª Etapa – Definição de objetivos, políticas e produtos e/ou serviços

O objetivo em Marketing deve proporcionar alvos para suas estratégias, constituindo submetas para o cumprimento das metas gerais da empresa, como lucro, crescimento, retorno sobre investimento. E as políticas devem definir as normas de atuação da empresa. São exemplos de políticas as normas estabelecidas para preço e condições de vendas, recursos humanos, financeiros, tecnológicos etc. Dessa maneira, a empresa deve definir suas políticas de atuação em cada uma de suas áreas. Isso envolve, entre outras, a definição da política de produtos e serviços da empresa.

---

[2] Russell Lincoln Ackoff – citado na *Revista ESPM*, set./out. 2012, p. 25 – Cultura e estratégia: um alinhamento necessário – Susana Arbex de Araujo.

4ª Etapa – Avaliação de competências humanas, financeiras, tecnológicas e organizacionais, bem como principais sinergias

Os recursos e as competências são a alavancagem do desenvolvimento das organizações. Para isso, a empresa precisa estar atenta às suas limitações de forma a carrear esforços para as áreas onde não exista escassez de recursos e suas competências sejam maiores. A par de recursos físicos, materiais e humanos, tecnológicos e organizacionais, a organização precisa avaliar suas principais competências e sinergias, isto é, onde seu desempenho combinado é maior que a soma das partes (2 + 2 = 5), e para sua força-motriz (sua grande habilidade).

5ª Etapa – Definição de estratégia competitiva

A empresa deve avaliar o ponto de vista estratégico, onde ela possui vantagens competitivas. As vantagens competitivas, segundo Michael Porter, são oriundas de duas fontes: custo e diferenciação.

Quando a empresa possui um custo menor que o da concorrência, ela tem vantagens, da mesma forma que quando o produto ou serviço tem diferenciação notável em relação à concorrência, isso também se constitui numa vantagem. Mas não é só; uma empresa pode ter vantagens competitivas através de diversos fatores, tais como:

- Condições econômico-financeiras mais favoráveis que as da concorrência.
- Diferenciação tecnológica de produtos em relação aos de seus concorrentes.
- Capacidade gerencial que agilize a tomada rápida de decisões.
- Cenário: análise da atratividade ambiental para o crescimento do negócio da empresa e uma análise da posição da empresa em seu respectivo negócio.
- Portfólio de produtos/serviços mais equilibrado e diferenciado que o da concorrência.
- Imagem de marca que evidencie vantagens em relação à concorrência.
- Barreiras à entrada da concorrência com base em economia de escala de produção, diferenciação de produtos/serviços etc.

6ª Etapa – Avaliação de forças e fraquezas e ameaças e oportunidades

Ao avaliar suas forças e fraquezas, a empresa torna-se apta a dirigir seus esforços e recursos para a consecução mais rápida de seus objetivos, maximizando oportunidades e minimizando riscos. Esse é um exercício de autorreflexão de extraordinária importância para o direcionamento estratégico.

Deve partir do cenário ambiental, analisar os fortes e fracos da empresa em face desse ambiente, deve analisar a potencialidade do mercado e as ameaças e oportunidades que cercam a empresa.

7ª Etapa – Formulação de estratégias operacionais e funcionais a partir da estratégia global

"Estratégia é a arte de aplicar os meios disponíveis para alcançar os objetivos específicos."

Para facilidade didática, englobamos as estratégicas gerais em três níveis básicos.

- A – Estratégia global.
- B – Estratégia operacional.
- C – Estratégia funcional.

A – ESTRATÉGIA GLOBAL

A formulação de estratégias depende num primeiro momento da avaliação das alternativas estratégicas viáveis. Depende do binômio produto/mercado para a formulação de quaisquer alternativas estratégicas. Uma vez definida a estratégia produto/mercado, a empresa estará apta a definir as estratégias funcionais, em cada área, ou seja, as estratégias de marketing, produção, sistemas, organização, finanças, pesquisa e desenvolvimento, recursos humanos, compras, entre outras.

• *Como criar estratégias*

As estratégias podem surgir de muitas fontes variadas. Essas fontes variam desde a ideia de um executivo de marketing até discussões de grupos. Em qualquer dos casos não se deve desestimular a liberdade de intuição na pesquisa de um sistema ultrassofisticado para criação e seleção de ideias. Antes de se fazer uma avaliação e seleção, deve-se elaborar uma lista de alternativas em vez de aceitar a primeira boa ideia como a melhor.

• *A seleção de estratégias*

Depois de as estratégias alternativas estarem planejadas, é importante avaliá-las para determinar aquelas que podem melhor satisfazer aos objetivos. Também se determina qual pode ser implementada de modo eficiente dentro dos recursos e capacidades da empresa e dentro dos limites impostos por problemas potenciais. Estratégias podem frequentemente ser testadas através de experimentação de campo, análise matemática e/ou simulação de computador.

B – ESTRATÉGIA OPERACIONAL

Visa identificar e definir as prioridades e escaloná-las, ao mesmo tempo em que propõe diretrizes básicas de ação, levanta necessidades de recursos e planeja a distribuição desses recursos. Para isso, é preciso também definir os alvos não quantificados, como, por exemplo, dentre as seguintes alternativas:

– Aumentar a lucratividade, aumentando a participação de mercado por três anos.

– Aumentar a participação de mercado, sacrificando o lucro da empresa por dois anos.

– Aumentar a produtividade e reduzir a taxa de rotação de pessoal nos próximos dois anos.

– Melhorar o retorno sobre investimentos (ROI) para os próximos cinco anos.

Uma vez realizada a tarefa de escolha da alternativa estratégica, fica facilitado o trabalho para o plano de marketing, para avaliar o desempenho estratégico de uma organização.

C – ESTRATÉGIA FUNCIONAL

No controle da estratégia por área funcional da empresa, o auditor deve avaliar os perfis de potencialidade de cada área, analisar as vantagens competitivas da empresa, identificar "sinergias" e as oportunidades e as ameaças ambientais. Deve ainda analisar os recursos distribuídos pelas áreas funcionais e avaliar os resultados alcançados em função dos alvos específicos de longo prazo.

Na estratégia funcional, é preciso identificar quem faz o quê, como, o que e quando faz.

Um elemento importante para a elaboração da estratégia funcional é o caderno de fatos. Esse documento pode ser elaborado por área funcional: gerentes de produtos, supervisores de vendas e vendedores.

3.1 TEORIA DO CAOS E O PLANEJAMENTO ESTRATÉGICO

O caos se manifesta em uma organização de diversas maneiras: a concorrência, a economia, o mercado e, sobretudo, as crises internas e externas, são geradoras de caos.

Mas a Teoria do Caos foi desenvolvida para minimizar impactos nos negócios de uma empresa. Dentre os benefícios da Teoria do Caos, destacam-se os seguintes:

1. Para competir em ambientes complexos e dinâmicos, as organizações precisam encontrar o limite do caos. O limite é o local onde há tanto ênfase na concorrência quanto na criação e desenvolvimento de novos modelos organizacionais – até onde os descontos no preço de venda podem ser concedidos para enfrentar a concorrência.

2. Atuando no limite do caos, as organizações tanto podem ser ótimos competidores quanto ótimos desenvolvedores – trabalhando com margens mínimas é preciso muitas vezes recriar o próprio negócio.

3. Uma organização precisa de estratégias e precisa investir em alternativas diversas, frente o imprevisto, inesperado e a incerteza. Necessita desenvolver novas formas de vantagem por meio da inovação e estar preparada para enfrentar crises. Uma boa postura é preparar "a sala da crise", alocando pessoas que seriam chamadas para administrar eventos inesperados (a queda de um avião da companhia aérea; uma repentina queda do valor da ação da empresa na bolsa de valores etc.) (**Fonte:** *Teoria do caos*: uma contribuição a formação de estratégias. Enanpad 2006 – Salvador. Marcio Marietto, Manuel Meireles, Cida Sanches, Orlando Roque da Silva).

O caos costuma estar presente em diversos momentos da venda, o mais crítico é quando o cliente diz não. Mas não é apenas a negação de compra do cliente que causa um caos mental e emocional no vendedor.

O caos organizacional pode inibir ações estratégicas e comprometer os resultados esperados. Para evitar que isso aconteça é preciso inibir o caos, ou seja, adotar ações preventivas. Por exemplo, se o concorrente abaixa repentinamente o preço de vendas dos produtos similares, a empresa que opera no limite do caos já deve ter elaborado um plano contingencial para acompanhar os preços da concorrência para não perder vendas.

Para elaborar planos contingenciais, o setor de vendas e o departamento de marketing devem coletar sistematicamente informações do Mercado. E isso envolve as seguintes ações:

3.1.1 Análise da situação de mercado: o papel do vendedor na coleta e análise das informações de Marketing

Pesquisa de Mercado

Corresponde à elaboração, à coleta, à análise e à edição de relatórios sistemáticos de dados e descobertas relevantes sobre uma situação específica de marketing enfrentada por uma empresa. E nesse sentido é importante o papel do vendedor para descobrir o que o cliente quer, quanto quer e aonde quer receber o produto ou serviço.

Para responder essas questões, é necessário planejar a participação do vendedor para obter informações precisas do mercado e para saber:

- **O que** coletar?
- **Para que** propósito?
- **Para quem**?

- **Como** coletar?
- **Como** analisar?
- **Como** disseminar?
- **Qual** o custo?

Embora o papel do vendedor seja a venda, ele precisa identificar as necessidades do mercado e como obter essas informações com os seus clientes e também com os clientes da concorrência.

Profissionais de mercado têm comparado a prestação de serviços de pesquisa com a dramaturgia, observando que ambos têm por objetivo a criação e a manutenção de uma impressão desejada junto à audiência, sendo que o caminho para atingir tal objetivo é a administração cuidadosa dos atores e do cenário físico para o seu comportamento. Ex.: Walt Disney.

A metáfora da dramaturgia proporciona uma forma útil de conceber a prestação de serviços ou o desenvolvimento de um novo produto.

Antes de qualquer projeto de pesquisa de Mercado, envolvendo ou não a força de vendas, é importante:

- avaliar as necessidades dessas informações;
- saber como obter as informações;
- saber como transformar essas informações em inteligência para a tomada de decisão;
- procurar disseminar essas informações entre os membros da equipe de vendas.

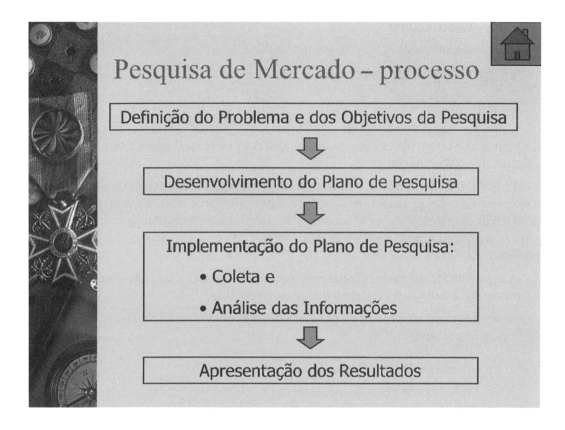

A definição do problema da pesquisa de mercado é o passo mais difícil do processo de escolha do tipo de pesquisa a ser adotado:

- Pesquisa Exploratória – informações preliminares
  (exemplo: motivação de compra)
- Pesquisa Descritiva – descrever fenômenos e objetos
  (exemplo: potencial mercado)
- Pesquisa Causal – testar hipóteses
  (exemplo: estimar o efeito do preço no volume de vendas)

Desenvolver o plano da pesquisa significa definir a quem caberá a tarefa de coleta de dados. E de que maneira a força de vendas pode ser envolvida no processo, sem perda da qualidade dos dados levantados.

Hoje, a pesquisa não está mais centrada na identificação de necessidades das pessoas, mas sobretudo em descobrir desejos explícitos e ocultos de consumo.

Para isso, uma das novas técnicas de pesquisa de Mercado para identificar o que se passa no cérebro do consumidor na hora da compra surge agora com base na neurociência, o neuromarketing.

3.1.2 A informação obtida pelo neuromarketing e pela neuroeconomia

Com o estudo científico do sistema nervoso, a neurociência está cada vez menos restrita aos laboratórios e tornou-se um pilar importante para áreas como Marketing e Vendas. Em todo o mundo, as empresas dos mais diversos setores passaram a usar o neuromarketing – resultado do cruzamento da neurociência e do marketing – para entender as escolhas dos consumidores. Desde o princípio as atividades de marketing se sustentaram em conhecimentos procedentes de outras disciplinas, como psicologia, sociologia, economia, ciências exatas e antropologia.[3]

- A Neurociência pode ajudar empresas a lidar com clientes na Internet.
- Marcas fortes na mídia social entenderam os fatores psicológicos que desencadeiam a resposta emocional do consumidor: uma rápida (criar juízos) e outra devagar (reflexão).
- A publicidade tradicional desencadeia as reações imediatas. Já a mídia social é boa posteriormente, para dialogar com o consumidor no dia a dia.

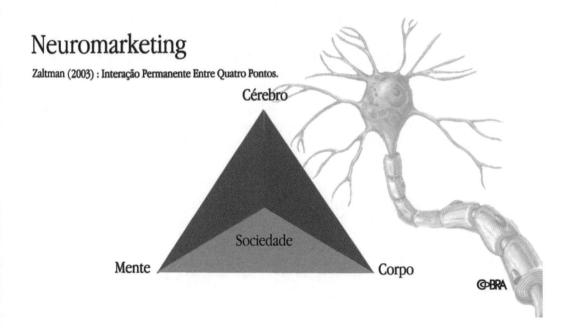

---

[3] BRAIDOT, Néstor. *Neuromarketing em ação*. Buenos Aires: Granica, 2011. p. 15.

Neuromarketing

O Neuromarketing estuda a relação entre os cinco sentidos e como isto pode ser representativo no consumo de produtos ou na assimiliação de uma determinada propaganda.

Os cinco sentidos do ser humano são: audição, visão, tato, faro e paladar. E é através deles que os produtos atingem a mente do consumidor por meio de mensagens que falam muitas vezes à razão e algumas vezes ao coração. A comunicação se vale da audição e visão. Ao passo que uma fruta é comprada numa feira livre pelo tato, faro e paladar, apenas para citar três exemplos de ações por meio dos cinco sentidos para atingir o cérebro de um consumidor. É por meio da neurociência que se procura avaliar o impacto produzido por um comercial de televisão, rádio, jornal, revista ou Internet, vistos e ouvidos, e ainda de que maneira os outros sentidos interferem na decisão de compra do consumidor.

Neuromarketing: Usos

Precificação
Que faixa de preço os consumidores consideram aceitável para determinado produto? O neuromarketing torna possível determinar a elasticidade ao preço sem qualquer teste real de mercado.

Marca
Como os consumidores respondem emocionalmente à marca de uma determinada empresa?

Produto
Que tipo de consumidor responde positivamente a um certo produto?
Que produto o consumidor prefere? A ou B?

Dentre os principais usos do neuromarketing destacam-se:

1. Descobrir necessidade e desejos profundos dos consumidores e clientes.
2. Avaliar a construção perceptual do preço na mente do consumidor cliente.
3. Avaliar a posição de produtos, suas marcas e embalagens na mente do consumidor.
4. Inteligência de negócios – como penetrar na mente do mercado.
5. Descobrir o pós-compra – ou seja, como o consumidor se sente após a compra de um produto ou serviço.
6. Avaliação de campanhas publicitárias.
7. Avaliação do comportamento do consumidor.
8. Avaliação da queda de vendas por tipo de cliente.
9. Avaliação de lojas e clientes.
10. Criar vínculos com o cliente através dos canais de Marketing.
11. Avaliar a comunicação e a neurocomunicação.

Técnicas de Neuromarketing   ©BRA

FMRI - Imagem por Ressonância Magnética. (Functional Magnetic Ressonance Imaging)

A FMRI identifica as diferentes zonas do cérebro analisando o padrões e mostra mudanças no padrão de comportamento.

FDOT - Tomografia Ótica Funcional Difusa. (Functional Difuse Optical Tomography)

A FDOT Estuda a Multidisciplinaridade e as novas técnicas de pesquisa de mercado.

PET - Imagem por Ressonância Magnética. (Functional Magnetic Ressonance Imaging)

A PET Examina as mudanças no fluxo sanguíneo cerebral relacionadas às respostas afetivas a música.

Neuromarketing Conclusões

Dos Estímulos oferecidos ao SNC em média são lembrados:

1% do que Tocamos

2% do que Ouvimos

5% do que Vemos

15% do que Experimentamos

35% do que Cheiramos

COBRA

Neuromarketing Conclusões

Chegou-se a conclusão que:

95% da atividade cognitiva dos consumidores ocorrem no inconsciente.

Portanto, o grande desafio torna-se trazer à tona as relações no momento da compra de produtos.

COBRA

Fontes: 1) CORTEZ, Bruna. Neuromarketing começa a ganhar força no Brasil. *Jornal Valor Econômico*, Caderno Empresas, 4 mar. 2013, p. B4.

2) BRAIDOT, Néstor. *Neuromarketing em ação*. Buenos Aires: Granica, 2011.

Quadro 3.1   *Análise de mercados – caderno de fatos.*

Pressupostos	Problemas	Oportunidades
A concorrência vende mais	Falha no fechamento da venda. Preço mais alto que o da concorrência e vendedor acomodado	Reciclar o vendedor para torná-lo mais atuante e conhecedor de seus clientes e seus concorrentes. Reavaliar as estratégias de preços

Formulação de planos táticos/operacionais

O plano estratégico é pertinente à organização como um todo, enquanto os planos táticos estão relacionados com as diversas áreas da organização.

Os planos de marketing, financeiro, de vendas e de recursos humanos são exemplos de planos táticos.

A *estratégia* estabelece os caminhos mais adequados para atingir objetivos.

As *metas* são alvos específicos dentro dos objetivos. Por exemplo, se o objetivo é maior participação de mercado, a meta é obter 10% a mais de participação no mercado.

As *táticas* são ações específicas para atingir metas, por exemplo, conquistar novos clientes, derrubar o concorrente em um ponto de venda.

O *plano* é um conjunto de métodos e medidas para a execução de um empreendimento. Exemplo: instalar painéis da empresa nas principais rodovias do país.

O *plano de marketing* identifica as oportunidades mais promissoras no negócio da empresa, definindo programas de ação para atingir os objetivos visados. Mostra também como penetrar com sucesso, obter e manter as posições desejadas nos mercados identificados.

O sucesso de um plano de marketing e de um plano de vendas repousa na adoção de mecanismos de correção de rumo ao longo do período planejado.

Dessa forma, o plano não deve ser um documento estático, mas dinâmico, ou seja, mutável em função das alterações do cenário ambiental.

Caderno de fatos

A venda deve ser decorrência natural de uma ação planejada. O processo de planejamento estratégico em Marketing, por outro lado, não pode prescindir da opinião do vendedor. Situado na linha de combate, é o vendedor quem melhor conhece os desafios de Mercado. Não ouvi-lo pode ser um erro. O Planejamento é uma ação que parte do alto para baixo, mas deve ser calcado em informações que emanam da base da pirâmide de negócios.

Ou, em outras palavras, a equipe de vendas deve estar envolvida com o planejamento estratégico da empresa. Embora toda a estratégia se inicie no topo da hierarquia, com base na missão, visão e metas da empresa e alocação de recursos entre as unidades de negócio, ela flui e permeia a área de vendas.

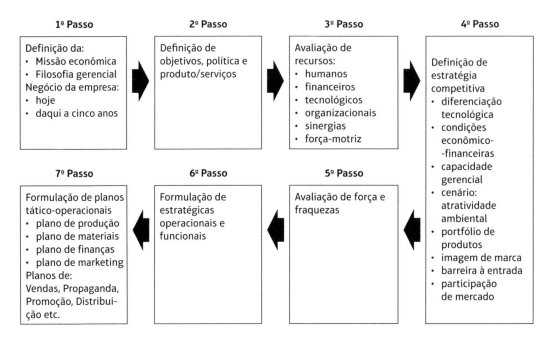

Figura 3.1 *Exemplo de passos do planejamento estratégico para o direcionamento do marketing.*

3.2 O QUE DEVE CONTER O PLANO DE MARKETING

– Explicar a situação da empresa: anterior, atual e futura.

– Especificar as oportunidades e os problemas que a empresa tem a possibilidade de encontrar.

– Estabelecer objetivos específicos e realísticos a serem atingidos pela empresa em face da situação ambiental.

– Especificar as estratégias de Marketing e os programas de ação necessários ao atingimento dos objetivos indicados.

– Indicar com exatidão os responsáveis pela execução dos programas.

– Estabelecer prazos para a execução dos programas e os respectivos controles (cronograma).

- Apresentar metas e programas devidamente quantificados, isto é, previsão e orçamentos que sirvam de base para o planejamento dos outros departamentos da empresa.

Fonte: COBRA, Marcos. *Marketing básico*: uma perspectiva brasileira. 3. ed. São Paulo: Atlas, 1985.

Figura 3.2   *O fluxo de tarefas para o planejamento de marketing.*

Plano de Vendas

O QUE DEVE CONTER O PLANO DE VENDAS

A partir da previsão de vendas e dentro do contexto do plano de marketing, a empresa deve elaborar seu plano de vendas. A elaboração requer uma avaliação cautelosa do plano de metas e, por conseguinte, dos objetivos de vendas.

Para a montagem do plano de vendas, o gerente de vendas deve responder a questões, tais como:

- O que se deve vender?
- A quem?
- A que preço?
- Por que métodos?
- A que custos?
- A metodologia de vendas está adequada para alcançar os objetivos determinados?
- A equipe de vendas está motivada a alcançar estes mesmos objetivos?
- Os recursos disponíveis são adequados?
- As estratégias e as táticas de marketing estão bem orientadas para a consecução do plano de metas?
- Há suficientes recursos financeiros?

A adequação dos preços aos respectivos segmentos de mercado é importante, bem como a avaliação da influência da marca e dos esforços globais de marketing e, ainda, da campanha de *merchandising*, da campanha de propaganda e de promoção de vendas. As disponibilidades de estoques e os níveis de produção devem ser compatíveis com o plano de vendas.

A – O QUE VENDER

É importante que se determine quais são os produtos ou serviços mais adequados a cada segmento de mercado; que se avalie a sazonalidade de vendas e as possibilidades de vencê-la. Que benefícios dos produtos devem ser enfatizados para cada tipo e classe de cliente? Quais os serviços de pré-venda, instalação e pós-venda que fazem parte da argumentação de vendas?

B – A QUEM VENDER

Quais são os consumidores típicos e os consumidores potenciais para seus produtos? É preciso estudar quais são os mercados existentes e quais as possibilidades futuras de crescimento, decréscimo ou manutenção de vendas. Através da análise por tipo e classe de cliente, pode-se montar uma matriz que identifique a relação produto/segmento de mercado.

C – ESTRATÉGIA POR CLIENTE

Por meio da força de vendas podem-se levantar informações por cliente ou por tipo de classe de cliente que ajudem a formular uma estratégia de vendas por cliente.

O vendedor identifica, durante a visitação normal, o potencial de vendas e as vendas atuais das linhas de produto para cada segmento de mercado em que ele atua. Analisa a concorrência existente, avalia a participação de mercado por segmento e formula seu plano de ação em termos de número de visitas a serem realizadas, frequência de visitação necessária, objetivos das visitas e suportes necessários.

D – MÉTODOS DE VENDAS

Após identificar a relação produto/segmento de mercado, através da análise da respectiva matriz, estará a gerência de vendas em condições de identificar os principais problemas de cada linha de produtos nos diversos segmentos de mercado. Poderá, dessa maneira, estabelecer um método de vendas mais adequado para cada linha de produtos ou mesmo para cada segmento. Qual é a previsão de vendas para o próximo ano? Que participação de mercado pode-se esperar? Assim, saber-se-á que tipo de serviço a força de vendas deve enfatizar para cada linha de produtos. Que argumentos de vendas usar, que benefícios salientar e assim por diante.

Quadro 3.2   *Exemplo de passos para a elaboração dos planos de marketing e de vendas.*

Passos do Planejamento	Repercussões	
	Plano de Marketlng	Plano de Vendas
1. Definição da missão econômica, escopo, metas e política da empresa	Definição da filosofia de marketing: crenças, desejos e aspirações da direção	Metas de vendas e políticas de vendas
2. Análise do cenário ambiental	Análise das situações econômicas, políticas e sociais passadas e tendências futuras. O comportamento do cliente e as estratégias de marketing	A situação ambiental e suas repercussões nos negócios de curto e médio prazo. Avaliação das ameaças e oportunidades por segmento de mercado
3. Análise de recursos disponíveis e necessidades da empresa e do mercado	Avaliação dos recursos econômicos e tecnológicos disponíveis em face da concorrência e das tendências sociais e políticas e ainda em face dos desejos, necessidades e comportamentos dos clientes em cada mercado	Análise do histórico de vendas nos últimos cinco anos. Previsão de vendas de lucro e de investimento no próximo exercício com base em potencial de vendas por região. Previsão de despesas para manter ou aumentar a participação de mercado por território de vendas

Passos do Planejamento	Repercussões	
	Plano de Marketing	Plano de Vendas
4. Avaliação de oportunidades estratégicas	Caderno de fatos – combinar os dados de situação acima enumerados com os fornecidos por pesquisas de mercado com as ideias dos Gestores de clientes e de Produtos	Com base nas vendas passadas, no potencial de vendas e nas previsões de vendas: formular alternativas táticas para viabilizar as vendas planejadas por região, por vendedor
5. Selecionar estratégias	Estabelecer estratégias para cada segmento de mercado: • crescimento • consolidação de mercado	Estabelecer táticas de vendas para cada região, produto, tipo de cliente e cliente
6. Preparar planos de ação	Desenvolver: • planos promocionais em redes sociais • planos de serviços pós-venda • planos de preços • planos de distribuição	Planos de vendas e a adoção de serviços, promoção, distribuição e preços por regiões de vendas, por cliente e por produto
7. Rever planos	Avaliar a viabilidade dos planos em face dos recursos disponíveis	Avaliar a viabilidade dos planos em face dos recursos disponíveis.
8. Desenvolver programas complementares	Avaliar esforços complementares necessários no decorrer do plano: • pesquisas de mercado • aquisições/fusões • compras etc.	Prever necessidades de: • treinamento de vendas • convenções de vendas • reuniões regionais com equipes de vendas e com revendedores etc.
9. Preparar orçamentos e fluxo de caixa	Preparar orçamento de receitas e desembolsos em face da consecução do plano de marketing	Preparar orçamento de receitas e desembolsos em face da consecução do plano de vendas
10. Revisão final, avaliação e ajuste	Revisão final, avaliação e ajuste	Preparar métodos de venda
11. Transmitir o plano dos responsáveis pela implementação	Transmitir o plano dos responsáveis pela implementação	Transmitir o plano dos responsáveis pela implementação
12. Rever e atualizar o plano pelo menos trimestralmente	Rever e atualizar o plano pelo menos trimestralmente	Rever e atualizar o plano pelo menos trimestralmente

Fonte: Adaptado e atualizado pelo autor do livro *Administração de vendas*. 4. ed., 1994, 5. ed., 2013.

SUMÁRIO

Com base em uma correta análise ambiental, a empresa pode estabelecer estratégias de marketing e de vendas para os respectivos planos de marketing e de vendas.

Como ferramenta de planejamento e controle, o plano de vendas dá aos Gerentes e aos Supervisores de vendas os elementos-chave para avaliar desempenhos. Através desse plano, se estabelece o que vender, a quem vender e quais métodos de vendas usar. Os custos de vendas e o envolvimento da força de vendas no planejamento e na ação estratégica de vendas são também determinados. O direcionamento estratégico em vendas depende em larga escala da cultura e da missão da empresa e ainda da capacidade gerencial em vendas para neutralizar as ameaças e maximizar as oportunidades competitivas.

As técnicas de pesquisa baseadas em neurociência permitem agora uma melhor avaliação da mente dos consumidores e clientes.

PALAVRAS-CHAVE

- Diagnóstico situacional
- Estratégia global
- Estratégia operacional
- Estratégia funcional
- Caderno de fatos
- Plano de marketing
- Plano de vendas
- Estratégias por cliente

QUESTÕES

1. O direcionamento estratégico de uma empresa depende de quais fatores?

2. Numa sociedade industrial, o recurso estratégico é o capital, mas em uma nova sociedade da era pós-Industrial, qual é o principal recurso estratégico?

3. A estratégia estabelece os caminhos mais adequados para atingir objetivos e táticas, que são ações específicas para atingir metas.

( ) Certo   ( ) Errado

4. O plano estratégico é pertinente à organização como um todo, enquanto os planos táticos estão relacionados com as diversas áreas da organização.

( ) Certo   ( ) Errado

5. Um plano de vendas é um plano tático operacional ou estratégico? O que fazer para definir as metas, as políticas de vendas de uma empresa em um mercado altamente competitivo?

PONTOS DE AÇÃO

1. Estabelecer o planejamento estratégico de marketing e as ações de vendas pertinentes.

2. Definir um plano tático operacional de vendas consistente com os desafios do mercado.

3. Investir em informações de mercado consistentes para a tomada de decisão estratégica em Marketing e Vendas.

4. Definir estratégias por cliente e por região.

BIBLIOGRAFIA

ARAUJO, Susana Arbex. Cultura e estratégia: um alinhamento necessário. *Revista da ESPM*, set./out. 2012, p. 25-27.

BRAIDOT, Néstor. *Neuromarketing em ação*. Buenos Aires: Granica, 2011.

COBRA, Marcos. *Marketing competitivo*. São Paulo: Atlas, 1993.

_____. *Metacompetência em gestão estratégica de vendas*. São Paulo: Cobra Editora, 2010.

CORTEZ, Bruna. Neuromarketing começa a ganhar força no Brasil. *Jornal Valor Econômico*, Caderno Empresas, 4 mar. 2013, p. B4.

JONES, Harry. *Preparing company plans*. Londres: Gower Press, 1979.

LUTHER, William M. *The marketing plan*: how to prepare and implement it. New York: AMACOM, 1982.

MACMILLAN, C. Jan. *Strategy formulation political concepts*. St. Paul: West Publishing, 1978.

MARIETTO, Marcio; MEIRELES, Manuel; SANCHES, Cida; SILVA, Orlando Roque da. *Teoria do caos*: uma contribuição a formação de estratégias. Enanpad 2006 – Salvador.

PORTER, Michael. *Competitive strategy*. New York: Free Press, 1980.

STAPLETOW, John. *How to prepare a marketing plan*. 8. ed. Londres: Gower Press, 1974.

4

Evolução das estratégias de marketing e a atuação do vendedor

Ao longo dos anos, os modelos de estratégia de Marketing foram evoluindo e quase sempre envolvendo as equipes de vendas. Cronologicamente, os principais modelos de estratégia foram:

1. **Análise de fortes e fracos** (*strengths and weakness Analysis*) nos anos 60: uma espécie de análise de *mea culpa*, a empresa analisa seu potencial e suas fraquezas em relação a sua estrutura e seu desempenho no mercado, além de dificuldades de caixa e de investimentos para se adequar às necessidades do mercado. A área de vendas passa a ser olhada com mais cuidado e atenção.

2. **Análise do portfólio de produtos do Boston Consulting Group (BCG)** nos anos 70. Nesses dois modelos, o objetivo era minimizar a ação da concorrência por meio de fortalecimento de fraquezas organizacionais e melhoria da oferta de produtos. Em ambos os casos, a atuação do vendedor era considerada importante para tornar produtos "oportunidade ou menino prodígio" – produto novo de baixo crescimento em baixa participação de Mercado –, em produto "estrela" – de rápido crescimento de mercado e as "estrelas" em "vacas leiteiras" – produtos geradores de caixa –, evitando que os produtos "abacaxi" – de baixa participação de mercado e baixa rentabilidade –, contaminassem o desempenho da empresa como um todo. A equipe de vendas era estimulada a ter uma venda equilibrada entre os diversos tipos de produtos, para melhor rentabilizar o negócio da empresa.

3. **Estratégia de *Shareholder Value*** (valor para o acionista) nos anos 80. O foco era a valorização das operações da empresa visando seu maior valor de mercado. E mais do que máquinas e equipamentos, uma empresa era e ainda é avaliada de acordo com o seu Quociente de Eficácia Operacional

(QEO). E a força de vendas é sem dúvida um grande diferencial estratégico em relação à concorrência.

4. **Análise da indústria e estratégia competitiva**, de Michael Porter, no início dos anos 90. Tinha como foco a análise da competitividade da empresa em seu setor industrial. E, sem dúvida, além de produtos diferenciados, a análise contemplava o desempenho da empresa como um todo e da força de vendas, em especial como uma das vantagens competitivas de uma empresa.

5. **O cliente é o rei**, de Kenichi Ohmae, nos anos 1990, estabelecia a estratégia de valorização do cliente, o tapete vermelho e toda uma paparicação para manter e conquistar clientes. E essa foi sem dúvida uma estratégia de valorização também da força de vendas, para comprometê-la no processo de exaltar o cliente.

Estratégias e teorias ao longo do tempo

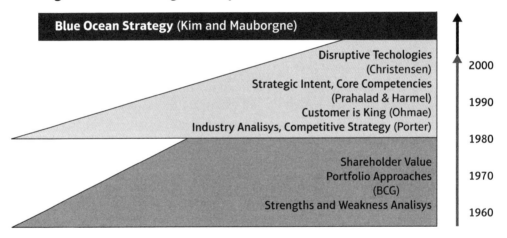

Figura 4.1   *Estratégias e teorias ao longo do tempo.*

6. *Strategic Intent, Core Competencies* – Prahalad & Hamel. A empresa foca a sua atuação em suas competências para não perder sinergias, concentrando suas ações estratégicas em oportunidades de mercado, sobretudo na base da pirâmide aonde se encontra a população de baixa renda.

7. *Disruptive techonologies* – Christensen, anos 2000. É a estratégia do novo que rompe com tudo o que existe. Isso vale para produtos e também para a estrutura organizacional da empresa. Um exemplo de estratégias disruptivas é a Apple, reinventando o celular e o computador e lançando *tablets*. Na área de vendas, essa estratégia significa "reinventar o vendedor" com

ações combinadas de venda presencial com venda a distância, ou seja, com o uso da Internet.

8. *Blue Ocean Strategy* – Kim e Maugorgne. Na estratégia do oceano Azul, a empresa foca sua atuação de maneira diferente, reinventando a sua operação. Exemplo: Cirque du Soleil, reinventou o circo: abandonou animais, astros circenses, vários picadeiros, emoções e palhaços. E concentrou sua ação na beleza e leveza do espetáculo, com tema, ambiente refinado, várias produções, luzes e cores, músicas e danças artísticas.

"Cirque du Soleil"

ELIMINAR	INCREMENTAR
• Astros circenses • Espetáculos com animais • Descontos para grupos • Espetáculos em vários picadeiros	Picadeiro único
REDUZIR	**CRIAR**
• Diversão e humor • Vibração e perigo	• Tema • Ambiente refinado • Várias produções • Músicas e danças artísticas

A empresa como um todo precisa ser repensada e a equipe de vendas em especial precisa adquirir novos contornos de atuação e desempenho, integrando sobretudo a Internet nas ações de venda. Portanto, o foco estratégico deve ser o desenvolvimento de competências organizacionais, que habilitem a empresa a qualificar melhor o seu desempenho, por meio do somatório de competências de seus funcionários e seus vendedores.

A competência organizacional é o conjunto de qualificações e tecnologias essenciais ao desempenho de uma empresa no mercado. Para evitar a imitação por parte da concorrência, é preciso que a empresa se diferencie das demais e que tenha uma equipe de vendas com desempenho acima da média do mercado. E isso exige que cada pessoa envolvida com o trabalho tenha capacidade inerente a sua função.

SUMÁRIO

As estratégias de marketing são extremamente dinâmicas e têm evoluído não só para desenvolver produtos e rentabilizar sua operação pela conquista de mercado, mas sobretudo para envolver e comprometer pessoas dentro e fora da empresa. Nesse sentido, as organizações procuram desenvolver diversas competências por meio do somatório de competências individuais.

Cada pessoa dentro e fora da empresa é a essência da capacidade de uma organização para ter forças para superar os desafios ambientais e sobretudo vencer a concorrência. Dessa maneira, funcionários, vendedores, fornecedores e clientes fazem parte desse elenco de *players* – parceiros do negócio. As estratégias de marketing e de vendas devem estar cada vez mais focadas em cada cliente e em cada consumidor para melhor atender as expectativas individualizadas. Ou seja, é o marketing "um a um".

E para isso as competências devem ser potencializadas por meio de melhor qualificação de vendedores e funcionários.

PALAVRAS-CHAVE

– Tecnologia disruptiva

– *Core competence*

– Estratégia do Oceano Azul

– Estratégia competitiva

– Agregar valor para o acionista, cliente e fornecedor

– Portfólio equilibrado de produtos

QUESTÕES

1. Discuta a estratégia o cliente é o Rei.
2. O que vem a ser uma estratégia de tecnologia disruptiva para o setor de serviços de conveniência?
3. Qual é a importância de uma estratégia de "core competence" do Prahalad, aplicada a produtos de tecnologia inovadora?
4. O que vem a ser uma Estratégia do Oceano Azul, para empresas de setores fortemente competitivos?

PONTOS DE AÇÃO

1. Reinventar o negócio por meio de estratégias baseadas em tecnologia disruptiva.
2. Ampliar o leque de competências para tornar a organização mais competitiva.
3. Comprometer o vendedor na criação de estratégias Blue Ocean.

4. Equilibrar forças e fraquezas, maximizando as oportunidades de novos negócios.

5. Tornar a organização mais competitiva.

BIBLIOGRAFIA

CHAN, W. Kim; MAUBORGNE, Renée. Blue ocean strategy, *Harvard Business Review Press*, 2005.

OHMAE, Kenichi. *La mente del estratega*. Madrid: McGraw-Hill, 2004.

AÇÕES ESTRATÉGICAS EM VENDAS

Parte III

5

A VENDA POR MEIO DO MARKETING DIGITAL

5.1 INTRODUÇÃO

O Marketing digital é mais abrangente do que somente as redes sociais.

Inclui também *site* para clientes e consumidores, portal interno da empresa para colaboradores e também o endomarketing. O marketing digital, segundo José Gonçalves,[1] da Accenture AL, passou de estratégia para algo crucial. Conforme pesquisas da Accenture em 10 países, o marketing corporativo passará por uma reformulação drástica nos próximos anos. Isso como efeito da era digital. O *e-commerce* permite a venda de tudo, até moda, e essa é uma das categorias que mais cresce. O crescimento exponencial do uso da Internet associado à adoção de dispositivos móveis está formando um novo tipo de consumidor – agora mais antenado e muito mais informado e hipersocial, integrado às redes digitais.

Segundo Recuero (2009), uma rede social é definida como um conjunto de dois elementos: atores (pessoas, instituições ou grupos, os nós da rede) e suas conexões (interações ou laços sociais). Os atores das redes sociais não são exatamente pessoas, mas sim uma representação delas. A construção da identidade de um ator social é feita, por exemplo, por meio de seu perfil no Facebook, para expressar elementos de sua personalidade ou individualidade. Ainda segundo a autora, no ciberespaço a comunicação face a face não existe. Por isso, é essencial que os atores coloquem seus rostos e informações que gerem individualidade e empatia. Este requisito é fundamental para que a comunicação possa ser estruturada. Para a autora, as conexões nas redes sociais são formadas por laços sociais, que por sua vez são constituídos por meio da interação social entre os atores (Encontro Enanpad XXXV, Rio de Janeiro, 2011).

---

[1] GONÇALVES, José. O marketing digital passou de estratégia para algo crucial. *O Estado de S. Paulo*, Caderno de Economia, 10 jun. 2013, p. B2.

O uso das redes sociais na construção do relacionamento com clientes: um estudo de caso múltiplo no Brasil

Autoria: Thelma Valéria Rocha, Caroline Jansen, Eduardo Lotfi, Rodrigo Ribeiro Fraga

As redes sociais são *sites* na Internet nos quais os usuários podem criar seu perfil e se relacionar com perfis de outros usuários. As empresas utilizam as redes sociais, como Twitter, Facebook e Orkut, para se comunicar com seus clientes e construir relacionamentos.

E o seu crescimento tem ocorrido por meio de comunidades virtuais ou *sites* de relacionamento, onde indivíduos promovem interações a partir de interesses em comum. Essas redes virtuais tendem a refletir e funcionar como extensão das relações *off-line* (BOYD; ELLISON, 2008), consequentemente, servem para manter os laços sociais já existentes, assim como desenvolver novos, através da experimentação da criação e representações de si, bem como da troca de capital social (HULL; STORNAIUOLO, 2010).

O capital social, segundo o sociólogo francês Pierre Bourdieu, é decorrente de capitais econômicos e culturais. Ou seja, o indivíduo desenvolve um capital cultural que permite chegar a um capital econômico e este resulta num capital social.

O fenômeno das redes sociais chega a superar a imaginação de todos em termos de dinamicidade, popularidade e disseminação "viral", principalmente, entre os jovens. A verdade é que o ser humano, ao longo de sua trajetória histórica, foi se desenvolvendo em rede. Ao pensarmos em nosso cotidiano, rotina, veremos insurgir conjuntos de redes, sendo estas espontâneas, que derivam da sociabilidade humana.

Essencialmente, o que diferenciará as redes sociais "virtuais" das espontâneas concerne aos fluxos, ciclos e canais de informação, conhecimento e valores, em que nas primeiras estes são basicamente simbólicos. Ademais, as fronteiras das redes sociais "virtuais" não estão fechadas, como é o caso das redes espontâneas "reais", uma vez que são mediadas por tecnologia. A interação não é o resultado de relações face a face, pois acontece num espaço de encontro virtual regido por regras formais e por um código de "boas práticas" que todos os membros da comunidade tacitamente respeitam e seguem (ARENA; CONEIN, 2008).

Ao contrário do que alguns pensam, as redes sociais "virtuais" podem ser reais, pois fomentam e estimulam relacionamentos concretos no âmbito dos laços sociais. Elas são, em parte, uma resposta para os anseios da comunidade que se seguiu à desintegração das comunidades tradicionais ao redor do mundo, uma das características da pós-modernidade, ou mais, podem funcionar como uma compensação da relativamente fraca habilidade social (RHEINGOLD, 1993).

Quando se refere a um *site* de rede social, mais especificamente, a um serviço baseado na *Web*, isso permite aos usuários criar arquivos de natureza semipública ou pública, e apresentar as conexões existentes com outros membros da rede e localizar outros usuários por meio de um sistema virtual (DEANDREA et al., 2010), estes, normalmente, funcionam tendo a premissa dos perfis de usuários, um conjunto de informações sobre o que o indivíduo gosta, seus interesses, grau de instrução, profissão, *hobbies*, ou qualquer outro fato que ele queira compartilhar. Ainda, permite divulgar fotos das mais diversas situações que ajudam a identificar o usuário e assim transmite parte daquilo que ele quer passar para os demais e compõe a apresentação (UTZ, 2010).

5.2 AS ESTRATÉGIAS DE VENDAS NA INTERNET E O PAPEL DAS REDES SOCIAIS

As estratégias de redes sociais estão no topo das preocupações do profissional de marketing e também do profissional de vendas. Cerca de 98,3% dos entrevistados pelo Mercado Livre, em agosto de 2012, compraram pela internet nos últimos 12 meses. Esse índice fica acima da média regional da América Latina, que se situa no patamar de 97,5%, englobando países como Argentina, Brasil, Chile, Colômbia, Equador, México, Peru, Uruguai e Venezuela.

O perfil do internauta brasileiro revelou que a *web* é utilizada para comprar ou vender produtos e serviços em 81,6% dos casos e enviar *e-mails* em 89,7%, buscar informações em 84,1% e participar de redes sociais em 67,5%.

As pessoas usam Facebook, Twitter e Linkedin todos os dias. E muitas não vão dormir sem antes acessar uma dessas mídias sociais.

Esses números revelam que muitas ações táticas de propaganda devem se inserir nesse contexto e que mesmo o trabalho do vendedor não pode prescindir do uso da mídia social.

O relacionamento digital tornou-se importante para as empresas, pois auxilia a redução dos custos de transação, eliminando intermediários, uma vez que as mídias sociais permitem a comunicação direta com o cliente. Dessa maneira, a empresa tem a possibilidade de melhor adequar suas ofertas às necessidades dos clientes (REBER; FOSDICK, 2005).

1. Nesse sentido, faz-se interessante compreender o escopo no qual as mídias sociais estão inseridas para que o entendimento de sua aplicação tenha como consequência aumentar o retorno sobre o investimento feito pela empresa. Portanto, as ferramentas de mídias sociais podem ser utilizadas no desenvolvimento de relacionamento e lealdade de clientes e potenciais clientes (REBER; FOSDICK, 2005).

A vantagem na utilização das mídias sociais está na diminuição de custos de divulgação, liberdade sobre como e quando os comunicados e/ou anúncios serão realizados, interação do cliente com a empresa, eliminação de propagandas invasivas, já que o receptor decide se quer ou não receber a mensagem da empresa, o que vem sendo chamado de propaganda permissiva (LLOYD-MARTIN, 2009). Esse meio inclui comunidades digitais mantidas pela empresa, como *blogs*, Twitter, Facebook e LinkedIn, com o fim de divulgar novos produtos e serviços, seminários, cursos, eventos, lançamentos e o que mais a empresa considerar relevante.

Esse novo meio de comunicação, as redes sociais, possibilita que o cliente pergunte diretamente, esclareça dúvidas, reclame, peça auxílio técnico e o que mais ele julgue necessário. Por meio das mídias sociais a empresa também pode monitorar o que é dito sobre ela, como ela é vista pelo seu público, o que ele deseja, e então adequar sua oferta de acordo com objetivos previamente estabelecidos, mesclando-os com as informações produzidas pelo seu próprio público-alvo (REBER; FOSDICK, 2005).

O ponto chave na questão do relacionamento com o cliente é que a empresa tem a chance de aumentar sua retenção e gerar lealdade. Conquistar um cliente é um processo longo e trabalhoso. E a sua retenção acontece no pós-venda, onde os produtos e serviços prestados irão de fato demonstrar se atendem as necessidades do cliente e desenvolver no mesmo um senso de dependência, afetividade e finalmente lealdade (MORGAN; HUNT, 1994).

Mídias sociais promovendo lealdade: um estudo empírico sobre o Twitter

Autoria: Flávia do Nascimento Tótoli, George Bedinelli Rossi – V Encontro de Marketing da Anpad – EMA. Curitiba, 20 a 22 maio 2012

A venda deve levar em conta aonde o cliente está

Hoje, a venda não tem fronteiras. Ela ocorre junto ao cliente, não importa aonde ele esteja. Assim, um cliente pode comprar da China morando na Europa, África, América do Sul ou do Norte. Esse novo conceito rompe a tradição do ponto de venda fixo, como único.

E o papel do vendedor é identificar a existência de clientes potenciais ao redor do mundo que o cerca.

Onde o social faz sentido

A atividade de vendas é a mais social de todas as atividades empresariais e faz muito sentido que uma empresa faça uso de mídias sociais para chegar ao cliente, pois a tarefa de relacionamento social é essencial a todo e qualquer profissional de vendas. Portanto, o vendedor não pode prescindir do uso da mídia social como uma ferramenta de negócio.

Prospecção de clientes

A busca de clientes é hoje um processo contínuo sem tréguas que exige criatividade e pesquisa contínua. E nesse sentido as redes sociais permitem identificar potenciais compradores em diversos segmentos de mercado.

O profissional de vendas sabe que para atingir metas todo mês ele necessita estar sempre em busca de *leads* novos. E é através da mídia social que ele descobre aonde estão os novos e possíveis compradores.

O acaso deve ser substituído por uma tarefa contínua de prospecção de novos clientes. E é garimpando as mídias sociais que ele pode identificar novos e importantes clientes.

Qualificação de leads (oportunidades de vendas)

Como nem toda a oportunidade de venda vale a pena, o vendedor deve em primeiro lugar observar alguns detalhes, como, por exemplo, identificar se o cliente tem verba suficiente para efetuar a compra; depois, se o contato tem autoridade para fechar a compra e, em seguida, se a necessidade de compra é autêntica. E por fim se o prazo de entrega atende as necessidades do cliente. Há muitos meios para se obter essas informações, mas a informação que pode ser obtida na mídia social é surpreendente e reveladora. E também muito mais fácil de se obter do que por meio de gestão e coleta de dados.

Através da mídia social, o vendedor pode obter informações sobre a empresa, quem compra, quem tem autoridade para decidir a compra, quem paga e até mesmo como está a situação financeira da empresa. Além de rastrear dados, a mídia social pode ser utilizada como um canal de comunicação direta para obter do potencial cliente esclarecimentos que ajudem a qualificar o *lead*.

Gestão de relacionamento

A venda é relacionamento. E é essa a função primordial do vendedor. Nesse sentido, as ferramentas das redes sociais são oportunas para agilizar o acesso aos compradores certos e reduzir o esforço exigido para fechar a venda.

No entanto, é na manutenção de clientes que as redes sociais desempenham um papel de destaque. Na esfera social, a regra é dar sem esperar retorno imediato. O esforço de relacionamento deve ser contínuo e para isso a mídia social é essencial (ROCHA et al., 2011).

Embarque sem medo

Ao trafegar pelas mídias sociais o vendedor deve fazê-lo sem medo e com um certo arrojo. Afinal, ele vai se "vender" por esse caminho de relacionamento, nem sempre fácil e muitas vezes ardiloso.

Mas o vendedor deve encarar o desafio do uso da mídia social como uma oportunidade de negócios. Com treinamento da equipe de vendas para o uso dessa moderna ferramenta a empresa pode ganhar muito, ao passo que ficar fora pode ser desastroso. Dentro dessa premissa, todos na organização precisam dominar bem as possibilidades de negócios, pois uma vez que os clientes se habituem em contatos por redes sociais, é provável que fique impossível vender sem o uso dessa ferramenta.

A venda domiciliar e as redes sociais

A Avon, referência mundial em venda domiciliar, ampliou os canais de venda com o lançamento de uma ferramenta virtual para os seus revendedores. O aplicativo permite inserir o perfil dos consultores de vendas em plataformas diferentes, como Facebook, Blogger, Twitter e Google. Com essa ferramenta, os revendedores compartilham o catálogo virtual da Avon e isso possibilita aos consumidores realizarem os pedidos no próprio perfil do profissional de vendas com o qual costumam comprar.

As consultoras de vendas contam ainda com o ambiente virtual da Avon, criado para atender os profissionais, que podem receber treinamentos, se informar sobre novos produtos e encaminhar os pedidos dos consumidores para a empresa.

Além de ampliar os pontos de contato com a marca, a iniciativa torna a compra mais prática, sem excluir o revendedor da Avon do processo.

O varejo e a venda direta pelas redes sociais

O Magazine Luiza lançou uma venda direta pelas redes sociais, o clique a clique. A rede de lojas criou um novo canal de venda em que qualquer pessoa pode criar sua vitrina no Facebook e no Orkut com produtos da loja virtual da rede e vender a seus amigos. Chamado de Magazine Você, a novidade é uma aposta do varejo tradicional no *social commerce*.

No novo modelo, os consultores de vendas ganharam o nome de divulgador e receberão entre 2,5% e 4,5% de comissão por produto vendido aos amigos nas redes sociais.

Esse projeto permite às pessoas personalizar suas lojas com seus nomes, como por exemplo Magazine João.

O sistema teve início com os funcionários da empresa. Com o sistema implantado, apenas um parente de cada funcionário poderá criar a sua vitrina, limitada a 60 produtos. Em seguida, os próprios clientes da rede de lojas puderam ingressar no modelo de venda direta pela Internet.

Com esse sistema a rede de lojas pretende atingir um milhão de novos consumidores. A compra por recomendação não é novidade, mas ganhou força com a Internet e, nos últimos anos, com as redes sociais. "A venda pela rede social era um meio em que as pessoas trocavam informações. Agora, elas podem comprar na própria rede social", segundo Frederico Trajano, diretor de vendas e marketing do Magazine Luiza.

No Brasil, 85% dos acessos na Internet têm como destino as redes sociais e 70% das pessoas levam em consideração a opinião de amigos e familiares na hora da compra, sendo que 54% dos brasileiros acompanham marcas no Twitter.

Com base em um aplicativo criado pela rede varejista com o Facebook e com o Google, as pessoas podem fazer todo o processo de compra nas próprias redes sociais que, juntas, têm mais de 100 milhões de perfis de brasileiros.

O processo denominado C2C, venda de consumidor para consumidor, tem um atendimento específico integrado à loja virtual da rede varejista.

Os próprios usuários atuam como divulgadores dos produtos. A ideia é que, se uma pessoa tem gosto culinário, ela divulgue produtos relacionados e, assim, haja uma segmentação e pertinência maior junto aos seus potenciais compradores e mais assertividade e precisão na sua comunicação.

SUMÁRIO

A venda hoje não se limita ao espaço físico de lojas, adentra o espaço virtual e social. E com isso ganha novos e imprevisíveis contornos.

O sucesso de vendas hoje é decorrente da gestão de uma rede de relacionamento. E por meio da criatividade se procura engajar o cliente, não apenas como comprador, mas até mesmo como seu vendedor. Empresas como a Audi criaram usuário fictício que atua nos *sites* de relacionamento. Dessa maneira, se observa que marcas tradicionais que participam das redes sociais, mas utilizam técnicas tradicionais de marketing, falham. É necessário entender a linguagem criada pelos usuários. As empresas e seus vendedores precisam se comportar como pessoas, conquistar a atenção, escutar o que os clientes têm a dizer e interagir, afirmam os especialistas.[2]

O varejo tradicional e virtual, bem como as empresas de venda domiciliar, já se utilizam de redes de relacionamento com absoluto sucesso.

QUESTÕES

1. Qual será o futuro da venda por meio das mídias sociais?
2. Quais são os riscos da venda por redes sociais?
3. A palavra de ordem no marketing é relacionamento, quais são os limites dessa ação?
4. Quais são as principais ameaças ao uso das mídias sociais?

PONTOS DE AÇÃO

1. Criar uma rede de relacionamento com base nas mídias sociais.

---

[2] Fabricantes querem engajar o cliente. *Folha de S.Paulo*, Caderno Veículos, 20 maio 2012, p. 12.

2. Inovar no uso da mídia social.

3. Elaborar listas de possíveis clientes com áreas de atuação similar às da empresa.

4. Identificar novas oportunidades de mercado com base em novos relacionamentos.

BIBLIOGRAFIA

ANDERSON, E.; WEITZ, B. The use of pledges to build e sustain commitment in distribution channels. *Journal of Marketing Research*, v. 24, p. 18-34, Feb. 1994.

Carta ao leitor: Vendas 3.0, p. 6. HBR, edição Brasil, agosto de 2012.

DICK, A. S.; BASU, K. Customer loyalty: towards an integrated conceptual framework. *Journal of the Academy of Marketing Science*, Bufallo, V. 22, nº 2, p. 99-113, 1994.

DONG HUN, L. Growing popularity of social media and business strategy. *Korean Consumer & Society*, 2010. Disponível em: <www.seriquarterly.com>. Acesso em: 2011.

DWYER, R.; SCHURR, P.; OH, S. Developing buyer-seller relationships. *Journal of Marketing*, v. 51, p. 11-27, Apr. 1987

FORNELL, C. A. National customer satisfaction barometer: the swedish experience. *Journal of Marketing*, v. 56, p. 6-21, 1992.

GIAMANCO, Barbara; GREGOIRE, Kent. Seguidor, amigo, cliente. *Harvard Business Review*, p. 48 -53, ago. 2012.

GONÇALVES, José. O marketing digital passou de estratégia para algo crucial. *O Estado de S. Paulo*, Caderno Economia, 10 jun. 2013, p. B2.

HAIR JR., J. et al. *Análise multivariada de dados*. 5. ed. Porto Alegre: Bookman, 2005.

HUBERMAN, B. A.; ROMERO, D. M.; WU, F. Social networks that matter: Twitter under the microscope. *Peer-Rewied Journal on the Internet*, v. 14, nº 1, 2009.

LLOYD-MARTIN, Heather Talk to the (Twitter) hand: the perils of non-engagement. *Target Marketing*. Disponível em: <http://www.targetmarketingmag.com/>. Acesso em: 2010.

MELLO, Bruno. Magazine Luiza cria venda direta pelas redes sociais. *Mundo Marketing*, 22 ago. 2011.

MOORMAN, C.; ZALTMAN, G.; DESHPEE, R. Relationships between providers e users of marketing research: the dynamics of trust within e between organizations? *Journal of Marketing Research*, v. 29, p. 314-329, ago. 1992.

MORGAN, R. M.; HUNT, S. D. The commitment-trust theory of relationship marketing. *Journal of Marketing*, v. 58, p. 20-38, July 1994.

OLIVER, Richard L. Satisfaction: a behavioral perspective on the consumer. New York: McGraw-Hill, 1976.

_____. Whence consumer loyalty? *Journal of Marketing*, v. 63, p. 33-44, 1999.

OLIVER, Richard L. Measurement and evaluation of satisfaction process in retail settings. *Journal of Retailing*, v. 57, p. 25-48, 1996.

PENG LIN, C. Learning virtual community loyalty behavior from a perspective of social cognitive theory. *Journal of Human-Computer Interaction*, v. 26(4), p. 345-360, 2010.

REBER, B. H.; FOSDICK, S. Building business relationships online: relationship management in business-to-business e-commerce. *Journal of Website Promotion*, v. 1(1), p. 13-29, 2005.

ROCHA, Thelma Valéria; JANSEN, Caroline; LOTFI, Eduardo; FRAGA, Rodrigo Ribeiro. *O uso das redes sociais na construção do relacionamento com clientes*: um estudo de caso múltiplo no Brasil. Enanpad – Redes sociais virtuais e self. XXXV Encontro Anpad, Rio de Janeiro, 2011.

STASSEN, V. Your news in 140 characters: exploring the role of social media in journalism. *Global Media Journal*, African Edition, v. 4, 2010.

TÓTOLI, Flávia do Nascimento; ROSSI, George Bedinelli. *Mídias sociais promovendo lealdade*: um estudo empírico sobre o Twitter. V Encontro de Marketing da Anpad, Curitiba, 20-22 maio 2012.

TWITTER. About us. Disponível em: <www.twitter.com/aboutus>. Acesso em: 20 jan. 2011.

6

Venda mais

Com o fim da venda de soluções, o vendedor precisa desempenhar um novo papel. Assim, o que o supervendedor deve buscar é revolucionar o modo como o cliente faz negócios. Colocando-se na posição do cliente o vendedor deve ver o negócio do cliente como se fosse dele.

> "Na verdade, hoje os clientes já não precisam do vendedor como antes. Nas últimas décadas o pessoal de vendas dominou a arte de descobrir o que o cliente precisava para poder vender soluções, em geral, combinações complexas de produtos. Hoje a velha cartilha já não funciona mais. O cliente aprendeu a achar soluções sozinho e já não precisa do vendedor."[1]

Os melhores vendedores estão trocando a tradicional venda de soluções pela venda de *insights* – estratégia que exige uma abordagem radicalmente distinta em várias áreas do processo de compra.

Quadro 6.1   *Venda de soluções e venda de* insights.

Venda de soluções	Venda de *insights*
Que tipo de empresa focar	
Organizações com uma visão clara e necessidades já determinadas	Empresas ágeis com necessidades emergentes ou em estado de fluxo
Que tipo de informação reunir	
Que necessidade o cliente está buscando solucionar?	Que necessidade o cliente ainda nem reconheceu que tem?

---

[1]   ADAMSON, Brent; TOMAN, Nicholas. *Harvard Business Review*, Brasil, ago. 2012, p. 23-31.

Venda de soluções	Venda de *insights*
Como começar a conversa	
Sabatinando o cliente sobre necessidades e buscando "gancho" para oferecer a melhor solução	Apresentando *insights* provocativos sobre o que o cliente deve fazer
Como direcionar o fluxo de informações	
Fazendo perguntas para que o cliente possa conduzi-lo por seu processo de compra	Orientando o cliente sobre como comprar e dando seu apoio durante todo o processo

Fonte: ADAMSON, Brent; TOMAN, Nicholas. *Harvard Business Review*, Brasil, ago. 2012, p. 23-31.

Enquanto o vendedor típico é orientado pelo cliente, o supervendedor é quem dá a orientação ao seu cliente.

Ele procura identificar as pessoas certas com as quais ele possa interagir na empresa para conseguir *insights*. O aliado ideal possui, segundo pesquisas realizadas por Adamson e Toman, as seguintes características:

1. é acessível e disposto a conversar quando necessário;
2. possui informações valiosas, às quais gente de fora normalmente não tem acesso;
3. é predisposto a apoiar a solução do fornecedor;
4. é capaz de influenciar os outros;
5. fala a verdade;
6. tem credibilidade junto aos colegas;
7. transmite ideias novas aos colegas de modo inteligente e persuasivo;
8. faz o que promete;
9. tem algo a ganhar, pessoalmente, com a venda;
10. ajuda o vendedor a fazer contato com outros envolvidos no processo de compra.

Identificada a pessoa certa, o vendedor deve buscar uma relação de confiança mútua. Dentre os perfis dessa pessoa na empresa, uma outra pesquisa dos autores Adamson e Toman revelou sete básicos:

1. **Empreendedor.** Interessado na melhoria organizacional, sempre em busca de boas ideias, o empreendedor defende a ação com base em grandes *insights*, não importa de onde venham.

2. Mestre. Adora compartilhar o que sabe e é procurado por colegas interessados em ouvir sua opinião. Tem talento especial para convencer os outros a adotar um determinado curso de ação.

3. Cético. Avesso a projetos grandes e complicados, o cético faz objeção a quase tudo. Mesmo quando defende uma nova ideia, sugere cautela e comedimento na implantação.

4. Guia. Disposto a contar as últimas fofocas da organização, o guia dá informações às quais as pessoas normalmente não têm acesso.

5. Amigo. Simpático, como o nome sugere, o amigo está sempre disponível e com prazer ajuda o vendedor a fazer contato com outros interlocutores na organização.

6. Alpinista. Interessado basicamente no ganho pessoal, o alpinista apoia projetos que o coloquem em destaque e espera ser recompensado se um projeto der certo.

7. Bloqueador. Talvez um nome mais adequado seja "anti-*stakeholders*". Gente com esse perfil tem forte tendência a manter as coisas como estão e pouco interesse tem em falar com fornecedores externos.

A venda tradicional de soluções parte da tese de que o vendedor "deve abrir o processo com perguntas feitas para expor necessidades sabidas do cliente. Já a venda com base em *insights* pressupõe que o vendedor deve partir com ideias disruptivas que revelarão ao cliente necessidades que este ainda desconhece".[2]

Disrupção é mais do que um processo, um modo de pensar, significa desmantelar o *status quo* e substituí-lo por algo novo e corajoso. Pensar com coragem e obter ideias arrojadas. Criando resultados sensacionais para os clientes. Um exemplo claro disso é a Apple com *Think diferent*, PlayStation da Sony, falando a pessoas mais velhas, e com isso se tornou um produto aceitável socialmente por adolescentes e adultos jovens.

Com as metodologias da disrupção o vendedor pode imaginar estratégias de vendas para o mercado de amanhã, quando ele será obrigado a inovar seus métodos de trabalho.

O método de disrupção começou no princípio dos anos 1990. Seu objetivo era produzir estratégias de propaganda mais penetrantes e dar às marcas mais substância e peso. E logo ela se tornou relevante para os negócios em geral, questionando a ordem estabelecida, desafiando abordagens testadas e comprovadas, descobrindo novas fontes de valor, buscando novas inspirações, fazendo venda que não pareça venda.[3]

---

[2] DIXON, Mattew; TOMAN, Nicholas. O fim da venda de soluções. *Harvard Business Review*, Brasil, ago. 2012, p. 23-31.

[3] DRU, Jean-Marie. *Além da disrupção*: mudando as regras do mercado. São Paulo: Cultrix/Meio& Mensagem, 2002.

6.1 O VENDEDOR E O *DESIGN THINKING*

O *designer* enxerga como um problema tudo aquilo que prejudica ou impede a experiência emocional, cognitiva e estética e o bem-estar na vida das pessoas – considerando todos os aspectos da vida, como trabalho, lazer, relacionamentos, cultura etc. Ou seja, o vendedor *designer* deve procurar construir novos caminhos para a venda, traçando direções alternativas e identificando oportunidades para a inovação.

Para incorporar o *design thinking* à estratégia de vendas, o vendedor *designer* deve considerar:

1. Imersão – preliminar e em profundidade. A primeira tem como objetivo o reenquadramento e o entendimento do problema de vendas, enquanto a segunda destina-se à identificação de necessidades e oportunidades que irão nortear a geração de soluções para a fase seguinte, que é a ideação.

2. Análise e síntese – das informações coletadas, para a compreensão do problema.

3. Ideação – gerar ideias inovadoras para atender às necessidades e desejos cognitivos dos clientes.

4. Prototipação – é a etapa em que procura validar a ideia gerada, construindo um protótipo da ação de vendas a ser gerada.

5. Teste de mercado – a ideia da ação de vendas é apresentada a possíveis compradores, para testar a sua aceitação.

6. Transformar – as soluções inovadoras em negócios.

Em síntese, o vendedor *designer thinking* deve procurar desenvolver ideias que antecipem os problemas de seus clientes. Assim, ao invés de vender soluções, ele deve estar apto a oferecer *insights* a seus clientes.

SUMÁRIO

O vendedor já não é avaliado por sua capacidade de resolver problemas de seus clientes, mas principalmente por sua visão de se antecipar aos futuros problemas deles. Assim, a venda com base em *insights* pressupõe que o vendedor deve partir com ideias disruptivas que revelarão ao cliente necessidades que este ainda desconhece.

Dessa maneira, enquanto o vendedor típico é orientado pelo cliente, o supervendedor é quem dá a orientação ao seu cliente, descobrindo novas fontes de valor, buscando novas inspirações, fazendo venda que não pareça venda. Em essência, o caminho da venda já não parte do produto e sequer do cliente. A venda é decorrente de *insights* de desejos cognitivos, com base em disrupção dos métodos e processo tradicionais de vendas, só assim se pode pensar em "Vender Mais".

PALAVRAS-CHAVE

– Ceticismo
– Venda de soluções
– Venda de *insights*
– Ideia disruptiva
– Vendedor *designer thinking*

QUESTÕES

1. Qual é o significado da venda de *insights*?
2. O que vem a ser um desejo cognitivo?
3. O que significa disrupção em vendas?
4. Qual é a importância de um vendedor *designer thinking*?

PONTOS DE AÇÃO

1. Tornar o ato de vender desnecessário.
2. Garimpar *insights* em vendas.
3. Promover uma disrupção na venda tradicional.
4. Estimular o vendedor a desenvolver novas ideias de vendas, com base em ações *Thinking Design*.

BIBLIOGRAFIA

ADAMSON, Brent; TUMAN, Nicholas. *Harvard Business Review*, edição Brasil, ago. 2012, p. 23-31.

COBRA, Marcos. Como vender para a classe C. *Revista Harvard Business Review*, edição Brasil, ago. 2012, p. 62-66.

DIXON, Mattew; TOMAN, Nicholas. O fim da venda de soluções. *Harvard Business Review*, edição Brasil, p. 23-31.

DRU, Jean-Marie. *Além da disrupção*: mudando as regras do mercado. São Paulo: Cultrix/ Meio&Mensagem, 2002.

7

Estratégias de Preço

Na venda, o preço é o item mais significativo e muitas vezes o gargalo para o fechamento do negócio. O mito de que "Preço vende" é reforçado toda vez que o vendedor não consegue fechar uma venda.

7.1 PREÇO

Mas, afinal, o que é preço?

- *Preço* é a soma de todos os valores que os consumidores trocam pelos benefícios de obter ou utilizar um produto ou serviço.
- O preço tem sido o principal fator que afeta a escolha do consumidor, mas não é o único.
- Fatores não relacionados ao preço têm se tornado mais importantes na escolha do consumidor, tais como: valor, utilidade, urgência e outros fatores que possam tornar o produto ou serviço mais relevantes para o comprador.

7.1.1 O preço e o composto de marketing

O preço é o elo principal do composto de Marketing, na versão dos 4 As de Jeronome McCarthy. Um produto, para ser vendido, precisa ser anunciado por meio de uma peça publicitária e ser promovido no ponto de venda. Mas antes disso ele precisa estar disponível para a venda numa loja física ou virtual, esse é o papel da distribuição e logística. E o preço é o fator-chave para a transferência de posse de um produto ou serviço.

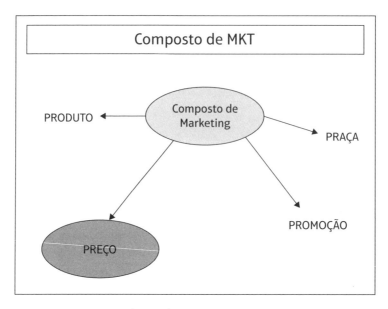

Figura 7.1   *O preço e o composto de marketing.*

7.1.2 A formação de preço

O preço tende a ser importante para o vendedor quando há escassez do produto. Quando o setor de finanças da empresa tenta repassar os custos do produto para o cliente, sob a forma de preço, ou quando a concorrência faz abaixar o preço. Isso ocorre toda vez que a oferta do produto ou de novos produtos concorrentes se acirra.

No entanto, a determinação do preço deve levar em conta a demanda do produto e, nesse caso, tende a haver uma flexibilização.

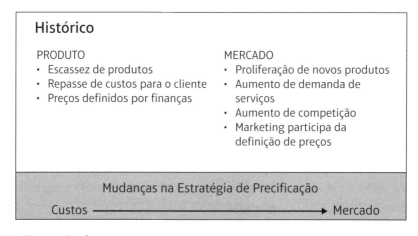

Figura 7.2   *Formação do preço.*

O aumento da competição no Mercado é um forte influenciador do valor a ser estabelecido para o produto. Mas o preço pode ainda ser definido como uma estratégia de Marketing para conquistar o Mercado ou inibir a ação da concorrência.

Portanto, a balança para determinação de preço é entre custo e mercado:

$$\text{Preço} = \frac{\text{Quantidade de dinheiro ou bens e serviços oferecidos pelo vendedor}}{\text{Quantidade de bens ou serviços recebidos pelo comprador}}$$

Muitas empresas focam apenas o numerador e descuidam dos serviços oferecidos ao comprador.

Sendo o preço o único elemento no composto de marketing que produz receita, todos os outros itens representam custos.

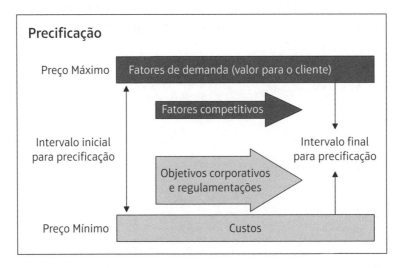

Fonte: MONROE, Kent B. *Pricing*: making profitable decisions. 2. ed. New York: McGraw-Hill, 1990. p. 13.

Figura 7.3   *Precificação*.

7.1.3 Fatores determinantes do preço

1. *Fator econômico* – a determinação do preço é influenciada por fatores econômicos do mercado. Quando a demanda é elástica, crescendo a economia, o preço também sobe. Quando, ao inverso, a economia se retrai, o preço tende a cair.

2. *Fator psicológico* – o preço tem um componente psicológico, que estabelece na mente do consumidor: o caro e o barato.

3. *Fator valor para o consumidor* – a utilidade do bem é que estabelece o valor de compra do produto. Quanto mais valor real e simbólico um produto possui, maior o preço final ao consumidor.

4. *Fator custo de vendas* – os custos de vendas, como frete de entrega, custos de promoção e propaganda, bem como a comissão do vendedor, têm influência sobre o valor do preço.

5. *Fator custo de produção* – os custos de fabricação: matérias-primas, mão de obra, entre outros, determinam o valor de comercialização do produto.

SUMÁRIO

O preço é a principal ferramenta de vendas, mas de alguma maneira ela vem sendo tratada com incrível desdém. É a desculpa para um não fechamento de venda, como também para explicar uma lucratividade baixa. Ao não flexibilizar o valor do preço, se podem perder vendas, e ao abaixá-lo muito, o lucro da empresa fica comprometido.

PALAVRAS-CHAVE

– Fator econômico

– Fator psicológico

– Fator valor para o consumidor

– Fator custo de vendas

– Fator custo de produção

QUESTÕES

1. Por que o preço de vendas é um fator crítico de sucesso?

2. O que vende é preço, mesmo em economias de oligopólio de mercado. Discuta.

3. O lucro é a razão de ser de uma organização. De que maneira se pode agregar valor ao lucro?

4. Quando o preço é irrelevante?

PONTOS DE AÇÃO

1. Estabelecer valor para o cliente.

2. Criar novas oportunidades de produtos com base em segmentação por preço.

3. Explorar os aspectos intangíveis do preço.

4. Tornar o preço fator irrelevante para o sucesso da empresa.

BIBLIOGRAFIA

COBRA, Marcos. *Administração de marketing no Brasil*. 3. ed. Rio de Janeiro: Elsevier, 2009.

_____. *Marketing básico*. 4. ed. São Paulo: Atlas, 1997.

_____. *Administração de marketing*. 2. ed. São Paulo: Atlas, 1992.

FERREL, O. C.; HARTILINE, Michael D. *Estratégia de marketing*. 3. ed. São Paulo: Thomson, 2005. p. 216-246.

GESTÃO DE INTELIGÊNCIA DE MERCADO

PARTE IV

8

Avaliação das oportunidades de mercado: potencial e demanda de mercado

8.1 INTRODUÇÃO

O marketing não cria – mas estimula – a demanda de produtos ou serviços. Entender o conceito de demanda do ponto de vista econômico e do marketing é fundamental para a área de vendas.

O planejamento mercadológico é um desenvolvimento sistemático de ações programadas para atingir os objetivos da empresa, através do processo de análise, avaliação e seleção das melhores oportunidades. O planejamento não deve ser confundido com a previsão, embora a previsão seja uma parte necessária e importante dos procedimentos a serem desenvolvidos, uma vez que o planejamento tem relação com o futuro.

Na prática, os objetivos são de dois tipos. O primeiro tipo são os objetivos que indicam a intenção geral e as ambições concernentes. Eles são usualmente estabelecidos junto com o manual formal de políticas da empresa, que significa a forma de conduta da empresa em relação aos negócios em geral, ao meio ambiente, às questões nacionais e outras similares.

O segundo tipo de objetivos são os operacionais, que especificam metas oriundas de pesquisas e análises, tais como:

- Desempenho passado da empresa em relação ao mundo de negócios em que ela opera.
- Previsões do meio ambiente geral e condições do ramo de negócios em que a empresa opera.
- Os fatores-chave para o sucesso nas áreas de operação.
- Análise dos fortes e fracos da empresa.

O planejamento de marketing e o de vendas são encarados hoje como ferramentas de trabalho de Gerência de Marketing e da Gerência de Vendas, assumindo, para tanto, a configuração de um plano integrado de funções e recursos disponíveis para a consecução dos objetivos da empresa. Para tanto, é preciso avaliar as oportunidades de mercado, calcular a demanda, estimar o potencial de mercado e o potencial de vendas.

Com base no potencial de mercado e no de vendas é possível determinar a polarização das áreas geográficas envolvidas e, ainda, realizar a previsão de vendas e estabelecer o orçamento de vendas.

O planejamento de vendas deve gerar um documento operacional: o plano de vendas, por segmento de mercado e por via de distribuição previamente selecionada a partir da avaliação das oportunidades de mercado.

8.2 AVALIAÇÃO DAS OPORTUNIDADES DE MERCADO

8.2.1 A BUSCA PRIMÁRIA

Quando abordamos a avaliação das oportunidades de mercado, referimo-nos não somente à identificação de desejos e necessidades, mas também ao desenvolvimento de estratégias e programas para converter clientes potenciais em clientes atuais. A avaliação das oportunidades deve considerar o tipo de busca primária gerada pelos consumidores em geral ou por um grupo de consumidores em particular.

Assim, a busca primária refere-se ao esforço para eleger o produto genérico, não a marca, que traga a máxima satisfação da necessidade. Por exemplo, a água mineral sem gás é um produto genérico eleito para a satisfação de uma necessidade: a sede.

Em síntese, a busca primária da correlação múltipla de fatores, tais como:

- A demanda primária potencial.
- O tempo transcorrido entre a compra e a obtenção de satisfação derivada do consumo do produto.
- A pressão do tempo, ou seja, o tempo disponível para produzir a decisão de escolha do produto e a marca.
- O tipo de ativação gerada entre o extremo consciente e o inconsciente que o produto provoca.
- A propensão ou a aversão a mudanças por parte do grupo de consumidores-alvo.

8.2.2 A DEMANDA PRIMÁRIA POTENCIAL

Por seu turno, a demanda primária potencial é dada pela interação dos seguintes fatores:

> - O plano inicial de consumo.
> - O grau em que a necessidade pode ser satisfeita mediante o consumo do produto que potencialmente a satisfaz.
> - O grau de ativação ou intensidade do estímulo provocado pela ação de todas as marcas de produtos similares sobre o mercado definido como objetivo.
> - A taxa de retenção, que é o grau em que o produto segue consumido sem prévia racionalização de escolha, por um hábito de escolha, quase um reflexo condicionado. Isso pode ocorrer a partir de uma de cisão racional de escolha, mas os sucessivos usos do produto ou experiências positivas de consumo a convertem em um ato impulsivo de escolha.

A demanda primária potencial é ativada pela pressão de todas as marcas sobre o mercado-alvo. O grau de ativação também participa, em conformidade com a pressão estratégica, de todas as marcas, entendendo-se por tal a pressão realizada sobre o consumo por todas as marcas de determinado produto ao associar o produto com a satisfação de uma necessidade.

A pressão estratégica de todas as marcas é em função de:

- Grau de ativação de todas as marcas sobre o mercado-alvo.
- Diferenciação de produto realizada por todas as marcas.
- Segmentação de mercado realizada por todas as marcas.
- Pressão de impulsão de todas as marcas.
- Nível de distribuição de todas as marcas.
- Nível médio de preços de todas as marcas.

A compreensão desses fatores leva-nos à consideração da definição de *demanda* da economia:

> "A renda real de uma economia consiste nas mercadorias produzidas e distribuídas. A produção requer gastos com sua compra, e a soma total ou agregada de bens adquiridos numa economia depende do nível de gastos de dinheiro e dos preços dos bens."[1]

8.2.3 CURVAS DE DEMANDA AGREGADA

As curvas de demanda agregada ilustram a soma total de bens que seriam comprados numa economia a cada nível de preços. Os economistas discordam quanto ao

---

[1] LINDAUEN, John. *Macroeconomia*. Rio de Janeiro: Ao Livro Técnico, 1973.

formato dessas curvas porque não podem concordar que maiores quantidades sejam compradas numa economia em nível mais baixo de preços (veja Figura 8.1).

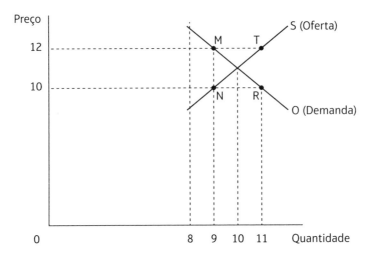

Figura 8.1 *Exemplo de curva de demanda agregada.*

O incremento da quantidade produzida de oito para nove unidades causa um benefício social, segundo os economistas.

Vejamos, agora, de que maneira o conceito de demanda de mercado interfere na avaliação das oportunidades de mercado.

8.2.4 Demanda de mercado

De acordo com Philip Kotler:

> "Para um produto, é o volume total que pode ser comprado por um definido grupo de consumidores em uma área geográfica definida, num determinado período de tempo, num definido meio ambiente mercadológico, sob um definido programa de marketing."[2]

---

[2] KOTLER, Philip. *Administração de marketing*. 3. ed. São Paulo: Atlas, 1980.

AVALIAÇÃO DAS OPORTUNIDADES DE MERCADO: POTENCIAL E DEMANDA DE MERCADO 101

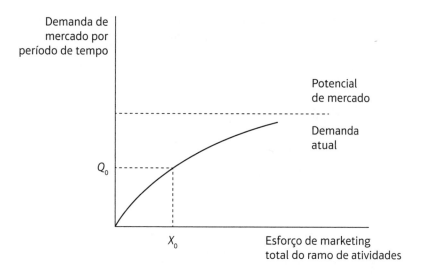

Figura 8.2   Exemplos de curva de demanda de mercado.

Demanda de mercado: $M = P_1 \times P_2 \times P_3$

M = Demanda de mercado.

P_1 = Populações ou organizações que compram (quem são e onde estão localizadas) – variável demográfica.

P_2 = Poder de compra ou habilidades para comprar, baseada em crescimento, crédito etc. e dados econômicos.

P_3 = Propensão de compra, estilo de vida, preferências de compra. Inclui gostos e atitudes, fatores sociológicos e psicológicos.

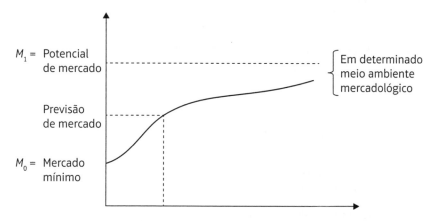

Figura 8.3   Curva de potencial de mercado.

Figura 8.4 *Curva de potencial de mercado (outro exemplo).*

8.2.5 Demanda da empresa

É a participação que a empresa tem na demanda do mercado. Em símbolos:

$$| Q_i = S_i \cdot Q |$$

Onde: Q_i = demanda da empresa i

S_i = participação da empresa i no mercado

Q = demanda total do mercado

$$S_i = \frac{M_i}{\sum M_j}$$

M_i = esforço de marketing da empresa

M_j = esforço de marketing de todas as empresas no mercado

8.2.6 Exemplo de demanda de mercado

A demanda de um produto depende da intensidade com que é consumido e do número de pessoas que possam consumi-lo.

Suponhamos que uma pessoa consuma em média um rolo de papel higiênico por semana. A mesma pessoa estaria, portanto, consumindo quatro rolos por mês. Se uma cidade tiver 100.000 habitantes que consomem normalmente esse produto, é de se supor que o consumo total de rolos de papel higiênico seja da ordem de 400.000 unidades.

Esse é um exemplo simples, mas é evidente que a demanda pode ser estimulada por outros fatores, como o esforço de marketing ou a ação da concorrência, por exemplo. Aplica-se a fórmula de demanda da empresa, onde:

$$Qi = Si \cdot Q$$

Qi = demanda da empresa i

Si = participação da empresa i no mercado

Q = demanda total do mercado

No exemplo apresentado, teríamos Q = 400.000 unidades, supondo que Si seja de 10% e, aplicando-se a fórmula, obteríamos Qi = 40.000 unidades.

O Si (participação de mercado da empresa) depende, obviamente, do esforço de marketing da empresa, do Mi (esforço de marketing da empresa) e do Mj (esforço de marketing de todas as empresas no mercado).

8.2.7 A ESTRATÉGIA DE VENDAS E A CURVA DE DEMANDA

As estratégias de marketing em geral estimulam a demanda de bens e serviços. Dessa maneira, através de estratégias de preços, de propaganda, de produto, de distribuição e de logística, e sobretudo por meio da estratégia de vendas, busca-se obter e administrar a demanda para determinado produto ou serviço, em um mercado específico, o que pode ser esquematizado na Figura 8.5.

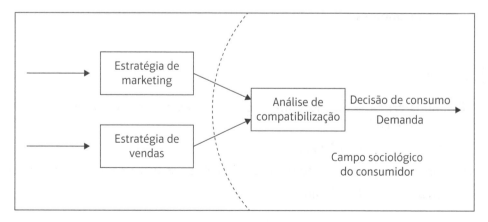

Figura 8.5 *Canalização da estratégia de marketing e da estratégia de vendas para determinado produto ou serviço.*

Fica evidente que para obter a demanda para um serviço ou produto é necessário investigar as oportunidades de mercado por segmento de mercado.

A investigação permite determinar os fatores emocionais que cercam a venda e são cumulativos da demanda.

Avaliar as oportunidades de mercado significa compreender a demanda de mercado e a demanda da empresa em função do programa de marketing desenvolvido através da força de vendas e também entender o encadeamento da demanda com o potencial de mercado e com a previsão de vendas.

SUMÁRIO

A avaliação das oportunidades de mercado é importante na administração do esforço de vendas, em função dos dados necessários para responder três questões-chave:

1. Qual é a demanda de determinado território de vendas?
2. Que tipo de planejamento de vendas é necessário para atender a essa demanda?
3. Que tipo de esforço de vendas deve ser realizado para atender as oportunidades de mercado?

PALAVRAS-CHAVE

— Planejamento mercadológico
— Demanda primária
— Demanda de mercado
— Demanda da empresa

QUESTÕES

1. A demanda primária de chocolate depende do esforço de marketing de todas as marcas do mercado.

    ( ) Certo   ( ) Errado

2. A demanda de um produto no mercado depende exclusivamente do fator preço.

    ( ) Certo   ( ) Errado

AVALIAÇÃO DAS OPORTUNIDADES DE MERCADO: POTENCIAL E DEMANDA DE MERCADO 105

3. Um mercadólogo cria demanda para um produto à medida que ele consiga neutralizar a ação dos produtos similares e estimular o consumo genérico de seu produto.

( ) Certo ( ) Errado

4. A demanda primária de um produto ou serviço existe à medida que ela supra necessidades básicas latentes não satisfeitas dos consumidores.

( ) Certo ( ) Errado

PONTOS DE AÇÃO

1. Estimar o potencial de mercado de cada produto da empresa.

2. Calcular a demanda de cada produto em cada região de mercado em que a empresa atua.

3. Definir as ações necessárias para cada território de vendas com base no potencial de mercado.

4. Estabelecer as ações estratégicas de táticas em função do potencial de mercado por tipo de cliente e por vendedor.

BIBLIOGRAFIA

COBRA, Marcos. *Administração de marketing no Brasil.* 3. ed. Rio de Janeiro: Campus, 2009.

COOPER, Tony. *Economics.* Londres: The Hamlyn Publishing Group, 1975.

FERREL, O. C.; HARTLINE, Michael D. *Estratégia de marketing.* 3. ed. São Paulo: Thomson, 2005.

HATIWICK, Richard E.; SAILORS, Joel W.; BROWN, Bernard G. *Demand, supply and the market mechanism.* Englewood Cliffs: Prentice Hall, 1971.

KOTLER, Philip; KELLER, Kevin Lane. *Administração de marketing*: a bíblia do marketing. 12. ed. Prentice Hall Brasil, 2006.

LEVY, Alberto R. *Revisión de la demanda.* Buenos Aires: Macchi, 1976.

LINDAUEN, John. *Macroeconomia.* Rio de Janeiro: Ao Livro Técnico, 1973.

9

MÉTODOS DE PREVISÃO DE VENDAS

A tarefa de previsão de vendas é árdua e complexa se os dados são escassos, e a metodologia, inadequada.

O objetivo deste capítulo é apresentar alguns modelos de previsão quantitativos e qualitativos para reflexão e análise do leitor.

O exercício da previsão de vendas é um permanente desafio para o homem de vendas, pois simboliza a base do planejamento financeiro, da produção e do próprio planejamento em marketing, porque tudo deságua no orçamento da empresa.

É talvez por essa razão que a previsão de vendas é frequentemente confundida com a orçamentação de vendas.

9.1 DIFERENÇAS ENTRE PREVISÃO DE VENDAS E ORÇAMENTO DE VENDAS

As diferenças entre previsão de vendas e orçamento de vendas são, entre outras, as seguintes:

Previsão de vendas – Trata-se de uma avaliação do que poderá ocorrer à luz de vários fatores hoje conhecidos.

> - É a expectativa do que *poderá* ocorrer.
> - Depende da ação de pessoas que estão fora do controle operacional da empresa.

Orçamento de vendas – Inicia-se a partir da avaliação do que poderá ocorrer (previsão). Trata-se de um plano em termos monetários, decorrente do que a empresa espera que vá ocorrer.

> - É o planejamento do que *precisa* ocorrer.
> - Depende da ação de pessoas que estão sob o controle da empresa.

9.2 CARACTERIZAÇÃO DO ORÇAMENTO

A – ORÇAMENTO DE VENDAS

A previsão de vendas é o ponto de partida para o orçamento de vendas e servirá de base para as atividades de planejamento e controle, quer financeiro, mercadológico ou operacional. Uma empresa que pretenda ser bem administrada deve elaborar orçamento anual de vendas em termos monetários e em unidades físicas, deve acompanhar este orçamento mensalmente e, em alguns casos, até semanal ou diariamente.

B – CONTROLE MONETÁRIO

A colocação de despesas financeiras pode e, até certo ponto, deve ser realizada através do orçamento de vendas, pois, através do orçamento, pode-se prever receitas e, em contrapartida, prever as despesas e também o lucro esperado para o período.

Administrar sem um orçamento de vendas – que é a base de toda a orçamentação financeira – é como navegar sem bússola.

A partir da constatação das diferenças básicas entre previsão de vendas e orçamento de vendas, o que se pode concluir é que um orçamento bem elaborado é decorrência de uma previsão de vendas bem-feita, pois há uma relação interdependente entre ambos.

Tanto a previsão como o orçamento dependem, por outro lado, de um potencial de mercado bem calculado. Porém, a consecução de um orçamento dependerá, ainda, do nível de esforço do composto de marketing. Em outras palavras, dependerá das *estratégias* adotadas de segmentação de mercado, distribuição etc., da eficácia dos *instrumentos* de esforço promocional adotados, da seleção de vias de distribuição, do zoneamento de vendas que permita melhor alocação de esforços de vendas, do tamanho da força de vendas, dos sistemas de remuneração e incentivos dos vendedores.

A eficácia do orçamento viabilizará quotas exequíveis, quer de vendas, quer de atividades, de lucros ou de despesas, como veremos no capítulo que trata de *Quotas*.

A previsão, como uma estimativa de vendas em dinheiro ou em unidades para um período futuro especificado dentro do programa ou plano de marketing proposto, pode ser feita para um item específico ou para uma linha de produtos e para um mercado como um todo ou para um segmento qualquer.

9.3 NATUREZA E IMPORTÂNCIA DA PREVISÃO DE VENDAS

Após o estabelecimento do potencial de mercado ou do potencial de vendas para um produto ou para uma linha de produtos, a Administração de Marketing deve conduzir uma previsão de vendas, e este é um passo importante no planejamento de vendas.

Pode parecer que a previsão de vendas e o potencial de vendas são idênticos e, em algumas circunstâncias, a hipótese pode ser verdadeira. Contudo, a previsão de vendas de uma empresa é normalmente estabelecida a níveis inferiores ao potencial de vendas, e isto pode ocorrer por diversas razões.

A capacidade de produção da empresa pode não ter condições de realizar ou aproveitar todo o volume potencial; a estrutura de distribuição pode não estar aparelhada para vender a todos os consumidores (não aproveitando, assim, todo o potencial de mercado) ou, por razões de lucratividade ou limitações financeiras, a empresa pode decidir não realizar todo o potencial de vendas. Todavia, a gerência de vendas precisa diferenciar entre seu potencial de vendas e sua atual previsão de vendas.

A previsão de vendas é a base de todo o planejamento e orçamento. A partir dela a Produção, o Departamento de Recursos Humanos, o Departamento de Finanças e todos os outros departamentos planejam seu trabalho e determinam suas necessidades para o próximo período.

Se a previsão de vendas estiver errada, os planos nela baseados também estarão. Se a previsão for otimista, a empresa sofrerá perdas em função de gastos efetivados com base numa previsão de receita não realizada. Se a previsão de vendas for demasiadamente baixa, a empresa poderá não estar preparada para vender o que o mercado estiver disposto a consumir e perderá lucros, dando oportunidade à concorrência para realizar vendas adicionais.

9.4 FATORES QUE INFLUENCIAM O PROVÁVEL VOLUME DE VENDAS

A previsão de vendas precisa levar em consideração muitos outros fatores além da estatística quantitativa. Ao realizar a previsão é preciso analisar quatro grandes áreas:

- Condições vigentes dentro da empresa.
- Condições dentro do setor de atividades da empresa.
- Condições do mercado e dos clientes.
- Condições gerais dos negócios e da economia em geral.

Quadro 9.1　　*Exemplo de métodos de previsão de vendas.*

Descrição dos métodos e recomendações para o uso \ Métodos de previsão de vendas	Métodos não científicos 1	Métodos matemáticos 2	Métodos de levantamentos 3	Métodos de zona-piloto 4
1. São métodos que analisam os fatores ambientais e suas influências. É recomendável como trabalho que antecede a fixação dos números da previsão.	• Listagem de fatores • Extrapolação • Construção de fatores			
2. São métodos que permitem o uso do rigor matemático. São recomendáveis quando as séries históricas são fidedignas e o passado tem muito a ver com o futuro.		• Médias móveis • Média ponderada • Suavização • Regressão linear simples • Decomposição (não apresentado) • Regressão múltipla • Modelos econométricos • Simulação		
3. São métodos úteis para o mapeamento do negócio da empresa. É recomendável que sejam utilizados juntamente com os métodos 1, 2 e eventualmente com o 4.			• Opinião de executivos • Opinião da força de vendas • Intenção de compra dos clientes • Análise do rendimento da ação comercial	
4. São úteis para analisar as vendas setorialmente e servem de base para estimativa de vendas de novos produtos.				• *Cluster analysis* • Zonas de vendas • Estimativa das mudanças econômicas

9.5 PASSOS BÁSICOS PARA UMA PREVISÃO SISTEMÁTICA DE VENDAS

As previsões de vendas poderão ser determinadas por produto, por cliente ou por região. Os passos abaixo são básicos para conduzir uma previsão sistemática.

- Recolher informações pertinentes – internas e externas
- Analisar e triar sistematicamente as informações recolhidas
- Montar um banco de dados que armazene as principais informações ao longo de determinado período de tempo
- Elaborar uma síntese da previsão de vendas

Sem uma preocupação cronológica, vejamos a operacionalidade desses passos.

A – RECOLHIMENTO DE INFORMAÇÕES PERTINENTES – INTERNAS E EXTERNAS

Recolher informações pertinentes, bem como analisar as fontes de dados e montar um banco de dados, constituem o início da preparação de uma previsão de vendas, que dependerá da observação e da armazenagem no banco de dados das informações disponíveis, através das seguintes fontes externas:

- Jornais: informações econômicas e de conjuntura.

- Revistas econômicas: informações econômicas de conjuntura.

- Expectativas de vendas de vendedores e/ou de representantes de vendas.

- Índices econômicos disponíveis: da FIBGE, da FGV e de outras entidades.

- Pesquisas de mercado.

Um banco de dados deve armazenar, ainda, dados internos. Entre os dados internos pertinentes à previsão de vendas destacamos:

- Fichas-clientes, com registros de compras mensais.

- Estatísticas de vendas mensais por produto, cliente e região.

- Pesquisas de mercado.

- Dados históricos da empresa.

B – ANÁLISE E TRIAGEM SISTEMÁTICAS DAS INFORMAÇÕES RECOLHIDAS

Uma vez avaliadas as perspectivas que cercam a empresa, é importante elaborar, como mostra o Quadro 9.2, um *check-list* de todas as informações pertinentes à realização da previsão de vendas.

Quadro 9.2   *Check-list de informações para previsão de vendas.*

1. Determinação do mercado total.
2. Apreciação dos segmentos de mercado.
3. Avaliação dos fortes *e* fracos da concorrência e da empresa.
4. Avaliação da participação de mercado.
5. Avaliação dos eventuais ganhos de participação de mercado.
6. Avaliação dos critérios de decisão de compras.
7. Imagem da empresa no mercado.
8. Estratégia de marketing da empresa para reduzir dificuldades e catalisar oportunidades.
9. Determinação dos fatores nos quais haverá influência no nível de vendas.
10. Inovações que afetarão as vendas.
11. Atividades de promoção e propaganda.

C – MONTAGEM DE UM BANCO DE DADOS QUE ARMAZENE AS PRINCIPAIS INFORMAÇÕES AO LONGO DE DETERMINADO PERÍODO DE TEMPO

A organização de um banco de dados, a partir de dados internos de produção, da contabilidade e do departamento de administração de vendas e de marketing, de um lado, e, de outro, dados externos publicados por instituições que projetam números baseados em censos e análises setoriais, como o IBGE e outros órgãos governamentais e privados, é fundamental.

D – ELABORAÇÃO DE UMA SÍNTESE DA PREVISÃO DE VENDAS

A partir das informações básicas levantadas e analisadas, é interessante que se elabore uma síntese da previsão de vendas.

9.6 MÉTODOS DE PREVISÃO DE VENDAS

Há uma variedade muito grande de métodos de previsão de vendas; contudo, quatro categorias gerais de métodos podem ser destacadas:

- Métodos não científicos.
- Métodos matemáticos.
- Métodos de levantamento (pesquisas).
- Métodos de zona-piloto (área-teste de mercado).

As condições que cercam a empresa no momento da previsão de vendas poderão gerar grau de incerteza alto, médio ou baixo. Estas influências poderão afetar positivamente a previsão, eliminando ou, ao contrário, aumentando negativamente as incertezas. O importante é saber balancear estas influências e minimizar as incertezas.

Quadro 9.3   *Exemplo de fatores que influenciam a previsão de vendas.*

	Fatores que influenciam a previsão de vendas	Condições vigentes dentro da empresa	Nº de pontos	Condições de mercado e dos clientes	Nº de pontos	Condições gerais dos negócios e da economia	Nº de pontos	Condições específicas do setor de atividades	Nº de pontos
Positivamente		Entusiasmo		• mercado em crescimento		• política de incentivo à exportação • restrições à importações		• novos produtos • novas matérias--primas • preços baixos do setor	
	Subtotal								
Negativamente		Ceticismo Conservadorismo		• mercado em declínio • concorrência agressiva • novos concorrentes		• política de restrição ao crédito • custo de vida alto • balança de pagamento • dívida externa		• preços altos praticados no setor	
	Subtotal								
Balanceamento	Grau de incerteza da previsão alto ( ) médio ( ) baixo ( )								
	Total de pontos								

9.6.1 Métodos não científicos

Os métodos classificados como não científicos estão baseados em extrapolação de dados. Vamos tecer considerações sobre três desses métodos, que são muito utilizados: *listagem de fatores, extrapolação* e *construção de cenários.*

A – LISTAGEM DE FATORES

Tal método faz uma análise dos fatores que afetam direta ou indiretamente uma previsão, permitindo que se estimem de formas simples as vendas futuras da empresa. O perigo deste método é que sua simplicidade pode induzir a previsões errôneas.

B – EXTRAPOLAÇÃO

A partir de dados passados de vendas, da análise das sazonalidades e dos ciclos de vendas projeta-se a previsão de vendas. Há aplicações até sofisticadas do método de extrapolação, mas é preciso ter cuidado com as séries históricas de dados a serem extrapolados, em face da flutuação e dos ciclos de vendas.

C – CONSTRUÇÃO DE CENÁRIOS

O modelo de construção de cenários assemelha-se a um modelo de simulação, entretanto, é um modelo totalmente distinto. Muitos autores alegam que o modelo de cenários não é um modelo de previsão. Mas a construção de cenários pode ser perfeitamente utilizada em previsão de vendas e com uma vantagem: incorpora as incertezas futuras.

É possível definir cenários como uma sequência hipotética de eventos, construídos com o objetivo de dirigir a atenção para fatos bastante prováveis, e se pode a partir deles construir caminhos para a tomada de decisão.[1]

De forma resumida, a construção de cenários envolve:

- Levantamento de dados históricos.
- Análise e seleção dos objetivos.
- Identificação das variáveis internas à empresa que interferem no fenômeno a ser estudado.
- Identificação das variáveis do meio ambiente.
- Construção e seleção de cenários.
- Calcular as probabilidades de cada cenário selecionado.

---

[1] Veja definição citada por Kahn e Wiener no artigo de René D. Zetner.

- Análise dos cenários selecionados.

- Cálculo da previsão de vendas, com base na seleção de cenários.

9.6.2 Métodos matemáticos

Para o exercício da previsão de vendas é importante observar o passado para fazer interferências acerca do futuro.

E para isso existem diversas técnicas com o uso da matemática que são muito úteis na análise da série histórica de vendas.

Contudo, é importante observar que não existe um modelo único, válido para todas e quaisquer circunstâncias; em função do rigor e precisão desejada há um modelo matemático mais adequado para cada caso.

Selecionamos alguns métodos, uns simples e outros mais complexos. Existem, é claro, muitos outros métodos, e o importante é o leitor identificar o mais adequado a sua peculiar situação.

Vejamos, então:

A – MÉTODO DAS MÉDIAS MÓVEIS

No cálculo da demanda nas últimas cinco semanas, considerando-se os respectivos valores: 104, 115, 101, 120, 115

O cálculo da média: $\dfrac{104+115+11+120+115}{5} = 111$

Supondo que as vendas reais da próxima semana sejam 119, troca-se o valor mais antigo (104) pelo novo valor (119)

$$\frac{115+101+120+115+119}{5} = 114$$

B – MÉTODO DA MÉDIA PONDERADA

Atribuem-se pesos às semanas:

$$\frac{(115\times1)+(101\times2)+(120\times3)+(115\times4)+(119\times5)}{1+2+3+4+5} = 115$$

Dessa maneira, a semana 1 tem peso 1, a semana 2 tem peso 2 e assim por diante. Através dessa ponderação calcula-se o novo valor da previsão.

C – MÉTODO DE SUAVIZAÇÃO

Este método é uma aplicação particular da média ponderada com base na seguinte fórmula:

$$S_{t+1} = \propto (vendas_t + (1 - \propto) S_t$$

onde: t = período de tempo, por exemplo: janeiro, fevereiro etc.

$t + 1$ = próximo período, por exemplo, se t = janeiro;

$t + 1$ = fevereiro.

S_{t+1} = valor da previsão

$Vendas_t$ = vendas reais no período t

S_t = previsão para o período t

$\propto$ = coeficiente de suavização

O valor de $\propto$ está entre 0 e 1 e é estimado por tentativa, utilizando-se diversos valores na fórmula e fazendo-se testes retrospectivos de previsão.

Existem várias metodologias para a aplicação deste método:

- Suavização simples estágio.
- Suavização duplo estágio.
- Suavização triplo estágio.

Suavização por simples estágio é a utilização simples da fórmula apresentada, por exemplo:

para $\propto$ = 0,4 e t	= janeiro
vendas reais de janeiro	= 500 (vendas$_t$)
valor previsto (janeiro)	= 600 (S_t)
S_t = 0,4 (500) + (600)	= 560
previsão (S_{t+1}) para fevereiro	= 560

Como se observa, este método possibilita apenas a previsão do próximo mês. Então, como fazer para prever os próximos 12 meses?

Suavização em duplo estágio – o modelo é também conhecido como o método de Brown, no qual se utiliza uma função linear:

$$Yt = a + bT$$

Para o entendimento deste método é preciso aplicar a fórmula; utilizando-se o Quadro 9.4 obtém-se para o número de ordem um valor de Y_t na coluna 6.

Veja no Quadro 9.4 a demonstração passo a passo do cálculo de cada coluna.

Quadro 9.4   *Método de suavização – duplo estágio.* *

Modelo linear: $Y_t = a + bT$

Ordem	1 Vendas – X_t	2 St	3 St_2	4 a	5 b	6 Y_t
1	73320	69315 (1)	69315 (1)			
2	65310	67713 (1)	68674 (2)	66752(3)	– 643,9 (4)	66108 (5)
3	81590	73264	70510	76018	1845,2	77863
4	78892	75515	72512	78518	2012,0	80530
5	85888	79664	75373	83955	2875,0	86830
6	75468	77986	76418	79554	1050,6	80604
7	66154	73253	75152	71354	−1272,3	70081
8	84887	77907	76254	79560	1107,5	80667
9	73230	76036	76167	75905	– 87,8	75817
10	74574	75451	75881	75021	– 288,1	74732
11	65234	71364	74074	68654	−1815,7	66838
12	84318	76546	75063	78029	993,6	79022
13	57875	69078	72669	65487	−2406,0	63081
14	67345	68385	70955	65815	−1721,9	64093
15	68634	68485	69967	67003	– 992,9	66010
16	70512	69296	69699	68893	– 270,0	68623
17	76975	72368	70767	73969	1072,7	75041
18	59002	67022	69269	64775	−1505,5	63269
19	65614	66459	68145	64773	−1129,6	63643
20	81293	72393	69844	74942	1707,8	76649
21	73075	72666	70973	74359	1134,3	75493
22	80491	75796	72902	78690	1939,0	80629
23	82227	78368	75088	81648	2197,6	83845
24	70576	75251	75153	75349	65,7	75414

* Veja a seguir a metodologia dos cálculos. O número entre parênteses corresponde à ordem dos passos para os cálculos.

Passos – Suavização em duplo estágio

1. Calcule a coluna 2:

$$69315 = \frac{73320 + 65310}{2}$$

$$S_{t+1} = \propto X_{t+1} + (1 - \propto) St$$

$$67713 = 0,4(65310) + 0,6(69315)$$

2. Calcule a coluna 3:

$$St_{2+1} = \propto S_{t+1} + (1 - \propto) St_2$$

$$68674 = 67713\ (0,4)\ +\ 69315\ (0,6)$$

3. Calcule a coluna 4:

$$a = 2S_t - S_{t_2}$$

$$66752 = 2\ (67713) - 68674$$

4. Calcule a coluna 5:

$$b = \frac{\propto}{1 - \propto}\left(S_t - S_{t_2}\right) = 0,67\ (67713 - 68674) = -643,91$$

5. Calcule a coluna 6 para $T = 1$

$$Yt = a + bT\ 66108 = 66752 - 643,9$$

6. Repetir todos os passos até completar o quadro.

7. Para o cálculo da previsão:

Adote a função $Yt = a + bT$ da última linha e mude os valores de T para 2, 3, 4 etc.

Previsão   para o 25º mês = 75349 + 65,7 (2) = 75480

para o 26º mês = 75349 + 65,7 (3) = 75546

para o 27º mês = 75349 + 65,7 (4) = 75611

Suavização em *triplo estágio* – caso uma função linear não seja a mais adequada para a previsão de vendas, podemos adotar um modelo parabólico, utilizando a fórmula:

$$Y_t = a + bT + \frac{cT^2}{2}$$

A descrição passo a passo do cálculo de cada coluna é apresentada logo a seguir, possibilitando a visualização do Quadro 9.5.

Quadro 9.5 *Método de suavização – triplo estágio.**

Ordem	1 Vendas X_t	2 st_1	3 St_2	4 St_3	5 a	6 b	7 c	8 Y_t
1	73320	69315 (1)	69315 (1)	69315 (1)	66176(4)	−912,8 (5)	−253,4 (6)	65136 (7)
2	65310	67713 (1)	68674 (2)	69059 (3)	77901	2830,5	828,5	81145
3	81590	73264	70510	69639	79797	2370,9	562,8	82449
4	78892	75515	72512	70788	85495	3122,2	677,6	88956
5	85888	79664	75373	72622	78844	−35,11	−312,4	78652
6	75468	77986	76418	74140	68848	−3067,5	−1102,6	65229
7	66154	73253	75152	74545	80188	1234,9	276,3	81561
8	84887	77907	76254	75229	75211	−693,1	−305,3	74365
9	73230	76036	76167	75604	74425	−720,9	−262,2	73573
10	74574	75451	75881	75715	66929	−2667,1	−759,0	63882
11	65234	71364	74074	75059	79510	1955,7	651,6	81791
12	84318	76546	75063	75061	63331	−3414,2	−948,6	59443
13	57875	69078	72669	74104	65134	−1646,9	−299,6	63337
14	67345	68385	70955	72844	67247	−361,4	107,4	66939
15	68634	68485	69967	71693	69686	573,1	348,9	70433
16	70512	69296	69699	70895	75647	2184,5	738,3	78200
17	76975	72368	70767	70844	63473	−2092,9	−572,8	61093
18	59002	67022	69269	70214	64328	−1078,8	−195,8	63151
19	65614	66459	68145	69386	77216	3110,6	1000,6	80827
20	81293	72393	69844	69569	75210	1456,8	374,4	76854
21	73075	72666	70973	70131	79921	2283,5	541,6	82475
22	80491	75796	72902	71239	82619	2196,1	427,2	85029
23	82227	78368	75088	72779	74023	−1186,4	−583,4	72253
24	70576	75251	75153	73729				

* Veja a seguir a metodologia dos cálculos. O número entre parênteses corresponde à ordem do passo.

Passos – Suavização em triplo estágio

1. Calcule a coluna 2:

$$69315 = \frac{73320 + 65310}{2}$$

$$S_{t+1} = \propto X_{t+1} + (1 - \propto) S_t$$

$$67713 = 0,4 \, (65310) \, + \, 0,6 \, (69315)$$

2. Calcule a coluna 3:

$$S_{t_2+1} = \propto S_{t+1} + (1 - \propto) S_{t_2}$$

$$68674 = 67713 \, (0,4) \, + \, 69315 \, (0,6)$$

3. Calcule a coluna 4:

$$S_{t_3+1} = \propto S_{t_2+1} + (1 - \propto) S_{t_3}$$

$$69059 = 68674 \, (0,4) \, + \, 69315 \, (0,6)$$

4. Calcule a coluna 5:

$$a = 3S_t - 3S_{t_2} + S_{t_3}$$

$$66176 = 3 \, (67713) \, - \, 3 \, (68674) \, + \, 69059$$

5. Calcule a coluna 6:

$$b = \frac{\propto}{2(1-\propto)}[(6 - 5 \propto) St - (10 - 8 \propto) S_{t_2} + (4 - 3 \propto) S_t]$$

$$-912,8 = 0,33 \left[(4 \times 67713) - (6,8 \times 68674) + (2,8 \times 69059) \right]$$

6. Calcule a coluna 7:

$$c = \left[\frac{\propto}{(1-\propto)} \right]^2 (St - 2S_{t_2} + S_{t_3})$$

$$-253,4 = (0,44) \left[67713 - 2 \, (68674) \, + \, (69059) \right]$$

7. Calcule a coluna 8 para $T = 1$

$$Y_t = a + bT + 1/2cT^2$$

$$65136 = 66176 - 912,8 \, (1) = \frac{253,4(1)}{2}$$

8. Repetir os passos até terminar o quadro.

9. Para o cálculo da previsão:

adote a função $Y_t = a + bT + \dfrac{cT^2}{2}$ da última linha e mude os valores de T para 2, 3, 4 etc.

$$Y = 74023 - 1186,4 \, T - \frac{583,4 \, T^2}{2}$$

Previsão para o 25º mês 74023 − 1186,4(2) − $\dfrac{583,4\ (2)^2}{2}$ 70483

Previsão para o 26º mês 74023 − 1186,4(3) − $\dfrac{583,4\ (3)^2}{2}$ 67838

Previsão para o 27º mês 74023 − 1186,4(4) − $\dfrac{583,4\ (4)^2}{2}$ 64610

Fazendo um gráfico comparativo entre os modelos de dupla suavização e tripla suavização utilizando-se as fórmulas:

$$\boxed{Y = a + bT} \quad \text{e} \quad \boxed{Y = a + bT + \dfrac{cT^2}{2}}$$

notamos certa diferença nos seus resultados. Aparentemente, o 1º modelo ($Y = a + bT$) apresenta um resultado favorável para $\propto = 0,4$, porém, antes de decidirmos pelo modelo final, devemos recalcular os dois modelos alterando os valores de ex.

Caso o leitor tenha interesse em observar mais de perto este fenômeno, recalcule um $\propto$ diferente de 0,4, $\propto$ este de sua livre escolha entre 0 e 1.

Após algumas tentativas, deveremos escolher um $\propto$ mais provável para o modelo de precisão a ser adotado.

Noções de $\propto$:

Apresentamos a seguir os gráficos para alguns valores de $\propto$, onde para $\propto = 0,1$ a previsão se manifesta com poucas variações. Um $\propto$ mais elevado, por exemplo 0,9, deve ser utilizado em casos em que o comportamento de vendas se apresenta com grandes variações entre um período e outro.

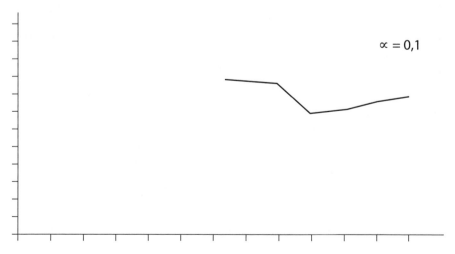

Figura 9.1   *Comportamento da previsão para $\propto = 0,1$.*

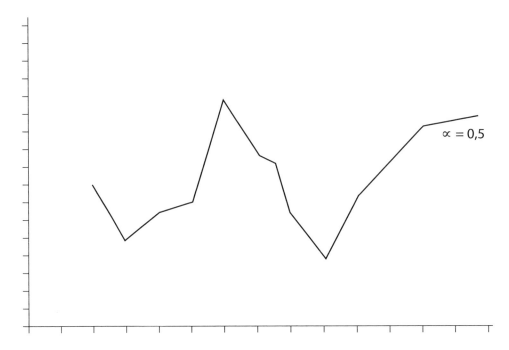

Figura 9.2   *Comportamento da previsão para $\alpha = 0,5$.*

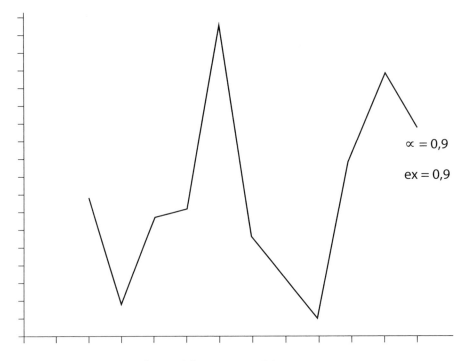

Figura 9.3   *Comportamento da previsão para $\alpha = 0,9$.*

D – MÉTODO DE REGRESSÃO

A análise de regressão é muito usada para o desenvolvimento da função de demanda. Este método pode envolver desde um fator simples, que determina a demanda, até múltiplos fatores. A relação de correlação pode ser linear ou não linear. Há programações padronizadas de computador e de calculadoras de mesa para a análise de regressão. Na Figura 9.4 vemos um exemplo de análise de regressão linear.

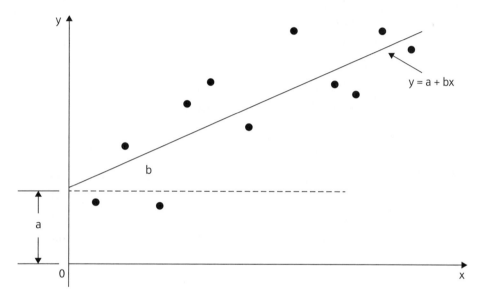

Figura 9.4   *Exemplo de análise de regressão linear.*

É relativamente fácil calcular a reta de regressão; basta seguir a seguinte orientação:

Para o cálculo da reta obtida a partir do modelo de regressão linear, é importante a utilização do Quadro 9.6 com os valores de cada mês de Σx, Σy, Σx^2.

Quadro 9.6 *Regressão linear simples.* *

Modelo linear $Y = B_0 + B_1X$

1	2	3	4
ΣX	ΣY	ΣXY	ΣX^2
1	73320	73320(3)	1
2	65310	130620	4 (5)
3	81590	244770	9
4	78892	315568	16
5	85888	429440	25
6	75468	452808	36
7	66154	463078	49
8	84887	679096	64
9	73230	659070	81
10	74574	745740	100
11	65234	717574	121
12	84318	1011816	144
13	57875	752375	169
14	67345	942830	196
15	68634	1029510	225
16	70512	1128192	256
17	76975	1308575	289
18	59002	1062036	324
19	65614	1246666	361
20	81293	1625860	400
21	73075	1534575	441
22	80491	1770802	484
23	82227	1891221	529
24	70576	1693824	576
300 (1)	1.762.484 (2)	21.909.366 (4)	4.900(6)

* Veja a seguir a metodologia dos cálculos. O número entre parênteses corresponde à ordem do passo.

Passos – Regressão Linear Simples

1. Calcule a soma da coluna 1:

   A coluna X representa a sequência dos meses.

2. Calcule a soma da coluna 2:

   A coluna dos Y representa as vendas.

3. Multiplique a coluna 1 com a 2 e marque o resultado na coluna 3:

   $73320 = 1 \times 73320$

4. Calcule a soma da coluna 3:

5. Calcule o quadrado da coluna nº 1:

   $4 = 2^2$

6. Calcule a soma da coluna 4:

7. Calcule o valor de B_1:

   $$B_1 = \frac{n(\Sigma XY) - (\Sigma X\ \Sigma Y)}{n(\Sigma X^2) - (\Sigma X)^2}$$

   $$B_1 = \frac{24\,(21.909.366) - (300)(1762484)}{24\,(4900) - (300)^2} = 105,81$$

8. Calcule o B_0:

   $$B_0 = \frac{\Sigma Y}{n} - B_1 \frac{\Sigma X}{n}$$

   $$B_0 = \frac{1762.484}{24} - (-105,81)\frac{300}{24} = 74759,46$$

9. Substitua os valores de B_1 e B_0 no modelo linear:

   $Y = B_0 + B_1 V$

   $Y = 74759 - 105,81\,X$

10. Previsão do 25º mês: $74759 - 105,81\,(25) = 72113$

    Previsão do 26º mês: $74759 - 105,81\,(26) = 72007$

    Previsão do 27º mês: $74759 - 105,81\,(27) = 71902$

E – COMPARAÇÃO ENTRE OS MÉTODOS DE REGRESSÃO LINEAR E SUAVIZAÇÃO

Pelo método de suavização, com $\propto = 0,4$ chegamos à seguinte expressão, no modelo linear:

$$Y = 75349 + 65,7\,T$$

126 ADMINISTRAÇÃO DE VENDAS • COBRA

Pelo método de regressão, obtemos a seguinte função linear:

$$Y = 74759 - 105{,}81\,X$$

Com o $\propto$ = 0,4, a previsão mostra uma tendência crescente (positiva), pois b = 65,7, porém pela regressão a tendência mostra-se negativa com b = − 105,8.

Nesta situação, perguntamos: qual é o melhor modelo, o de crescimento positivo ($b > 0$) ou negativo ($b < 0$)? Quando dois modelos diferentes mostram resultados distintos, um deles está inadequado. Sugerimos então um recálculo no modelo de suavização com $\propto$ diferente de 0,4. Na hipótese de as perspectivas futuras mostrarem tendência negativa, o $\propto$ escolhido deve ser aquele que também apresente tendência negativa ($b < 0$), ou vice-versa; caso as perspectivas futuras mostrem algum crescimento, o $\propto$ escolhido deve apresentar um $b > 0$.

Note que, no exemplo de suavização em triplo estágio, os resultados mostram tendência negativa, pois o modelo é:

$$y = 74023 - 1186{,}4\,T - \frac{583{,}4\,T^2}{2}$$

onde o valor de c é negativo.

F – OUTROS MÉTODOS

• Regressão múltipla

Descrevemos, anteriormente, o método de regressão simples. Entretanto, o modelo que examinamos foi o modelo de apenas duas variáveis: x e y. Desde que se disponha de mais dados, podemos analisar a "correlação" entre vendas e outras variáveis de uma forma múltipla.

Exemplo de um modelo de regressão múltipla:

$$Y = \propto + \beta_1 x_1 + \beta_2 x_2 + \beta_n x$$

$$Y = 2620 + 6{,}77 x_1 + 4{,}75 x_2 + 2{,}18 x_3$$

onde: y = vendas

x_1 = gastos em propaganda

x_2 = renda da população

x_3 = investimento em lojas

• Modelos econométricos

Tanto no modelo de regressão simples como no modelo de regressão múltipla, observa-se a existência de apenas uma equação. Isto significa que todos os elementos da mesma equação estão sendo tratados de forma endógena. Se considerarmos o exemplo da regressão múltipla, existem muitas coisas que interferem no gasto de propaganda e que não foram consideradas nesse modelo. Quando tratamos determinadas variáveis de uma forma endógena, apenas consideramos os resultados desta variável e deixamos de lado tudo o que interfere nela. Por exemplo, no modelo anterior os custos de mídia é um dos fatores que interferem nos gastos de propaganda, cujos custos de mídia e outros fatores são variáveis exógenas.

Num modelo econométrico são consideradas tanto as variáveis endógenas como as variáveis exógenas e, teoricamente, as equações econométricas refletem os resultados com maior precisão. Porém, são modelos muito complicados, que necessitam de ajuda de computador e de especialistas em estatística.

Exemplo de um modelo econométrico:

$$Y = \propto + \beta_1 x_1 + \beta_2 x_2 + \beta_3 x_3 \tag{I}$$

$$P = \gamma_1 x_4 + \gamma_2 x_5 \ (P = x_2) \tag{II}$$

$$R = \gamma_3 x_6 + \gamma_4 x_7 \ (R = x_2) \tag{III}$$

onde: Y = vendas

x_1 = gastos em propaganda

x_2 = renda da população

x_3 = investimento em lojas

P = gastos em propaganda

x_4 = custos de mídia

x_5 = audiência

R = renda da população

x_6 = salário

x_7 = nível de emprego

$\beta_1, \beta_2, \beta_3, \gamma_1, \gamma_2, \gamma_3, \gamma_4$ = coeficientes

$\propto$ = constante

x_1, x_2, x_3 = variáveis endógenas

P e R = variáveis exógenas

x_1 e x_2 dependem dos valores de P e R

Neste exemplo, gastos em propaganda (x_1) e renda da população (x_2) são variáveis endógenas na equação I. Se considerarmos, simultaneamente, todas as três equações, propaganda (II) e renda da população (III) passam a receber um tratamento exógeno, melhorando teoricamente os resultados de uma previsão.

• Box-Jenkins

Uma série histórica de vendas, obviamente, vem ordenada em ordem cronológica, e isto cria uma espécie de dependência entre os números de um período para outro, dependência esta chamada de *autocorrelação*. No modelo de *Box-Jenkins* são feitas análises da autocorrelação e autocorrelações parciais de uma série histórica e, em seguida, é calculada uma estimação dos parâmetros, minimizando o erro quadrático.

A grande vantagem deste modelo é que, via análise da autocorrelação, é efetuado um diagnóstico dos resíduos de tal forma que os parâmetros estimados apresentem o erro quadrático mínimo. Por exemplo, nos modelos de suavização ou de decomposição não possuímos a mínima ideia do erro quadrático que estamos obtendo.

Uma das alternativas muito interessantes para previsão de vendas é a versão ARIMA (*Auto Regressiva Integrated Moving Average),* porém trata-se de um modelo sofisticado que necessita de um aplicativo a ser utilizado em computador, no mínimo uma série histórica com 50 elementos e auxílio de um estatístico.

• Modelos de simulação

Um modelo matemático que se baseia exclusivamente em uma série histórica, bem como em diversos indicadores da economia, sempre apresenta uma situação "estática", onde os resultados do passado serão extrapolados para o futuro.

No modelo de simulação podemos introduzir alguns fatores que o tornam "dinâmico", porque será possível avaliar os vários resultados futuros para cada conjunto de prováveis alterações das variáveis que fazem parte de um modelo.

Portanto, numa previsão de vendas com base em simulação podemos obter vários resultados alternativos à medida que testamos diferentes situações prováveis de cada uma das variáveis. É um modelo muito útil quando houver perspectivas de mudanças muito radicais em algumas das variáveis do modelo, possibilitando avaliar os resultados futuros diante de determinadas mudanças ambientais.

Quadro 9.7   *Exemplo hipotético de previsão de consumo de cerveja pelo método de simulação.*

Fonte: Adaptado de: NAYLOR, Thomas H. *Computer simulation experiments with models of economic systems.* New York: John Wiley, 1971.

H – MÉTODOS DE LEVANTAMENTOS

Com exceção do método de listagem de fatores, todos os outros descritos até aqui se utilizam de análise estatística. Todavia, em muitos casos fica difícil a sua utilização e, por essa razão, as técnicas de levantamento ganham importância. As técnicas de levantamento mais utilizadas são abordadas a seguir.

• O júri de opiniões de executivos

O júri de opiniões de executivos ou do julgamento dos gerentes de produto, onde as previsões individuais de cada executivo-chave ou gerente de produto são avaliadas e discutidas em grupo até se chegar a um consenso.

Este método é simples e usado com frequência, mas pode induzir a erros, decorrentes da subjetividade da análise. Vantagens do método:

- aglutinar conhecimentos e experiências de pessoas especializadas, que vivenciam os produtos e os mercados;
- minimizar o risco de algum fator qualitativo importante deixar de ser considerado;
- ser prático, rápido e simples;
- tornar corresponsáveis os homens diretamente envolvidos na previsão de vendas.

Inconvenientes:

- pode tornar subjetiva a avaliação das oportunidades de mercado;
- pode faltar sistematização na utilização dos dados e em sua ponderação.

Pode, na verdade, ser utilizado como um complemento aos outros métodos empregados pela empresa.

• O método da opinião da força de vendas

Com base em suas experiências de vendas, os vendedores são convidados a estimar as vendas para o próximo ano. O somatório das previsões dos vários territórios de vendas fornece a estimativa global para a empresa.

Os vendedores são os elementos da empresa que maior contato têm com o mercado.

Os *inconvenientes* da opinião dos vendedores para a elaboração da previsão de vendas são, entre outros, os seguintes:

- tendência a informar a menos as possibilidades de vendas, para reduzir o valor da quota de vendas fixada a partir de previsão de vendas;
- o vendedor poderá não informar corretamente as possibilidades de vendas, com receio de que os valores estimados de vendas não sejam aqueles "que o chefe quer ouvir";
- dificuldade em se obter a objetividade adequada dos vendedores;
- o vendedor tende a ter sempre uma visão de curto prazo *e* não de médio prazo;
- dificuldade de o vendedor captar as condições vigentes e suas implicações futuras.

Vantagens do método:

aproveitar o conhecimento dos vendedores;

fazer com que os vendedores tenham mais confiança nos critérios de estabelecimento das quotas a eles atribuídas; comprometer e responsabilizar os vendedores no cumprimento das previsões.

A tendência é aplicar este método mais para produtos industriais do que para produtos de consumo, em que pese a sua aplicabilidade em ambos os casos.

• Método de intenção de compra dos clientes consumidores

Em outras palavras, a *expectativa que se tem das necessidades de compra dos consumidores*. Este método leva em conta as previsões de negócios estimados por órgãos de pesquisa ou mesmo por meio de pesquisas conduzidas pela própria empresa, através de seus vendedores.

Este método é mais recomendável para produtos industriais, onde as necessidades dos consumidores podem ser mais bem avaliadas.

Uma dificuldade que se encontra é a obtenção de informações conclusivas acerca das intenções de compra.

Desvantagens do método: Numa economia instável fica difícil qualquer previsão de compra futura, mesmo para bens industriais como máquinas e equipamentos.

Vantagens: Obriga a força de vendas a levantar todos os possíveis negócios futuros em sua zona de vendas.

• Método da análise dos rendimentos da ação comercial

Este método utiliza indicadores da ação comercial para o estabelecimento de previsões de vendas. Embora não seja um método científico, auxilia o estudo da probabilidade de realização de negócios futuros.

Os dados manipulados pelo método referem-se a resultados reais da ação de vendas, como, por exemplo:

dias trabalhados no ano anterior *versus* próximo ano;

número médio de visitas diárias;

índice de vendas por visita;

número de clientes ativos;

venda média por cliente;

número de clientes potenciais;

etc.

O método é simples e de fácil concepção. O importante é a reunião de dados por um número significativo de anos. Outro aspecto importante é avaliar o impacto no número de visitas e de vendas realizadas em épocas de concurso de vendas.

Exemplificando, suponhamos as seguintes informações, para o vendedor da zona X:

- número de dias trabalhados = 241;
- vendas por dia – média mensal = 4,23;
- índice de vendas por visita = 0,28;
- tamanho médio do pedido = $ 9.123;
- percentagem de vendas indiretas sobre as vendas diretas = 0,42.

Sabe-se que o potencial e as características desta zona são semelhantes às de outras três, que, em valores médios, têm:

- número de dias trabalhados = 262;
- visitas por dia = 5,7;
- encomendas diretas por visita = 0,52;
- venda média por encomenda direta = $ 11.475;
- percentagem de encomendas indiretas = 0,51.

Depois de uma análise, verifica-se que o vendedor da zona X não tem suficiente qualidade na ação comercial, mas vai adquirindo-a, e que uma formação adicional o fará melhor nesse aspecto. Por outro lado, uma análise das rotas permite pensar que o número de visitas por dia é possível de se aumentar.

Estas considerações e outras complementares levam à conclusão de que se pode calcular que o vendedor da zona X deve atingir:

- número de dias trabalhados = 260;
- visitas por dia = 5;
- encomendas diretas por visita = 0,32;
- venda média por encomenda direta = $ 10.000;
- percentagem de encomendas indiretas = 0,65.

Nestas condições, e atendendo a estes valores, tem-se:

Previsão de vendas diretas =

$$= dias \times \frac{\text{Número de visitas}}{\text{Número de dias}} \times \frac{\text{Número de encomendas diretas}}{\text{Número de visitas}} \times$$

$$\times \text{ volume de encomendas diretas}$$

do que resulta:

$$VVD^* = 260 \times 5 \times 0,32 \times 10.000 = 4.160.000$$

A venda direta será:

$$VVI^{**} = 0,45 \times 4.160.000 = 1.872.000$$

A venda total será:

$$VVT^{***} = VVD + VVI = 4.160.000 + 1.872.000 = 6.032.000$$

Esta previsão representa, relativamente à venda real anterior (realizada de 2.600.000 de vendas diretas e em 1.095.000 de vendas indiretas, no total de 3.695.000), um aumento importante. Isto leva à necessidade de reconsiderar os parâmetros utilizados, uma vez que o crescimento nos três anos foi de 14% por ano, em média, o que, a manter-se, daria um volume de 4.200.000 de vendas total.

Examinando os parâmetros e reconsiderando os condicionalismos, chega-se à conclusão de que talvez a eficiência das visitas (número de encomendas diretas por visita) seja um pouco elevada, pelo que, para efeitos de um novo cálculo, se estima em 0,30.

A percentagem de venda indireta mantém-se no seu valor anterior (0,42) e o volume de venda média por encomenda direta deixa-se apenas em 9.500.

Com estes dados tem-se:

$$
\begin{aligned}
VVD \quad &= 260 \times 5 \times 0,30 \times 9.500 \quad &= 3.705.000 \\
VVI \quad &= 0,42 \times 3.705.000 \quad &= \underline{1.556.100} \\
&\qquad\qquad VVT \quad &= 5.261.100
\end{aligned}
$$

Portanto, e de acordo com este método, as previsões são as seguintes:

	Real ($ 1.000)	1ª previsão ($ 1.000)		2ª previsão ($ 1.000)	
VVD	2.600	4.160	160%	3.075	142%
VVI	1.095	1.872	170%	1.556	<u>142%</u>
VVT	3.695	6.032	163%	5.261	142%

VVT conforme o crescimento médio = 4.200.000.

---

*   VVD = Volume das Vendas Diretas do vendedor.

**   VVI = Volume das Vendas Indiretas do vendedor (ou seja, venda direta da empresa).

***   VVT = Volume das Vendas Totais.

Depois de examinar novamente este caso, estabeleceram-se três valores de previsão:

- Pessimista $= 4.200.000$
- Otimista $= \dfrac{5.261.000 + 6.032.000}{2} = 5.467.000$
- Médio $= \dfrac{4.200.000 + 5.647.000}{2} = 4.924.000$

I – MÉTODOS DE ZONA-PILOTO

A previsão de vendas, por meio de zona-piloto, utiliza uma área determinada para estimar e projetar através dela as vendas globais da empresa.

O método de zona-piloto pode ser usado para calcular as vendas de um novo produto ou para estimar as vendas de um produto já existente, com base nas vendas realizadas anteriormente.

Na primeira hipótese o conceito de zona-piloto é mais conhecido como *área teste de mercado*. Em ambas as hipóteses a dificuldade maior da utilização da zona-piloto reside no critério para a escolha dessa área. Como se pode obter uma zona ou uma área que guarde as características gerais de outras áreas maiores?

Um método muito utilizado para a determinação de áreas-teste ou zonas-piloto é o *Cluster Analysis* (vide Capítulo 10), que consiste em agrupamento de variáveis de características semelhantes. O emprego desse tipo de análise é recomendável quando as populações não são homogêneas e o método consiste em dividi-las em subgrupos com características comuns. Assim, os subgrupos são constituídos pela agregação de pessoas que possuam aquelas características visadas.

É possível mapear-se os procedimentos do *Cluster Analysis* para previsão de vendas com base em áreas-teste de mercado, através de vários caminhos. O uso de algoritmos computacionais é provavelmente o mais utilizado (*SYSTAT* e outros aplicativos).

• Método da estimativa das mudanças econômicas

O método de estimativa de ação da economia nos negócios da empresa visa estimar o impacto de ações externas, como, por exemplo, as medidas de ordem econômica do governo, a ação da concorrência, o crescimento ou a retração do mercado nas ações internas da empresa, tais como: a capacidade de produção, a política de produtos, as campanhas promocionais etc.

Este método encoraja o vendedor à inovação, pois a cada homem caberá não só prever o impacto dos fatores externos em sua zona de trabalho, como principalmente formular ações para incrementar as vendas. A Tabela 9.1 exemplifica a previsão de vendas com a utilização da análise percentual.

Pela simples análise da situação passada é possível estimar a sazonalidade das vendas e um desempenho médio percentual para cada período do ano.

Dessa maneira, a previsão anual de vendas poderá ter uma repartição da previsão a nível de quadrimestre, ou trimestre.

Tabela 9.1   *Exemplo da previsão de vendas pela análise percentual.*

		VENDAS ACUMULADAS E PERCENTAGENS			
		1º Quadrimestre	2º Quadrimestre	3º Quadrimestre	Total
1980	VENDAS	10.000	40.000	80.000	100.000
	%	10	40	80	100
1981	VENDAS	12.000	42.000	82.000	100.000
	%	12	42	82	100
1982	VENDAS	8.000	38.000	78.000	100.000
	%	8	38	78	100
	MÉDIA	10	40	80	100
1983	VENDAS	12.000	44.000		

SUMÁRIO

Numa economia em transformação, fica difícil a adoção de um único método de previsão de vendas. É preciso mesclar vários métodos até se chegar à combinação ideal que minimize os erros de previsão.

Na verdade, o exercício da previsão de vendas não pode ser tarefa exclusiva das Gerências de Produto ou mesmo da própria Gerência de Marketing. É preciso que haja um envolvimento e um comprometimento global entre os planejadores de venda presencial, de venda semipresencial e de venda não presencial.

PALAVRAS-CHAVE

— Previsão de vendas

— Orçamento de vendas

— Métodos não científicos

— Métodos matemáticos

— Métodos de levantamento

— Métodos de zona-piloto

QUESTÕES

1. Os métodos não científicos, embora não tenham o rigor dos modelos matemáticos, baseiam-se na simplicidade que induz sempre a previsões corretas.

    ( ) Certo   ( ) Errado

2. Os métodos matemáticos reduzem o erro da previsão quando a qualidade das informações disponíveis permite projeções adequadas.

    ( ) Certo   ( ) Errado

3. A opinião de clientes, executivos da empresa, vendedores e a análise de rendimento da ação comercial são dados que ajudam a minimizar os erros de uma previsão assistemática.

    ( ) Certo   ( ) Errado

4. As técnicas estatísticas vêm ganhando uso crescente entre os métodos de previsão de zona-piloto, por isso prescindem do uso concomitante de outros métodos.

    ( ) Certo   ( ) Errado

PONTOS DE AÇÃO

1. Definir uma previsão de vendas por território de vendas como um todo.
2. Estabelecer uma previsão de vendas por produto para cada território de vendas.
3. Calcular as vendas possíveis para cada vendedor.
4. Estabelecer uma previsão de vendas para cada cliente em cada território de vendas.

BIBLIOGRAFIA

BALS, Dale G. et al. *Business*: flutuations forecasting techniques and applications. Englewood Cliffs: Prentice Hall, 1982.

BELL, Martin L. *Marketing, concepts and strategy*. 3. ed. Boston: Houghton Mifflin, 1979.

BROWN, Tim. *Design thinking*. Rio de Janeiro: Campus, 2010.

CIRIA, Antonio. *Previsão e ação comercial*. Lisboa: Pórtico, 1973.

DODD, T. F. *Sales forecasting*. Londres: Gower Press, 1974.

FITZROY, Peter T. *Analytical methods for marketing management*. New York: McGraw-Hill, 1976.

KOTLER, Philip. *Marketing*: edição compacta. São Paulo: Atlas, 1980.

MAKRIDAKIS, Spyros et al. *The handbooks of forecasting, a manager's guide*. New York: John Wiley, 1982.

NAYLOR, Thomas H. *Computer simulation experiments with models of economic systems*. New York: John Wiley, 1971.

STANTON, William J.; BISKIRK, Richard H. *Management of the sales force*. 4. ed. Homewood: Richard D. Irwin, 1974.

VIANNA, Mauricio et al. *Design thinking*: inovação de negócios. Rio de Janeiro: MJV Press, 2011.

WHEELWRIGHT, Steven C. et al. *Forecasting methods for management*. 2. ed. New York: John Wiley, 1977.

10

Critérios de segmentação de mercado

As técnicas de segmentação de mercado constituem a base da formulação das estratégias de marketing e de vendas. Servem, também, de apoio para o zoneamento de vendas e para a alocação de recursos para cada segmento importante de mercado.

A discussão de tais técnicas visa proporcionar ao leitor um embasamento necessário às formulações estratégicas e táticas.

10.1 A IMPORTÂNCIA DA SEGMENTAÇÃO DE MERCADO PARA A ADMINISTRAÇÃO DA FORÇA DE VENDAS

Provavelmente, a segmentação de mercado é um dos conceitos de marketing mais discutidos no Brasil. Contudo, a sua aplicação ainda não é suficientemente ampla, em que pesem suas inúmeras vantagens.

A segmentação de mercado antecede a organização dos territórios de vendas, o zoneamento de vendas e outros critérios importantes para a formulação da estratégia de vendas.

A segmentação de mercado serve de base para:

- a determinação de quotas de vendas;
- o zoneamento e o rezoneamento de vendas;
- a elaboração do plano orçamentário;
- a elaboração da previsão de vendas;

- a paridade de vendas;
- a avaliação do desempenho dos pontos de vendas;
- a avaliação do desempenho dos territórios de vendas;
- a avaliação do desempenho mercadológico;
- outras formulações estratégicas.

10.2 O CONCEITO DE SEGMENTAÇÃO DE MERCADO

Quando um mercado é subdividido em partes menores, que guardam as suas características básicas, dizemos que o conceito de segmentação de mercado foi aplicado. A segmentação pode ser geográfica, demográfica e cultural.

Critérios para a segmentação

Os critérios para agrupamento de consumidores podem ser: demográfico, como idade, sexo e renda. E ainda em agrupamento geográfico, de acordo com o clima, topografia e região do país. O agrupamento cultural leva em conta aspectos étnicos como cor da pele e religiosidade.

Os critérios de segmentação	
Demográfico Idade, Sexo, Renda	**Idade** = Consumo individual (alimentação/higiene) **Sexo** = Sexualidade (cosméticos/roupas) **Renda** = Tecnologia (refrigeradores, TV)
Geográfico Clima, Topografia, Região	**Clima** = Gerador demanda (ar-condicionado/lareira) **Topografia** = Gerador demanda (inseticida Baygon) **Região** = Tradição histórica (Batávia, Leites Glória, Nova Schin, Neugebauer)
Cultural Étnico, Religiosidade	**Étnico** = Demanda peculiar (pele negra) **Religiosidade** = Demanda peculiar (Pão de Açúcar com produtos Kosher)

Distribuição étnica no Brasil segundo o IBGE

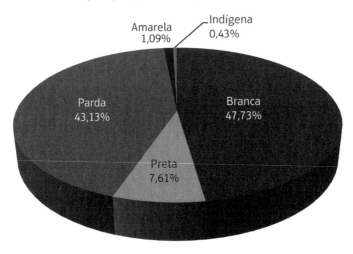

População por cor/raça (Brasil, 2010)

Formação do povo brasileiro

A população brasileira reúne a maior quantidade de pardos no Norte e Nordeste do país. Portanto, os produtos cosméticos, como cremes para pele, protetores e bronzeadores solar, por exemplo, devem considerar essa realidade nas suas ofertas.

Tabela de distribuição étnica por regiões

	Brancos %	Pretos %	Pardos %	Amarelos % Indígenas e asiáticos
Norte	23,6	4,7	71,2	1,1
Nordeste	28,8	8,1	62,7	0,3
Sudeste	56,7	7,7	34,6	0,9
Sul	78,5	3,6	17,3	0,7
Centro-Oeste	41,7	6,7	50,6	0,9

Fonte: IBGE /2010.

Dentre os critérios de segmentação de mercado, pode-se ainda agrupar os consumidores com base em critérios psicográficos, que envolve estilo de vida, como baladeiro, surfista etc., e valores como pessoas vegetarianas e pessoas preocupadas com o aspecto ecológico.

Um outro agrupamento é por benefício buscado, como preço, serviços etc., e ainda por tipo de comportamento. Sendo que a segmentação pode ter um corte horizontal da população ou vertical.

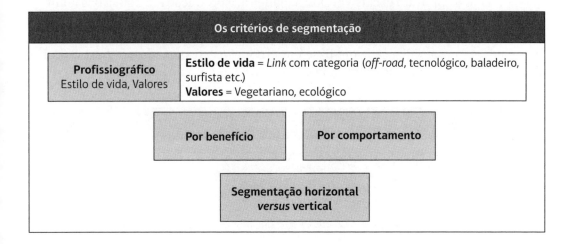

10.3 CRITÉRIOS PARA A SEGMENTAÇÃO DE MERCADO

Segmentar significa dividir, fragmentar. Os critérios para segmentar ou fragmentar deverão estar apoiados em informações precisas acerca do mercado total que se objetiva dividir e de suas peculiaridades. Isto requer investimento em pesquisa, em informações de mercado. Todavia, nem toda a segmentação de mercado exige grandes investimentos em informações. Muitas dessas informações poderão ser obtidas através de simples levantamentos de mercado ou mesmo através de dados secundários publicados por órgãos governamentais de pesquisa.

Por exemplo, se a pretensão é conduzir uma segmentação geográfica de venda, demográfica ou cultural, ou uma polarização comercial etc., há inúmeros dados disponíveis a esse respeito. A FIBGE e outros órgãos públicos, por exemplo, possuem estudos de microrregiões brasileiras, de áreas funcionais urbanas nas quais a hierarquização (polarização) de todos os municípios brasileiros é medida e outros dados de real interesse são apresentados.

Já a segmentação, que leva em conta o comportamento do consumidor, as estruturas socioeconômicas, os estilos de vida, hábitos de compra, lazer, satisfação sensorial, lealdade a marcas etc., dependerá basicamente de pesquisa primária e, em muitas situações, de levantamentos conduzidos por institutos de pesquisa.

O conceito de segmentação

Uma produção em massa permite a criação de um produto universal, cuja produção em larga escala permite um preço baixo. Esse produto universal possibilita ainda uma segmentação de mercado por meio de produto diferenciado, ou uma customização por meio de produto exclusivo. Dessa maneira, a produção em massa possibilita o acesso a diversos segmentos de mercado face ao custo baixo. A segmentação viabiliza uma estratégia de nicho de mercado, com ênfase em segmentos que valorizam o valor percebido. E a customização com base em produção artesanal do produto viabiliza um melhor relacionamento com cada cliente do segmento de mercado.

O conceito de segmentação		
Produção em massa	Segmentação	Customização
Produto universal	Produto diferenciado	Produto exclusivo
Acesso (Escala viabiliza custo baixo)	Segmentação (Nicho viabiliza valor percebido)	Customização (Artesanal viabiliza relacionamento)

As variáveis, usadas como critérios para segmentação e seus respectivos tipos de dimensões, são mostradas no Quadro 10.1.

Quadro 10.1 *Variáveis de segmentação e dimensões.*

Variável	Tipos de dimensão
1. GEOGRÁFICA	Limites políticos Área comercial
2. DEMOGRÁFICA	Idade Sexo Estado civil, estágio, ciclo de vida Raça, nacionalidade Religião Tamanho da família

Variável	Tipos de dimensão
3. SOCIOECONÔMICA	Renda – Classe socioeconômica Ocupação Educação
4. PSICOLÓGICAS	Personalidade Atitudes Estilo de vida • atividades • interesses • opiniões ou valores
5. TIPO DE PRODUTO	Tipo de uso do produto Benefícios Configuração espacial do produto Lealdade à marca Tempo de compra Amplitude de modelos oferecidos Durabilidade do produto Utilização final
6. COMPORTAMENTO DO CONSUMIDOR	O processo e a ocasião de compra Quando as compras são feitas A taxa de uso do produto As razões de compra Conhecimento de compra Lealdade na compra Hábitos socioculturais Motivos de compra Influência de compra Benefícios buscados na compra Como a compra é feita Etc.
7. BENEFÍCIOS	Satisfação sensorial Atualidade (estar na moda) Psicológicos Durabilidade/Qualidade Etc.
8. RAMO DE ATIVIDADES	Tipo de atividade Tipo de distribuição ao consumidor Tipo de compradores Geográfica Tamanho do usuário
9. MARKETING *MIX*	Preço Marca Promoção de vendas/*Merchandising* Publicidade Esforço de vendas Canal de distribuição Serviço ao cliente

144 Administração de Vendas • Cobra

A seleção de um esquema de segmentação, composto de mais de uma variável de agrupamento de consumidores, permite o desenvolvimento de estratégias integradas de marketing e de vendas por região do país e por tipo de cliente.

Estados Brasileiros

Estados	Capital	Número de municípios	Área em km²	População (2010)	Habitantes por km²
Acre	Rio Branco	22	164.122,28	733.559	4,46
Alagoas	Maceió	102	27.779,34	3.120.494	112,33
Amapá	Macapá	16	142.827,89	669.526	4,68
Amazonas	Manaus	62	1.559.161,68	3.483.985	2,23
Bahia	Salvador	417	564.830,86	14.016.906	24,81
Ceará	Fortaleza	184	148.920,53	8.452.381	56,75
Distrito Federal	Brasília	1	5.787,78	2.570.160	444,06
Espírito Santo	Vitória	78	46.098,57	3.514.952	76,24
Goiás	Goiânia	246	340.103,46	6.003.788	17,65
Maranhão	São Luís	217	331.935,50	6.574.789	19,80
Mato Grosso	Cuiabá	141	903.329,70	3.035.122	3,36
Mato Grosso do Sul	Campo Grande	78	357.145,83	2.449.024	6,85
Minas Gerais	Belo Horizonte	853	586.520,36	19.597.330	33,41
Pará	Belém	143	1.247.950,00	7.581.051	6,07
Paraíba	João Pessoa	223	56.469,46	3.766.528	66,70
Paraná	Curitiba	399	199.316,69	10.444.526	52,40
Pernambuco	Recife	185	98.146,31	8.796.448	89,62
Piauí	Teresina	224	251.576,64	3.118.360	12,39
Rio de Janeiro	Rio de Janeiro	92	43.780,15	15.989.929	365,23
Rio Grande do Norte	Natal	167	52.810,70	3.168.027	59,98
Rio Grande do Sul	Porto Alegre	496	268.781,89	10.693.929	39,78
Rondônia	Porto Velho	52	237.590,86	1.562.409	6,57
Roraima	Boa Vista	15	224.301,04	450.479	2,00
Santa Catarina	Florianópolis	293	95.703,48	6.248.436	65,29
São Paulo	São Paulo	645	248.196,96	41.262.199	166,24
Sergipe	Aracaju	75	21.918,35	2.068.017	94,35
Tocantins	Palmas	139	277.621,85	1.383.445	4,98
BRASIL (**)	Brasília	5.565	8.514.876,599	190.732.694	22,40

Fonte: IBGE Censo 2010.

CRITÉRIOS DE SEGMENTAÇÃO DE MERCADO 145

Crescimento demográfico brasileiro

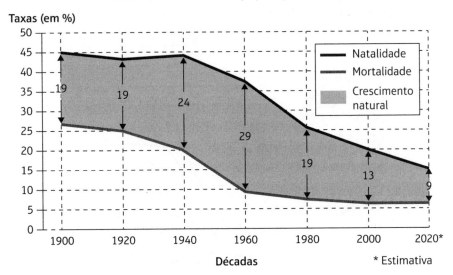

Fonte: CARVALHO, Alceu V. W. de. *A população brasileiro*: estudo e interpretação. Rio de Janerio: IBGE, 1960/*Anuário Estatístico do Brasil*. Rio de Janeiro: IBGE, 1998.

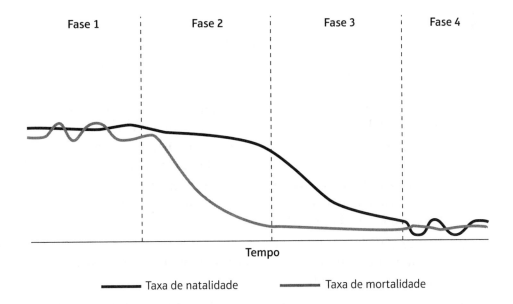

Distribuição da população brasileira

Mudanças na distribuição da população (censo 2010) por região em comparação ao censo 2000: regiões Sudeste (de 42,8% para 42,1%), Nordeste (de 28,2% para 27,8%) e Sul (de 14,8% para 14,4%). Por outro lado, aumentaram seus percentuais de população as regiões Norte (de 7,6% para 8,3%) e Centro-Oeste (de 6,9% para 7,4%).

10.4 REQUISITOS PARA A SEGMENTAÇÃO DE MERCADO

Os requisitos para a segmentação de mercado são os seguintes:

- *Um segmento precisa ser identificado e medido* – o segmento precisa ser claramente definido. Quem está dentro do segmento? E quem está fora? A obtenção de dados demográficos, sociais e culturais dos membros do segmento permitem determinar o tamanho, o potencial e a importância do mesmo. No entanto, a configuração de um segmento depende muitas vezes da aplicação de modelos estatísticos para identificar quais as variáveis mais apropriadas para a segmentação dos produtos ou serviços considerados.

- *Um segmento precisa evidenciar um potencial adequado* – para que um segmento represente uma oportunidade de marketing é preciso que o seu potencial seja atraente.

- *Um segmento precisa ser economicamente acessível* – não basta um segmento de mercado possuir um potencial atraente; é preciso que ele seja acessível do ponto de vista econômico.

- *Um segmento precisa ser razoavelmente estável* – as mutações do segmento poderão tornar as oportunidades de mercado desinteressantes. É preciso, portanto, identificar com clareza qual segmento-alvo é atualmente o melhor.
- *Um segmento precisa ser determinado adequadamente* – há diversos métodos atualmente aplicados na segmentação de mercado e, por certo, um dos mais conhecidos é o do *Cluster Analysis*. Mas é preciso cuidado com o uso dos modelos estatísticos como o *Cluster* e, sobretudo, atenção com sua interpretação.

O *Cluster Analysis* é uma ferramenta bastante difundida entre os pesquisadores de mercado. O método é estatístico e foi desenvolvido para agrupar pessoas ou produtos com características relativamente homogêneas, como atitudes, propensão de compras, hábitos etc. Mas, a despeito do uso frequente, ainda são pouco conhecidas as suas características.

Além de servir como modelo estatístico para a segmentação de mercado, outro uso igualmente importante do *Cluster Analysis* é o da identificação de grupos homogêneos de compradores, para se entender melhor o comportamento de consumidores.

O *Cluster* tem sido empregado pelos pesquisadores também na solução do problema de seleção de mercado-teste. A escolha do mercado para servir de teste de lançamentos de campanhas publicitárias ou mesmo de novos produtos sempre foi uma tarefa árdua, difícil e empírica, que a introdução do *Cluster* conseguiu solucionar satisfatoriamente.

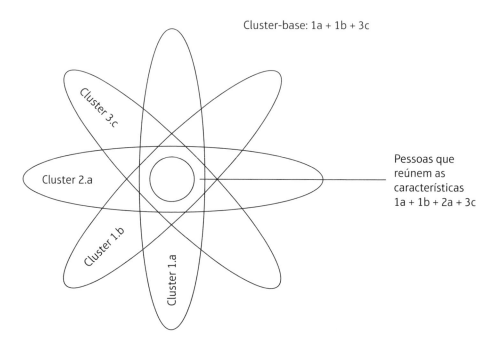

Exemplo:
1a. pessoas do sexo masculino;
1b. com curso secundário completo;
2a. idade de 20 a 30 anos;
3c. casados.

Figura 10.1   *Representação gráfica da formação de um* cluster-base.

Em função do ciclo de vida é possível se identificar diversos agrupamentos de consumidores.

CRITÉRIOS DE SEGMENTAÇÃO DE MERCADO

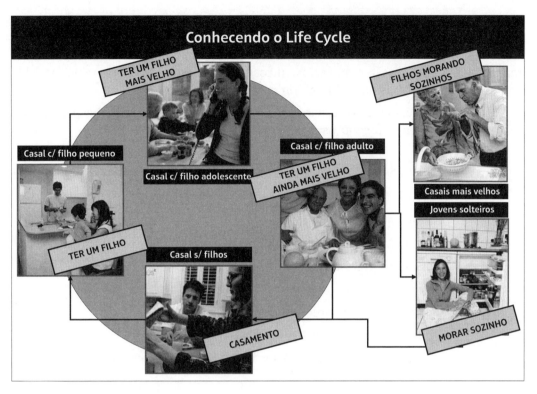

Fonte: CARTER, B.; McGOLDRICK, M. The expand family cicle.

Skills = habilidades.
Needs = necessidades.
Risks = riscos.

Visão Geral por Ciclo de Vida			
	Skills	*Needs*	*Risks*
Solteiros	Independência	Iniciativa	Solidão
Casados sem filhos	Interdependência	Comprometimento	Repressão
Casados com filhos pequenos	Proteção	Responsabilidade	*Stress*
Casados com filhos adolescentes	Instrução	Flexibilidade	Frustração
Casados com filhos adultos	Redescoberta	Reinvenção do Eu	Medo
Idosos	Liberdade	Autonomia	Saúde/Morte

Problemas no uso do *cluster analysis*

O *Cluster Analysis* é uma metodologia multidisciplinar, pois além de se utilizar de análise fatorial, regressão e de vários outros métodos estatísticos, permeia também em sua aplicação outras disciplinas, como a Psicologia.

Portanto, é preciso muito cuidado com a seleção e interpretação dos dados a serem analisados para se formar os agrupamentos homogêneos (segmentos), ou seja, os *clusters*.

Ao pretender segmentar o mercado através do *cluster,* diversas decisões precisam ser tomadas:

- Transformação dos dados:
  - Que medidas de similaridade e de não similaridade precisam ser usadas?
  - Os dados precisam ser padronizados?
- Soluções desejadas:
  - Quantos *clusters* precisam ser obtidos?
  - Que algoritmo de *cluster* precisa ser usado?
  - Todos os casos precisam ser incluídos no *Cluster Analysis* ou alguns precisam ser ignorados?
- Validade:
  - Os *clusters* são utilizáveis?
  - As soluções do *cluster são diferentes das esperadas?*

Mas, apesar dos cuidados necessários, o método de *Cluster* introduz diversas vantagens, além de proporcionar maior segurança na segmentação.

Há basicamente duas espécies de análises de *cluster*:

- Os *clusters* são agrupamentos a partir da decomposição da população considerada em subgrupos característicos (variedade de construir para baixo – decompor a população).

- A análise começa com cada indivíduo separadamente da população e vão se construindo grupos de pessoas adicionando uma pessoa por vez a cada grupo, baseado na suposição de como cada indivíduo é similar a outro. Esta é a análise fatorial Q (variedade de construir para cima).

10.5 A SEGMENTAÇÃO COM BASE NO BENEFÍCIO DO PRODUTO OU SERVIÇO

Os conceitos de marketing e de vendas devem apoiar-se em alguns pontos:

- Focalizar o consumidor e suas necessidades.

- Integrar todas as atividades da organização para satisfazer estas necessidades, inclusive a de produção.

- Objetivar, a longo prazo, obter lucros através da satisfação das necessidades dos consumidores.

No entanto, como as necessidades dos consumidores não são homogêneas, isto significa reconhecer que há diferentes consumidores com diferentes necessidades e desejos – e eles esperam benefícios diferentes. Por isso, a segmentação com base no benefício é um estudo difícil e, ao mesmo tempo, importante.

Os segmentos formados por diferenças de *performance* ou de benefício identificado dos serviços ou produtos podem possuir perfis demográficos ou de atitudes característicos.

Existe grande interação entre a satisfação física e psicológica do consumidor cuja análise torna-se necessária, tanto pelo vendedor quanto pelo homem de criação de uma agência de propaganda.

As pessoas buscam nos produtos ou nos serviços algo além do que elas são ou do que elas fazem. As pessoas esperam que o produto ou o serviço lhes proporcione satisfações sensoriais pela posse do bem, buscam uma qualidade intrínseca e extrínseca que lhes deem garantias de durabilidade e de bom funcionamento (não ter dor de cabeça pode ser um benefício básico), além de outros benefícios meramente psicológicos. Contudo, a tarefa de identificar e medir esses segmentos não é simples, ao contrário, requer muitas vezes até mesmo a ajuda de psicólogos e de pesquisadores de mercado.

Estas observações servem apenas para demonstrar ao homem de vendas que o processo da venda não se limita à negociação, ao contrário, vai além: deve iniciar com a identificação das necessidades de clientes e consumidores, bem como a maneira possível de satisfazê-los com seus produtos ou serviços.

Como a segmentação de mercado é a base da formulação estratégica em marketing, em vendas é útil ao homem de vendas o seu estudo. Neste capítulo, apenas alinhavamos algumas ideias assistemáticas. Sugerimos ao leitor um mergulho na bibliografia.

SUMÁRIO

A seleção das vias de distribuição e zoneamento de vendas são alguns dos procedimentos nas áreas de vendas e de marketing que dependem da segmentação de mercado. Mas é, sobretudo, como elemento básico para a formulação de estratégias de marketing e de vendas que a segmentação de mercado se torna vital.

As estratégias de vendas devem ser estabelecidas para cada segmento de clientes e possíveis clientes.

Mesmo critérios utilizados para a segmentação de mercado para produtos ou serviços de consumo podem se revelar um instrumento útil para o marketing B to B ou B to C, uma vez que um produto de uso industrial depende da demanda de produtos de consumo.

PALAVRAS-CHAVE

– *Cluster analysis*
– Contrassegmentação
– Benefício do produto

QUESTÕES

1. Dentre os diversos métodos de segmentação de mercado, o *Cluster Analysis* é o que melhor identifica o segmento a ser escolhido.

    ( ) Certo   ( ) Errado

2. O *Cluster Analysis* é um método estatístico desenvolvido para agrupar pessoas ou produtos com características relativamente homogêneas – como atitudes, propensão de compra, hábitos etc. Mas, a despeito do uso frequente, ainda são pouco conhecidas suas características.

    ( ) Certo   ( ) Errado

3. Ao se pretender segmentar o mercado através do *Cluster*, diversas decisões precisam ser tomadas: com relação à transformação dos dados, à solução desejada e à validade dos agrupamentos.

    ( ) Certo   ( ) Errado

4. A recessão, o desemprego e a inflação têm tornado os consumidores mais sensíveis em relação ao preço e à satisfação nas decisões de compra, de forma a reforçar a hipótese da crescente importância da contrassegmentação.

    ( ) Certo   ( ) Errado

PONTOS DE AÇÃO

1. Efetuar uma segmentação de mercado com base no agrupamento das principais características dos clientes.

2. Estabelecer *clusters* (agrupamentos) que levem em conta as expectativas de consumo dos clientes.

3. Identificar periodicamente mudanças de comportamento de compra que estabeleçam novos critérios para agrupamentos de clientes.

4. Agrupar clientes com base nos benefícios esperados.

BIBLIOGRAFIA

BELL, Martin L. *Marketing concepts and strategy*. 3. ed. Boston: Houghton Mifflin, 1977.

COBRA, Marcos. *Administração de marketing no Brasil*. 3. ed. Rio de Janeiro: Campus, 2010.

_____. *Marketing básico*: uma perspectiva brasileira. 3. ed. São Paulo: Atlas, 1994. Cap. 5.

FERREL, O. C.; HARTILINE, Michael D. *Estratégia de marketing*. São Paulo: Thomson, 2005.

HALEY, Russell. Benefit segmentation – 20 years later. *The Journal of Consumer Marketing*, Santa Barbara, CA, 1 (2):5, 1983.

MARCUS, Burton H.; TAUBER, Edward M. *Marketing analysis and decision making*. Boston: Uttle Brown, 1979.

MINTZBERG, Henry et al. *O processo de estratégia*. Porto Alegre: Bookmam, 2008.

PUNJ, Girish; STEWART, David W. Cluster analysis in marketing research: review and suggestions for application. *Journal of Marketing Research*, Chicago, Illinois, nº 10, p. 134-148, maio 1983.

RESNIK, Alan J.; TURNEY, Peter B. B.; MASON, J. Barry. Contrassegmentação, a nova saída dos homens de marketing. *Harvard Exame – Novos Caminhos – Marketing*. São Paulo: Abril, 1983.

RICHERS, Raimar. *Apostila*: um modelo de segmentação de mercados brasileiros. Anotações, São Paulo: FGV.

WORCESTER, Robert M.; DOWNHAM, John. *Consumer market research handbook*. 2. ed. Princeton: Van Nostrand Reinhold, 1978.

11

Seleção de canais de marketing e logística

O sucesso de toda a estratégia de vendas repousa em uma distribuição eficaz, tanto na escolha dos canais de marketing, que assumem a posse física dos produtos, quanto no tipo de distribuição física.

A escolha do tipo de distribuição física, se exclusiva, seletiva ou intensiva, é importante e tem larga aplicação prática, sobretudo para a escolha de distribuidores com ou sem depósitos, além de estudos para a localização de fábricas, filiais de vendas ou mesmo vendedores residentes.

Uma vez definidos e localizados os segmentos de mercado a serem atendidos, a sequência é a formulação de uma estratégia de distribuição, sendo o passo seguinte a colocação física do produto no cliente da maneira mais econômica e eficiente.

11.1 FATORES IMPORTANTES NA SELEÇÃO DOS CANAIS DE MARKETING

A distribuição de produto pode ser direta, quando não há nenhum tipo de intermediação, e indireta, quando se utiliza de intermediários independentes, como revendedores, distribuidores industriais, representantes de vendas.

11.2 TIPOS DE COBERTURA DE MERCADO

Há três tipos mais importantes de distribuição a serem considerados na cobertura de mercado: exclusiva, seletiva e intensiva (de massa).

- *Distribuição exclusiva* – Empregada quando há necessidade de grande estocagem ou quando o investimento requerido no negócio é alto ou, ainda, quando o controle dos serviços é um fator de destaque. Nessas condições, a exclusividade torna-se vital para que haja estímulo aos investimentos do intermediário.
- *Distribuição intensiva* – Há muitos casos nos quais o revendedor não é importante, mas o destaque máximo é a apresentação (exposição) do produto para a venda, no maior número de pontos de venda possível; isso ocorre para produtos padronizados, de preço unitário relativamente baixo, onde a marca do produtor é bem aceita e o esforço de vendas requerido é pequeno.
- *Distribuição seletiva* – É o meio-termo entre a distribuição exclusiva e a intensiva. Ao intermediário não é dada uma proteção territorial, mas são selecionados unicamente os melhores revendedores. O objetivo, nesse caso, é preservar a imagem da empresa através da qualidade da revenda, de serviços prestados e do volume adequado de estoques. A reputação do revendedor é importante, bem como a competência de sua força de vendas e composição do potencial da área e dos consumidores.

11.3 SELEÇÃO DO TIPO DE CANAIS DE MARKETING

Pode-se chegar a uma adequação dos canais de marketing através da atribuição de pontos, por meio de julgamento, a cada tipo de situação que caracteriza uma venda intermediada ou direta (presencial e não presencial). Assim, para cada fator em julgamento, atribui-se um valor na escala de pontos de 0 a 5, para venda direta e/ou para a venda através de comerciante intermediário. Multiplicando-se cada nota pelo respectivo peso (importância do fator), o somatório dos pontos atribuídos a cada tipo de canal de marketing nos dá a indicação do sistema de distribuição a ser adotado.

A – total de pontos para venda direta presencial ou não presencial – *on-line*
B – total de pontos para intermediário

Quando a diferença de pontos é pequena, não importa qual sistema de distribuição é utilizado, ou seja, ambos os sistemas de distribuição podem ser adotados. Contudo, quando a diferença é grande, a escolha fica facilitada. O uso de peso ajuda no julgamento dos fortes e fracos de cada uma das alternativas de distribuição: direta ou através de intermediários (veja a Tabela 11.1).

Tabela 11.1   *Tabela de pontos para a relação lucro mercadológico por tipo de via de distribuição.*

Critério de lucro	Peso	Venda direta	Desempenho (nota × peso)	Comerciante intermediário	Desempenho (nota × peso)
		NOTA — A — 5 4 3 2 1 0 1 2 3 4 5 — B		NOTA	
PREÇO UNITÁRIO		Alto		Baixo	
FREQUÊNCIA DE COMPRA		Baixa		Alta	
SIGNIFICADO DE COMPRA		Alto		Baixo	
TAMANHO DO PEDIDO		Grande		Pequeno	
CONCENTRAÇÃO DE MERCADO		Alta		Baixa	
PROXIMIDADE DO MERCADO PRINCIPAL		Perto		Distante	
NÚMERO DE CLIENTES		Poucos		Muitos	
NÚMERO DE CONCORRENTES		Poucos		Muitos	
NECESSIDADE DE NEGOCIAÇÃO		Necessária		Não necessária	
PRODUTO		Fabricação por pedido		Constituição de estoque	
PADRONIZAÇÃO		Não padroniza		Altamente padronizado	
TECNOLOGIA DO PRODUTO		Alta		Baixa	
TECNOLOGIA E ESPECIALIZAÇÃO DA FORÇA DE VENDAS		Alta		Rotineira	
EXPEDIÇÃO		Retardada		Imediata	
RECURSOS FINANCEIROS		Fortes		Fracos	
INSTALAÇÕES		Especiais		Rotineiras	
EXTENSÃO DO SERVIÇO DE VENDAS REQUERIDO		Alta		Baixa	
PREFERÊNCIA DE COMPRA DO CLIENTE		Direta		Revendedor local	
FOCOS DO ESFORÇO DE MARKETING		Usuário		Revendedor	
TOTAL DE PONTOS	Σ = 10	VENDA DIRETA =		INTERMEDIÁRIO =	

11.4 FORMULAÇÃO DA ESTRATÉGIA DE CANAIS DE MARKETING

O estudo da estratégia de distribuição, como um dos componentes da ativação de vendas, não repousa apenas na escolha de um sistema de distribuição para o escoamento da produção, desde o produtor de bens até os seus consumidores.

A estratégia envolve a determinação dos canais de marketing através de uma adequada segmentação de mercado e, também, de um conhecimento dos requisitos básicos do produto ou serviço em relação aos segmentos de mercado a que se destinam. A menos que estes dois fatores sejam bem analisados (segmentação de mercado e requisitos básicos do produto ou serviço), será virtualmente impossível construir vias eficazes de distribuição na venda intermediada.

A adequação de produtos a segmentos de mercado com a determinação das vias apropriadas de distribuição deve obedecer aos seguintes passos:

- Estabelecimento de objetivos de canais de marketing: venda direta presencial; venda intermediada; venda *on-line*.
- Alternativas de canais de marketing a serem adotadas.
- Escolha dos canais mais adequados para venda presencial e intermediada.
- Organização do canal de marketing selecionado.
- Operação e controle do canal de marketing selecionado.
- Escolha dos sistemas de entrega – para cada tipo de venda: (1) *on-line*; (2) venda intermediada; (3) venda direta.

A – ESTABELECIMENTO DE ESTRATÉGIAS DE LOGÍSTICA

Uma vez definidos e localizados os segmentos de mercado e formulada a estratégia de distribuição, é preciso escolher o tipo de logística para entrega dos produtos. Assim como os objetivos estratégicos de produtos, os objetivos estratégicos de distribuição e logística precisam ser consistentes com os objetivos da empresa formulados no Plano de Marketing.

Alguns desses objetivos utilizados pelos gestores de marketing com referência a seus canais de distribuição são os seguintes:

- *Controle* – O gestor de vendas deve exercer controle sobre seus canais de distribuição e logística.
- *Esforço de vendas* – É importante que se analise o desempenho de vendas em duas situações. A primeira, quando a empresa decide pela eliminação dos canais de distribuição, optando pela venda sem intermediação (In-

ternet ou outro meio). A segunda, quando é preciso influir no esforço de vendas dos vários canais de distribuição.

- *Serviço de pós venda* – O serviço de pós-venda é um dos fatores mais importantes para os mercados de produtos industriais e de consumo durável, tanto para os fabricantes como para as suas redes de distribuição.

  Muitas vezes a escolha do tipo de canal de distribuição está ligada ao serviço de pós-venda e assistência técnica requerida pela linha de produtos.

- *Imagem da empresa* – É frequentemente associada à imagem dos seus canais de distribuição.

B – SELEÇÃO DOS CANAIS DE MARKETING

Esta escolha é feita normalmente com base nos seguintes fatores:

- Práticas de distribuição nos mercados a serem atendidos.
- Canais de distribuição da concorrência.
- O valor unitário do produto.
- O tamanho ou a importância do produto.
- Custo de cada alternativa de via de distribuição.
- Sofisticação técnica do produto.
- Nível de serviço ao cliente e assistência técnica requerida pelos consumidores e clientes.
- O esforço de vendas requerido para vender o produto eficientemente.
- A armazenagem necessária ao longo do caminho entre o produtor e o consumidor.
- O controle de estoques necessário.
- A manipulação especial requerida pelo produto.

Estes fatores são úteis como análise de alternativas de seleção de canais de distribuição.

C – ORGANIZAÇÃO DA DISTRIBUIÇÃO

Se a distribuição é direta, a decisão a ser tomada é quanto à logística de entrega do produto.

A tarefa da organização da distribuição é a de estruturar os seguintes pontos:

- *Distribuição com base geográfica* – A tendência é a concentração geográfica por tipo de ramo de atividades ou, então, no outro extremo, a completa dispersão geográfica dos canais de distribuição.

- *Distribuidores* – A organização da atividade dos distribuidores deve levar em conta os seguintes aspectos:
  - delimitação do território de vendas do distribuidor;
  - tabela de descontos a serem praticados:
  - por quantidade;
  - por consignação de mercadorias;
  - critérios para devolução de mercadorias;
  - garantias e assistência técnica necessária;
  - propaganda e promoção cooperativa;
  - condições gerais do contrato operacional;
  - suportes de vendas a serem oferecidos pelo fabricante;
  - níveis mínimos de estoque do distribuidor etc.

- *Representantes de vendas* – A organização desta atividade pressupõe os seguintes arranjos:
  - território de vendas do representante;
  - taxa de comissão;
  - pagamento das comissões;
  - restrições na entrega dos produtos;
  - contrato operacional;
  - ajudas de vendas do produtor;
  - condições de propaganda cooperativa etc.

D – OPERAÇÃO E CONTROLE DO CANAL DE MARKETING

É importante que o trabalho desenvolvido pelos intermediários seja acompanhado permanentemente, no que diz respeito ao cumprimento dos contratos formais e informais e ao desempenho de vendas, custos, cobertura de mercado, venda da linha de produtos etc.

Para exemplificar o assunto até aqui tratado, vejamos as Figuras 11.1 e 11.2.

SELEÇÃO DE CANAIS DE MARKETING E LOGÍSTICA 161

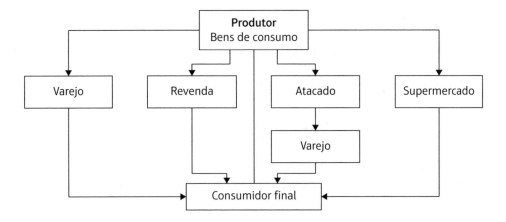

Figura 11.1   *Exemplo de vias de distribuição: produtos de consumo.*

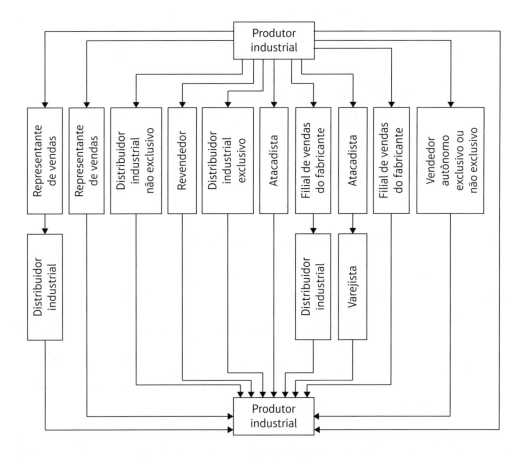

Figura 11.2   *Exemplo de vias de distribuição: produtos industriais.*

11.5 LOGÍSTICA

Os termos *logística* e *distribuição física*, usados para descrever um grupo comum de atividades, têm tido uma história variada. O termo *logística* foi utilizado por militares referindo-se a um sistema completo de movimentação, suprimento e aquartelamento de tropas.

Os mercadólogos, especializados no uso do termo, têm empregado o conceito de logística na movimentação física de produtos.

A definição do *Comitê da American Marketing Association* estabelece a logística como a movimentação e a manipulação de bens, do ponto de produção ao ponto de consumo ou uso.

Em termos empresariais, os limites da logística incluem qualquer tipo de transporte e estocagem.

Historicamente, a logística tem sido dividida em transporte e estocagem e ambas as atividades podem ser identificadas no escopo da sua definição.

- *Transporte* – É relativo ao movimento de passagem de bens entre empresas ou entre firmas e consumidores.
- *Estoque* – É usado como sinônimo de armazenagem e significa todas as atividades associadas com a guarda de produtos até a sua necessidade de consumo.

Cada uma destas atividades é usualmente vista como uma função separada, mas há integração para a eficácia da operação de logística. E quando a logística é negligenciada ou mal executada, isso leva à ineficácia mercadológica.

11.6 TÉCNICAS PARA ANÁLISE DE SISTEMAS DE LOGÍSTICA

Há duas abordagens gerais que podem ser utilizadas na análise do custo total do tipo de logística.

A primeira analisa a situação a curto prazo e desenvolve centros de custos associados às atividades de logística descritas. As informações de custo podem ser desenvolvidas para cada sistema alternativo que se está considerando. Dessa forma, pode-se selecionar o sistema de logística que apresenta o menor custo, consoante com os objetivos fixados, para melhor desempenho. Para exemplificar, veja Tabela 11.2.

Tabela 11.2   *Análise estática (exemplo de uma empresa de produtos químicos).*

Custos de logística	Sistema 1	Sistema 2
De fabricação	$	$
embalagem	(1.000)	(1.000)
estocagem e manuseio	500	0
inventário	150	50
administrativos	50	25
custo fixo	75	25
Custo de transporte	4.200	2.400
ao depósito da filial	0	150
ao consumidor	800	100
Custo de armazenagem	0	500
embalagem	0	150
estocagem e manuseio	0	75
inventário administrativo	0	75
custo fixo	0	2.400
Custo total	5.775	5.950

No sistema 2, a empresa considera na sua logística de distribuição a existência de uma filial com depósito; no sistema 1, ao contrário, não há filial com depósito e as vendas são realizadas diretamente ao consumidor industrial, com custos de transportes mais elevados no sistema 1, mas no cômputo geral de custos, o sistema 2 apresenta um resultado mais caro. A Figura 11.3 traz uma representação gráfica da análise dinâmica.

Análise dinâmica	Custo total	Custo fixo	Total custo variável	Custo variável unitário
Sistema 1	5.775	4.200	1.575	0,0315
Sistema 2	5.950	4.800	1.150	0,0230

Já na análise dinâmica observamos que os custos variável total e unitário são menores no sistema 2 e têm a seguinte configuração:

1. *Sistema 1*

   Custo total = Custo Fixo + Custo Variável Unitário × Número de Unidades

   $y = 4.200 + 0,0315x$

2. *Sistema 2*

   $y = 4.800 + 0,0230x$

3. *Ponto de Equilíbrio entre os dois sistemas:*

   $4.800 + 0,0230x = 4.200 + 0,0315x$

   $600 = 0,0085x$

   x = 70.588 unidades

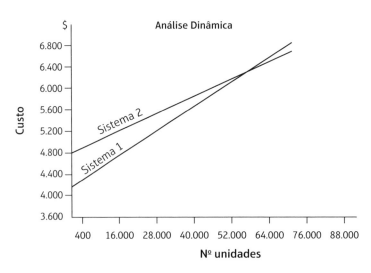

Figura 11.3 *Representação gráfica da análise dinâmica.*

Portanto, o Sistema 2 na análise dinâmica é melhor, pois tende a ter custos decrescentes, ao contrário do Sistema 1.

11.7 ESTUDO DE LOCALIZAÇÃO DE FILIAIS DE VENDAS COM DEPÓSITOS

Quando diferentes cursos de ação devem ser avaliados, alguns critérios de cálculo devem ser adotados para determinar qual é a melhor alternativa a ser estabelecida.

Assim, por exemplo, se um comprador industrial deseja adquirir um produto e se ele possui uma listagem completa dos preços de todas as fontes de suprimentos, pode facilmente determinar qual é a melhor opção. Mas se os fornecedores oferecem diferentes níveis de desconto por quantidade, terá de determinar se comprará em grandes quantidades a preço baixo, tendo, assim, que assumir a responsabilidade da estocagem do produto, ou se comprará a preços unitários mais altos em pequenas quantidades. Para realizar este cálculo adicional terá necessidade de conhecer os custos de armazenagem do produto.

Se a decisão repousa sobre qualidades diferentes e se todas elas podem ser usadas na produção, mas cada uma delas tem um efeito diferente no custo de produção, então o cálculo toma um grau de complexidade que pode colocar à prova a capacidade do administrador mercadológico.

A atividade de distribuição existe por causa da separação geográfica entre as fontes de produção e as de consumo. Desde que as mercadorias têm de ser entregues aos clientes em boas condições, o objetivo pode ser o barateamento máximo.

À medida que a localização de clientes é considerada fixa, há três variáveis a serem consideradas:

1. Onde os produtos devem ser fabricados? E isso pode ser subdividido em:
   a) fabricação própria;
   b) fabricação parcialmente subcontratada;
   c) fabricação inteiramente subcontratada.
2. Como as mercadorias podem ser transportadas?
   a) por estrada de rodagem;
   b) por estrada de ferro;
   c) por via marítima ou fluvial;
   d) por via aérea.
3. Onde esses produtos precisam ser estocados?
   a) no ponto de fabricação;

b) no ponto de venda;

c) no ponto intermediário.

A complexidade dos cálculos para se responder a esses três quesitos requer estudos alternativos para o estabelecimento de uma fábrica, de localização de depósitos e de sistemas de transporte a serem adotados. As técnicas a serem empregadas vão desde pesquisa operacional até o uso de computadores.

Localização de depósitos

Exemplos de estudos alternativos para localização de depósitos.[1]

Exemplo 1

Assume-se a existência de duas alternativas para a localização de um depósito que atenda a três mercados consumidores, como mostra a Tabela 11.3.

Tabela 11.3   *Alternativas de localização de depósito para atender a três mercados consumidores.*

Mercado consumidor	Custo de distribuição do depósito	
	A	B
1	$ 1,50	$ 0,75
2	$ 1,00	$ 1,25
3	$ 1,80	$ 3,00
TOTAL	$ 4,30	$ 5,00

Com tais dados fica fácil concluir que o depósito em A é a alternativa mais econômica. Contudo, se a lucratividade de cada mercado é considerada, a solução ótima é a escolha do depósito 8 (Tabela 11.4) e a desconsideração do mercado consumidor 3 (Tabela 11.5).

---

[1]   SAWDY, LWC. *The economics of distribution*. Londres: Gower Press, 1972.

Seleção de canais de marketing e logística **167**

Tabela 11.4 *Fator lucratividade para a escolha da localização do depósito.*

Mercado consumidor	Lucro bruto	Custo de distribuição do depósito em:	
		A	B
1	15,00	1,50	0,75
2	18,00	1,00	1,25
3	2,00	1,80	3,00
TOTAL	35,00	4,30	5,00
	LUCRO LÍQUIDO	30, 70	30, 00

Tabela 11.5 *Localização de depósito com base no fator lucratividade: eliminação do mercado consumidor 3.*

Mercado consumidor	Lucro bruto	Custo de distribuição do depósito em:	
		A	B
1	15,00	1,50	0,75
2	18,00	1,00	1,25
TOTAL	33,00	2,50	2,00
	LUCRO LÍQUIDO	30,50	31,00

Numa análise mais superficial, teria sido mais fácil a escolha do depósito A, por causa do lucro bruto de $ 2,00, do mercado consumidor 3.

Eliminando-se o mercado consumidor 3, pode-se observar que o depósito 8 apresenta um lucro líquido ligeiramente melhor, de $ 31,00, contra $ 30,50 do depósito A.

Exemplo 2

Através de um modelo mecânico, pode-se decidir sobre a localização ótima de uma fábrica para minimizar os custos de transporte. Tal modelo é representado pelo diagrama constante da Figura 11.4.

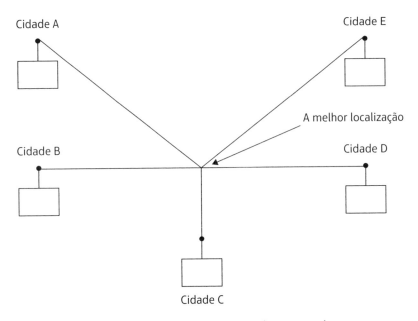

Figura 11.4 *Localização de uma fábrica: minimização dos custos de transporte.*

Um mapa vertical mostra cinco diferentes localizações, cada uma com uma polia de rotação para fricção livre. As linhas são traçadas com os pesos colocados em cada cidade e são proporcionais à demanda de cada área.

Se as cinco linhas são unidas a um sino, a partir do momento em que o sino toca, representa a localização ótima em termos de custos de transportes para atender às cinco cidades.

O modelo, do ponto de vista matemático, parece perfeito, mas falho, pois as considerações das facilidades de acesso não estão sendo consideradas; assim, por exemplo, as distâncias em quilômetros não consideram as condições de trânsito de determinada estrada, em face dos problemas das condições de tráfego e de pista.

11.8 *GRID* PARA A LOCALIZAÇÃO DE FÁBRICA OU DEPÓSITO – COM BASE EM RECURSOS DISPONÍVEIS E MERCADOS EXISTENTES

Registra-se, no *Grid*, as localizações das fontes de suprimento de matérias-primas e as localizações dos mercados existentes.

A tarefa será identificar o ponto X no *Grid* que possibilite o custo mais baixo de produção e maior proximidade possível dos mercados existentes. Veja a Figura 11.5.

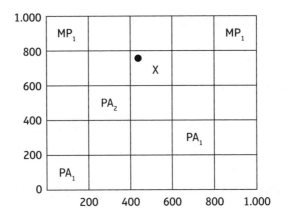

Figura 11.5 *Localização do ponto X no Grid.*

MP = Matéria-prima – localização de recursos

PA = Produto acabado – localização de mercados

X = Localização ao mais baixo custo

Vejamos a seguir, através dos passos A e B, como é calculado o ponto X no Grid, no eixo vertical Mv e no eixo horizontal Mh:

A – GRID

A fórmula que otimiza a localização na horizontal e na vertical do ponto X no Grid é:

$$M = \frac{\sum_{1}^{n} DIPAi + \sum_{1}^{m} di\ MPi}{\sum_{1}^{n} PAi + \sum_{1}^{n} MPi}$$

Di = distância do ponto de origem do Grid até a localização no Grid do produto acabado

di = distância do ponto de origem do Grid até a localização no Grid da matéria-prima

PAi = peso (volume) de produtos acabados vendidos no mercado (i)

MPi = peso da matéria-prima comprada na fonte (i)

Incorporando à fórmula a análise de transporte das diferentes movimentações de produtos, temos:

Ti = taxa transporte de produtos acabados/distância unitária para produtos acabados

ti = taxa matéria-prima/distância unitária para matéria-prima

M = mercado a ser localizado graficamente

$$\therefore M = \frac{\sum_{1}^{n} Ti\ Di\ PAi + \sum_{1}^{m} ti\ di\ MPi}{\sum_{1}^{n} Ti\ PAi + \sum_{1}^{m} ti\ MPi}$$

Sendo as incógnitas: Mh = mercado no eixo horizontal

Mv = mercado no eixo vertical

B – EXEMPLO NUMÉRICO DE APLICAÇÃO DA TÉCNICA GRID DE ANÁLISES

Aplicando a fórmula do Grid, sucessivamente para o eixo horizontal e para o eixo vertical, os valores encontrados são os apresentados na Tabela 11.6.

Tabela 11.6   *Valores encontrados com a aplicação da fórmula do Grid.*

	T	Taxa/t/km	Grid localização
MP_1	100	$ 0,50	100.900
MP_2	100	$ 0,50	900.900
M1	50	$ 1,00	100.100
M2	50	$ 1,00	300.500
M3	50	$ 1,00	700.300

Computando os dados, teremos:

$$Mh = \frac{(1)\ (100)\ (50) + (1)\ (300)\ (50) + (1)\ (700)\ (50) + \\ + (0,5)\ (100)\ (100) + (0,5)\ (900)\ (100)}{(1)\ (50) + (1)\ (50) + (1)\ (50) + (0,5)\ (100) + (0,5)\ (100)}$$

$Mh = 420\ km\ na\ direção\ horizontal$

E na direção vertical:

$$Mv = \frac{(1)\ (100)\ (50) + (1)\ (500)\ (50) + (1)\ (300)\ (50) + (0,5)\ (900) \\ (100) + (0,5)\ (900)\ (100)}{(1)\ (50) + (1)\ (50) + (0,5)\ (100) + (0,5)\ (100)}$$

$$\therefore Mv = \frac{135.000\ \$\ t/km}{200\ \$/t}$$

$\therefore\ Mv = 675\ km\ na\ direção\ vertical$

11.9 ÁREAS DE MERCADO PARA TRÊS EMPRESAS COM IGUAL CUSTO DE PRODUÇÃO E DE TRANSPORTE

Este é outro método existente para a localização de filiais de vendas. As três empresas concorrentes teriam custos unitários de produção e custos de transportes idênticos.

As áreas de mercado nas quais as empresas podem atuar sem a ação direta da concorrência estariam evidenciadas no modelo teórico representado pela Figura 11.6.

Isto significa dizer que os limites de atuação seriam absolutamente equivalentes para as três empresas e que, para atingir as áreas de mercado, a empresa deveria viabilizar o potencial de mercado da área e assim justificar a abertura de uma fábrica ou de um depósito para poder competir dentro da área da empresa concorrente.

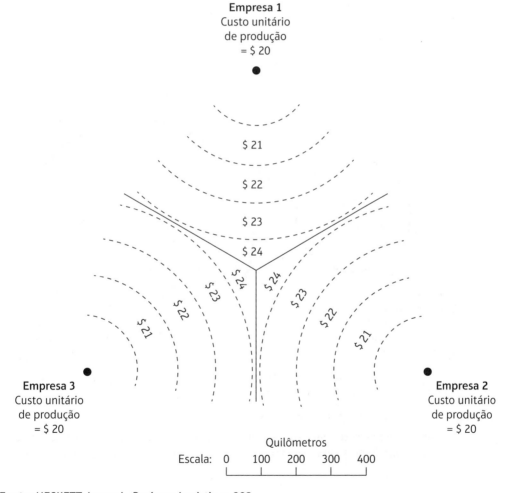

Fonte: HESKETT, James L. *Business Logistic*. p. 392.

Figura 11.6   *Áreas de mercado para três empresas com igual custo de produção e transporte.*

11.10 ÁREAS DE MERCADO PARA TRÊS EMPRESAS COM CUSTOS DESIGUAIS DE PRODUÇÃO E DE TRANSPORTE

Como as áreas de atuação não seguem um modelo teórico, mas pressupõem a existência de limites flexíveis em face dos respectivos custos de produção e de transporte, a atuação em níveis competitivos de uma empresa em área de uma concorrente requererá um estudo de logística que viabilize a instalação de uma fábrica ou depósito nessa outra área (em níveis competitivos de preços).

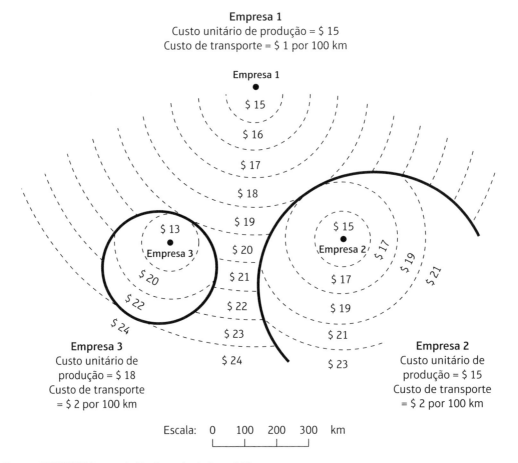

Fonte: HESKETT, James. L. *Business logistic.* p. 393.

Figura 11.7 Áreas de mercado para três empresas com custos desiguais de produção e *de transporte – O círculo em negrito limita a área de influência de cada empresa.*

SUMÁRIO

A seleção dos canais de distribuição, a organização do serviço de pós-venda e assistência técnica são algumas das áreas de eficácia da Gestão de Serviços ao cliente.

O estudo de localização de depósitos de distribuidores e de filiais de vendas exige a aplicação de técnicas nem sempre simples. O importante é considerar a relação custo--benefício da localização e da operação de um distribuidor ou de uma filial de vendas ou mesmo de um simples vendedor residente.

PALAVRAS-CHAVE

– Canais de distribuição
– Logística
– Localização de depósitos

QUESTÕES

1. A distribuição é dita intensiva quando o esforço de vendas requerido é pequeno.

    ( ) Falso   ( ) Verdadeiro

2. A distribuição exclusiva é empregada quando há necessidade de grande estocagem ou quando o investimento requerido no negócio é alto ou ainda quando o controle do serviço do distribuidor é importante.

    ( ) Falso   ( ) Verdadeiro

3. Entre outros fatores, a venda direta é mais interessante do que a venda intermediada quando o preço unitário é alto, o tamanho do pedido é alto, o mercado é concentrado, o produto é fabricado para estoques etc.

    ( ) Falso   ( ) Verdadeiro

4. Muitas vezes, a escolha do tipo de distribuição está ligada ao tipo de serviço e assistência requerida pela linha de produtos.

    ( ) Falso   ( ) Verdadeiro

PONTOS DE AÇÃO

1. Estabelecer critérios para a escolha de distribuidores.
2. Definir a logística de entrega de produtos.
3. Estabelecer uma política de serviços ao cliente.

4. Definir critérios que otimizem a estocagem de produtos para atender a demanda de mercado.

BIBLIOGRAFIA

FERREL, O. C.; HARTLINE, Michel D. *Estratégia de marketing*. São Paulo: Thomson, 2005.

HESKETT, James. *Business logistic*. 2. ed. New York: The Ronald Press, 1973.

NAPOUTAN, Arthur W. *Marketing logistics*: perspectives and viewpoint. New York: John Wiley, 1967.

SAWDY, L. W. C. *The economics of distribution*. Londres: Gower Press, 1972.

ORGANIZAÇÃO DO ESFORÇO DE VENDAS

Parte V

12

Zoneamento de vendas

Zonear é mais do que um exercício de semântica, exige muitos conhecimentos sobre áreas em análise, uma vez que o mapa não é o território.

O uso de critérios e fórmulas matemáticas ajuda a compreender de que maneira as áreas se atraem e são chamadas centros polarizados, e isto estabelece as bases para o agrupamento dos clientes dentro das áreas geográficas.

Os critérios de zoneamento de vendas são os mais variados possível, uma vez que são, quase sempre, apoiados em critérios de segmentação de mercado.

Entre os critérios de segmentação de mercado mais utilizados para o zoneamento de vendas encontramos:

- Um agrupamento de clientes ou compradores potenciais reunidos no tempo e no espaço. Entende-se por agrupamento de clientes todos os clientes da empresa, mais os compradores em potencial e todos os demais possíveis consumidores dos produtos ou serviços da empresa, como mostra a Figura 12.1.
- A segmentação geográfica do mercado, onde todos os possíveis clientes são identificados em determinada área geográfica de vendas.

Figura 12.1 *Exemplo de critério de segmentação de mercado para zoneamento de vendas.*

Os fatores geográficos que devem ser considerados ajudam:

- A localizar todos os possíveis clientes existentes em um território de forma intensiva e a facilitar o trabalho de cobertura geográfica pelo vendedor.
- Os limites geográficos de uma zona ou território, onde os possíveis clientes estão agrupados, facilitam o trabalho quantitativo de avaliação de desempenho de vendas.

Por outro lado, uma zona de vendas é constituída de vários segmentos geográficos de mercado ou dos chamados *territórios de vendas,* que é um segmento de mercado em dimensões geográficas que, em função do número de clientes e possíveis clientes existentes, requer uma frequência de visitação periódica por parte do vendedor.

A necessidade de visitação periódica constitui, na sua somatória, a chamada carga de visitação do território. Dessa forma, o agrupamento de vários territórios de vendas constitui uma zona de vendas.

O significado de uma zona de vendas, como um agrupamento de todos os possíveis clientes, inclui o conceito geográfico, mas não exclui outros critérios de segmentação de mercado não geográfico, como, por exemplo, o agrupamento de todos os possíveis clientes de uma empresa independentemente de sua localização geográfica.

O estabelecimento de territórios de vendas ou zona de vendas é útil para dirigir e controlar o esforço da equipe de vendas, além de facilitar a tarefa de planejamento de vendas da empresa como um todo.

12.1 VANTAGENS DO ZONEAMENTO DE VENDAS

- *Permite uma cobertura intensiva da zona.* Dentro de uma área geográfica fica delimitada, o vendedor pode explorar melhor a potencialidade existente e alocar melhor o seu tempo de vendas e de locomoção entre clientes, de forma a cobrir mais intensivamente a zona.

- *Cria no vendedor o conceito de responsabilidade como gerente de território.* A delimitação de uma área desenvolve no vendedor a responsabilidade gerencial pelo desempenho da zona que lhe é atribuída.

  Essa responsabilidade se manifesta na preocupação não só pela venda, mas também em todas as tarefas que antecedem e procedem à venda, como a promoção de vendas, abertura de novos clientes, critérios para a concessão de crédito de um lado e de outro na cobrança e na redução de custos de vendas. Dessa maneira, o vendedor passa a ser estimulado a se preocupar com os resultados, em função dos objetivos de lucro da empresa e do crescimento ou manutenção da participação de mercado.

- *Controla e avalia melhor* as *atividades do vendedor.* Como decorrência da criação da responsabilidade gerencial do vendedor em seu território de vendas, o zoneamento permite à administração de vendas estabelecer parâmetros de desempenho em sua respectiva área.

  Esses parâmetros de avaliação são, por exemplo: quotas de visitas a clientes atuais, quotas de visitas a clientes potenciais, número de novos clientes abertos, quotas de vendas do território, quotas de despesas do território, quotas de lucro do território, quotas de atividades, qualidade da exploração dos recursos de propaganda e promoção, qualidade da prestação de serviços.

- *Permite uma redução de custos.* Através do melhor conhecimento da região e dos clientes existentes, o vendedor pode, dentro da sua zona de vendas, alocar melhor o seu tempo de visitação e de locomoção, reduzindo, assim, os seus custos de vendas.

  Facilita o desempenho de outras atividades de vendas e de marketing.

  A distribuição da verba de propaganda e de promoção de vendas por zona de vendas pode dirigir melhor os esforços de marketing em função do potencial de mercado e dos objetivos existentes para cada uma das áreas de atuação.

  Permite também conduzir estudos de logística e de distribuição que viabilizem a abertura de novos depósitos e filiais nas áreas de maior desenvolvimento, em função de análises comparativas de vendas e de custo para cada zona.

180   ADMINISTRAÇÃO DE VENDAS • COBRA

- *Incrementa* as *relações com* os *clientes.* Em um território de vendas surge um melhor relacionamento da empresa através de seus vendedores com a clientela respectiva.

  Esse melhor relacionamento é decorrente do melhor conhecimento dos hábitos, preferências e motivações dos clientes e também da adequada carga de visitação a eles em função do seu potencial de compras (curva ABC de clientes).

12.2 DESVANTAGENS DO ZONEAMENTO DE VENDAS

- *O vendedor tende a considerar-se dono de seu território e de seus clientes.* Com o estabelecimento de uma zona fechada de vendas, o vendedor tende a considerar-se o dono dos clientes em seu território e a buscar a realização dos seus objetivos de ordem pessoal em vez dos objetivos da empresa.

  Dessa maneira, ele não se interessará em abrir novos clientes em sua zona, uma vez que isso exigirá esforços adicionais seus. E, por outro lado, esses novos clientes possivelmente concorrerão com os clientes tradicionais existentes, gerando com isso conflitos que ele tenderá a evitar.

- *O vendedor tende a acomodar-se e a não realizar esforços adicionais.*

  Se a ambição econômica e profissional do vendedor for rapidamente alcançada, ele provavelmente não estará disposto a realizar esforços adicionais. Ele tenderá a se acomodar, visitando e vendendo apenas a uma nata dos clientes de seu território, deixando de realizar a abertura de novos clientes, sobretudo daqueles que compram da concorrência.

- *O zoneamento pode estar beneficiando alguns vendedores.* Um zoneamento desequilibrado pode beneficiar alguns vendedores, através da concessão de territórios de maior potencial. Muitas vezes um mau vendedor recebe um território de bom potencial, ao passo que bons vendedores poderão estar trabalhando em territórios de baixo potencial. Isto pode gerar desempenhos insatisfatórios, além de descontentamento entre os vendedores.

- *A evolução desigual da demanda pode gerar desequilíbrio entre os territórios existentes.* Quando a economia de uma região evolui desigualmente em relação a outras regiões dentro de uma mesma unidade de vendas, poderá provocar um desequilíbrio de demanda entre os territórios de vendas existentes. E esse desequilíbrio poderá acarretar ganhos desiguais aos vendedores.

- *O crescimento econômico rápido em alguns territórios pode dificultar a cobertura do território.* Como consequência de um rápido crescimento econômico, os territórios que sofrem esse tipo de influência tendem a dificultar a cobertura do território pelo vendedor, surgindo, por conseguinte, uma necessidade de desdobramento dos territórios, fato esse nem sempre bem aceito pelos vendedores.

- *O zoneamento pode gerar conflito entre os vendedores.* A existência de territórios com possibilidades de vendas desiguais pode provocar ressentimentos e queda de motivação entre a equipe de vendas.

12.3 CRITÉRIOS PARA O ZONEAMENTO DE VENDAS

O objetivo básico ao se zonear é obter territórios de vendas que possuam igual potencial de mercado, cargas iguais de visitação e o mesmo dimensionamento geográfico e que, por conseguinte, exijam esforços físicos equivalentes para locomoção e tarefas administrativas dos vendedores. Como na prática isso não é possível, o que se busca são critérios que permitam a minimização das discrepâncias entre os territórios de vendas.

Os passos para o zoneamento de vendas são, entre outros, os seguintes:

- Agrupar os clientes mais potenciais.
- Analisar as bases para o estabelecimento dos limites dos territórios.
- Determinar os territórios, considerando o potencial de vendas e as cargas de visitação correspondente.
- Analisar as cargas de visitação.
- Estabelecer um roteiro de visitação por vendedor.

12.3.1 AGRUPAMENTO DE CLIENTES

Os compradores potenciais são reunidos no tempo e no espaço. O agrupamento de clientes é composto da relação de determinado tipo de clientes da empresa mais todos os clientes potenciais existentes naquele tipo. Exemplo para a indústria de autopeças em que os clientes podem ser agrupados em:

- Montadoras de veículos.
- Revendedoras de veículos.
- Revendedoras de peças.
- Etc.

Há, no entanto, agrupamentos de pessoas que são úteis para a venda domiciliar e que exigem, além de critérios de segmentação, noções de pesquisa de mercado e até

182 Administração de Vendas • Cobra

mesmo de estatística etc. Por exemplo, na venda porta a porta de livros, de seguros, é preciso identificar o consumidor potencial, em conformidade com alguns critérios:

- Classe socioeconômica.
- Classe cultural.
- Etc.

Não basta que haja pessoas com dinheiro e posição social, é preciso que tenham o hábito de leitura, por exemplo, para a compra de livros.

12.3.2 Análise das bases para o estabelecimento dos limites dos territórios

O primeiro passo para o estabelecimento dos limites dos territórios é a escolha da unidade geográfica que orientará a divisão territorial. As unidades geográficas normalmente utilizadas pela Fundação IBGE para dividir o Brasil para fim de análise são: Regiões Funcionais Urbanas,[1] Microrregiões, Estados, Municípios, Cidades, Distritos, Subdistritos, Bairros, Quarteirões e Domicílios.

12.3.2.1 Limites geográficos: bases para o zoneamento de vendas

Qualquer intenção de fixar os limites das zonas deve ser precedida de uma decisão sobre a base que se deverá tomar. Na maioria das vezes, o mercado é segmentado (dividido) em partes menores, com base em critérios exclusivamente geográficos, conforme segue:

- *A região:* o Brasil é dividido, segundo os critérios do IBGE, nas seguintes regiões: Norte, Nordeste, Sudeste, Centro-Oeste, Sul.

  Cada região é constituída de Estados; o próprio IBGE desmembra alguns, agrupando-os a outro para constituir as microrregiões.

- *A comarca/município:* o Estado é constituído de vários municípios. Cada um é composto da área rural e da área urbana, a cidade que é a sede da comarca.

---

[1] *Regiões Funcionais Urbanas* – define um sistema hierarquizado de divisões de territórios e de cidades em função da polarização que certas cidades exercem, em relação à sua região. Esse agrupamento de cidades polarizadas constitui as chamadas Regiões Funcionais Urbanas.

- *A cidade:* é constituída de um agrupamento de distritos; cada distrito é composto de alguns bairros.

- *A área comercial:* em uma grande cidade há normalmente diversas áreas comerciais, as atacadistas e as varejistas. Há as áreas atacadistas e varejistas de cereais, de tecidos, as de máquinas e equipamentos, as de madeira, as de ferragem, e assim por diante. No Brasil, muitas vezes, o atacadista é também varejista; por isso, o critério passa a ser apenas o de agrupamento por tipo de negócio. Nesse caso, o vendedor passa a se especializar em função do tipo de negócios de seus clientes: o vendedor que faz a zona cerealista, o que visita a zona madeireira, e assim por diante.

- *Os distritos/bairros:* na venda porta a porta, as zonas de vendas são constituídas, às vezes, em torno de um distrito, quando a venda não é muito concentrada. Quando, porém, toda e qualquer pessoa é um consumidor potencial do produto vendido, é preciso segmentar mais a área a ser trabalhada. O critério, nesses casos, pode ser a divisão por bairros e dentro de cada bairro a divisão é por quarteirão. Assim, uma revendedora Avon, Natura, Herba Life etc. passa a receber um número de quarteirão a ser trabalhado. Nesse caso, a venda é realmente de porta a porta.

12.3.2.2 *CENTROS POLARIZADORES: BASE PARA O ZONEAMENTO DE VENDA*

A tendência crescente de as atividades econômicas e sociais de uma região integrarem-se em um sistema de centros urbanos, através dos quais essa região mantém vínculos e contatos com outras regiões, e o fato cada dia mais acentuado de as cidades apresentarem uma concentração de recursos e de infraestrutura de serviços básicos têm-se constituído em centros de atração. Essa atração é constituída principalmente pelo oferecimento de educação variada, de melhor assistência à saúde, de serviços públicos, privados e financeiros, de profissionais liberais e de atividade cultural mais intensa e variada.[2]

Essas atrações devem ser avaliadas para efeito de estabelecimento dos territórios de vendas, e o estudo dessas atrações permite estabelecer as polarizações existentes nas diversas regiões do Brasil.

Entre os métodos de polarização mais utilizados para avaliar as atrações destacam-se a antiga, porém ainda útil, Lei de Reilly para estudo de gravitação de varejo e a fórmula do ponto de indiferença entre duas cidades, do Professor P. D. Converse.

---

[2] Divisão do Brasil em Regiões Funcionais Urbanas. Fundação IBGE, 1972.

A – A LEI DE REILLY E SUA APLICAÇÃO[3]

Até há pouco tempo era comum utilizar os limites geográficos para decisão sobre localização de territórios de vendas e de filiais e/ou depósitos. Agora, de acordo com os conceitos de comercialização e levando em conta o dinamismo das zonas geográficas, é necessário usar parâmetros adequados.

Nesse sentido, o Professor Williams J. Reilly, da Universidade do Texas, desenvolveu a Lei da Gravitação do comércio varejista, em 1930.

A Lei da Gravitação é expressa pela fórmula:

$$\frac{Va}{Vb} = \left(\frac{Pa}{Pb}\right)^{N} \times \left(\frac{Db}{Da}\right)^{n}$$

onde:

Va = importância das vendas que a cidade A atrai de uma localidade intermediária T

Vb = importância das vendas que a cidade B atrai da localidade intermediária T

Pa = população da cidade A

Pb = população da cidade B

Da = distância da cidade A à localidade intermediária T

Db = distância da cidade B à localidade intermediária T

As incógnitas N e n foram encontradas por Reilly, mediante métodos empíricos, em análise relativas a sete grandes cidades e várias localidades menores do Texas.

De acordo com muitas observações realizadas tanto nos EUA quanto na Europa e, principalmente, na Itália pelo Professor G. Tagliacarne, ficou provado que o comércio atraído por uma cidade é função direta de sua população. Por exemplo: se a cidade A tem uma população duas vezes maior que a da cidade B, atrairá um volume de comércio duas vezes maior que o da cidade B. Assim, o expoente N se reduz à unidade.

De acordo com as experiências realizadas, o valor mais típico de n é 2 que, colocado na fórmula, apresenta a seguinte forma:

$$\frac{Va}{Vb} = \frac{Pa}{Pb} + \left(\frac{Db}{Da}\right)^{2}$$

Esta, semelhante à de Newton, pode ser enunciada como segue:

---

[3] Baseado em STEINHARDT, Ricardo J. M. *Geografia em marketing*. Buenos Aires: Ediciones Macchi, 1971, p. 41-47. Trabalho de Marie-France Henry, Norma Rebeca Fischer e Maria Cristina B. G. Montero, alunas dos cursos de graduação e mestrado, respectivamente, da EAESP/FGV, sob orientação e supervisão do Professor Marcos Cobra.

ZONEAMENTO DE VENDAS 185

O comércio entre duas cidades é atraído de forma proporcional às populações de ambas e é inversamente proporcional ao quadrado da distância que as separa.

Para uma aplicação posterior em estudos de segmentação, vejamos um exemplo numérico.[4]

Consideremos as localidades de São José dos Campos, Taubaté, Caçapava e Campos do Jordão em relação a Natividade da Serra, sobre as quais temos as informação contidas na Tabela 12.1.

Tabela 12.1 *Exemplo numérico aplicado a estudos de segmentação.*

Localidade	População (Hab.)	Distância a Natividade da Serra (km)
	2010	
São José dos Campos	629.921	5
Taubaté	278.686	2
Caçapava	84.750	4
Campos de Jordão	47.789	8
Natividade da Serra	6.678	6

Fonte: ANUÁRIO Estatístico do IBGE, Censo 2010.

Localidade	População (Hab.)	Distância a Natividade da Serra (km)
	1980	
São José dos Campos	287.513	5
Taubaté	169.265	2
Caçapava	51.347	4
Campos de Jordão	26.107	8
Natividade da Serra	6.889	6

Fonte: ANUÁRIO Estatístico do IBGE, Censo 1980.

Aplicando sucessivamente a Lei de Reilly, obtemos as seguintes proporções para 1980:

---

[4] A população de Campos do Jordão e Natividade da Serra foi estimada utilizando-se o índice de crescimento populacional anual de Caçapava, que equivale a aproximadamente 5,5% ao ano. O índice escolhido foi, para facilidade de cálculo, o de Caçapava, pela sua situação geográfica.

$$\frac{\text{S. J. Campos}}{\text{Caçapava}} = \frac{287.513}{51.347} \times \left(\frac{64}{52}\right)^2 = \underline{\underline{8,482}}$$

$$\frac{\text{Caçapava}}{\text{Taubaté}} = \frac{51.437}{169.265} \times \left(\frac{48}{64}\right)^2 = \underline{\underline{0,171}}$$

$$\frac{\text{S. J. Campos}}{\text{C. Jordão}} = \frac{287.513}{26.107} \times \left(\frac{99}{52}\right)^2 = \underline{\underline{39,918}}$$

$$\frac{\text{S. J. Campos}}{\text{Taubaté}} = \frac{287.513}{169.265} \times \left(\frac{48}{52}\right)^2 = \underline{\underline{1,447}}$$

$$\frac{\text{C. Jordão}}{\text{Taubaté}} = \frac{26.107}{169.265} \times \left(\frac{48}{99}\right)^2 = \underline{\underline{0,036}}$$

$$\frac{\text{C. Jordão}}{\text{Caçapava}} = \frac{26.107}{51.347} \times \left(\frac{64}{99}\right)^2 = \underline{\underline{0,212}}$$

No primeiro caso, se as vendas atraídas por São José dos Campos são 8,482 vezes as atraídas por Caçapava, as proporções percentuais serão:[5]

$$\text{Para São José dos Campos } \frac{8,482}{9,482\,^*} \times 100 = 89\%$$

$$\text{Para Caçapava } \frac{1,000}{9,482\,^*} \times 100 = 11\%$$

Ou seja, da totalidade das vendas atraídas de Natividade da Serra por São José dos Campos e Caçapava, em conjunto, São José dos Campos atrai 89% e Caçapava, apenas 11%.

Assim, sucessivamente, teremos em ordem crescente:

São José dos Campos com relação a Taubaté	59%
Caçapava com relação a Campos do Jordão	83%
Taubaté com relação a Caçapava	85%
São José dos Campos com relação a Caçapava	89%
Taubaté com relação a Campos do Jordão	97%
São José dos Campos com relação a Campos do Jordão	98%

---

[5] O índice de 9,482 é calculado somando-se a unidade ao índice de São José dos Campos em relação a Caçapava, isto é, um artifício matemático para se achar, em termos percentuais, quanto do total das vendas atraídas de Natividade da Serra é canalizado para São José dos Campos e quanto é canalizado para Caçapava.

Vemos, portanto, que Natividade da Serra é nitidamente atraída por São José dos Campos, pois esta cidade atrai uma percentagem maior de venda quando comparada com as três cidades restantes (Taubaté, Caçapava e Campos do Jordão).

Qual tem sido o objetivo deste exemplo que aparentemente pouco tem a ver com zoneamento? Simplesmente mostrar que uma equação matemática permite conhecer a atração que duas cidades exercem sobre uma terceira menor.

B – APLICAÇÃO DA FÓRMULA DE INDIFERENÇA DE CONVERSE

Partindo da fórmula de Reilly, P. O. Converse, da Universidade de lllinois, realizou inúmeros testes com os dados utilizados por Reilly, até obter a seguinte "fórmula de indiferença":

$$\text{Distância da cidade B até o ponto de indiferença } (x) = \frac{\text{distância entre A e B}}{1 + \sqrt{\dfrac{\text{população de A}}{\text{população de B}}}}$$

Essa fórmula permite estabelecer, para o exemplo anterior, qual será o raio em quilômetros nos arredores de São José dos Campos que esta cidade (neste caso B) atrairia com preferência e mais facilmente que outras.

Assim, a partir de São José dos Campos, pode-se calcular os seus raios de atração. O ponto de indiferença estabelece a exata distância em que há atração de São José dos Campos sobre as cidades menores aí situadas. Após o ponto de indiferença, decresce o poder de atração de São José dos Campos e cresce o de outras cidades polarizadoras.

Distância de São José dos Campos a Taubaté:	38 km
a Caçapava	22 km
a Campos do Jordão	93 km

A que distância, em quilômetros, está o ponto de indiferença, considerando o raio com centro em São José dos Campos?

$$\text{Em relação a Taubaté: } \frac{38 \text{ km}}{1 + \sqrt{\dfrac{169.265}{287.513}}} = 21,50 \text{ km}$$

$$\text{Em relação a Caçapava: } \frac{22 \text{ km}}{1 + \sqrt{\dfrac{51.347}{287.513}}} = 15,46 \text{ km}$$

$$\text{Em relação a Campos do Jordão: } \frac{93 \text{ km}}{1 + \sqrt{\dfrac{26.107}{287.513}}} = 71,47 \text{ km}$$

Nossa zona abrangerá, a partir de São José dos Campos, 21,50 km de estrada até Taubaté, 15,46 km até Caçapava e 71,47 km até Campos do Jordão, em estrada direta de São José dos Campos a Campos do Jordão, conforme observamos na Figura 12.2.

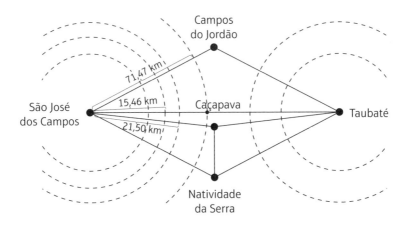

Figura 12.2 *Aplicação da fórmula de indiferença de Converse ao caso em estudo.*

Isso significa que:

- Em direção a Taubaté, todas as localidades situadas num raio de até 21,50 km estarão sendo atraídas por São José dos Campos.
- Em direção a Caçapava, todas as localidades situadas num raio de até 15,46 km estarão sendo atraídas por São José dos Campos.
- Em direção a Campos do Jordão, todas as localidades situadas num raio de até 71,47 km estarão sendo atraídas por São José dos Campos.

Devemos esclarecer que se trata de um exemplo prático somente com a finalidade de melhor localização, compreensão e interpretação; no entanto, não pode ser aplicado genericamente a qualquer produto. O que interessa, sobretudo, é a seguinte metodologia:

- Em primeiro lugar, determinar o centro geográfico que será nosso centro comercial.
- Em segundo lugar, fixar um ponto de indiferença em relação a outros polos comerciais escolhidos de acordo com a nossa experiência, critério ou intuição.
- Por último, realizar os ajustes convenientes segundo os meios de transporte e itinerário (em conjunto com o viajante).

Estamos absolutamente certos de que alguém irá perguntar: É possível? É necessário? Algum zoneamento já foi feito com o uso desses cálculos e desses índices? A essas perguntas respondemos:

- Este método já foi empregado em várias oportunidades.
- Se uma empresa possui um conjunto de profissionais qualificados (engenheiros, administradores, supervisores, gerentes de vendas) que estão dedicados a aplicar e experimentar fórmulas, então fica mais fácil realizar o zoneamento de vendas com critério.

C – CENTRO DE GRAVITAÇÃO

Os municípios tendem a se constituir em polos de atração à medida que possuam, em relação aos municípios vizinhos, as seguintes características:

- Um número maior de habitantes.
- Um número maior de domicílios.
- Quando o município estiver isolado, em termos de facilidade de acesso, de um município ainda maior que ele.
- Quando for capital de Estado.
- Quando oferecer, em relação à área, melhores oportunidades de educação, saúde, serviços públicos e privados, serviços financeiros, atividade cultural mais intensa e variada, maior número de serviços profissionais liberais.
- Quando carrear um montante mais elevado de investimentos públicos em saneamento básico, estradas, entroncamentos rodoferroviários etc.
- Atividades comerciais e industriais de maior vulto.
- Maior concentração de renda.

As cidades-polo de atração podem ainda ser classificadas em níveis hierárquicos[6] de 1 a 10:

Situação A – São as cidades Centro de Gravitação, normalmente constituídas de grandes metrópoles, que dominam uma vasta região. Graças às suas elevadas concentrações de renda e de atividades industriais é que estas se tornam os principais polos de atividade econômica. São Paulo, Rio de Janeiro, Belo Horizonte, Porto Alegre, Recife e Salvador incluem-se nesse nível (veja a Figura 12.3).

Situação B – São as cidades que possuem populações com menor poder aquisitivo quando confrontadas com as metrópoles, mas que exercem grande influência sobre as suas regiões. Nessa categoria se incluem: Curitiba, Goiânia, Belém, Fortaleza.

---

6   MARKET ANALYSIS. Fundação IBGE, Divisão do Brasil em Regiões Funcionais Urbanas, 1972.

Situação C – São as capitais de Estados de baixo poder aquisitivo em relação à população vizinha. Enquadram-se nessa categoria todas as capitais do Norte e Nordeste, com exceção de Belém, Fortaleza, Salvador e Recife.

Situação D – São as cidades grandes, porém localizadas muito próximas a uma metrópole ou capital de Estado, e podem ser classificadas em duas categorias básicas:

- Cidades bastante ativas comercialmente, apesar da proximidade à metrópole, onde os habitantes das cidades vizinhas realizam a maioria de suas compras. São exemplos: Campinas, Santo André e São Bernardo do Campo no Estado de São Paulo.

- Cidades dependentes da metrópole, em termos comerciais, apesar do potencial de mercado elevado. Algumas cidades chamadas "dormitório" incluem-se nessa categoria, como: Niterói, Nova Iguaçu e Duque de Caxias, no Rio de Janeiro, e Olinda em Pernambuco.

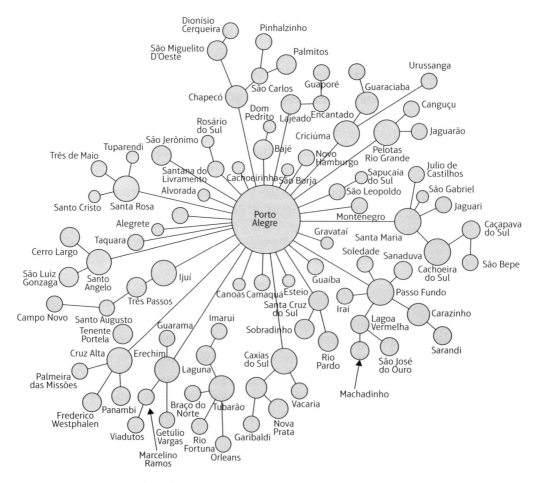

Figura 12.3 *Exemplo de polarização de um centro de gravitação.*

Nos demais níveis hierárquicos enquadram-se inicialmente algumas cidades (centros de microrregiões) de maior importância até as microrregiões de menor importância, progressivamente, até se chegar ao nível 10 da escala de hierarquização, onde encontramos cidades sem nenhum poder de atração e que gravitam em torno de uma cidade vizinha de maior atração.

A polarização, com base nos potenciais relativos, permite a sua utilização para o zoneamento de vendas, através do agrupamento das cidades polarizadas em torno de seus respectivos centros de gravitação. Esse agrupamento possibilitará a construção de territórios de vendas razoavelmente equilibrados no que diz respeito:

- Ao potencial de mercado em relação à área ou ao Brasil.
- À análise da escala de polarização do município.
- Ao número de clientes e respectivos potenciais de compra.
- À frequência e duração de visitas necessárias a cada município, em função do número e classe de clientes existentes (potencial de compras).

A escala de polarização significa que o município centro de gravitação recebe uma parcela de venda dos municípios que gravitam em torno dele e transfere uma parte dessa venda recebida e de sua própria venda a outro centro de gravitação maior. Assim, a escala A é a que reflete o menor grau de polarização e a escala G, o maior grau.

Daí a importância do conceito da escala de polarização, que é a verificação de quanto ele recebe, retém e transfere de renda das populações.

Através da análise da Tabela 12.2, podemos constatar que as microrregiões: Caxias do Sul, Santa Maria, Criciúma, Santa Rosa, ljuí, Erechim, Tubarão e Santa Cruz do Sul transferem renda atraída do seu centro de gravitação para o centro maior, que é Porto Alegre.

12.3.3 ZONEAMENTO DE VENDAS COM BASE NO POTENCIAL DE MERCADO E NA CARGA DE VISITAÇÃO

A partir dos dados do Índice relativo de potencial de mercado de cada município brasileiro, pode-se conduzir, para facilidade do zoneamento de vendas, um estudo de polarização. A polarização nada mais é do que o poder de atração que um município maior exerce sobre os municípios menores à sua volta, constituindo, assim, um centro de gravitação.

12.3.4 ANÁLISE DAS CARGAS DE VISITAÇÃO

12.3.4.1 FATORES DE INFLUÊNCIA

Como o estabelecimento de territórios de vendas depende do potencial de vendas da empresa e das cargas de visitação necessárias, é imprescindível que se analisem os fatores de influência, tais como:

Tabela 12.2 *Potencial relativo de mercado e escalas de polarização comercial – Rio Grande do Sul – bebidas não alcoólicas.*

Nível hierárquico	Centro de gravitação	Potencial relação Brasil	Potencial relação área	Escala de polarização								Anotar nº de clientes microrregião		
				A	B	C	D	E	F	G		A	B	C
01	Porto Alegre	3,163690	41,460325	3,271586		→				5,321561			
02	Caxias do Sul	0,128812	1,688088	0,125620		←				0,064972			
02	Passo Fundo	0,053810	0,705183	0,056077		→				0,099166			
02	Santa Maria	0,153264	2,008533	0,152711		←				0,142164			
03	Pelotas	0,384900	5,044135	0,384900		→				0,384900			
03	Criciúma – SC	0,105968	1,388716	0,103634		←				0,059302			
03	Chapecó – SC	0,026211	0,343497	0,027385		→				0,049738			
03	Santa Rosa	0,033659	0,441103	0,032837		←				0,017225			
03	Santo Ângelo	0,047596	0,623748	0,048122		→				0,058140			
03	Ijuí	0,044370	0,581471	0,042884		←				0,014644			
03	Cruz Alta	0,039672	0,519904	0,040695		→				0,060143			
03	Erechim	0,032364	0,424132	0,031953		←				0,024166			
03	Tubarão – SC	0,099350	1,301987	0,096830		→				0,048936			
05	Sta. Cruz Sul	0,094784	1,242149	0,094453		←				0,088169			
	TOTAL ÁREA	7,631573	100.012165	7,631773		→				7,635644			

SC – Santa Catarina

ABC = Número de clientes em cada classe de potencial de compras.

Fonte: Autorização especial de Market Analysis. Richers Lima Nunes S/C Ltda., 1979.

ZONEAMENTO DE VENDAS 193

- *A natureza do trabalho* – A cobertura de um território de vendas por um vendedor é influenciada pela natureza do seu trabalho. Para vender, além da atividade de venda propriamente dita, muitas vezes o vendedor deve trabalhar a especificação do produto, deve orientar o cliente, deve fazer promoção de vendas, deve levantar informações econômico-financeiras do cliente e da região, deve realizar a cobrança e assim, uma série de atividades que, embora importantes, são consumidoras de tempo. O potencial de compras dos clientes de uma região e a importância deles para o lucro da empresa estabelecem outro critério em termos de carga de visitação e, por consequência, o tamanho e os limites de cada território ou o número de vendedores que deve ser alocado em cada território de vendas.

  De qualquer maneira, é importante que o zoneamento de vendas estabeleça, em função da natureza do trabalho, o número de territórios de vendas, a dimensão e os limites de cada um deles.

- *A natureza do produto* – A natureza do produto tem considerável influência sobre a capacidade de visitação de um vendedor. Assim, produtos de giro rápido, como cigarros e refrigerantes, permitem uma carga de visitação elevada, ao passo que as vendas de produtos industriais, como bens de capital, são de giro baixo e exigem visitas mais demoradas, consumindo mais tempo do vendedor por venda realizada. Na primeira hipótese, os territórios tendem a ser menores em face da elevada concentração geográfica de pontos de vendas e do giro alto do produto; na segunda hipótese, os territórios tendem a ser mais extensos geograficamente em face da baixa concentração de clientes.

- *Canais de distribuição* – O tipo de canal de distribuição utilizado tem muito a ver com o número de clientes e a extensão geográfica do território de vendas. Empresas que vendem apenas a atacadistas tendem a ter menor número de clientes e, portanto, um número maior do que empresas que vendem só a varejistas, ao passo que a venda porta a porta exige um elevado número de territórios de vendas.

- *Estágio de desenvolvimento do mercado* – A introdução de uma nova empresa no mercado exige territórios de vendas maiores que vão diminuindo de tamanho à medida que os produtos da empresa vão sendo mais conhecidos e aceitos e atingindo maior número de clientes.

- *Intensidade de cobertura de mercado* – Se uma empresa deseja obter uma distribuição de massa, ela deve trabalhar com territórios menores e em maior número do que se a distribuição fosse seletiva. A pretensão de incremento de participação de mercado leva, normalmente, as empresas a reduzirem o tamanho dos seus territórios de vendas para que o vendedor concentre melhor seu tempo e seus esforços em clientes existentes, na abertura de novos clientes e na ampliação dos negócios em geral.

- *Concorrência* – A ação da concorrência pode exigir do vendedor maior frequência de visitação aos seus clientes e também um tempo maior em cada visita. E isto pode significar uma subdivisão do seu território em face da nova carga de visitação necessária.

  Quando, ao contrário, a concorrência é menos ativa, a frequência de visitação aos clientes tende a ser mais baixa e, por conseguinte, os territórios maiores em tamanho.

- *Os meios e as condições de locomoção do vendedor* – Os meios de locomoção, bem como as condições de tráfego de cada área geográfica, ficam associadas à concentração e ao potencial de clientes, determinam o número e o tamanho dos territórios de vendas.

- *Habilidade do vendedor* – As características individuais dos vendedores, em termos de conhecimentos de produtos, mercados e clientes, e a habilidade que eles possuem para vencer objeções de clientes caracterizam tempos diferentes de cobertura dos territórios.

12.3.4.2 *SEGUNDA ANÁLISE DE CARGAS DE VISITAÇÃO*

Associada ao uso de potencial de mercado e de polarização de municípios, a análise de cargas de visitação permite determinar o número de territórios e de vendedores necessários em cada zona de vendas.

A – DETERMINAÇÃO DO TAMANHO, NÚMERO E LOCALIZAÇÃO DE CLIENTES

O uso da chamada curva ABC de clientes permite determinar o tamanho ou porte dos clientes a partir do seu potencial de compras. Entende-se por potencial de compra toda a capacidade de compra e armazenagem do cliente dos produtos da empresa em pauta e dos produtos das empresas concorrentes.

O levantamento do número de clientes por classe A, B e C e sua respectiva localização permite calcular a carga de visitação necessária dentro de uma zona de vendas e o tempo de cobertura, isto é, o tempo de atendimento à clientela existente. Com base neste critério, pode-se dividir uma zona em territórios de vendas e calcular o número de vendedores necessários.

B – DETERMINAÇÃO DA FREQUÊNCIA DE VISITAS POR CLASSE DE CLIENTES

Qual é a frequência de visitas por classe de clientes? É determinada a partir do potencial de compra em cada classe destes. Veja exemplo na Tabela 12.3.

Tabela 12.3   *Determinação da frequência de visitas por classe de cliente.*

Classes de clientes	Frequência visitação mensal	Zona X		Zona V	
		Nº clientes	Nº visitas por ano	Nº clientes	Nº visitas por ano
A	2	15	360	60	1.440
B	1	25	300	15	180
C	0,5	10	60	5	30
		50	720	80	1.650

C – DETERMINAÇÃO DO NÚMERO DE CLIENTES POR VENDEDOR

Qual é o número de clientes que cada vendedor pode atender? Esse número dependerá da classificação do poder de compra de cada um e da frequência de visitação a cada classe de cliente.

D – DETERMINAÇÃO DO VOLUME DE VENDAS POR VENDEDOR

Qual é o volume mínimo de vendas por vendedor compatível com o seu custo sobre as respectivas vendas?

E – DETERMINAÇÃO DO NÚMERO DE TERRITÓRIOS NECESSÁRIOS

Qual é a capacidade de vendas em função da capacidade produtiva da empresa? Cada vendedor pode cobrir quantos territórios?

F – ESTABELECIMENTO DE TERRITÓRIOS PELO MÉTODO DA TENTATIVA

Como agrupar clientes de forma que constituam um território de vendas? É preciso agrupar os clientes por classes de cliente e determinar distâncias e tempos de locomoção e de visitação necessários a uma atividade mensal de cobertura a cada território. Dessa forma, pode-se compor cada território.

G – BASE DE MODIFICAÇÃO DE TERRITÓRIOS

À medida que um território se desenvolve economicamente, surgem novos clientes e se amplia a carga de visitação. A partir desse momento, justifica-se um rezoneamento, com subdivisões do território existente.

Um exemplo de modelo de zoneamento por território de vendas a partir dos municípios existentes na área, com seus respectivos potenciais, pode ser visto no Quadro

12.1. Dele constam a distância em quilômetros entre cada município dentro de cada território e o respectivo tempo de percurso, o tempo de cobertura de cada território em função dos tempos de percurso, do número de clientes existentes por classes de cliente e a respectiva frequência de visitas para se calcular a carga total de visitação e o número de dias de trabalho para cada território.

12.3.5 ROTEIRO DE VISITAÇÃO POR VENDEDOR

Os limites de uma zona de vendas são estabelecidos não só a partir das áreas geográficas, mas também com base nas possibilidades da existência de roteiros de visita exequíveis dentro de cada território.

12.4 ZONEAMENTO DE VENDAS – ERROS FREQUENTES

Por mais criterioso que tenha sido realizado o zoneamento de vendas de uma empresa, é importante uma reavaliação periódica, pois podem ocorrer situações como:

O zoneamento foi realizado há certo tempo e as condições da zona alteraram-se, mas os dirigentes de vendas não desejam realizar modificações.

- Há a tendência de formar territórios demasiadamente grandes que os vendedores não podem cobrir. Na verdade, trabalha-se melhor uma zona de forma intensiva do que extensiva, isto é, fica mais fácil trabalhar territórios menores.
- A interferência de um vendedor na zona de outro.
- Quando se realiza o zoneamento, muitas vezes se esquece da perspectiva futura: quando o vendedor começa a trabalhar intensivamente sua zona, suas vendas crescem e o seu ganho aumenta, chegando, muitas vezes, a valores de remuneração superiores à de supervisores e gerentes de vendas.

Quadro 12.1 *Modelo de zoneamento por território de vendas.*

Territórios vendas	Municípios	Potencial de mercado	Distância em km	Tempo percurso	Cidade de pernoite	Nº clientes				Frequência visitas			Carga total visitação	Nº dias trabalho	Escala de polarização municípios	Volume de vendas
						A	B	C	Total	Clientes						
										A	B	C				
Total																

12.5 FATORES IMPORTANTES PARA MODIFICAR OU REESTRUTURAR ZONAS DE VENDAS

Consideram-se como fatores importantes para modificar ou reestruturar zonas de vendas:

a) Avaliação prévia dos diversos fatores de ordem geral interna, com relação às possibilidades.

MODIFICAÇÃO DE TERRITÓRIO $\xrightarrow{\text{VISA}}$ AO INCREMENTO DE VENDAS
$\xrightarrow{\text{PROVOCA}}$ PROBLEMAS FINANCEIROS E DE PRODUÇÃO

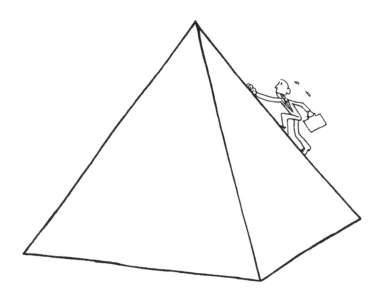

Uma modificação de território normalmente é realizada objetivando um incremento de vendas, mas isso nem sempre acontece. É preciso, contudo, avaliar de que forma esse incremento irá afetar o capital de giro da empresa e a capacidade de produção existente para atender a novas necessidades de mercado.

b) Em face do conhecimento do volume potencial do mercado total em cruzeiros e em unidades, pode-se reestruturar os territórios de vendas, visualizando-se uma maximização de vendas em função do potencial existente.

c) Possibilidade de um incremento da participação de mercado da empresa, criando-se territórios de vendas em função da natureza do produto e da política de vendas da empresa. Assim, surgem as seguintes considerações:

Tendem a determinar

- *PRODUTOS:*   Perecíveis----------------------+ Territórios Pequenos

  Consumo massa--------------- Territórios Pequenos

  Consumo duráveis-----------+ Territórios Medianos

  Bens de capital---------------+ Territórios Amplos

- *EMPRESA:*   Em função da capacidade de financiamento: Zonear:

  - Pequena--------------------+ Áreas restritas
  - Grande   Cobertura nacional

- *POLÍTICA DE VENDAS:*   Se a empresa deseja obter rápida participação de mercado----- Deve reduzir o tamanho dos territórios

d) Ao zonear ou rezonear é preciso levar em conta as aspirações ou exigên-cias dos vendedores.

- *Exigências Psicológicas*

  Quais são as possibilidades que o território de vendas pode oferecer ao vendedor, quanto a:

  - Remuneração.
  - Reconhecimento.
  - Satisfação no trabalho.
  - Alegria de viver.

- *Exigências Espirituais*

  Um vendedor viajante, por exemplo, é um ser solitário que, à noite, em feriados, domingos – longe da família –, deve:

  - Planejar tarefas.
  - Preparar relatórios.
  - Fazer cartas para a empresa.

Ao zonear é preciso, portanto, prever tempo para o descanso físico e mental e tam-bém para a recreação, pois, ainda que criterioso, o zoneamento pode ou não atender às exigências individuais dos vendedores, levando-os ao insucesso em face dos objetivos traçados. É preciso, portanto, que se tenha em mente, ao zonear, a conciliação dos objetivos da empresa e os objetivos individuais dos vendedores.

SUMÁRIO

O zoneamento é ponto importante para a avaliação de recursos humanos, naturais e financeiros. O zoneamento é fundamentado em critérios de segmentação de mercado e apoia-se no potencial de mercado e no estudo de polarização de centros urbanos.

O zoneamento é o estimulador do trabalho concentrado e permite uma avaliação adequada da *performance* de cada vendedor.

PALAVRAS-CHAVE

– Zoneamento de vendas

– Lei da gravitação

– Formulação de indiferença de Converse

– Centro de gravitação

QUESTÕES

1. Os critérios de zoneamento de vendas devem ater-se exclusivamente ao agrupamento dos clientes da empresa.

   ( ) Falso   ( ) Verdadeiro

2. A aplicação das leis de Reilly e de Converse para determinação dos centros de atração não é aplicável ao Brasil.

   ( ) Falso   ( ) Verdadeiro

3. O potencial de mercado e análise das cargas de visitação são alguns dos passos importantes para se estabelecer o zoneamento de vendas.

   ( ) Falso   ( ) Verdadeiro

4. O zoneamento de vendas é fundamentado em critérios de segmentação de mercado e apoia-se exclusivamente nas exigências psicológicas e espirituais de cada vendedor.

   ( ) Falso   ( ) Verdadeiro

PONTOS DE AÇÃO

1. Definir as cidades que devem fazer parte de cada território de vendas.
2. Definir a quantidade de cliente por território de vendas.
3. Estabelecer um equilíbrio entre os territórios de vendas com base no potencial de mercado.
4. Identificar as cidades polo de atração em cada território de vendas.

BIBLIOGRAFIA

COBRA, Marcos. *Administração de marketing no Brasil*. 3. ed. Rio de Janeiro: Campus, 2009.

ESTUDO RESERVADO DE POTENCIAL DE MERCADO E ESCALAS DE POLARIZAÇÃO COMERCIAL. São Paulo: Market Analysis Richers Lima Nunes, 1979.

STEINHARDT, Ricardo J. M. *Geografia em marketing*. Buenos Aires: Macchi, 1971.

13

ESTRUTURAÇÃO DA FORÇA DE VENDAS

O grande dilema da maioria das organizações reside em como montar uma equipe de vendas que otimize seus esforços de marketing e de vendas.

Não existe regra geral que recomende critérios para a adoção de equipes próprias ou de representantes de maneira específica, nem quanto à quantidade de homens de cada equipe. Existem, no entanto, circunstâncias em que uma equipe de representantes se torna mais barata para a organização por não se constituírem custos fixos. "Vendeu, fez jus à comissão; não vendeu, não fez." Às vezes, porém, a empresa necessita de uma equipe própria para poder trabalhar mais objetivamente certos segmentos de mercado. Portanto, o que prevalece como regra para a estruturação da força de vendas são, de um lado, os desafios de mercado e, de outro, os custos operacionais. Como equalizá-los, este é o grande desafio do dirigente de vendas.

Como resolver o grande dilema: representantes de vendas *versus* adoção no tempo certo da equipe própria de vendedores?

13.1 QUE TIPO DE FORÇA DE VENDAS ADOTAR?

Em que pese o incremento verificado no Brasil do chamado marketing direto – em que as vendas por mala-direta, carta, rádio, televisão e outros veículos já vendem diretamente ao consumidor uma variada gama de produtos: publicações, eletrodomésticos, macacos infláveis e horóscopos –, a maioria dos programas de marketing ainda requer venda pessoal. E aí surgem os dilemas básicos: que estrutura de vendas adotar? E que tipo de força de vendas utilizar?

13.1.1 ESTRUTURA DA FORÇA DE VENDAS

A estrutura da força de vendas deve atender a duas prerrogativas básicas:

- *Força de vendas direta* – a empresa utiliza com exclusividade os vendedores próprios que deverão visitar diretamente os clientes da empresa.

- *Força de vendas indireta* – a empresa utiliza os vendedores dos seus representantes ou distribuidores ou, ainda, os chamados vendedores autônomos, isto é, vendedores sem vínculo trabalhista com a empresa.

O dilema existente sobre que estrutura de força de vendas adotar é afetado por grande número de fatores. Por exemplo, as vantagens de adotar representantes de vendas são:

- *O tamanho da empresa.* Uma equipe própria de vendas representará sempre um custo fixo com encargos sociais também fixos. Somente através da relação custo-benefício estará a empresa em condições de avaliar o dilema: representantes *versus* equipe própria de vendas. Será que o volume de produção da empresa justifica o custo fixo de uma equipe própria de vendas? As empresas de pequeno porte e algumas de porte médio tendem a ter vantagens de custo operacional quando trabalham com representantes de vendas.

- O bom relacionamento dos representantes com os clientes existentes no mercado constituirá sempre um dilema: de quem são os clientes, da empresa ou dos representantes?

- Os representantes são pagos somente à base de comissão; não há salários ou encargos fixos. O custo é variável, porém de valor sempre fixo sobre a venda realizada. Não havendo venda, não há custo para a empresa.

- Os produtos de venda sazonal provocam custos fixos quando há uma equipe própria de vendas. Os custos serão variáveis de acordo com a venda sazonal, quando a empresa trabalha com representantes.

Por outro lado, as vantagens de uma equipe própria de vendas são:

- A empresa ou os produtos que ela oferece podem não ser, em algum momento, interessantes para os representantes de vendas.

- A equipe própria de vendas tende a ser mais barata quando há venda a grandes clientes, pois, nessa hipótese, o representante terá sempre uma comissão fixa sobre as vendas. O custo da equipe própria tende a ser decrescente em relação ao volume dos negócios com os grandes clientes.

- Os vendedores da empresa são mais facilmente controlados e motivados.

- Há algumas áreas ou mercados em que é difícil encontrar um representante.

Analisando as vantagens e desvantagens de cada uma das hipóteses que a afeta, a empresa poderá escolher a estrutura adequada para a sua força de vendas:

- equipe própria;
- representantes;
- equipe mista: representantes em algumas áreas e vendedores próprios em outras.

13.1.2 Classificação dos tipos de força de vendas

O tipo de força de vendas a ser adotado depende do tipo de venda a ser realizado. Vejamos alguns tipos de vendas:

- *Venda porta a porta* versus *venda por cobertura*. O vendedor que realiza as visitas sem roteiro e sem conhecimento prévio das necessidades dos consumidores estará conduzindo uma venda do tipo porta a porta. Esse tipo de venda já foi muito utilizado no passado, sobretudo para a venda de enceradeiras e eletrodomésticos (Electrolux). A Avon realiza atualmente uma venda do tipo porta a porta com um roteiro planejado de visitas a clientes relacionados e em prospecção.

  A venda por cobertura realiza-se somente através de visitas a clientes em prospecção já conhecidos ou com suspeita de interesse pelos produtos ou serviços da empresa. A venda por cobertura pode ser obtida de diversas maneiras:
  - através da visita a compradores potenciais que responderam a um anúncio de oferta de recebimento de catálogo ou de informações adicionais de produtos;
  - através da visita a pessoas que tiveram seus nomes citados por outros compradores como possíveis interessados. Esse método de prospecção visa levantar, junto a cada comprador, uma lista de dois ou três compradores potenciais que possam ser visitados.

- *Visita planejada* versus *visita enlatada*. As vendas realizadas sem planejamento prévio tendem a ser atividades desperdiçadas. Todas as apresentações de vendas são de alguma forma planejáveis.

  O caso extremo ao planejamento é a visita com uma apresentação de venda enlatada. É preciso, no entanto, que um supervisor ajude o vendedor a adaptar a sua apresentação enlatada às circunstâncias. Os vendedores de enciclopédia, seguro de vida, aspiradores de pó, entre outros produtos, são exímios apresentadores de uma abordagem enlatada para a venda.

Em contraste com essa situação, vendedores experientes preferem utilizar uma abordagem mais flexível. De qualquer maneira, um planejamento de visita e de venda precisa ser usado.

Engenheiros de vendas costumam desenvolver uma estratégia de cliente bem elaborada, conduzindo a venda. A essência dessa estratégia é identificar um objetivo de vendas e a maneira pela qual a entrevista de vendas deve ser conduzida para o fechamento da venda.

- *Venda missionária* versus *tomada de pedidos*. O vendedor missionário normalmente não aceita pedido. O seu objetivo é estimular a demanda e assistir ao programa de vendas. Ao contrário, o tomador de pedidos é um vendedor que concentra o seu esforço no "talão de pedidos". O vendedor missionário é muito utilizado no marketing industrial como um vendedor técnico.

  O tomador de pedidos é orientado para incrementar a venda média por pedido e por item de pedido.

- *Pré-venda* versus *serviços de pós-venda*. O trabalho de pré-venda é necessário para desenvolver a venda de novos produtos ou serviços. É o trabalho de especificação do produto ou serviço; é muito utilizado quando a fase de projeto pode determinar o tipo de produto ou serviço a ser utilizado posteriormente. São exemplos de pré-venda:

  – venda de cervejas e refrigerantes;

  – projetos industriais de montagem e instalação de equipamentos;

  – projetos de construção civil etc.

- Outro tipo de pré-venda é utilizado na indústria de refrigerantes e cervejas, bebidas em geral, onde a pré-venda é utilizada visando à racionalização do itinerário da entrega, a partir do pedido de quantidades básicas.

O serviço de pós-venda é normalmente desenvolvido para satisfazer às necessidades dos clientes. Por exemplo, a visita do vendedor de máquina de escrever para realizar ajustes de funcionamento na máquina.

O objetivo do serviço de pós-venda é a satisfação do cliente para que ele se transforme em gerador de novos negócios.

Na pré-venda, o objetivo é condicionar a venda futura a partir de uma especificação.

13.1.3 ESTUDO DA ESTRUTURA DA FORÇA DE VENDAS

A estrutura adequada de uma força de vendas varia enormemente de uma empresa para outra. Deve-se considerar sempre o tipo de mercado e o tipo de venda realizada para se configurar o tipo de força de vendas adequado.

13.2 DETERMINAÇÃO DO TAMANHO DA FORÇA DE VENDAS

13.2.1 CONSIDERAÇÕES GERAIS

Os critérios utilizados na estruturação de uma força de vendas variam enormemente de uma empresa para outra.

Existem vários métodos de determinação do tamanho da força de vendas ou cálculo do número ótimo de vendedores, porém a maioria quantifica apenas alguns dos fatores que precisam ser considerados na decisão de como devem ser vendidos os produtos da empresa.

Tradicionalmente, as decisões de estruturação da força de vendas têm sido baseadas em fatores qualitativos, sem qualquer determinação explícita de como as várias alternativas afetariam a margem operacional da empresa.

O método a ser escolhido pela empresa deve avaliar as várias alternativas de dimensionamento da força de vendas para chegar a uma estrutura que maximize sua margem operacional. É desejável que a empresa realize constantemente uma avaliação simultânea das oportunidades de mercado e das suas restrições para chegar a uma decisão ótima acerca do tamanho da força de vendas e do respectivo orçamento de vendas (veja a Figura 13.1).

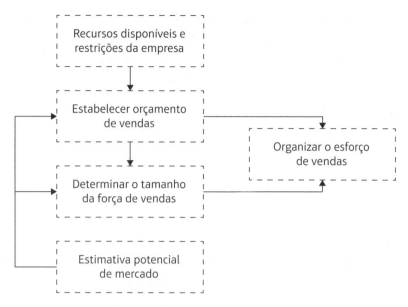

Figura 13.1 *Determinação do tamanho da força de vendas ou cálculo do número ótimo de vendedores.*

A etapa inicial para a determinação do tamanho da força de vendas é a criação e a delimitação de territórios de vendas. Para isso, devem ser observadas certas *qualidades desejáveis* dos territórios, que são:

- igualdade de cargas de trabalho (visitação); e
- potencial de vendas, ainda que os territórios sejam compactos e contíguos.

Na maioria das vezes, a criação e a delimitação de territórios de vendas são baseadas em intuição e experiência anteriores.

Na segunda etapa, a gerência de vendas deve identificar todos os possíveis clientes em um território e definir o potencial de vendas para o produto considerado por cliente com base no potencial total de compras de cada cliente.

Os territórios de vendas podem ser também estabelecidos através de computadores, com base em métodos de programação linear de transporte, capazes de criar territórios equilibrados, compactos etc.

Finalmente, a gerência de vendas deve considerar alguns fatores-chaves que afetam tanto o volume de vendas como o lucro ao estabelecer os critérios de dimensionamento de sua força de vendas:

- Os *custos de vendas* dependem, muitas vezes, do tipo e do tamanho da força de vendas.

- A *penetração de mercado* e, consequentemente, as vendas dependem da qualidade da força de vendas, do potencial e da sua força competitiva.

- Os *custos de fabricação* que variam com o volume de vendas dependem do tipo e do tamanho da força de vendas.

A medida de lucratividade é usada para avaliar as várias forças de vendas, através de contribuição à margem operacional, que é definida por:

$$CMO = MB - CD$$

onde:

CMO = contribuição à margem operacional

MB = margem bruta

CD = custo direto da força de vendas (incluindo salário, *overhead* administrativo, treinamento, despesas de viagem e outras etc.)

Esta definição de lucro inclui somente aqueles fatores que são diretamente influenciados pela força de vendas e pelo método de vendas.

13.3 MÉTODOS DE CÁLCULO DO NÚMERO ÓTIMO DE VENDEDORES

Após a determinação dos territórios de vendas e do tipo de força de vendas, o passo seguinte é a determinação do número ótimo de vendedores. Os métodos de cálculo do número ótimo de vendedores mais conhecidos são:

Método de carga de visitação (o Método de Talley) e o método baseado no potencial de mercado (o Método de Semlow).

Existe, no entanto, uma série de outros métodos, como veremos a seguir, adequados às circunstâncias específicas do meio ambiente de cada empresa.

13.3.1 MÉTODO DA CARGA DE VISITAÇÃO

Uma abordagem diferente foi introduzida por Walter J. Talley em 1961, baseada na equalização das cargas de visitação de vendedores em vez do potencial de mercado de seus territórios.

O método presume que a gerência de vendas já conheça, através de sua experiência ou experimentação, o número econômico ou o número ideal de visitas a serem feitas aos clientes em função do seu potencial de compras. Em outras palavras, há um pressuposto acerca da produtividade do tempo de visita de vendas. O método consiste em:

- Os clientes são agrupados dentro de classes, em função do seu potencial de compras anuais ou mensais.

- A frequência desejável ou a frequência ótima de visitas é estabelecida para cada classe de clientes (número de visitas de vendas a uma classe de clientes por ano ou por mês).

- Multiplica-se o número de clientes em cada classe destes pela correspondente frequência de visitas, para se chegar ao total da carga de visitação por ano ou por mês.

- O número médio de visitas que um vendedor pode fazer por ano ou por mês é determinado com base na aferição de desempenho de campo, através de critérios de Organização e Métodos (O&M).

Essa é uma área na qual não há necessidade de mais teorização, especialmente do tipo que considere a propaganda e outros elementos do composto mercadológico para determinação simultânea.[1]

Matematicamente, a solução do Método de Talley é dada pela equação:

$$N = \frac{\sum_{i=1}^{n} Ci\, Fi}{V}$$

onde:

N = o número ótimo de vendedores;

Ci = o número de clientes na classe de tamanho i;

Fi = o número desejável de visitas anuais ou mensais a serem feitas aos clientes na classe de tamanho i;

V = o número médio mensal ou anual de visitas feitas por um vendedor;

n = o número de classes de clientes (em função do potencial de compra destes).

A eficácia da força de vendas depende, em grande parte, de como ela é organizada e das várias alternativas de sua estruturação por cliente, por linha de produtos, por tipo de clientes etc.

Exemplificando o método de Talley, suponhamos a seguinte situação:

- Os clientes agrupados em quatro classes, em função do seu potencial de compras médias mensais, obedecem à seguinte classificação:
  - Classe A – acima de 100.000 unidades.
  - Classe B – entre 50.000 e 99.000 unidades.

---

[1] FREEMAN, Cyril. How to evaluate advertising's contribution. *Harvard Business Review*, Boston, p. 137-148, jul./ago. 1962.

- Classe C – entre 10.000 e 49.000 unidades.
- Classe D – abaixo de 10.000 unidades.

O número de vendedores necessários é determinado pela divisão do número total anual ou mensal de visitas requeridas pela média anual ou mensal de visitas que um vendedor pode fazer.

O Método de Talley pressupõe que o desenvolvimento desejável dos territórios de vendas deve ser feito com base na equalização ou balanceamento da carga de visitação, isto é, que as cargas de visitação sejam equilibradas e proporcionais ao tempo a ser gasto em cada território.

A otimização de todas as soluções depende da capacidade da administração em estimar adequadamente a frequência de visitas para as diferentes classes de clientes, em função dos seus potenciais de compras. A frequência desejável ou ótima de visitação depende, ainda, de outros aspectos, como a necessidade de um esforço adicional para certos clientes, o custo de serviços e a margem bruta no *composto* de produto do cliente.

Há, ainda, outras abordagens que têm sido propostas para a determinação do tamanho da força de vendas, cada qual dependendo do estabelecimento de pressupostos especiais.[2]

13.3.2 Método do tempo de duração de uma visita

Outro método interessante para aplicação é o que leva em conta o tempo de duração médio de cada visita, a frequência mensal ideal de visitação e a avaliação do tempo real de vendas de um vendedor.

Vejamos a sua aplicabilidade pela fórmula:

$$\text{N}^{\underline{o}} \text{ de vendedores} = \frac{\left(\begin{array}{c} \text{N}^{\underline{o}} \text{ de clientes atuais} + \text{N}^{\underline{o}} \text{ de clientes potenciais} \end{array} \right) \times \begin{array}{c} \text{Frequência mensal ideal de visitação} \end{array} \times \begin{array}{c} \text{Tempo de duração de uma visita} \end{array}}{\text{Avaliação do tempo real de venda de um vendedor}}$$

---

[2] DIXON, William R. Redetermining the size of sales force: a case study. *Changing Perspectives in Marketing Management*.

HEYMAN, S. E. Determining the optimum size of the sales force. *Marketing Research in Action*. New York, National Industrial Conference Board Report, Studies in Business Policy, nº 84, p. 82-82, 1957.

WARSHAW, Martin R.; ARBOR, Ann. *Bureau of Business Research*. The University of Michigan Business Reports, nº 38, p. 54-70, 1962.

Exemplo:

nº de clientes atuais = 250

nº de clientes potenciais = 50

frequência média ideal de visitação mensal = 2,5

tempo médio de duração de uma visita incluindo locomoção = 2 horas avaliação do tempo real de vendas de um vendedor = 75 horas.

$$\frac{\text{Nº de}}{\text{vendedores}} = \frac{(250+50) \times 2,5 \times 2}{75} = 20$$

13.3.3 Método derivado da carga de visitação

O número de vendedores é calculado à parte do número de clientes atuais e potenciais, da frequência de visitação necessária a cada categoria de cliente, em conformidade com o seu potencial de compras, do número médio diário de visitas por vendedor e em função do número anual de dias trabalhados, tendo-se assim:

$$\frac{\text{Número de clientes atuais e potenciais} \times \text{frequência de visitas}}{\frac{\text{Número diário de}}{\text{visitas por vendedor}} \times \frac{\text{Número de dias de}}{\text{trabalho efetivo por ano}}}$$

Exemplo do uso da fórmula

Categoria de clientes e frequência de visitas:

	Nº clientes		Nº visitas anuais
Categoria A (compras anuais acima de 3 milhões)	500	×	12 = 6.000
Categoria 8 (compras anuais entre 1 e 3 milhões)	2.000	×	9 = 18.000
Categoria C (compras anuais entre 500.000 e 1 milhão)	5.000	×	6 = 30.000
Categoria D (compras anuais abaixo de 500.000)	7.000	×	2 = 14.000
Carga anual de visitação			= 68.000

Número médio de visitas diárias = 8

Número de dias trabalhados:

Dias totais do ano		$=$ 365
Fins de semana	104	
Feriados	15	
Doenças	5	
Treinamento	10	
Conferências	5	
Reuniões	11	$\Sigma =$ 150
Número de dias trabalhados		$=$ 215
Número total de visitas por vendedor		$=$ 215 $\times$ 8 $=$ 1.720
Número de vendedores necessários		$= \dfrac{68.000}{1.720} = 40$ vendedores

13.3.4 MÉTODO DO POTENCIAL DE VENDAS

O cálculo do número de vendedores por esse método leva em conta a previsão de vendas com base no potencial de vendas da empresa, a produtividade mínima por vendedor e o *turnover* anual de vendedores.

N = n$^{\underline{o}}$ ótimo de vendedores

V = previsão de venda, com base no potencial de vendas da empresa

P = produtividade mínima desejável por vendedor

T = *turnover* anual de vendedores

ou seja:

$$N = \frac{V}{P} + T\frac{V}{P}$$

ou

$$N = \frac{V}{P}(1+T)$$

Por exemplo, se:

V= $ 1.000.000

P= $ 100.000

T= 10% = 0,10

$$N = \frac{1.000.000}{100.000}(1+0,10)$$

$$N = \frac{1.000.000}{100.000} \times 1,10$$

$N = 11$ vendedores

13.3.5 MÉTODO DA PREVISÃO DE VENDAS CORRELACIONADA COM O GANHO MÉDIO DO VENDEDOR E COM O CUSTO MÉDIO DA EQUIPE DE VENDAS

Através de uma correlação dos fatores de mercado – previsão de vendas, salário de mercado dos vendedores e custo médio do ramo –, o método é desenvolvido em cinco passos:

1º passo – Determinação da previsão de vendas da empresa, com base no potencial de mercado da empresa.

2º passo – Determinação do ganho médio mensal base por vendedor a partir de pesquisa salarial junto ao ramo de atividades da empresa.

3º passo – Determinação do potencial de custo médio total por vendedor em relação às suas respectivas vendas (salário fixo e variável + ajudas + encargos sociais).

4º passo – Determinação da venda média mensal necessária por vendedor, a partir do seu potencial de custo médio de vendas.

5º passo – Determinação do número ótimo de vendedores que permita atingir a previsão de vendas determinada com base no potencial de mercado.

Exemplo completo

1º passo – Previsão de vendas da empresa determinada com base no potencial de mercado = $ 1.000.000.

2º passo – Ganho médio mensal por vendedor com base em pesquisa salarial junto ao mercado de trabalho e dentro dos parâmetros salariais a empresa = $ 12.000.

3º passo – Custo médio total por vendedor (salário fixo + salário variável + ajudas + encargos sociais) = 26.200 = 3% do percentual de custo base sobre vendas previstas.

4º passo – Determinação da venda média mensal necessária por vendedor.

custo médio	$\times$	*% custo sobre vendas*	
26.200		3%	⎫
	$\times$		⎬ x = $ 873.000
vendas		100%	⎭

5º passo – Determinação do número ótimo de vendedores a partir da previsão mensal de vendas estabelecida e da venda mensal necessária por vendedor.

		Venda média	
Previsão de vendas		mensal necessária	
$ 1.000.000	+	873.000	= 1,14 vendedor

13.3.6 Método incremental baseado no método de Potencial de Mercado de Semlow

Este método correlaciona o incremento de vendas para cada vendedor adicional introduzido na empresa e a respectiva contribuição ao lucro.

O número ideal de vendedores é determinado pelo limite de incremento positivo ao lucro.

Esse método é experimental e prevê um volume médio de vendas decrescente para cada vendedor adicional, uma vez que uma repartição do potencial de vendas da empresa, por vendedor, determina estimativas de vendas progressivamente decrescentes.

Como o custo da mercadoria vendida é um valor percentual fixo, a margem bruta por vendedor é, da mesma forma que o volume de vendas, decrescente para cada vendedor adicional.

Chega-se a uma estimativa de contribuição ao lucro por vendedor deduzindo-se da margem bruta o salário fixo, a comissão sobre vendas e a despesa de viagem para cada vendedor que foi acrescido à amostragem.

Com salário fixo, e com a despesa de viagem também representada por valores fixos, apenas serão variáveis por vendedor os valores do salário variável, isto é, das comissões sobre as respectivas vendas; assim, obtém-se, ao final, o último valor positivo de contribuição ao lucro, como o correspondente ao número ótimo de vendedores pelo método incremental.

ESTRUTURAÇÃO DA FORÇA DE VENDAS 215

Exemplo completo

Tabela 13.1   *Primeiro passo.[3]*

Nº de vendedores	ADICIONAL			
	(Volume de vendas)	– (Custo da mercadoria vendida)[3]	=	Margem bruta
16	200.000	130.000		70.000
17	150.000	97.500		52.500
18	100.000	65.000		35.000
19	50.000	32.500		17.500

Tabela 13.2   *Segundo passo.*

Nº de vendedores	(Margem bruta)	–	Salário fixo	+	Salário variável (comissão s/ vendas)	+	Desp. viagens	=	Contribuição ao lucro
16	70.000	–	[10.000	+	10.000	+	6.000]	=	44.000
17	52.500	–	[10.000	+	7.500	+	6.000]	=	29.000
18	35.000	–	[10.000	+	5.000	+	6.000]	=	14.000
19	17.500	–	[10.000	+	2.500	+	6.000]	=	– 1.000

Portanto, o número ótimo de vendedores para esse exemplo é 18, dado que o acréscimo de mais um elemento trará uma contribuição negativa ao lucro.

SUMÁRIO

Montar a estrutura adequada de vendas, quer quanto ao tipo, quer quanto ao número de homens, é um eterno quebra-cabeça.

As realidades do mercado alteram-se e a estrutura tende a ser estática e não dinâmica, e, por essa razão, somente as empresas mais ágeis e flexíveis conseguem adaptar a sua força de vendas às exigências do meio ambiente.

---

[3]   CMU é calculado com percentual de 65% sobre o volume de vendas.

PALAVRAS-CHAVE

– Força de vendas direta
– Força de vendas indireta
– Venda porta a porta
– Determinação da força de vendas
– Cálculo do número ótimo de vendedores

QUESTÕES

1. Quais são os critérios que você conhece de cálculo do número de representantes de vendas e de vendedores próprios?
2. Qual o melhor método de cálculo do número ótimo de vendedores?

PONTOS DE AÇÃO

1. Defina o tipo de força de vendas a ser adotado: vendedores autônomos ou contratados.
2. Calcule o número ótimo de vendedores para atender a demanda de cada mercado do seu negócio.
3. Estabelecer um modelo de gestão de vendedores e de varejo *on-line*.
4. Mesclar a equipe de vendas entre vendedores próprios e representantes de vendas.

EXERCÍCIO

1. Quantos vendedores são necessários para uma empresa que pretenda cobrir um mercado com as seguintes características?
    a) 150 clientes classe A;

    220 clientes classe B;

    510 clientes classe C.
    b) Que as visitas por classe de clientes tenham a seguinte duração média:

    clientes classe A – 60 minutos/visita;

    clientes classe B – 30 minutos/visita;

    clientes classe C – 15 minutos/visita.
    c) Que cada vendedor trabalhe 40 horas semanais.

d) Que os clientes sejam visitados de acordo com a seguinte frequência média mensal:

clientes classe A – 4 visitas/mês;

clientes classe B – 2 visitas/mês;

clientes classe C – 1 visita/mês.

e) O tempo médio diário do vendedor divide-se em:

vendendo – 45%;

locomovendo-se – 25%;

tarefas que não sejam de vendas – 30%.

BIBLIOGRAFIA

EOGG, C. Davis; ROKUS, Josef W. Um método quantitativo para a composição da força de vendas. *Journal of Marketing.* Chicago, jul. 1973.

FREEMAN, CYRIL. How to evaluate advertising's contribution. *Harvard Business Review.* Boston, jul./ago. 1962.

GOVONI, Norman A. H.; CUNDIFF, Edward W. *Sales management*: decisions policies and cases. 3. ed. Englewood Cliffs: Prentice Hall, 1976.

SEMLOW, Walter J. How many salesmen do you need? *Harvard Business Review*, maio/jun. 1959.

TALLEY, Walter J. How to design sales territory. *Journal of Marketing.* Chicago, v. 3, jan. 1961.

14

VAREJO VIRTUAL E O PAPEL DA VENDA PESSOAL

O crescimento das vendas por meios eletrônicos começa a incomodar os profissionais de vendas acostumados a centralizar todo o processo da venda, desde a pré--venda até a pós-venda.

Apesar dessa ameaça real, o comércio eletrônico favorece novas formas de obtenção de ganhos de competitividade nos negócios, interferindo na cadeia de valor adicionado a produtos e serviços dirigidos ao consumidor ou em transações entre empresas. Sendo global em sua essência, o comércio eletrônico está expandindo-se rapidamente em todo o mundo; no entanto, essa velocidade e o alcance do comércio eletrônico enfrentam obstáculos de vários tipos.

Existem obstáculos tecnológicos, culturais, organizacionais e estruturais para o pleno desenvolvimento do comércio eletrônico. Essas barreiras ao comércio eletrônico devem ser analisadas para se entender mais claramente os possíveis efeitos no ambiente de negócios.[1]

14.1 COMÉRCIO ELETRÔNICO

O comércio eletrônico identifica o uso intensivo de Tecnologia da Informação (BEAM; SEGEV, 1996) na mediação das relações entre consumidores e fornecedores. Para a melhor compreensão das vantagens e riscos do comércio eletrônico, no entanto, é útil a sua divisão em dois blocos principais.

---

[1] DINIZ, Eduardo Henrique. Comércio eletrônico: fazendo negócios por meio da Internet. *RAC*, v. 3, nº 1, jan./abr. 1999, p. 71-86.

O *primeiro bloco* indica as atividades relativas a transações entre empresas que compram e vendem produtos entre si e se caracteriza por um número relativamente baixo de transações, porém de alto valor financeiro.

O *segundo bloco* se refere às transações entre empresas e consumidores finais e se caracteriza por alto volume relativo de transações de baixo valor financeiro em cada uma delas.

Em ambas as transações a presença do vendedor não é imprescindível.

Nas transações empresa-empresa, o *Electronic Data Interchange* (EDI) é o exemplo mais conhecido (SOKOL, 1989). Apesar de já existir há algumas décadas, o EDI também está sendo afetado pela expansão da Internet.

Algumas experiências de utilização de EDI baseado na Internet têm sido estudadas com o objetivo de expandir as possibilidades desse tipo de tecnologia (SEGEV et al., 1995).

Por tratar de área na qual as transações são mais estruturadas, o potencial da Internet em aplicações que envolvem transações entre empresas é muito grande; mas, o lado do comércio eletrônico que mais tem atraído a atenção são as suas possibilidades de colocar empresas em contato com consumidores finais de qualquer lugar e a qualquer hora. Uma loja virtual não fecha, não tem feriados nem fins de semana inoperantes.

14.1.1 O VALOR DO COMÉRCIO ELETRÔNICO

Para compreender o valor do comércio eletrônico, é preciso compará-lo às formas de transações comerciais tradicionais e verificar como ele pode transformá-las. A compreensão das possibilidades e limitações do comércio eletrônico ajuda a encontrar meios de melhorar a qualidade de um serviço ou de se desenvolverem mercados de outra forma inacessíveis. O comércio eletrônico também abre novas possibilidades de negócios que seriam impensáveis anteriormente.

"Imaginar que o comércio eletrônico se restringe unicamente à venda direta de informações, serviços e produtos estreita a visão do impacto potencial sobre os negócios que a utilização comercial da Web pode oferecer a uma organização. Apesar de a venda direta ser certamente a primeira forma de se pensar a obtenção de lucros numa relação entre consumidor-vendedor, a utilização da Web como veículo para o comércio eletrônico permite visualizar uma série de outras formas de adicionar valor a um negócio."[2]

---

[2] DINIZ, Eduardo Henrique. Comércio eletrônico: fazendo negócios por meio da Internet. *RAC*, v. 3, nº 1, jan./abr. 1999, p. 71-86.

A visão do comércio eletrônico, como qualquer tipo de apoio de transações comerciais por meio do uso de infraestrutura digital, tem a vantagem de englobar uma gama variada de utilizações da Web para favorecer ou estimular transações comerciais.

Assim, o comércio eletrônico pode ser um instrumento de promoção (pré-venda), um canal de vendas ou de atendimento ao cliente (pós-venda). Pode gerar economia nas transações e redução do ciclo de desenvolvimento dos produtos; a sua implementação deve promover um aprendizado organizacional e tecnológico indispensável para a sua aplicação efetiva. O comércio eletrônico propicia o desenvolvimento de novos produtos e de novos modelos de negócio.

14.1.2 Desafios do comércio eletrônico

Um espantoso crescimento do comércio eletrônico está ocorrendo e os valores transacionados anualmente *on-line já* atingiram dezenas de bilhões de dólares. Mas para a plena efetivação do processo de compras *on-line,* barreiras tecnológicas, culturais e organizacionais devem ser transpostas, juntamente com o desenvolvimento de soluções que ajudem a superar algumas dificuldades estruturais do comércio eletrônico e, sobretudo, a integração da venda pessoal com o processo *on-line*.

Barreiras Tecnológicas

Considerando o relacionamento empresa-consumidor, dois pontos são fundamentais para a evolução da tecnologia utilizada no comércio eletrônico: a disponibilidade da tecnologia e a sua facilidade de utilização, enquanto a disponibilidade está relacionada ao acesso e custo da tecnologia e a sua facilidade está relacionada à evolução das interfaces de comunicação entre os usuários.

Atualmente, para se ter acesso à Internet é necessário que se tenha à disposição computadores, *tablets* e celulares equipados com *hardware* específico para a interconexão, *softwares* apropriados para o gerenciamento e monitoração da comunicação e, no mínimo, uma linha telefônica comum que permita a interligação via computador com um provedor de acesso que viabilize a conexão, e esse é um fator positivo para o comércio eletrônico.

O acesso à Web via TV está diretamente relacionado ao esforço de tornar o comércio eletrônico mais acessível. A Web TV é uma realidade e as Smarts TVs permitem acesso à Internet diretamente do aparelho de TV, projeto que envolveu fabricantes de aparelhos de TV, empresas da indústria da computação e grandes corporações de comunicação.

Por conta do crescimento da Internet, o PC está sendo repensado, e os *notebooks* estão morrendo. Se antes se julgava que os computadores tinham de ser cada vez mais potentes, dando maior poder de processamento ao usuário, o que se discute agora é um computador que prime pela simplicidade. Esse novo tipo de computador, o *Network Computer,* ou NC, está sendo considerado seriamente por todas as grandes empresas de informática. A integração é mais ágil por meio de *smartphones* e *tablets.*

Pelo lado das telecomunicações, a Internet também está causando forte impacto. Por causa do longo tempo médio que um usuário da Internet permanece conectado, companhias telefônicas por todo o mundo estão alegando elevado crescimento da demanda por serviços de telefonia. Se o aumento de demanda pode trazer aumento de receita, a velocidade de crescimento dessa demanda tem dificultado a operação das companhias telefônicas, que não conseguem responder aos investimentos na mesma proporção.

As companhias de comunicação operam uma tecnologia de conexão com as mesmas características das ligações via Internet, isso é o fim da cobrança das ligações interurbanas, uma vez que as conexões da Internet são geralmente feitas via ligações locais.

Nesse ritmo de crescimento, os serviços telefônicos estão na saturação.

Para tentar atender à demanda por mais e melhores conexões à Internet, as empresas que operam sistemas de TV a cabo estão entrando na disputa com as companhias telefônicas.

É de se esperar que o aumento da concorrência na área das telecomunicações contribua para facilitar o acesso ao comércio eletrônico; mas a concorrência, nesse caso, esbarra em alguns problemas legais de regulamentação. Há países nos quais operadoras de TV a cabo sofrem restrições para atuar como provedoras desse tipo de serviço e as empresas de telecomunicações estão sujeitas a um controle, quando não a uma administração direta muito forte por parte dos Governos.

O desenvolvimento de agentes virtuais inteligentes e outras tecnologias interativas têm contribuído para a ampliação do uso do comércio eletrônico, facilitando a interação dinâmica entre computadores. Pequenas aplicações, ou *applets,* são enviadas dos computadores-clientes para a rede, possibilitando grande aumento de interatividade na utilização da Web. Esses *applets,* instruídos para auxiliar o usuário na busca de informações de maneira rica e precisa, fazem o papel de agentes inteligentes. No passado cabia ao vendedor prestar informações de produtos e serviços, usos e aplicações. Portanto, é preciso repensar a venda pessoal.

Na interação entre empresas, o comércio eletrônico ainda necessita vencer algumas barreiras. A principal dificuldade para o aumento das transações entre empresas ainda está na confiabilidade dos sistemas de segurança adotados. Apesar de ser possível adotar na Internet sistemas que teoricamente tenham nível de segurança equivalente aos sistemas adotados em outros veículos disponíveis para as empresas trocarem informações, as constantes notícias de invasão de sistemas de grandes empresas, e até de departamentos de segurança de governos, ajudam a reforçar, na opinião pública em geral, a ideia de que a Internet não é segura. A ameaça real dos *hackers,* invadindo arquivos e detonando computadores, é a preocupação básica dos usuários do comércio eletrônico.

Barreiras Culturais

É fato que o uso da Internet está fortemente concentrado nos EUA, embora evoluindo rapidamente na Europa, Ásia, América Latina e em outros continentes. De qualquer forma, um dos componentes do sucesso do comércio eletrônico está relacionado aos hábitos de consumo dos norte-americanos, por meio de catálogos e via TV. É de se observar que em países de diferentes hábitos de consumo a implantação de sistemas de comércio eletrônico ocorre em ritmo diferente.

Outras barreiras são a língua e peculiaridades culturais, que podem constituir obstáculos para a ampla disseminação de transações comerciais *on-line* em nível global, embora não invalidem a utilização do comércio eletrônico em regiões geograficamente delimitadas. Isso significa que não basta alguém ter acesso aos recursos da Internet para poder fazer aquisições em qualquer lugar do planeta, embora isso seja virtualmente possível. Assim, a acomodação de diferenças culturais, fenômeno intrínseco às atividades de comercialização global *on-line,* deve ser levada em conta no desenvolvimento dos sistemas de comércio eletrônico.

Se os consumidores não têm confiança suficiente no sistema para fornecer seus dados, não é possível levantar informações demográficas, nem os padrões de compra, nem as necessidades específicas do mercado, que foram apontados anteriormente como importantes para as estratégias do comércio eletrônico. Para superar a falta de confiança, há apenas a percepção da melhoria significativa no processo de compra, proporcionado pelo comércio eletrônico (por exemplo, produtos ajustados a necessidades individuais), ou a adoção de estratégias que ofereçam incentivos (descontos ou brindes) aos consumidores em troca de informações.

A falta de confiança dos consumidores também se manifesta em questões relativas à segurança dos sistemas de comércio eletrônico. Existe a percepção entre os consumidores de que as redes de computadores estão sujeitas a ataques constantes de pessoas ou grupos interessados em roubar ou adulterar informações.

Barreiras Organizacionais

Se pelo lado dos consumidores existem barreiras culturais, pelo lado das empresas devem ser consideradas as barreiras organizacionais, que podem representar obstáculos para o crescimento do comércio eletrônico (WARE et al., 1998). As empresas devem estar cientes das implicações administrativas, para criar, girar e obter os benefícios da adoção de sistemas de comércio eletrônico. A definição clara de uma estratégia de negócios deve existir para integrar a nova tecnologia à organização.

A introdução de sistemas de comércio eletrônico pode implicar a necessidade de se redefinir alguns processos organizacionais para torná-los perfeitamente integrados com os sistemas de solicitação de pedidos e serviços feitos pelos vendedores.

Essa integração exige esforços de sistemas e plataformas, especialmente nos casos em que os métodos de controle dos processos internos preexistentes foram concebidos sobre tecnologias e filosofias de desenvolvimento diferentes daquelas que predominam no ambiente da Internet e da Web.

A tecnologia por si só não é suficiente para alavancar um negócio na direção de garantir retorno na adoção de sistemas de comércio eletrônico. É preciso que seja criada uma vantagem competitiva sustentável, que garanta certa fidelidade do cliente para com a empresa. A qualidade do serviço oferecido e o nível de relacionamento entre as partes são críticos para o estabelecimento de tal fidelidade. Só com a perfeita sintonia entre a solicitação dos consumidores, a administração dos pedidos, o estoque e a administração financeira se pode garantir a qualidade de serviço que sustente a fidelidade do consumidor.

A presença de grandes empresas e a competição pela atenção do consumidor estão levando a uma exploração cada vez maior de tecnologia para aumentar a sofisticação nos recursos interativos por meio de gráficos, sons etc. Esse incremento na qualidade dos sistemas leva ao aumento da complexidade de seu desenvolvimento e manutenção, consequentemente demandando maior quantidade de recursos financeiros e humanos, o que exige da organização um compromisso que só se justifica se for recompensado com o aumento das receitas.

Além das dificuldades tecnológicas, culturais e organizacionais, algumas outras barreiras se colocam no caminho do desenvolvimento do comércio eletrônico. Essas outras barreiras têm caráter estrutural, por estarem relacionadas ao desenvolvimento de instrumentos institucionais que viabilizem ampla utilização do comércio *on-line*.

Barreiras Estruturais

O ambiente próximo da anarquia, em que se desenvolveu a Internet, foi altamente positivo para a troca de informações e para o desenvolvimento de relações entre pessoas de todos os cantos do planeta. A comunidade de usuários da Internet cresceu sob regras de conduta não explicitadas, mas que ajudavam a controlar a participação dos usuários, num ambiente sem governo centralizado; mas as regras informais, que ainda hoje predominam na Internet, não são suficientes para tocar negócios *on-line*.

A adoção da Internet como veículo de massa vai exigir dispositivos de regulamentação mais efetivos e explícitos, para propiciar a proliferação de transações comerciais. Existe uma relação inversa entre a confiança estabelecida entre os participantes de uma transação e o custo dela. O comércio eletrônico, para a sua consolidação, precisa garantir a realização de transações a custo compatível com as formas tradicionais de negociação.

Assim, é de se esperar que o crescimento do comércio eletrônico reforce a necessidade de definições de direitos de propriedade mais adequados à distribuição digital de informações, crie formas de trocas monetárias seguras e fáceis de serem utilizadas e ainda ofereça garantias para localizar e punir os violadores das regras estabelecidas para o funcionamento do mundo *on-line*. O comércio via Internet pode ser frustrante, caso sistemas de regulamentação de transações não se desenvolvam no mesmo ritmo da tecnologia que as possibilita.

Se a informação é a mercadoria mais fácil de ser comercializada eletronicamente, é também a que sofre mais riscos de ser apropriada e adulterada, sem qualquer tipo de controle. Se o ambiente de livre troca de informações pode ser excitante pelo lado de garantir, teoricamente, o democrático acesso de tudo a todos, a regra dos negócios é a transferência do direito sobre uma determinada propriedade, com a respectiva aquisição dos benefícios relativos a essa transferência por parte de quem a cede.

Para resolver o problema do direito à propriedade no mundo *on-line,* a alternativa mais lógica seria a adoção de mecanismos já existentes de *copyright,* o que garantiria a proprietários de produtos intangíveis, como ideias ou expressões, o direito de exploração comercial de sua mercadoria. Mais que as ambiguidades e incertezas inerentes à interpretação do que seja de fato o direito à propriedade sobre uma informação, no caso da Internet se fala de comercialização em um mercado global, o que significa que essas leis devem ser universalmente aceitas; isso dificulta ainda mais a possibilidade de consenso. A falta do estabelecimento de tais regras comuns para toda a comunidade *on-line* pode significar que menos empresas se interessem por transacionar seus produtos, uma vez que não podem ter garantidos os benefícios de seu investimento, por meio de troca que considerem justa.

Acordados os direitos de transferência de propriedade, as transações de negócio terão sucesso apenas se as trocas financeiras entre compradores e vendedores ocorrerem de forma simples, segura, barata e universalmente aceita. Há que se considerarem os riscos e os custos inerentes aos diversos meios de pagamento disponíveis mediante a Internet. Sistemas de pagamento baseados em mecanismos tradicionais têm sido adotados; novos formatos, como o dinheiro eletrônico (*e-cash*).

Há duas formas tradicionais de pagamento que podem ser também utilizadas para o comércio eletrônico: as transações financeiras feitas por fora da Internet e os pagamentos com cartão de crédito. No primeiro caso, o comprador transfere uma quantidade de fundos de sua conta bancária para a conta do vendedor. Esta forma é muito demorada e cara para os padrões do comércio eletrônico, principalmente se consideradas as transações entre diferentes países. Embora possa ser viável para relacionamentos estáveis entre comprador e vendedor, para quantidades pequenas de pagamento ou para um comprador que faz compras eventuais de fontes diversas, este mecanismo não traz grandes vantagens na utilização do comércio eletrônico.

Para acelerar as transações, o cartão de crédito é muito utilizado para os pagamentos pela Internet. Mesmo utilizando-se de sistemas de encriptação, o que em tese limitaria o risco de o comprador enviar os dados do cartão pela Internet, outros fatores devem ser considerados. Um deles é o custo da transação via cartão, que pode inviabilizar o desenvolvimento de novos modelos de negócio *on-line,* que dependam de transações baseadas em micropagamentos, por exemplo, jornais pagos por artigo.

A necessidade de sistemas de pagamento mais especializados levou à proposição do *e-cash* (WAYNER, 1996). Por meio de um *software* próprio, um consumidor pode transferir certo valor monetário do banco para o seu computador, ou para um cartão específico, armazenando assim certa quantidade de *e-cash*, como se tivesse uma **carteira eletrônica**. Transferindo parcelas do valor armazenado na sua **carteira** para o vendedor dos serviços que quer adquirir, o consumidor assim teria o direito de escolher: ou pagar em dinheiro eletrônico, garantindo a sua privacidade, mediante a encriptação, ou dispondo de valores tão pequenos, quanto fosse necessário, a um custo relativamente baixo por transação.

Além de necessitar de segurança adicional para evitar que o dinheiro seja roubado do computador do consumidor, muitas questões relativas à regulamentação da circulação de tal tipo de moeda teriam de ser consideradas. Por exemplo, como evitar a falsificação? Como seria controlada a emissão e a circulação do *e-cash*? E que influência a circulação do dinheiro eletrônico teria sobre o controle que os governos exercem sobre as economias nacionais atualmente (FREZZA, 1996)?

Os instrumentos de perseguição são mais precários ainda. Se os **invasores de computadores** são ousados o suficiente para entrar – e alterar – *sites* de agências de segurança e de corporações militares sem serem identificados, que garantia um consumidor comum terá de que, caso seja roubado eletronicamente, os organismos de repressão à criminalidade terão condições de identificar o criminoso? E mesmo que ele seja identificado, a sua punição vai depender de possíveis acordos entre os países envolvidos.

Empresas privadas estão investindo para conseguir instaurar a segurança e conquistar a confiança que pode ajudar a desenvolver o comércio eletrônico; mas a inexistência de terceiros isentos, e com força para arbitrar pendências, pode retardar o avanço do comércio eletrônico, pois o interesse de empresas comerciais pode conflitar com o dos consumidores.

O comprometimento dos bancos (ANDERSEN, 1998), por exemplo, também é vital para a consolidação do comércio *on-line;* mas as incertezas sobre como lidar com os problemas relativos ao trânsito de valores pela Internet ainda deixam no ar as reais possibilidades do comércio eletrônico para organizações que transacionam no mercado financeiro.

Assim, a falta de balizamento em questões estruturais e na criação de mecanismos regulatórios representa séria barreira ao desenvolvimento do comércio eletrônico. Se comunidades privadas, constituídas eletronicamente, terão força para manter o nível de regulação necessário, para que as atividades comerciais possam fluir através da Web, como alguns sugerem (SPAR; BUSSGANG, 1996), não é possível prever ainda.

O papel dos Estados nacionais e de outras instituições reguladoras permanece obscuro dentro do universo do comércio eletrônico. A falta intrínseca de controle e a impossibilidade de governos nacionais intervirem, para oferecer níveis de estabilidade e segurança condizentes, pode representar grande obstáculo ao desenvolvimento das atividades comerciais pela Internet.

O varejo questiona regras para vendas *on-line*

O setor de comércio eletrônico se vê diante de algumas definições:

1. quando o consumidor se arrepende de uma compra e como devolver o produto;
2. os procedimentos de reembolso da compra arrependida.

Como as lojas de varejo *on-line* entendem que o arrependimento não cabe a quem "usou e não gostou", mas é direito de quem "caso tivesse acesso direto ao bem adquirido no comércio eletrônico não teria realizado a compra", não dá para devolver um CD porque o consumidor não gostou da música (*Valor* – Caderno Empresas/Tendências & Consumo B 4, dias 10, 11 e 12 de maio de 2013).

14.2 A COMPRA POR IMPULSO EM AMBIENTES *ON-LINE*

Filipe Campelo Xavier da Costa
Universidade do Vale do Rio dos Sinos
Juliano A. Larán
University of Florida

PALAVRAS-CHAVE: Compra por impulso, Internet, emoções, varejo, comportamento do consumidor.

Estudos acerca do comportamento do consumidor têm dado grande atenção à busca de maior compreensão do processo de tomada de decisão de compra. O entendimento de suas etapas e de seus agentes influenciadores constitui-se de grande valia para os profissionais de marketing no desenvolvimento de estratégias de segmentação e posicionamento, bem como para todos os elementos do composto de marketing – produto, promoção, preço e distribuição. Sabe-se hoje que um dos momentos críticos em todo processo acontece dentro do ambiente de loja, no qual a maior parte das decisões de compra ocorre (SOLOMON, 1999). E é dentro desse ambiente que se dá um comportamento que abrevia todo o processo decisório de compra, conhecido como **compra por impulso**.

O comportamento de compra por impulso ocorre quando o consumidor adquire algo de forma repentina e sem controle sobre seus atos, obtendo produtos de forma puramente emocional, desconsiderando as consequências do seu feito (ENGEL et al., 1995). Estudos indicam que esse tipo de comportamento é extremamente corriqueiro em sociedades de consumo ocidentais: segundo Welles (1986), nove de dez consumidores ocasionalmente realizam compras por impulso. Outros estudos indicam que mais de 39% das compras em lojas de departamento e 67% das compras em supermercados ocorrem de modo impulsivo (MOWEN; MINOR, 1998). Entretanto, percebe-se que poucas pesquisas vêm sendo realizadas sobre o tema, sendo uma área dentro do estudo de comportamento do consumidor negligenciada pelos pesquisadores de uma forma geral (COBB; HOYER, 1986; BURROUGHS, 1996). Nos últimos anos, esforços têm sido realizados para ampliar o conhecimento acerca do tema. Beatty e Ferrel (1998) procuraram identificar os antecedentes que explicam o comportamento de compra impulsiva, relacionando variáveis situacionais e de diferenças individuais. Hausman (2000) investigou as influências de aspectos hedônicos na ocorrência de compras por impulso. Youn e Faber (2000) buscaram relacionar compra por impulso, características de personalidade e aspectos ambientais e situacionais.

O estudo da compra por impulso, no varejo *on-line*, tem atraído a atenção nos últimos anos devido a seu potencial e suas implicações para consumidores e vendedores. O consumidor passa a usar seu tempo de forma mais eficiente, o que, combinado ao maior sortimento e volume de informações, permite comparações de preços e maior conveniência, pois, com as compras pela Internet, as restrições de tempo e espaço, comuns às lojas tradicionais, tendem a desaparecer (KALAKOTA; WHINSTON, 1997). Entretanto, não é sabido se esse ambiente de compra influencia o comportamento do consumidor dos mesmos modo e intensidade aos ocorridos no varejo tradicional. Eroglu et al. (2001) foram pioneiros em analisar a influência do ambiente das lojas virtuais no comportamento do consumidor; entretanto, a compra por impulso nesse canal de marketing permanece desconhecida. As investigações até então realizadas tinham como foco as compras ocorridas no varejo tradicional, fisicamente constituído. Logo, este trabalho pretende, a partir da teoria existente, estudar o comportamento de compra por impulso, bem como seus antecedentes, em um novo ambiente de compras: a Internet.

Circulação na loja

Entende-se como circulação dentro da loja a atividade com fins recreativos ou informativos de percorrer e examinar o ambiente sem intenção imediata de compra (BLOCH; RIDGWAY; SHERREL, 1989). Consumidores passeiam pela loja como uma forma de entretenimento e prazer, vivenciando sentimentos positivos como contentamento (BABIN; DARDEN; GRIFFIN, 1994). Estudos anteriores apontam que os indivíduos que "circulam" mais tendem a realizar mais compras não planejadas do que aqueles que passeiam menos (JARBOE; MCDANIEL, 1987). Hoch e Loewenstein (1991) corroboram essa percepção, sugerindo que o aspecto temporal – tempo disponível para circulação na loja – e a proximidade física permitem o surgimento do desejo de comprar por impulso que, por sua vez, pode se transformar em uma ação de compra. Sendo assim, percebe-se a relação existente entre a permanência dentro da loja – intensidade da circulação, ou navegação, por se tratar de estudo no varejo virtual – e a probabilidade de comprar por impulso. A partir dessa premissa, pode-se estabelecer uma primeira hipótese de:

H1: *Quanto maior o nível de circulação dentro da loja, maior será a incidência de compras impulsivas.*

Impulsividade do indivíduo

Impulso é considerado uma necessidade forte, às vezes irresistível, com a inclinação de agir sem deliberação ou planejamento (MCCOWN; DESIMONE, 1993), sendo gerado imediatamente a partir da exposição de um certo estímulo (WOLMAN, 1989). Os indivíduos possuem, como traço de personalidade, níveis diferenciados de controle de seus impulsos. Hoch e Loewenstein (1991) explicam que a compra impulsiva trata do resultado da luta entre as forças psicológicas dos desejos e a força de vontade, ou seja, entre a vontade de comprar e o autocontrole, sendo que o desejo prevalece. Segundo Youn (2000), a impulsividade de compra poderia ser decomposta em duas grandes dimensões, a cognitiva e a afetiva. Na primeira, o indivíduo age sem a realização de mínimos esforços cognitivos, rendendo-se ao impulso de compra sem avaliar seus riscos e desconsiderando as possíveis consequências no futuro, como desapontamento, arrependimento ou problemas financeiros decorrentes da aquisição. Na dimensão afetiva, o indivíduo utiliza a compra como uma forma de reduzir seus conflitos emocionais, gerenciando seu humor; também a utiliza porque pode gerar emoções positivas, como alegria e prazer (HAUSMAN, 2000). Supõe-se, assim, que os indivíduos impulsivos tendem a circular mais dentro do ambiente de loja – ou navegar em um *site* de venda – para o gerenciamento de seu humor e para proporcionar emoções positivas, gerando as hipóteses que se seguem:

H2: *Os níveis de impulsividade do indivíduo influenciarão positivamente a intensidade de circulação dentro da loja/*site. H3: *Quanto maior a impulsividade do indivíduo, maior será sua tendência a realizar compras por impulso.*

Elementos ambientais

A relação entre o ambiente de loja e o comportamento de compra por impulso já foi sugerida na literatura (PIRON, 1991). Fatores ambientais e componentes do produto – como cores, aromas, sons, texturas e localização – podem aumentar a probabilidade da ocorrência de comportamento de compra por impulso (EROGLU; MACHLEIT, 1993; MITCHELL, 1994). O uso das ferramentas do marketing *mix,* como promoções, *displays, merchandising* e propaganda, assim como as facilidades – aceitação de cartão de crédito, funcionamento 24 horas e crédito automático –, tornam cada vez mais fácil para os consumidores comprarem por impulso (ROOK; 1987; ROOK; FISHER, 1995). Assim, a presença de elementos dessa natureza pode aumentar a permanência dos consumidores nas lojas, despertando ou gerando impulsos que levam ao ato da compra. Portanto, novas hipóteses são formuladas:

H4: *Elementos ambientais do site influenciarão positivamente na impulsividade do indivíduo.*

H5: *Elementos ambientais do* site *influenciarão positivamente na intensidade da circulação no* site.

H6: *Elementos ambientais do* site *influenciarão positivamente a ocorrência de compras impulsivas.*

Consequências da compra por impulso

A ocorrência de compras por impulso pode gerar distintos tipos de consequências para o consumidor. Ele pode efetuar julgamentos sobre a propriedade de realizar compras impulsivas em determinada situação de consumo, gerando emoções positivas – entusiasmo, alegria, orgulho – ou negativas – culpa, irritação.[3]

Rook e Fisher (1995) afirmam que há a tendência de assumir o comportamento impulsivo como irracional, imaturo e perdulário, envolvendo até restrições do grupo social ao indivíduo, o que proporciona descontentamento e frustração. Em contrapartida, há consumidores que realizam a compra impulsiva predominantemente em busca do prazer de compra, tendo o item adquirido um papel secundário, de menor importância. Nesses casos, verifica-se forte correlação entre a incidência de compras impulsivas e a satisfação de necessidades de estima e autorrealização, sendo a compra uma fonte geradora de contentamento e satisfação (HAUSMAN, 2000). As compras por impulso resultam também em emoções positivas em função do prazer gerado pela novidade ou da sensação de ter feito "um bom negócio" (GARDNER; ROOK, 1988). Assim, surgem as próximas hipóteses de pesquisa:

H7: *A ocorrência de compra por impulso influencia positivamente na formação de emoções positivas.*

H8: *A ocorrência de compra por impulso influencia positivamente na formação de emoções negativas.*

Dessa maneira, concluem os autores que a compra por impulso na Web influencia positivamente tanto as emoções positivas, quanto as negativas. Prazos de entrega não cumpridos é a principal reclamação dos internautas no Procon. Mas não são só produtos danificados ou de funcionamento inadequados que estão entre outras causas de insatisfação do comprador. Num ambiente totalmente impessoal, o consumidor não sabe com quem conversar para reclamar, pois o ambiente *on-line* é totalmente impessoal.

Portanto, a venda pela Web causa emoções positivas hedônicas de prazer e satisfação, mas também emoções negativas de insatisfação ou mesmo raiva.

Por trás do serviço de atendimento a cliente é preciso que existam pessoas com um preparo para responder e resolver pendências, como agiria um vendedor pessoa física.

---

[3] COSTA, Felipe Campelo Xavier da; LARÁN, Juliano A. *Mercadologia*: a compra por impulso em ambientes *on-line*. RAE, v. 43, nº 4, 2003.

RELAÇÕES TEÓRICAS PROPOSTAS

Diante da literatura revisada, duas bases sugerem uma associação entre qualidade e confiança. Inicialmente, Henning-Thurau e Klee (1997), desenvolvendo o argumento de relação entre qualidade e confiança, contextualizam que "a ênfase no processo de 'generalização' requer uma sequência inicial de experiências [entre o cliente e a empresa] que forneça ao consumidor condições de julgar a confiabilidade [do fornecedor e de seu bem]. No início da relação [entre ambos], a fonte predominante de identificação das experiências é a qualidade geral [do serviço prestado], onde o consumidor analisa a *performance* do fornecedor *vs*. o padrão atual esperado. Uma sequência consistente de experiências positivas [criadas], que é a experiência repetida com o fornecedor que mantém a promessa de prover [no mínimo] a *performance* esperada, pode levar ao desenvolvimento de confiança através do processo anteriormente descrito de generalização [da sequência de experiências] para futuras transações" (p. 751). Neste sentido, a qualidade que indica a superioridade e a certeza do serviço gera aspectos de confiança no comprador por meio de uma sequência de experiências transacionais positivas entre cliente e empresa. Em segundo plano, Grewal, Monroe e Krishnan (1998) salientam que "os 'modelos baseados no valor' pressupõem o ganho 'líquido da compra' [como componente principal. Assim, para eles] a aquisição percebida de valor do produto será positivamente influenciada pelos benefícios que os compradores acreditam que eles estão conseguindo obter. [Neste sentido,] Um importante elemento no ganho líquido é a qualidade do produto ou a percepção de qualidade [que reflete o benefício]" (p. 48). Deste modo, a qualidade aumenta o ganho líquido da compra, uma vez que ela sugere maior valor e esse ganho líquido tende a criar maior confiança do consumidor com o lojista. Tomando como sustentação esses dois argumentos, a hipótese criada é:

H1: Existe uma relação linear positiva entre Qualidade e Confiança.

Boulding, Kalra, Staelin e Zeithaml (1993) propõem a seguinte função para pressupor uma associação entre qualidade e intenções comportamentais. A fórmula é descrita como $BIim = f5$ (OSQit), onde "BIimt é igual à mésima intenção comportamental [i.e. lealdade, boca a boca etc.] para o indivíduo i ao tempo t. Assim, nós fortemente acreditamos que a qualidade do serviço [OSQ] afeta os resultados comportamentais tais como lealdade e boca a boca positivo" (p. 12). De fato, os resultados apoiaram a hipótese proposta por Boulding et al. (1993) de qualidade como preditora. Noutra perspectiva, Cronin e Taylor (1992) propõem que "as percepções que o consumidor têm de qualidade afetam suas intenções de compra" (p. 59). Se para Cronin e Taylor (1992) qualidade está relacionada com intenção de compra, e se para Oliver (1999) lealdade é um comprometimento em comprar novamente o produto, acredita-se que esses construtos estão diretamente relacionados, uma vez que qualidade afeta intenção de compra e lealdade é uma intenção de compra. Na prática, Cronin e Taylor (1992) mensuram intenções de compra como "no próximo ano, meu uso de __ será (muito frequente/nada frequente)" (p. 67), ou seja, indicador próximo da definição de lealdade. Por meio da investigação empírica, os autores encontram significância da hipótese em dois segmentos de quatro investigados. Noutro trabalho, Parasuraman, Berry e Zeithaml (1991) associaram a qualidade, mensurada pela escala SERVQUAL, "com a probabilidade de os consumidores recomendarem o serviço da firma para um amigo, indicando que todos os resultados são estatisticamente significativos" (p. 433). Nota-se que a probabilidade de recomendar o serviço é uma intenção de comportamento, similar à intenção de recomprar um bem, *i.e.*, lealdade. Desse modo, espera-se que qualidade e intenções de comportamentos estejam ligadas positivamente.

H2: Existe uma relação linear positiva entre Qualidade e Lealdade.

Zeithaml (1988) define qualidade "como a superioridade ou excelência do bem. Por extensão, qualidade percebida pode ser definida como o julgamento do consumidor sobre a excelência ou superioridade geral do produto" (p. 3). A ideia é que uma excelência do bem cria uma percepção mais positiva dos benefícios recebidos pelo consumidor. Dado que Zeithaml (1988) define valor como a "avaliação geral de utilidade de um produto baseado nas percepções do que é recebido sobre o que é dado" (p. 14), espera-se que quanto mais qualidade, maior será o benefício ou utilidade que o consumidor receberá de um serviço. Assim, o raciocínio é que a maior qualidade, comprovada por desempenho superior do bem, gera maior benefício da compra com menos custo para o consumidor (i.e., fórmula do valor). Parasuraman e Grewal (2000) comentam que "é amplamente conhecido que valor percebido, um determinante chave da lealdade, [e que valor] é proposto ser um componente do que se 'consegue' [sobre] o que se 'dá'. Muitas das pesquisas escolares sobre o valor percebido têm focado principalmente a qualidade do produto como um componente que se 'consegue', indicando claramente qualidade do serviço como preditor lógico do valor" (p. 168-169). Nessa situação, espera-se que:

H3: Existe uma relação linear positiva entre Qualidade e Valor.

Sirdeshmukh, Singh e Sabol (2002) argumentam que "a Teoria do Objetivo e da Identificação da Ação sugere uma estrutura para hipotetizar o papel de mediação de valor nas trocas relacionais. Essas teorias propõem: (1) o consumidor é guiado ou identificado por um objetivo que ele busca atingir; (2) objetivos múltiplos e algumas vezes conflitantes podem ser operados em qualquer exemplo; (3) objetivos são organizados hierarquicamente [...]; (4) consumidores regulam suas ações para assegurar o atingimento dos objetivos no mais alto nível" (p. 21). Neste contexto, o papel central do valor é buscar construir consumidores focados no valor. Isso significa que os consumidores sempre buscarão um objetivo superior, como forma de obter mais pelo seu dinheiro. Se é dado que clientes estão recebendo esse valor do fornecedor, é provável que eles continuarão comprando no mesmo lugar, aumentando, portanto, o índice de recompra. Neste contexto, Sirdeshmukh et al. (2002) dizem que "valor, um objetivo superordenado, regula as ações comportamentais de lealdade junto ao provedor de serviços" (p. 21). Por meio dos argumentos espera-se que valor tenha um impacto direto na lealdade, sugerindo a seguinte relação:

H4: Existe uma relação linear positiva entre Valor e Lealdade.

Chaudhuri e Holbrook (2001) propõem que "confiança na marca e afeto na marca são relacionados à lealdade atitudinal e comportamental. Essa base provém da Teoria de Comprometimento da Marca, advinda do Marketing de Relacionamento" (p. 83). Moorman, Zaltman e Deshpande (1992) dizem que essa relação existe porque confiança "cria relações de troca que são altamente valiosas, aumentando a credibilidade" (p. 316). Logo, espera-se que por consequência da obtenção de tal valor consumidores continuem recomprando o bem (*i.e.*, lealdade), esperando continuar recebendo o valor nas situações de compra. Lau e Lee (1999) comentam: "se uma parte confia na outra, é provável de desenvolver alguma forma de intenção comportamental para com a outra parte" (p. 352). Para Santos (2001), "o raciocínio é simples: confiança oferece uma garantia quanto ao desempenho consistente e competente da empresa, garantindo que o consumidor continuará a obter valor em negócios futuros com o mesmo fornecedor. Deste modo, reduzindo o risco nas trocas relacionais, a confiança contribui para dar continuidade à relação e criar sentimentos de lealdade. Assim, quanto maior a confiança do consumidor na empresa, maior a probabilidade de realizar futuros negócios com ela e de manter um relacionamento a longo prazo" (p. 5). Neste contexto, Chaudhuri e Holbrook (2001), Lau e Lee (1999), Moorman et al. (1992) e Morgan e Hunt (1994) encontraram evidências empíricas de tal relação. Assim, espera-se que:

H5: Existe uma relação linear positiva entre Confiança e Lealdade.

Bordonaba-Juste e Polo-Redondo (2004) também asseveram: "confiança é um determinante chave de comprometimento, pois ambos, confiança e comprometimento, são formados em estágios sucessivos do desenvolvimento do processo de relacionamento, onde honestidade é desenvolvida num estágio exploratório, benevolência é formada em um estágio de expansão e, consequentemente, comprometimento é estabelecido" (p. 105). De acordo com Morgan e Hunt (1994), "devido ao fato de que comprometimento envolve vulnerabilidade, as partes do relacionamento buscarão somente parceiros confiáveis. Assim, de acordo com a Teoria da Troca Social, o princípio de reciprocidade generalizada assegurará que a falta de 'fé' cria falta de confiança, tal qual poderia diminuir o comprometimento na relação" (p. 24), indicando uma associação entre os construtos. Por sua vez, Moorman et al. (1992) hipotetizam: "comprometimento não se altera frequentemente. Portanto pessoas não são susceptíveis de estarem comprometidas, a menos que elas não tenham valor na relação. Devido ao fato de que a confiança aumenta a extensão em que parceiros se engajam em trocas de risco, aumentando valor, espera-se que a confiança aumente a probabilidade de que usuários se tornarão comprometidos na relação" (p. 316), indicando a associação. Logo, confiança estaria ligada a comprometimento. Nesse contexto acredita-se que:

H6: Existe uma relação linear positiva entre Confiança e Comprometimento.

Bloemer e Odekerken (2002) salientam que "um desejo de continuar na relação e uma vontade de fazer esforços para manter na relação implicam maiores chances de acarretar lealdade comportamental" (p. 72). Assim, acredita-se que esse desejo e vontade implicam o potencial de comprometimento para explicar lealdade, uma vez que o comprometimento é o anseio de persistir na relação. Na prática, Garbarino e Johnson (1999) se baseiam na Teoria de Confiança-Comprometimento de Morgan e Hunt (1994) para argumentar que a confiança é precursora de comprometimento. Assim, para eles, "devido ao fato de que comprometimento envolve vulnerabilidade potencial e sacrifício, as pessoas não serão comprometidas, a menos que a confiança esteja estabelecida. Essa teoria também propõe que confiança e comprometimento são influenciadores das intenções comportamentais futuras de troca de parceiro" (p. 73). Logo, espera-se que o comprometimento tenha impacto em lealdade, desde que esse último é a intenção futura de comportamento. Devido a isso, acredita-se que:

CONSIDERAÇÕES

David Gertner e Andrea Narholz Diaz chegaram às seguintes conclusões:

1) A existência de benefícios hedônicos e utilitários na *Web*, semelhantes aos verificados em atividades de busca em ambientes de varejo. As análises fatoriais e de confiabilidade validam as escalas de Babin, Darden e Griffin (1994); portanto, em atividades de busca de resolução de problemas na *Web*, observou-se a existência de benefícios hedônicos e utilitários.

2) A verificação das dimensões de benefícios hedônicos e utilitários na *Web* não implica que não existam outras dimensões de benefícios derivados de um processo de busca ou de compra. Mesmo assim, a dicotomia observada representa dois tipos de necessidades importantes para consumidores envolvidos em processos de navegação na Web, como já se observou em estudos em ambientes de varejo.

A fim de ilustrar como as empresas podem abordar os benefícios hedônicos e utilitários na *Web*, dois exemplos de processo de venda de um carro:

"No primeiro exemplo, supõe-se que o objetivo primordial de uma agência de venda de carros usados na Web seja satisfazer os benefícios utilitários de seus clientes. Para tanto, ela pode desenvolver um sistema de procura de carro que permita que o consumidor encontre o mais rapidamente possível o veículo que lhe interesse, segundo critérios como preço, marca, ano e quilometragem máxima. Um segundo exemplo seria um *site* de uma marca de carro de prestígio, como a BMW. Neste caso, o objetivo primordial da empresa seria satisfazer os benefícios hedônicos de seus consumidores. Efetivamente, o *site* da BMW (1998) na Web incluía um histórico da empresa que solidificava o prestígio da marca, inúmeros vídeos com belas imagens dos modelos de carros mais recentes e fotos dos carros da BMW usados nos filmes de 007" (COSTA, Filipe Campelo Xavier da; LARÁN, Juliano A. *Mercadologia*: a compra por impulso em ambientes *on-line*. RAE, v. 43, nº 4).

Outro exemplo de característica de *sites* na *Web*, que permite que o consumidor escolha entre uma forma mais utilitária ou uma mais hedônica de navegar, é a possibilidade dada por alguns *sites* de visualizar somente o texto do conteúdo de suas páginas. Uma pessoa que busca benefícios utilitários pode preferir ler as informações contidas numa página da Web sem precisar esperar a visualização de figuras.

Como é possível saber se os *sites* desenvolvidos na *Web* são eficazes, ou seja, se seu conteúdo satisfaz seu público-alvo? As escalas hedônica e utilitária são úteis, pois permitem avaliar a intensidade dos benefícios derivados de um único *site*. Elas também permitem medir se uma atividade na *Web* representou trabalho, diversão ou trabalho que também pode ser diversão.

Nota-se também que, pelo menos para as pessoas que não se sentem à vontade na *Web*, é importante desenvolver *sites* que facilitem a legibilidade e a compreensão de seu conteúdo. Isto motivaria as pessoas a se aventurarem na *Web*.

O comportamento do consumidor na *Web* evidencia a existência de benefícios hedônicos e utilitários.

Olney, Holbrook e Batra (1991) concluíram que apelos factuais em propagandas contribuíam negativamente para o hedonismo, mas positivamente para o utilitarismo.

Um estudo interessante é identificar indivíduos propensos a buscar benefícios hedônicos e utilitários na *Web* e analisar até que ponto eles são importantes para o marketing. Assim como no varejo, é possível que consumidores recreativos sejam pessoas que realizam mais navegação na *Web* e influenciam outras pessoas por meio de propagandas boca a boca? É provável que sim. O conhecimento do efeito das características individuais do consumidor sobre os benefícios derivados de uma interação na Web é igualmente importante.

Os indivíduos envolvidos em buscas utilitárias na *Web*, sem pressão do tempo, se comportariam de forma diversa de indivíduos sujeitos à pressão do tempo. No que se refere ao grupo de variáveis de características situacionais, a pressão do tempo pode apresentar efeitos interessantes sobre os benefícios buscados na Web. Os autores Petty e Priester (1994, p. 114) assumem que "à medida que o tempo disponível para uma decisão é reduzido, a importância de processos de ativação de atitudes espontâneas sobre processos mais deliberados deve aumentar".

Segundo Olney, Holbrook e Batra (1991), o hedonismo, e não o utilitarismo, influencia a quantidade de tempo passado assistindo a propagandas. Essa mesma influência está sendo observada na *Web*. O hedonismo possui um efeito similar em relação à quantidade de navegação realizada no ambiente *Web*. Ou seja, o prazer da navegação, além de ser similar a um jogo, é uma forma de distração e passatempo.

Os consumidores de baixo nível de conhecimento tendem a processar informações levando mais em consideração atributos e benefícios da própria navegação do que dos produtos que estão sendo adquiridos. Já os consumidores com um nível médio de conhecimento processam mais informação do que outros (BETTMAN; PARK, 1980).

SUMÁRIO

A evolução da tecnologia, particularmente a convergência entre a computação e a telecomunicação (MESSERSCHMITT, 1996), possibilitou à Internet uma revolução nos meios de comunicação global e está alterando dramaticamente as possibilidades de se transacionar comercialmente em todo o mundo. *Sites* como Ali baba, chineses e outros vendem de tudo, mas de tudo mesmo, pela *Web*.

Isso consolida a Internet como o canal mais eficiente de interligação entre empresas e consumidores, sejam eles indivíduos ou outras organizações.

As possibilidades de se acrescentar valor com a utilização da Internet existem e estão sendo exploradas por empresas pioneiras.

A venda pela Internet coloca em cheque a venda tradicional, por meio do vendedor e da loja em ambiente físico.

E, por outro lado, propicia a diversas outras empresas que fornecem produtos e serviços essenciais a entrada no mundo *on-line,* sobretudo, as empresas que atuam nos mercados de telefonia e computação, além de outras empresas, que ajudam a consolidar a estrutura da *Web*, necessária para o funcionamento do comércio eletrônico, como provedores de acesso – *Internet Service Providers* (ISP), desenvolvedores de *softwares* para navegação (*browsers*), *designers* de páginas *Web*, administradores de ferramentas de busca etc.

As vantagens do uso do comércio eletrônico estão limitando o esforço de venda pessoal. Mas, por outro lado, propiciam a exploração comercial do espaço virtual, criado pela Internet, seja através de anúncios, da venda de assinaturas, seja por transações diretas.

A velocidade e o alcance dessa consolidação dependem da superação de obstáculos tecnológicos, como a dificuldade para desenvolvimento de ferramentas adequadas à transação *on-line;* culturais, como a modificação de hábitos de consumo; organizacionais, pela adaptação das empresas ao novo ambiente e até mesmo a superação dos obstáculos estruturais da sociedade. Hoje, a Internet está presente na vida das pessoas de uma forma impensável no passado e com um futuro sem fronteiras.

PALAVRAS-CHAVE

- Comércio eletrônico
- Internet
- EDI
- Limitações da TI
- Compra por impulso
- Emoção

- Varejo
- Comportamento de consumo

QUESTÕES

1. Qual será o futuro da venda pessoal, diante da venda *on-line*?
2. De que maneira a tecnologia da comunicação pode simular o ambiente físico de uma loja, por meio de aromas, tato, nos produtos, e outras sensações físicas?
3. Qual é o impacto cultural na mudança de hábitos de consumo *on-line*?
4. Como ficará a venda do futuro hoje? Como agregar valor para o trabalho do vendedor tradicional?

PONTOS DE AÇÃO

1. Criar uma venda *on-line* entrosada com a venda pessoal.
2. Reinventar o papel do vendedor face à venda pela Internet.
3. Transformar a venda pessoal em uma oportunidade de inovação.
4. Criar recursos tecnológicos que caminhem além do momento atual da venda *on-line*.
5. Investir em TI e em comunicação.

BIBLIOGRAFIA

ANDERSEN, B. K. Commerce: a business value it's time for banks to dive into *e-commerce*. *The New York Times*, 26 May 1998.

BEAM, C.; SEGEV, A. The rise of electronic commerce: contributions from three factors. *CITM Working Paper*, Aug. 1996.

BLOCH, M.; PIGNEUR, Y.; SEGEV, A. On the road of electronic framework, gaining competitive advantage and some research issues. *CITM Working Paper*, Mar. 1996.

BUSINESS WEEK. Making money on the net. [S.l.], 23 Sept. 1996.

Comércio Eletrônico: Fazendo Negócios por meio da Internet, *RAC*, v. 3, nº 1, Jan./Apr. 1999.

COSTA, Filipe Campelo Xavier da; LARÁN, Juliano A. *Mercadologia*: a compra por impulso em ambientes on-line. RAE, v. 43, nº 4.

DINIZ, Eduardo Henrique. *Comércio eletrônico*: fazendo negócios por meio da Internet. RAC, v. 3, nº 1, jan./abr. 1999, p. 71-86.

ELECTRONIC FOUNDATION. FROUNTIER [*on-line*]. Disponível em: <http://www.eff.org>.

ETRUST. [on-line] Disponível em: <http://www.etrust.org>.

FREZZA, B. A. The internet and the end of monetary sovereignty. [on-line] Disponível em: <http://www.cato.org/moneyconf/14mc- 4.html>. 14TH ANNUAL MONETARY CONFERENCE (1996: Washington, D.C.). *Proceedings...* Washington, D.C.: Cato Institutes, 1996.

GERTNER, David; DIAZ, Andrea Narholz, RAC, v. 3, n° 1, Jan./Apr. 1999.

GUPTA, A.; STAHL, D. O.; WHINSTON, A. B. A stochastic equilibrium model of internet pricing. In: INDUSTRIAL ORGANIZATIONAL SEMINAR (1996: Berkeley). *Proceedings...* Berkeley: Agricultural Research and Economics Department, 1996.

HOFFMAN, D. L.; NOVAK, T. P.; CHATTERJEE, P. Commercial scenarios for the web: opportunities and challenges. [on-line] Disponível em: <http://www.usc.edu/dept/annenberg/ vol1/ issue3/hoffman.html>. *Journal of Computer-Mediated Communication*, v. 1, n° 3, Dec. 1995.

KLINE, D. False alarm: credit card security. *Wired*, Oct. 1995.

LAPPIN, T. The airline of the internet. *Wired*, Dec. 1996.

LEVY, S. Wisecrackers. *Wired*, Mar. 1996.

Marketing na Internet e Comportamento do Consumidor: Investigando a Dicotomia Hedonismo vs. Utilitarismo na WWW.

MESSERSCHMITT, D. G. The convergence of telecommunications and computing : what are the implications today? In: IEEE (1996 : [S.l.]). *Proceedings...* [S.l.: s.n.], 1996.

NEGROPONTE, N. *Being digital.* [s.n.]: A. Knopf, 1995.

RAC, Curitiba, Edição Especial 2008, p. 65-87, 71.

SEGEV, A. et al. *Financial EDI over the internet*: a case study. CITM Working Paper, June 1995.

SOKOL, P. *EDI*: the competitive edge. New York: McGraw-Hill, 1989.

SPAR, D.; BUSSGANG, J. J. Ruling the net *Harvard Business Review*, May/June 1996.

VIEIRA, Valter Afonso; SLONGO, Luiz Antonio. *Um modelo dos antecedentes da lealdade no varejo eletrônico.*

15

GESTÃO DE ADMINISTRAÇÃO DE VENDAS E SERVIÇOS DE PÓS-VENDA

15.1 A ADMINISTRAÇÃO DE VENDAS E A INTERNET

A venda pode ser presencial, com a participação do vendedor, e não presencial, ou pela Internet, ou ainda semipresencial, com a atuação do vendedor a distância.

Na venda presencial, o processo de acompanhamento de um pedido, até a efetiva entrega do produto, faz parte do desafio do bom atendimento ao cliente. Por isso, a empresa deve se cercar de controles para inibir falhas. Dentre os principais controles burocráticos podem ser citados: o pedido, a ficha de controle de vendas por cliente e por vendedor, bem como os relatórios de visita e de vendas, avaliar e confrontar os resultados de vendas presenciais e refletir acerca da utilidade e progresso da venda não presencial ou *on-line*.

Venda não presencial – *on-line*

Mas na venda não presencial ou *on-line*, as técnicas de rastreamento na Internet dão novo sentido à palavra anonimato, e é possível se saber o que as pessoas estão querendo comprar, e não apenas o que elas compraram. A Internet, segundo Al Gore, criou a mente global. O uso constante da Internet, segundo ele, está expandindo limites do cérebro humano, agora que temos acesso a informações e sentimentos de bilhões de pessoas de forma instantânea. A globalização leva ao surgimento da "corporação terra", uma entidade totalmente integrada.[1]

Com a prioridade de fabricantes de facilitar o dia do consumidor, a Internet está por trás das principais inovações:

---

[1] AL GORE. Internet criou a mente global, *Folha de S.Paulo*, Caderno Ciência e Saúde, 11 jan. 2013, p. C12.

1. 4 Gs – a expansão da tecnologia da comunicação torna possível uma maior velocidade na transmissão de dados e de imagens.

2. Consoles de jogos – a 8ª geração dos consoles de *videogames*.

3. Telas enormes – televisões com telas cada vez maiores estão mais presentes na casa do consumidor.

4. Telinhas – os *tablets*, na contramão, reduzem o tamanho das telas e aperfeiçoam a imagem e a comunicação oral e digital tomam o lugar do celular e *notebook*.

5. Carteira digital – as famosas agendas e calendários de couro estão com os dias contados, pois pagamentos eletrônicos e outros aplicativos produzem uma carteira digital.

6. *Big data* – a explosão de dados armazenados passou a exigir sistemas que consolidem e cruzem dados armazenados em diferentes locais e até em redes sociais e máquinas que processam dados instantaneamente.

7. *E-fitness* – exercícios para manter uma vida saudável podem ser acessados por *tablets* e celulares. Medir a pressão arterial, monitorar batimentos cardíacos, avaliar a *performance* em determinada atividade e ajustar o ciclo do sono para atingir o melhor nível de relaxamento são apenas algumas das opções disponíveis.

8. Sistemas operacionais – a batalha para a hegemonia nos sistemas operacionais para *smartphones* está bem definida entre o Google e os fabricantes que usam o sistema Android e a Apple com o IOS, sendo que os dois sistemas juntos possuem 90% desse mercado.

9. Segurança virtual – com o crescimento de *smartphones* e *tablets*, esses dispositivos viraram alvos de ações criminosas e passaram a depender de proteções.

10. Social *commerce* – as redes sociais estão sendo utilizadas como ferramentas de marketing relevantes como aliadas nas vendas. Exemplos: Magazine Luiza, Netshoes, Avon, Tupperware e outras.[2]

Mas a tecnologia pode tomar decisões pelos consumidores e clientes e o serviço sob medida é a aposta das lojas virtuais para atrair clientes, de forma a agregar mais comodidades e com isso ter mais chance de sucesso. O cliente pode até pagar um pouco mais. Exemplos: (a) lista escolar é processada pela loja virtual, e em 24 horas o cliente consegue ver uma lista personalizada com sugestões dos produtos que precisa (<www.sualistaescolar.com.br>); (b) Printi – a gráfica virtual permite fazer simulações de preços e visualização da arte-final via Internet, oferecendo um cardápio de

---

[2] BRIGATTO, Gustavo; SANTANA, Ivone; CORTEZ, Bruan. Internet está por trás das principais inovações. *Valor Econômico, Caderno Empresas*, 2 jan. 2013, p. B2.

material para pequenas e médias empresas (<www.printi.com.br>). Há inúmeros outros *sites* de serviços: ração na Web; itaro; timolico; melancia Brasil etc.

Hoje compra-se tudo pela Internet, como produtos, serviços. O *site* chinês Alibaba é outro exemplo onde se vende até vestido de noiva e se entrega em qualquer parte do mundo. Portanto, é importante o controle de acessos (cliques) no *site* da empresa, bem como as vendas da sua loja virtual.

Venda Presencial

Os passos da administração de venda presencial iniciam-se de fora para dentro da empresa. Começam com a visita do vendedor ao cliente e incluem a ficha de cadastro do cliente, a ficha-cliente, o relatório de visita por vendedor e o mapa de visitas por vendedor. Incluem também a estatística de vendas por vendedor obtida através do pedido e registrada no mapa de vendas. O estudo da curva ABC de clientes é ponto importante da administração de vendas, bem como os relatórios de despesas do vendedor e os manuais do vendedor e da organização de vendas.

Para muitos vendedores, a venda termina quando o cliente dá o pedido; essa é, sem dúvida, uma falsa premissa. Na verdade, a venda não termina nem mesmo quando o cliente paga, ou dá um novo pedido; o ciclo é contínuo e permanente, até que o cliente cerre em definitivo suas portas.

Tão importante como vender é administrar a venda, pois até que o cliente receba e aceite a mercadoria, constante em seu pedido, a venda é apenas um compromisso de compra e venda sem grande valor legal (a menos que conste de um contrato formal).

O documento de entrada no sistema de vendas é a ficha de cadastro do cliente que antecede ou acompanha o formulário de pedido. A partir desse ponto há um entrelaçamento entre a Administração de Vendas e o sistema de informações em Marketing.[3]

Os documentos mais comuns utilizados para a alimentação da informação do SIM, para a administração de vendas e para o faturamento da empresa, são:

a) A ficha de cadastro do cliente para fins de concessão ou ampliação de crédito;

b) O formulário de pedido;

c) A ficha-cliente;

d) O mapa de vendas;

e) O relatório de visitas do vendedor;

f) O mapa estatístico de visitas;

g) O relatório de despesas do vendedor;

h) O relatório de vendas pelo *site*, bem como o número de acessos realizados.

---

[3] COBRA, Marcos. *Marketing básico*: uma perspectiva brasileira. 3. ed. São Paulo: Atlas, 1985. Cap. 7.

Na Figura 15.1 encontra-se a representação gráfica de um fluxo de vendas.

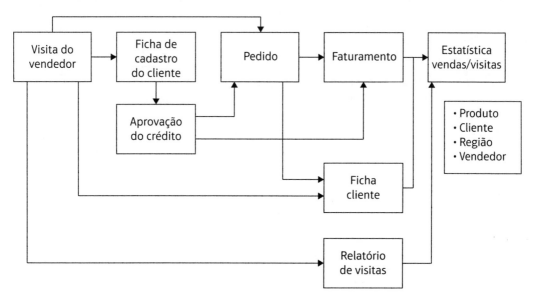

Figura 15.1   *Fluxo de vendas.*

15.1.1 A FICHA DE CADASTRO DO CLIENTE PARA FINS DE CONCESSÃO OU AMPLIAÇÃO DE CRÉDITO

Por princípio, todo vendedor deve esforçar-se para aumentar o número de clientes da empresa. Para tanto, ao localizar um provável cliente, deve procurar estabelecer contato, verificar o eventual interesse por seu produto e conseguir dele as informações necessárias ao preenchimento completo do formulário de cadastro de cliente.

As informações obtidas são necessárias à concessão do crédito ao cliente, além de serem úteis à elaboração da ficha-cliente.

O preenchimento do Cadastro do Cliente possibilita à empresa verificar o crédito antes da emissão da nota fiscal fatura. Veja-se modelo na Figura 15.2 a seguir.

		CLIENTE – TIPO			
		VENDEDOR		ZONA	
RAZÃO SOCIAL		INSCRIÇÃO Nº			
		CGC Nº			
DENOMINAÇÃO COMERCIAL					
RUA/AV.		Nº		TELEFONE	
BAIRRO	CIDADE	ESTADO	CEP	CAIXA POSTAL	END. TELEGRÁFICO
RAMO DE NEGÓCIO				DATA DE FUNDAÇÃO	
SUCESSORA DE (CITAR DENOMINAÇÃO – DATA DA SUCESSÃO E PRAÇA)					

ÁREAS COBERTAS M²	ÁREAS DESCOBERTAS M²	IMÓVEL PRÓPRIO ALUGADO	ALUGUEL MENSAL $	SEGURO CONTRA FOGO CIA.	VALOR
MATRIZ – ENDEREÇO			BAIRRO/CIDADE/ESTADO	CGC Nº	
				INSCR. Nº	
FILIAL – ENDEREÇO			BAIRRO/CIDADE/ESTADO	CGC Nº	
				INSCR. Nº	
FILIAL – ENDEREÇO			BAIRRO/CIDADE/ESTADO	CGC Nº	
				INSCR. Nº	

SÓCIOS – DIRETORES PRINCIPAIS	CARGO	PART. CAPITAL	OUTRAS EMPRESAS DE QUE PARTICIPA
.			

INFORMAÇÕES SOBRE ATIVIDADES EXERCIDAS ANTERIORMENTE PELOS SÓCIOS (FIRMAS COM MENOS DE 2 ANOS)

1 – IMÓVEIS DA FIRMA		7 – DUPLICATAS E CONTAS A PAGAR	
2 – VEÍCULOS		8 – FINANCIAMENTOS	
3 – EQUIPAMENTO E MÁQUINAS		9 – TÍTULOS DESCONTADOS	
4 – INSTALAÇÕES, MÓVEIS E UTENSÍLIOS		10 – CAPITAL SOCIAL	
5 – ESTOQUE MÉDIO DE MERCADORIAS		11 – INTEGRALIZADO	( ) Sim ( ) Não
6 – DUPLICATAS E TÍTULOS A RECEBER + CAIXA		12 – TOTAL A INTEGRALIZAR	
MÉDIA MENSAL VENDAS	TOTAL ÚLTIMO EXERCÍCIO	MÉDIA MENSAL COMPRAS	TOTAL ÚLTIMO EXERCÍCIO
PRAZO MÉDIO DE VENDAS – DIAS 30 ( ) 60 ( ) 90 ( ) +90 ( )		PRAZO MÉDIO DE COMPRAS – DIAS 30 ( ) 60 ( ) 90 ( ) +90 ( )	
% VENDAS A VISTA		% COMPRAS A VISTA	

IMÓVEIS DA FIRMA		ENDEREÇO	VALOR	ESCRITURA		ÔNUS – $
TERRENO	PRÉDIO			DEFINITIVA	COMPROMIS.	

Figura 15.2 *Cadastro de clientes.*

GESTÃO DE ADMINISTRAÇÃO DE VENDAS E SERVIÇOS DE PÓS-VENDA 243

BENS MÓVEIS E IMÓVEIS DOS SÓCIOS				
NOME DO SÓCIO	EST. CIVIL	ESPÉCIE	DESCRIÇÃO	VALOR

FONTES DE REFERÊNCIA – CONVÊNIO DE INFORMAÇÃO DE CRÉDITO

OUTRAS FONTES DE REFERÊNCIA

1	NOME	
	ENDEREÇO	Nº
	CIDADE	ESTADO
2	NOME	
	ENDEREÇO	Nº
	CIDADE	ESTADO
3	NOME	
	ENDEREÇO	Nº
	CIDADE	ESTADO
4	NOME	
	ENDEREÇO	Nº
	CIDADE	ESTADO

INSTITUIÇÕES FINANCEIRAS	PRAÇA	C/C SIM NÃO	COBRANÇA SIM NÃO	DESCONTO SIM NÃO	FINANCIAMENTO SIM NÃO
		( ) ( )	( ) ( )	( ) ( )	( ) ( )
		( ) ( )	( ) ( )	( ) ( )	( ) ( )
		( ) ( )	( ) ( )	( ) ( )	( ) ( )

NOME DO VENDEDOR		DATA	ASSINATURA E CARIMBO DO CLIENTE
CRÉDITO SUGERIDO VENDEDOR	CRÉDITO SUGERIDO SUPERVISOR		
ASSINATURA VENDEDOR	ASSINATURA SUPERVISOR		

PARA USO DE CRÉDITO E COBRANÇA					
LIM. CRÉDITO					
AUTORIZADO POR					
DATA					
OUTRAS INFORMAÇÕES					

Figura 15.2   *Cadastro de clientes (verso).*

Para confirmação dos dados da Ficha de Cadastro, é útil que a empresa participe de um Convênio de Informações Comerciais para troca rápida de informações e para estabelecer assim uma proteção ao crédito.

O cadastro de um cliente não é estático. Deve ser atualizado periodicamente (por exemplo, a cada ocasião de fechamento do balanço), para se conhecer a situação econômico-financeira dos clientes, possibilitando alteração do crédito concedido.

15.1.2 EMISSÃO

A ficha de cadastro do cliente deverá ser emitida para todo cliente que venha a necessitar de crédito nas transações com a Empresa, devendo ser atualizado no mínimo anualmente, pela emissão de novo cadastro ou complementação dos dados existentes.

A ficha de cadastro do cliente deverá conter:

a) Data: dia, mês e ano em que for preenchida;

b) Cliente-tipo: usar uma classificação para cada tipo de cliente, por exemplo:

  – revendedor classe A.

c) Vendedor-zona: nome do vendedor e sua zona de trabalho;

d) Razão social, inscrição, CGC, denominação comercial (nome de propaganda, marca etc.), rua, bairro, cidade, Estado, caixa postal, ramos de negócios, data da fundação, sucessora de etc.;

e) Filiais: havendo filiais, mencionar todos os dados necessários sobre elas que a empresa possa ter;

f) Imóveis da firma: corresponde a dados do seu ativo;

g) Bens móveis e imóveis dos sócios, discriminando:

  – Espécie;

  – Descrição (por exemplo: terreno, o endereço, o eventual ônus; veículos – marca, ano, estado de conservação etc.);

  – Valor de mercado atual para venda;

h) Fontes de referência: Fornecedor;

i) Instituições Financeiras;

j) Outras informações.

15.1.3 O FORMULÁRIO DE PEDIDO

Este é o calcanhar de aquiles de muitas organizações. Ele deve ser de preenchimento fácil, possuir já impressos, se possível, os itens mais importantes para a venda. A sua simplificação é fundamental, desde a transcrição dos produtos/serviços até o cálculo do valor total do pedido.

Há empresas que têm formulários tão extensos e complexos que acabam roubando horas de lazer e repouso do vendedor para passar o pedido a limpo em casa, às vezes acabando por envolver até mesmo os familiares nessa ingrata, mas importante, tarefa. Na Figura 15.3 apresentamos um modelo esquemático do fluxo de pedido.

15.1.4 FICHA-CLIENTE

A ficha-cliente, entre as várias "ferramentas de trabalho" à disposição do vendedor, é talvez a de maior importância, uma vez que deve permitir:

a) Identificar cada cliente e suas condições específicas – quem é o cliente, qual o horário de visitas, com quem se deve falar, qual seu potencial de compras (A, B, C ou D) etc.;

b) Verificar a situação de vendas e as necessidades específicas de cada cliente – a ficha permite ao vendedor conhecer as necessidades passadas do cliente e a média de compras em cada família de produtos; a partir disto, ao constatar a cada visita, quando possível, os estoques disponíveis no cliente, o vendedor pode tirar o pedido simplesmente pelas faltas, deixando para ele apenas o trabalho de assinar. Isto é mais do que simples venda, é prestação de serviço ao cliente;

c) Planejamento de viagens, visitas e venda – a partir de uma ordenação racional das fichas no próprio fichário, o vendedor pode estabelecer seu roteiro de viagens e de visitas.

Dessa forma, a ficha-cliente, conforme modelo da Figura 15.4, é o instrumento que dá ao vendedor a possibilidade de fazer um perfeito planejamento de sua atividade de campo e de cada visita que irá realizar.

246 ADMINISTRAÇÃO DE VENDAS • COBRA

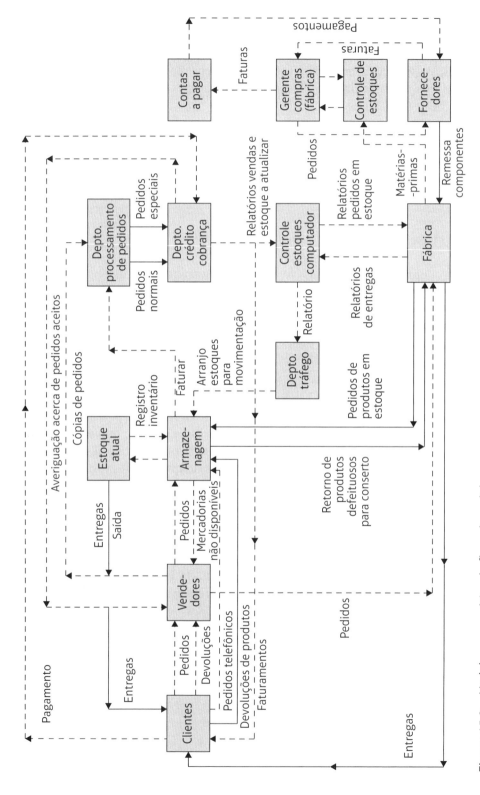

Figura 15.3 Modelo esquemático do fluxo de pedido.

CLIENTE	POTENCIAL COMPRAS		
END.	BAIRRO		
CEP	CIDADE	ESTADO	
CGCMF	INSCRIÇÃO		
NOME COMPRADOR	HORÁRIO VISITAS		
COMPRA MÉDIA MENSAL			
OUTROS FORNECEDORES (CONCORRENTES):			
			100%
REALIZAÇÕES:	PERIODICIDADE:		
PROMOÇÃO DE VENDAS:	MERCHANDISING:		
PROPAGANDA COOPERATIVA			

Figura 15.4   *Ficha de cliente.*

15.1.5 MAPA DE VENDAS

MAPA DIÁRIO DE VENDAS

No mapa diário de vendas, conforme modelo apresentado na Figura 15.5, as vendas são registradas por vendedor.

EQUIPE _____   MÊS _____ANO_____
NOME VENDEDOR _____   VISTO: SUPERVISOR _____
QUOTA MENSAL: $_____ $ _____ $ _____   GERENTE _____
MÉDIA DIÁRIA = $_____

DATA	SEGMENTAÇÃO DE CLIENTES POR RAMO DE ATIVIDADES										OUTROS SEGMENTOS DE CLIENTES			TOTAL DIÁRIO	TOTAL ACUMU-LADO	QUOTA
TOTAL																

Figura 15.5   *Mapa diário de vendas.*

MODELO DE RELATÓRIO DIÁRIO DE VISITAS PARA TABULAÇÃO DE COMPUTADOR											
CS	F	Nº VENDEDOR	Nº RELATÓRIO	DATA DA VISITA	KM PERCORRIDOS – A Serviço	KM PERCORRIDOS – Particular	KM PERCORRIDOS – Total	TIPO DE CLIENTE	TIPO DE VISITA	PEDIDO	
9	5			/ /				0 – Inativo 1 – Ativo 2 – Recuperado 3 – Novo	0 – Técnica 1 – Comercial 2 – Cobrança 3 – Teste	0 = Não 1 - Sim	
2	3	8	9 11	12 17	18 20	21 23	24 26				

Nº DE VISTA	CGC DO CLIENTE	TIPO DE CLIENTE	ABC	PEDIDO	TIPO DE VISITA	RAMO DE ATIVIDADE	NOME DO CLIENTE FALOU COM QUEM	OBSERVAÇÃO
	37 40 43 45 48	49	50	51	52	53 54		
	/							
	/							
	/							
	/							
	/							
	/							
	/							
	/							
	/							

Figura 15.6 *Tipo de relatório de visitas.*

A quota mensal é anotada, no alto do mapa, por tipo de produto, e é observada uma quota diária geral em cruzados ou em unidade, ou em ambas.

Diariamente são anotadas as vendas – por produto e por tipo de cliente – e puxado o total, o total acumulado e a % de realização da quota. No final do mês são puxados os valores de vendas por produto e por tipo de cliente.

15.1.6 Relatório de visitas do vendedor

O vendedor deverá iniciar a visita ao cliente, se possível, munido do formulário "relatório de visitas" e da "ficha-cliente".

O primeiro passo será verificar, se possível, os níveis de estoque do cliente, anotar em seu relatório a quantidade dos produtos da concorrência que foram constatados, e deve-se então recomendar produtos a serem adquiridos pelo cliente a fim de que ele possa manter um nível de estoque adequado.

Este relatório normalmente é encaminhado ao supervisor ou gerente, juntamente com todas as vias dos pedidos tirados, devidamente preenchidos.

Os relatórios, conforme modelo apresentado na Figura 15.6, são de suma importância para a organização, pois permitem um acompanhamento permanente da situação do mercado.

15.1.7 Mapa estatístico de visitas

CONTROLE DAS ATIVIDADES DE COMERCIALIZAÇÃO

A anotação da tabulação dos relatórios de visitas, dos diversos vendedores, no mapa estatístico de visitas permite melhor controle das atividades de comercialização. Permite, ainda, conforme a Figura 15.7, que se possam avaliar as visitas realizadas e seus resultados por:

- *Filial ou escritório de vendas/fábrica*
  Local da filial ou escritório de vendas.
- *Vendedor*
  Nome e número do vendedor que efetuou a visita.
- *Mês e ano*
  Período pertinente aos lançamentos.
- *Tipos de clientes visitados*
  Ex.: revendedores, distribuidores,
  outros clientes consumidores.

MAPA ESTATÍSTICO DE VISITAS							Nº
ESCRITÓRIO DE VENDAS	CIDADE	ZONA	VENDEDOR	MÊS	RECEBIDO	VISTOS	
	ESTADO			ANO	DATA ___/___/___	SUPERVISOR	GERENTE
					DATA ___/___/___		

DIA	CLIENTES NOVOS	REVENDEDORES																DISTRIBUIDORES																OUTROS CLIENTES CONSUMIDORES																TOTAL DE VISITAS	NÚMERO DE CLIENTES QUE COMPRARAM	NÚMERO DE CLIENTES VISITADOS (1ª VISITA DO MÊS)	Nº DE PEDIDOS EMITIDOS
		Nº VISITAS REALIZADAS					CLIENTES QUE COMPRARAM					Nº CLIENTES VISITADOS (1ª VISITA DO MÊS)					PEDIDOS EMITIDOS	Nº VISITAS REALIZADAS					CLIENTES QUE COMPRARAM					Nº CLIENTES VISITADOS (1ª VISITA DO MÊS)					PEDIDOS EMITIDOS	Nº VISITAS REALIZADAS					CLIENTES QUE COMPRARAM					Nº CLIENTES VISITADOS (1ª VISITA DO MÊS)					PEDIDOS EMITIDOS				
		A	B	C	D	TOTAL	A	B	C	D	TOTAL	A	B	C	D	TOTAL		A	B	C	D	TOTAL	A	B	C	D	TOTAL	A	B	C	D	TOTAL		A	B	C	D	TOTAL	A	B	C	D	TOTAL	A	B	C	D	TOTAL					
TOTAL																																																					

Figura 15.7 *Tipo de mapa de visitas.*

- *Número de visitas realizadas a:*

  Clientes novos

  Clientes A, B, C, D e total

  Clientes que compraram

  Clientes visitados (anotação apenas de 15 visitas do mês)...
- *Número de pedidos emitidos*
- *Número total de visitas realizadas*

15.1.8 CURVA ABC DE CLIENTES

De maneira análoga à curva ABC de produtos, pode-se conduzir uma análise de vendas por clientes, de acordo com uma classificação da clientela em função do respectivo volume de compras: a curva ABC de clientes. Na Tabela 15.1 apresentamos um exemplo hipotético de curva ABC de clientes.

Tabela 15.1 *Percentagens de vendas por cliente.*

Colunas Linhas	1 % Acumulado de nº de clientes	2 Nº de clientes	3 Volume de vendas $ 1.000	4 %	5 % Acumulado de $ de vendas
1	4	20	250.169	27,6	27,6
2	8	21	208.495	23,0	50,6
3	12	23	155.054	17,1	67,7
4	16	22	120.349	13,3	81,0
5	20	15	81.300	8,9	89,9
6	24	11	24.261	2,7	92,6
7	28	18	16.940	1,9	94,5
8	32	12	15.231	1,7	96,2
9	36	13	11.927	1,3	97,5
10	100	16	23.161	2,5	100,0
	100	171	906.887	100,0	

Fonte: CASTRO, Jaime Podesta; LUCHESSA, Hector. *Diagnóstico/evaluación sistemática de los problemas de la empresa.* Buenos Aires: Ediciones Maechi, 1973. p. 168.

A primeira coluna representa o percentual acumulado de número de clientes e deve ser relacionada com a coluna 5, que representa o percentual acumulado de valor monetário de vendas aos clientes. Assim, na primeira linha, pode-se ler na coluna 1 que 4% acumulado do número de clientes, ou seja, 20 clientes (coluna 2), correspondem na coluna 5 a 27,8% do acumulado de vendas em valores monetários aos clientes. E a linha número 9 apresenta 36% do acumulado de clientes, correspondendo na coluna 5 ao total acumulado de 97,5% das vendas.

A coluna 2 apresenta o número de clientes.

A coluna 3, o montante de vendas realizado ao correspondente número de clientes, e a coluna 4, o respectivo percentual do volume de vendas (da coluna 3).

A partir da Tabela 15.1 anterior pode-se construir o gráfico da curva ABC de clientes, representado na Figura 15.8, onde os primeiros 20% dos clientes representam 89,9% do volume de vendas em unidades monetárias e são os clientes A.

Adicionando-se os clientes 8, chega-se a um percentual de 36% de clientes, que corresponde a um total acumulado de 97,5% de volume de vendas.

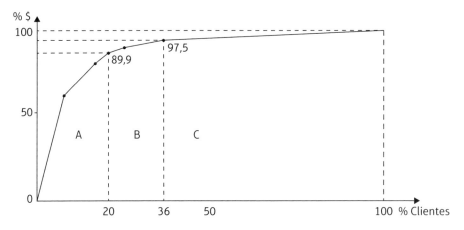

Figura 15.8 *Curva ABC de clientes.*

Os restantes dos clientes classificados como C – que são em maior número – respondem por apenas 2,5% das vendas da empresa. Desta maneira, pode-se observar que poucos clientes representam muito do faturamento da empresa e muitos clientes representam pouco desse mesmo faturamento, o que torna a empresa muito vulnerável à ação da concorrência.

Esta análise de curva ABC de clientes pode ser feita também por território geográfico ou segundo o ramo de atividades dos clientes: comercial, industrial, serviços etc.

15.1.9 RELATÓRIO DE DESPESAS DO VENDEDOR

CONTROLE DAS ATIVIDADES DE COMERCIALIZAÇÃO

O relatório de despesas é o documento que permite controlar os gastos por vendedor e por itinerário, além de servir de instrumento legal para o reembolso de despesas do vendedor.

- O *reembolso de despesas de condução própria do vendedor*
- *Procedimento de reembolso*

O reembolso é calculado levando em conta a quilometragem dos roteiros de visitação preestabelecidos nas modalidades a seguir:

- *Roteiros enquadrados na faixa dos 1.000 km mensais.*

Para estes casos, onde estão enquadrados a maioria dos vendedores pracistas, o reembolso pode ser feito da seguinte maneira:

a) reembolso de X valores monetários mensais e que cobrem os custos do veículo para um roteiro de 1.000 km, sem a obrigação de justificar a quilometragem efetiva percorrida;

b) quando, de modo casual, o percurso *comprovado* for acima de 1.000 km (se este for o teto base do roteiro), o reembolso poderá ser feito mediante a apresentação dos comprovantes de despesas, aplicando-se a fórmula para o cálculo de reembolso.

Para ambos os casos mencionados, é útil que sejam ministrados aos vendedores para que maior número possível de comprovantes seja anexado aos relatórios de despesas para fins contábeis.

- *Controle e acompanhamento das despesas com automóveis*

Para um perfeito funcionamento dessa sistemática há necessidade de uma observância e de um constante controle de quilometragem percorrida a serviço pelos vendedores, cuja responsabilidade deve estar a cargo dos supervisores e dos gerentes de vendas através de:

a) relatórios de visitas;

b) notas de despesas anexadas aos relatórios de despesas;

c) comprovação periódica das estadas nos devidos pontos dos roteiros dos vendedores;

d) etc.

- *Modalidade de alteração das taxas*

Com o objetivo de conduzir a uma atualização das taxas, em função das evoluções dos custos de combustível, veículo etc., pode-se utilizar dos seguintes critérios:

- *Roteiros enquadrados na faixa acima dos 1.000 km*

Para cada vendedor é estabelecido o tamanho do roteiro básico. O reembolso para estes casos pode ser feito da seguinte maneira:

a) cada vendedor recebe um montante X, correspondente ao valor do custo fixo do veículo, mais uma importância na base de X por km do roteiro básico, correspondente à parte variável do custo, sem obrigação de justificar a quilometragem efetiva percorrida.

    Exemplo: roteiro básico mensal: 2.500 km

            parte fixa $

            parte variável 2.500 km $\times$ $ = $ _____

            total para reembolso $

b) quando, de modo casual, o percurso comprovado for acima do roteiro básico, o reembolso poderá ser feito mediante a apresentação de comprovantes, devendo *cada* caso ser *previamente julgado pela Gerência de Vendas*.

Na Figura 15.9 encontra-se um modelo de relatório de despesas.

É útil que a orientação sobre o uso e preenchimento desses documentos faça parte de dois manuais: do vendedor e da administração de vendas, conforme as seguintes sugestões de índices gerais.

GESTÃO DE ADMINISTRAÇÃO DE VENDAS E SERVIÇOS DE PÓS-VENDA 255

Vendedor _____ Cargo _____ Depto. _____

Destino:	PARTIDA				REGRESSO			
Razões:	Ano	Mês	Dia	Hora	Ano	Mês	Dia	Hora

CONTROLE DE CAIXA

Quantia recebida em ____/____/____	$
Total das despesas	$
Saldo a	$

CONTABILIDADE

Relatório Registrado no Caixa Nº _____

Horas trabalhadas _____

de ____/____/____

DESPESAS

DIAS								TOTAL
1 – Hotéis								
2 – Táxi								
3 – Trem								
4 – Ônibus								
5 – Almoço								
6 – Jantar								
7 – Avião								
8 – Combustível								
9 – Óleo								
10 – Oficina								
11 –								
12 –								
13 –								
TOTAL DIÁRIO								

OBSERVAÇÕES

ITEM	

APROVAÇÕES

Assinatura	Gerência	Diretoria	C. Contabilidade	km inicial:
				km final:

Figura 15.9 *Relatório de despesas.*

15.2 MANUAL DO VENDEDOR

ÍNDICE GERAL

- APRESENTAÇÃO DO MANUAL – objetivos do manual
- A EMPRESA – seu histórico para orientação do vendedor
- AS MATÉRIAS-PRIMAS – que a empresa utiliza
- O PRODUTO ACABADO – seus usos e benefícios aos diversos tipos de clientes
- O MERCADO – e seus segmentos principais
- O VENDEDOR COMO UM PROFISSIONAL – suas aspirações e responsabilidades
- A NOSSA FORÇA DE VENDAS – sua importância dentro da estrutura da empresa
- TÉCNICAS DE VENDAS – descrição de alguns métodos para fechar vendas
- ROTEIROS – como estabelecê-los e saber tirar proveito deles
- FICHAS-CLIENTES – seu uso e importância
- CADASTRO DE CLIENTES – seu uso e importância
- RELATÓRIO DE VISITA – seu uso e importância
- PROMOÇÃO DE VENDAS – a tarefa do vendedor como promotor e desencadeador de negócios
- PREENCHIMENTO DE PEDIDOS – normas da empresa
- COBRANÇA – critérios e responsabilidades
- REMUNERAÇÃO – o ganho e a avaliação do vendedor
- INFORMAÇÕES DE MERCADO – o vendedor como agente catalisador de informação
- USO DA MALETA – pelo vendedor
- CONCLUSÃO

15.3 MANUAL DA ADMINISTRAÇÃO DE VENDAS

ÍNDICE GERAL

- OBJETIVOS – do manual da administração de vendas
- ORGANOGRAMA DA EMPRESA
- DESCRIÇÃO DE CARGO E DE RESPONSABILIDADE
  - Gerência de vendas (* em anexo)

- Gerente de administração de vendas
- Gerência geral de vendas – filial de vendas
- Supervisor de vendas
- Vendedor
- Gestor de vendas pela Internet
- PLANEJAMENTO DAS ATIVIDADES DE COMERCIALIZAÇÃO
  - Zoneamento de vendas
  - Contratos publicitários no *site* de compras
- CONTROLE DAS ATIVIDADES DE COMERCIALIZAÇÃO
  - Preenchimento de pedido
  - Relatório de visitas
  - Ficha-cliente
  - Cadastro de clientes
  - Relatório de supervisão
  - Relatório de despesas
  - Mapas estatísticos de vendas e de visitas
  - Sistema de informações mercadológicas
  - Relatório de cliques de acesso na Internet
  - Relatório de vendas pela Internet

GESTÃO DE SERVIÇOS DE PÓS-VENDAS

Uma venda se inicia muito antes do pedido de compra do cliente. Na verdade, a venda tem início por ocasião dos primeiros contatos com o Prospect (ainda não cliente). Dessa maneira, já no primeiro contato com o cliente, é feita uma pré-venda, vindo a seguir a venda propriamente dita e depois o pós-venda, que inclui todo o serviço de atendimento ao cliente, como entrega da mercadoria, atendimento a reclamações, efetuais reparos no bem e serviços de manutenção previstos no contrato de fornecimento, denominada garantia.

Pré-venda – quando o cliente releva interesse de compra é interessante que o vendedor anote o pedido caracterizando-o, como uma pré-venda.

Venda – só ocorre quando o cliente aceita e assina o pedido de compra.

Pós-venda – a venda não termina com a entrega do bem, na verdade, uma venda é uma relação perene, pois pressupõe a entrega, o serviço de instalação e manutenção, entre outras operações constantes do contrato de vendas, que é o pedido.

ROTEIRO PARA A IMPLANTAÇÃO DE UM PROGRAMA DE QUALIDADE DE SERVIÇOS DE PÓS-VENDA

Um programa de atendimento pós-venda, ao ser implantado, pode se orientar, entre outras, pelas seguintes etapas:

1ª etapa – É preciso definir os principais problemas que afetam a qualidade do serviço ao cliente.

A equipe de vendas e a equipe de administração de vendas, com o apoio do próprio setor de serviços ao cliente, podem realizar pesquisas junto a uma amostra de clientes, visando definir os principais problemas de atendimento.

2ª etapa – É necessário selecionar o problema mais importante.

Quando uma empresa não consegue atacar todos os problemas ao mesmo tempo, é conveniente escolher inicialmente o que mais aflige os clientes.

3ª etapa – É importante analisar as causas e os efeitos do problema.

O estudo da relação causa-efeito pode indicar soluções para um adequado atendimento aos clientes.

4ª etapa – É importante identificar quais são as principais ações potenciais que devem ser geradas.

Uma vez identificados os principais problemas que inibem um correto atendimento aos clientes, é fundamental verificar as ações a serem tomadas.

5ª etapa – É preciso avaliar e selecionar as ações prioritárias.

Uma vez elencadas as ações necessárias, elas devem ser avaliadas, selecionadas e priorizadas.

6ª etapa – Antes de se adotar qualquer medida é preciso testar a eficácia das ações.

Antes de qualquer mudança, o processo de serviço ao cliente precisa ser estudado e avaliado quanto a sua eficácia.

7ª etapa – Implementar as ações.

O sucesso do programa depende da velocidade com que ações corretivas são adotadas e implementadas.

8ª etapa – É preciso monitorar as correções necessárias.

Ou seja, uma vez implantadas as ações, é preciso que elas efetivamente conduzam a empresa a um melhor relacionamento com os seus clientes e isso só é possível se as ações adotadas estiverem sendo permanentemente monitoradas.

Enfim, é importante que o "Serviço ao Cliente", também chamado de Pós-Venda, seja uma importante arma na diferenciação de produtos e serviços e consiga conquistar e encantar clientes e consumidores finais. E para que a qualidade seja total no serviço ao cliente é preciso que ela seja uma filosofia de liderança que crie um clima organizacional no trabalho, que promova o esforço de equipe, a confiança e a busca de uma melhoria contínua com o objetivo de estabelecer o "prazer de servir".

SUMÁRIO

O controle do fluxo de vendas é tarefa da administração de vendas. Para tanto, é preciso que a empresa possua um sistema de informações de vendas e de marketing compatível com suas necessidades e desafios de mercado, tanto para a venda presencial, quanto para a venda não presencial – virtual.

Sistemas de administração de vendas excessivamente burocratizados podem levar, por um lado, ao atravancamento funcional. Contudo, por outro lado, sistemas extremamente simplificados podem emperrar o sucesso da empresa.

Controlar as atividades de vendas não deve ser um produto, mas sim uma ferramenta que auxilie a velocidade de atendimento ao cliente, quer seja no faturamento, quer na entrega, ou no serviço pós-venda.

PALAVRAS-CHAVE

- Ficha-cliente
- Ficha cadastro cliente
- Relatório de visitas do vendedor
- Mapa de visitas
- Curva ABC de cliente
- Manual do vendedor

QUESTÕES

1. Vendedor não deve ser responsabilizado por nenhuma informação acerca das condições creditícias dos seus clientes.

    ( ) Certo   ( ) Errado

2. A venda termina quando o cliente faz o pedido.

    ( ) Certo   ( ) Errado

3. A pós-venda não faz parte da venda.

    ( ) Certo   ( ) Errado

4. Vendedor deve iniciar a visita ao cliente de posse da ficha-cliente e deve preencher os fatos importantes do relatório de visitas.

( ) Certo   ( ) Errado

5. Quando poucos clientes representam muito do faturamento da empresa e muitos clientes representam pouco do faturamento da empresa, isto significa dizer que a curva ABC de clientes tende a uma situação ameaçadora caso a empresa perca alguns de seus clientes de "ganha-pão".

( ) Certo   ( ) Errado

PONTOS DE AÇÃO

1. Organizar a gestão de administração de vendas como um modelo de eficácia.

2. Minimizar a insatisfação dos clientes com a entrega, instalação e manutenção do bem.

3. Melhorar a curva ABC de clientes.

4. Ampliar a venda pela Internet reduzindo custos de vendas.

BIBLIOGRAFIA

CASTRO, Jaime Podesta; LUCHESSA, Hector. *Diagnóstico/evaluación sistemática de los problemas de la empresa*. Buenos Aires: Ediciones Macchi, 1973.

COBRA, Marcos; TEJON, Jose Luiz. *Gestão de Vendas* – os 21 segredos do sucesso. São Paulo: Saraiva, 2009.

HARTLEY, Robert F. *Sales management*. Boston: Houghton Mifflin, 1979.

STANTON, William J.; BUSKIRK, Richard H. *Administração de vendas*. Rio de Janeiro: Guanabara Dois, 1984.

STILL, Richard R.; CUNDIFF, Edward W.; GOVONI, Normam A. P. *Sales management*: decisions, policies and cases. 3. ed. Englewood Cliffs, New Jersey: Prentice Hall, 1976.

WILSON, M. T. *Managing a safes force*. Hampshire: Gower Press, 1979.

Artigos na mídia

RODOLFO LUCENA, Al Gore. Internet criou a mente global – Caderno Ciência e Saúde. *Folha de S. Paulo*, 11 jan. 2013, p. C12.

Gustavo Brigatto, Ivone Santana e Bruan Cortez. Internet está por trás das principais inovações. *Caderno Empresas Valor Econômico*, 2 de janeiro de 2013, p. B2.

Artigos publicados na *Harvard Business Review*, edição Brasil, agosto de 2012. Seguidor, amigo, cliente – Barbara Giamanco e Kent Gregoire, p. 48-53 – artigo *Harvard Business Review*, agosto de 2012.

16

PROGRAMAS DE RELACIONAMENTO E FIDELIZAÇÃO DE CLIENTES

16.1 COMO ATRAIR E RETER CLIENTES

Os programas de fidelização de clientes têm sido utilizados, com frequência, como forma de transformar um comprador eventual em cliente, assim como converter desconhecidos em amigos e os amigos em clientes.

Dessa maneira, pode-se entender um programa de relacionamento como a arte e a ciência de satisfazer necessidades e desejos explícitos e ocultos. E para isso é importante interpretar sonhos e anseios dos clientes, como uma forma de atraí-los e retê-los. Um cliente eventual só é fiel se comprar com uma determinada regularidade e quase exclusividade. Ou seja, um comprador pode ser frequente com diversos fornecedores, mas a fidelidade em tese pressupõe a exclusividade.

Um vendedor, tal qual um caçador, deve chamar a atenção para o seu produto, visando captar o interesse do comprador. E uma vez tendo conseguido realizar uma primeira venda, é preciso repetir seguidamente a venda, até reter o cliente. Mas para fidelizá-lo é preciso ter ofertas sedutoras sempre. Portanto, o grande desafio de marketing de relacionamento é conquistar, reter e manter clientes.

Mas algumas fórmulas de atrair e reter clientes não têm funcionado a contento.

Isso porque os programas de fidelização de clientes nem sempre cumprem os seus objetivos. Muitas vezes, os programas de recompensa são equivocados, ou o ritmo de premiação é lento demais, ou difícil de ser obter. Por exemplo, ao oferecer uma viagem grátis a cada dez realizadas, uma companhia aérea ou uma empresa de ônibus interurbano pode não sensibilizar o comprador, caso o consumidor não viaje com uma certa regularidade para obter o prêmio. Em outros casos, o rebaixamento da categoria em que se encontra o cliente pode destruir um relacionamento construído ao longo do tempo.

Quando uma empresa aérea ou hotel reformula o critério de classificação de seu viajante, ou hóspede frequente, isso pode causar insatisfações ou até mesmo o abandono do programa de fidelidade.

No outro extremo, há casos em que as recompensas no topo da classificação do cliente são exageradas e na base da pirâmide, pouco estimulantes.

16.1.1 PREMIAÇÃO LENTA

Quando os resultados da fidelidade não são imediatos, eles tendem a levar o cliente a desistir de ser fiel. Como todo cliente é infiel por natureza, é preciso que o tempo de premiação não exceda a expectativa do cliente. As recompensas não devem exceder o período de um ano.

16.1.2 CRITÉRIOS DE RECOMPENSA EQUIVOCADOS

Nem sempre a diferença de preço é compensada pelo incentivo da recompensa. Ou seja, voar com frequência por determinada companhia aérea, ou utilizar sempre um determinado cartão de crédito, pode ao final proporcionar uma recompensa menor do que a compra por um preço menor da concorrência. O consumidor compara o ônus e o bônus da fidelidade. Se o ônus for maior que o bônus, não compensa ser fiel a determinada empresa.

16.1.3 REBAIXAMENTO PODE DESTRUIR O RELACIONAMENTO

Um cliente fidelidade, quando rebaixado de categoria, pode ficar "magoado" e abandonar o programa. Portanto, as empresas que têm programas de recompensa muito drásticos precisam tomar cuidado, pois o tiro pode sair pela culatra, ou seja, o cliente insatisfeito passa a falar mal para outras pessoas. E essa reação em cadeia pode chegar às redes sociais e o alarido pode ofuscar a imagem da empresa e não apenas o programa em si.

16.1.4 QUANDO SER INFIEL É MELHOR

Muitas vezes o cliente opta conscientemente que ser infiel é mais vantajoso. Dessa maneira, ele escolhe o fornecedor que oferece as melhores condições. E nessas circunstâncias o preço acaba sendo o fator decisivo. Ser fiel pode ter um valor muito alto e pouco compensador.

16.1.5 Recompensas no topo são exageradas

As promoções oferecidas no topo da pirâmide são muitas vezes exageradas. E, nem por isso, suficientemente atraentes para reter o cliente de grande porte.

16.1.6 Recompensas na base da pirâmide são pouco estimulantes

Oferecer premiação a clientes que compram pouco, ou esporadicamente, não oferece vantagens estimulantes para a escolha do fornecedor. E, nesse caso, o que prevalece é o preço.

16.1.7 Atendimento precário

Muitas vezes um excelente programa de fidelização pode fracassar se o atendimento aos clientes for falho ou precário. Um cliente interno pouco motivado tende a atender mal o cliente externo. Essa é uma das causas mais frequentes de abandono de programas de fidelização.

Mas existem outros fatores que pesam na decisão de continuar ou não cliente de uma empresa, sobretudo de serviços. Um vendedor, para atender bem um cliente, precisa identificar com clareza suas necessidades. Ou seja, para poder atender é preciso entender o que o cliente quer ou espera receber.

Uma dúvida não esclarecida pode se transformar em objeção e esta, com facilidade pode se tornar uma rejeição. E o cliente passa a comprar da concorrência.

16.1.8 Serviço pós-venda

Uma das regras de ouro da venda é a pós-venda. Essa é a hora da verdade. Quando o cliente já comprou, a empresa tende a lhe virar as costas: "Lá vem aquele chato, reclamando e pedindo coisas demais". "vamos dar uma canseira, para ver se ele esquece e desaparece". Essas são apenas algumas observações com a realidade do mundo dos negócios.

Algumas mentiras deslavadas:

1. O cliente é nosso rei (para a maioria das empresas o cliente é um chato);
2. O cliente tem sempre razão (desde que ele não se manifeste reclamando do mau atendimento);
3. O cliente deve ser atendido com prioridade (desde que não haja nada mais importante).

O serviço de pós-venda se apoia no tripé:

1. entrega do bem (uma das maiores queixas do Procon é com o prazo de entrega não respeitado por diversas lojas de vendas pela Internet – há mais de 71 lojas na lista negra do órgão);

2. reparo e manutenção (um comprador precisa abrir a caixa da encomenda para ver se o produto entregue apresenta defeito, caso ele não o faça, perde direito à garantia). Caso um produto apresente defeito e o comprador não possua a nota fiscal e a caixa de embalagem em perfeita ordem, ele não pode trocar o produto, deve levá-lo para a assistência técnica. Os serviços de manutenção devem ser executados em oficinas revendedoras autorizadas;

3. garantia (se não tiver nota fiscal, a garantia perde o valor) – caso a assistência técnica seja falha ou omissa, a única saída do comprador é se queixar ao Procon, ou ao bispo ou deixar de ser cliente. E aí todo o esforço de fidelização de clientes sai pelo ralo...

Portanto, o pós-venda é a alavanca da credibilidade de uma organização e na prática é a essência do Marketing.

SUMÁRIO

Os programas de fidelização precisam ter regras claras e vantagens ascendentes e não descendentes. Ou seja, quando o plano de classificação de clientes se altera com a introdução de novos critérios, isso pode significar na prática um rebaixamento para o cliente que permaneceu no mesmo patamar. Exemplo: um cliente fidelidade vermelho pode se considerar rebaixado quando a empresa introduz novos cartões, vermelho plus e diamante, por exemplo, com valores maiores de pontuação. O cliente insatisfeito pode migrar para a concorrência.

Por outro lado, para clientes de alto poder aquisitivo no topo da pirâmide de consumo determinadas vantagens oferecidas pelo programa de fidelização podem não ser atraentes. No entanto, quando o cliente é um comprador esporádico, os programas não representam nenhum atrativo, pois só pode ser considerado cliente um comprador frequente.

O marketing evoluiu da Transação para o Relacionamento, e hoje o foco é a experiência. Da satisfação de necessidades para a realização de desejos cognitivos.

Investir em marketing de relacionamento é construir as bases para o sucesso no mundo dos negócios; por outro lado, a busca da satisfação e da realização de desejos explícitos e ocultos do cliente deve ser uma tarefa obsessiva e prioritária.

PALAVRAS-CHAVE

– Cliente leal
– Cliente fiel
– Serviço de pós-venda
– Serviço pré-venda
– Serviço de entrega, instalação e manutenção

QUESTÕES

1. Qual é o significado real de cliente fiel?
2. Quando um comprador pode ser chamado de cliente?
3. Cliente satisfeito é sempre cliente fiel?
4. Qual é o significado de realizações de desejos cognitivos dos clientes?

PONTOS DE AÇÃO

1. Tornar o cliente um parceiro da empresa.
2. Utilizar a pós-venda como estratégia para a fidelização de clientes.
3. Para atender bem é preciso entender com clareza o que o cliente quer.
4. Ampliar os serviços de pré-venda e pós-venda.

BIBLIOGRAFIA

Programas de fidelidade indispõem bons clientes, *Harvard Business Review*, edição Brasil, agosto de 2012, p. 12.

RIBEIRO, Áurea; CASTRO, Íris. *Marketing e serviços que ainda fazem a diferença*. São Paulo: Saraiva, 2006.

17

Gestão de vendas

A compreensão do papel do Vendedor, do Supervisor de Vendas, do Gerente de Vendas, do Gerente Administrativo de Vendas, bem como da venda por telefone e pela mídia social, é essencial ao entendimento da importância da Gestão de Vendas dentro da estrutura das organizações orientadas para o marketing ou daquelas orientadas exclusivamente para vendas.

17.1 O papel do vendedor – evolução histórica

Desde o momento em que o homem, na busca de alimentos para sobreviver, abandonou as cavernas na pré-história, surgiu a necessidade da troca de mercadorias.

O próprio Adão, em um momento bíblico, "comprou" a maçã para atender a uma possível necessidade, pois o princípio da troca pressupõe a satisfação de necessidades.

A troca foi, sem dúvida, o primeiro ato de comércio. E ela se confunde com a própria história do mundo, sendo o comércio uma das mais antigas atividades humanas, havendo registro dessa atividade entre 3.000 e 2.000 anos antes de Cristo pelos mercadores mesopotâmicos.

É por essa razão, provavelmente, que muita gente considera a profissão de vendedor tão antiga quanto "a outra" considerada a mais velha do mundo.

Mas nem por isso se pode considerar o vendedor um ser que sempre se prostitui para fechar um negócio.

Avançando um pouco no tempo, encontramos no século X, no cenário europeu, uma classe de comerciantes profissionais constituída, em grande parte, por vagabundos e ladrões (os temidos *raubitters*). Eram considerados párias, marginais e desrespeitados socialmente, principalmente pela nobreza e pelo clero. Santo Tomás de Aquino, por volta de 1260, escrevia:

> "Ora, já que o objetivo dos comerciantes é especialmente voltado para o enriquecimento, a avidez é despertada nos corações dos cidadãos que se dedicam ao comércio."

Como se observa, talvez tenha nascido naquela época certo preconceito contra o vendedor, reforçado em 1523, quando pela primeira vez se mencionou em inglês a palavra *salesman* (vendedor), numa citação marginalizante: "Não convém que aquele que vende lenha seja companheiro na cerveja."

Mas a troca confunde-se com a própria história do mundo, sendo o comércio uma das mais antigas atividades humanas. A História demonstra que, no estágio primitivo, era comum a repartição e a troca de mercadorias.

O termo inglês *marketing* provém do latim *mercari,* que significa trocar ou transacionar.

A civilização egípcia sobressaiu-se na arte comercial, mas foram os fenícios que fizeram do comércio a própria razão de ser de suas atividades. No mundo ocidental, o comércio foi sempre um dos pontos de apoio da economia comunitária.

Mas, com a ascensão da burguesia comercial e a consequente elevação do poder aquisitivo, o desenvolvimento de novas técnicas de produção, o relativo domínio da natureza pelo homem e a explosão demográfica, estavam preparadas as bases da Revolução Industrial, que viria a separar a economia em duas fases nitidamente distintas:

- A fase pré-capitalista (antes da Revolução Industrial).
- A fase capitalista (da Revolução Industrial até os nossos dias).

E a nova fase viria a incumbir-se de revalorizar o papel do vendedor como desencadeador da venda de mercadorias excedentes da produção em massa.

O comércio, no Brasil, foi nos primórdios históricos de responsabilidade dos vendedores ambulantes, mercadores que percorriam ruelas e estradas para vender objetos manufaturados, tecidos a metro, joias, miudezas, armarinhos, quinquilharias e especiarias. O comércio era marginal. Esse vendedor ambulante teve vários designativos: barateiro, bombeiro, bufarinheiro, canastreiro, caneludo, carcamano, contrabandista, cometa, gringo, italiano, mascate, matraca, miçangueiro, pano de linho, pombeiro, quitandeiro e turco de prestação.[1]

O mascate praticamente sustentou a vida comercial brasileira nos períodos da Colônia e do Império. O Segundo Império traz o alargamento do comércio fixo. A partir do início do século XX e, principalmente, após a Primeira Guerra Mundial, configura-se na sociedade brasileira o papel do caixeiro-viajante, mais tarde chamado apenas de viajante. Era o surgimento do vendedor viajante, que levava ao interior do País mercadorias de poucas fábricas surgidas com a Revolução Industrial. Esse homem era o agente de distribuição de mercadorias e de notícias mundanas das cidades do Rio de Janeiro e de São Paulo. Através dele, as cidades e suas moçoilas ficavam a par das notícias da moda e de outros eventos de cunho social e político.

O vendedor, como todo cidadão do mundo atual, desempenha diferentes papéis na sociedade e em seus negócios.

Na sociedade, dependendo do ângulo, o vendedor pode parecer muitas coisas, senão vejamos:[2]

---

[1] SIMÕES, Roberto. Anotações de aula na ADVB, São Paulo.

[2] *Arauto do vendedor*, nov. 1976.

Para o *hoteleiro, um bom freguês*. Para o *patrão, um malandro*. Para a *mãe, um sofredor*. Para a *sogra, um turista*. Para a *esposa, um eterno namorado*, deixando-a sempre saudosa. Para as *moçoilas, um galante*. Para o *gerente, um alfinete* no mapa da Zona de Vendas. Para o *supervisor, uma quota* a ser coberta.

Para o *contador, um custo* a contabilizar. Para o *cliente, um atuchador* (veja a Figura 17.1).

Figura 17.1 *Facetas do vendedor.*

No entanto, ele precisa ter a resistência de Hércules para enfrentar o sol e a chuva e outras condições adversas, a arte de Maquiavel para convencer clientes, o tato de um diplomata, a eloquência de um orador, o encanto de um galanteador e a agilidade de um matemático.

O vendedor, hoje, em uma empresa voltada para o mercado, deverá ser polivalente para agregar também em suas funções o papel de Gerente de Território. Deve ser impermeável aos insultos e às queixas, à indiferença, à cólera, ao desprezo e ao efeito dos aperitivos que toma em companhia de um cliente. Tem de ser capaz de vender todos os dias, entreter alguns clientes durante a noite, dirigir pela madrugada até a cidade mais próxima e estar em seu trabalho às 8h com a disposição de um atleta. Tem de ser entendido em futebol e nos carteados, contar boas anedotas, ser homem de negócios, bem informado, agradável companheiro de mesa e atencioso ouvinte de histórias tristes e anedotas pesadas. Bem quisera que seus produtos fossem ainda melhores e mais bem aceitos, seus preços menores, sua comissão mais elevada, sua zona de trabalho menor, seus concorrentes mais leais, sua mercadoria entregue a tempo, seu chefe simpático, sua propaganda mais eficiente e seus clientes mais humanos. Entretanto ele é um realista, sabe que nada disso acontecerá, mas é otimista e de qualquer maneira realiza sua venda.

Viaja solitário em seu carro, ônibus, trem, metrô, táxis, sabendo que a solidão de um quarto triste de hotel é sua única companheira, frequentemente. A cada dia carrega nos ombros o peso morto das vendas do mês que passou e a cota requerida para o mês seguinte. Terminado o trabalho de rua, tem de enfrentar essa "maldição de vendedor": a burocracia!!! Apesar de tudo isso, não deseja ser outra coisa na vida e é ele mesmo o primeiro a proclamar: "Sou Vendedor."[3]

O vendedor hoje deixou de ser um tirador de pedidos e passou a ser um agente desencadeador de negócios, e mais do que isso, um consultor de seus clientes. E o homem de vendas deve estar preparado para fazer Marketing, para integrar em suas ações um papel de generalista que negocie, venda, faça promoção, preste serviços ao cliente e proponha soluções a seus problemas.

Como elemento "agente", não deve ser passivo. Deve influir no seu território, tornando-o uma fonte de lucros para a sua empresa. Seu papel deve estar intimamente ligado até mesmo à missão da empresa, entremeada de suas estratégias e ações táticas.

---

[3] Idem.

Perante a empresa, o vendedor desempenha os seguintes papéis, entre outros:

- Conhecer a empresa e colaborar para a consecução de sua missão.
- Representar dignamente a empresa junto a clientes, servindo de elo de ligação.
- Colaborar para o atingimento dos objetivos estratégicos da empresa.
- Atingir os "padrões de excelência" em seu trabalho.
- Colaborar para um desempenho integrado de sua equipe e de sua unidade de vendas.

O vendedor desenvolve para a empresa uma ação lucrativa e tanto mais será eficaz quanto mais atender às necessidades da empresa, do cliente, da família ou grupo social e próprias (aquelas que são suas).

Poderíamos dizer que, de modo geral, o vendedor (como agente) atende:

- *À empresa quando:*
  - Representa a empresa junto ao cliente e à comunidade.
  - Cria formas de divulgar os aspectos positivos de sua empresa.
  - Aplica as normas corretamente e sugere seu aperfeiçoamento.
  - Colabora (trabalhando de forma integrada) com sua equipe.
  - Busca estar atualizado sobre a empresa e divulga seus fatos mais importantes.
  - Vibra com o bom desempenho comercial da empresa.
  - Busca ampliar as informações sobre o mercado do ramo da empresa.
- *Ao cliente quando:*
  - Procura conhecer o cliente e o cliente do cliente.
  - Ajuda o cliente a melhorar seu negócio.
  - Pratica venda honesta.
  - Propõe soluções para as dificuldades internas e externas do cliente.
  - Conhece os produtos e seus benefícios ao cliente e ao consumidor final.
  - Integra a promoção e a propaganda junto ao cliente.
  - Traz informações do Campo sobre os concorrentes.
  - Mantém-se informado sobre os planos do cliente e informa a Supervisão.
  - Sugere mudanças no produto que ampliam ou adequam seus benefícios.
  - Luta por seu território e pela conquista de novos clientes.
  - Acompanha todo o processo de cada venda e informa o cliente a tempo e hora do seu pedido.

- Trabalha planejadamente a venda.
- Gerencia seu território e luta por quotas adequadas ao potencial de seu território.

- *À família ou ao grupo social quando:*
  - Geralmente é o provedor da satisfação moral e material da família e o agente social de seu grupo.

- *A si próprio quando:*
  - Busca seu autodesenvolvimento dentro e fora da empresa.
  - Procura estar bem informado sobre tudo o que o cerca.
  - Procura a ajuda do supervisor, dos colegas ou da empresa para descobrir soluções para o cliente.
  - Conhece suas deficiências e as encara de frente.
  - Utiliza seu tempo de forma produtiva.
  - Pesquisa, observa e enfrenta desafios.
  - Estabelece plano de ação para seu território.
  - Exige recursos para o bom desempenho de seu papel.

Para o bom desempenho de seu papel, o vendedor deve conhecer a empresa, o estilo de liderança de seu supervisor, sua equipe interna, seu território, seus produtos, os estilos de seus clientes. E deve acima de tudo "conhecer a si próprio" para saber dirigir seu próprio desenvolvimento, sem esperar que a empresa o apadrinhe. Deve conhecer o mercado e buscar mais informações sobre ele.

Deve ter habilidades, como a de colocar-se no lugar do cliente e como utilizar uma técnica para transformar uma objeção em venda. Um craque de ginga. Um líder da situação de venda. Deve ter uma atitude amistosa, mas não íntima, e vestir a camisa da empresa junto ao cliente e a do cliente junto à empresa.

É preciso respeitar para ser respeitado, tanto como pessoa, quanto como profissional.

Ser vendedor não é fácil; agora, ser um bom vendedor e saber desempenhar bem o seu papel é um desafio que se impõe aos homens com coragem e espírito de luta.

Para alcançar sucesso, o vendedor deve:

- Planejar e preparar cada visita.
- Buscar oportunidades e inovar sempre.
- Conhecer seus produtos, atributos e sobretudo seus benefícios.
- Conhecer seu cliente, suas necessidades e seu negócio.

17.1.1 FATORES QUE AFETAM O DESEMPENHO DO VENDEDOR

O desempenho dos vendedores dependerá de três fatores básicos: seu caráter inato, seu treinamento e sua motivação. As diferenças individuais, apoiadas em personalidades intrínsecas a cada homem de vendas, nortearão o tipo de treinamento e incentivos requeridos. Há alguns homens que *nascem vendedores;* contudo, se eles não receberem o incentivo e o treinamento adequados, certamente não serão bons vendedores.

17.1.2 Descrição de cargo

A descrição de cargo é a ferramenta básica de qualquer gerente de vendas. Ela é essencial para a seleção e também de grande valor para estabelecer padrões de desempenho; serve, inclusive, para *checar* todos os deveres a serem realizados pelo vendedor. Veja modelo no Quadro 17.1.

Quadro 17.1 *Modelo de descrição de cargo para vendedor.*

Descrição
• Título da função:
• Principais objetivos do trabalho:
• Objetivos subsidiários:
• Deveres:
• Indicadores de desempenho:
• Remuneração:
(faixa salarial, sistema de remuneração: percentagem de fixo e de variável, prêmios na remuneração, concursos de vendas, carro e demais benefícios)

A descrição de cargo define as linhas básicas de atuação diária do vendedor, sobretudo quanto aos seus deveres.

17.1.3 O título da função

Uma titulação de função inadequada pode atrair profissionais não qualificados ao cargo. Por outro lado, é preciso que o título ajude o vendedor a penetrar na clientela de sua área de trabalho.

17.1.4 Objetivos principais e subsidiários

É preciso priorizar os objetivos e quantificá-los. Não basta, por exemplo, dizer que o vendedor deve maximizar as vendas. Quantas visitas, quantos novos clientes devem ser abertos?

17.1.5 Responsabilidades e deveres

Quais as responsabilidades e os deveres do vendedor? É preciso especificar. Não pode haver dúvidas acerca do que se espera do seu trabalho. Deve vender, cobrar, preencher relatório, fazer *merchandising*, visitar todos os possíveis clientes?

17.1.6 Indicadores de desempenho

O desempenho do vendedor é medido através do volume de vendas, medido em números absolutos ou em números relativos em relação ao potencial de mercado de seu território. A clareza dos indicadores permitirá, sem dúvida, melhor desempenho.

17.1.7 A remuneração

A remuneração deve estar associada aos objetivos de trabalho do vendedor e deve ser explícita e claramente exposta.

17.1.8 O perfil do vendedor

Todo o processo de recrutamento e seleção apoia-se numa descrição sucinta do homem indicado para a função.

DEPOIS DA REVOLUÇÃO INDUSTRIAL REVALORIZOU-SE
O PAPEL DO VENDEDOR COMO DESENCADEADOR DA VENDA
DE MERCADORIAS EXCEDENTES DA PRODUÇÃO EM MASSA

Esse perfil pode ser traçado buscando-se definir os fatores quantitativos para a função, tais como idade do candidato, nível de educação requerida, experiência necessária ao desempenho do cargo, qualificações necessárias, criatividade, inteligência requerida, saúde e disponibilidade para viagens, mudanças ou transferências de domicílio.

Outras características igualmente importantes são: estabilidade e assiduidade, perseverança, habilidade para desenvolver tarefas, lealdade, ambição para a autorrealização e liderança necessária.

A *motivação* para o trabalho, ou seja, quais os fatores importantes – dinheiro, segurança, *status*, poder, perfeição, competitividade –, deve ser levada em consideração; da mesma forma, o grau de imaturidade emocional que possa prejudicar o trabalho, como dependência, incapacidade para autodisciplina, negligência, egoísmo, amor-próprio, exibicionismo etc. O Quadro 17.2 traça o perfil da função do vendedor.

Quadro 17.2   *Perfil da função do vendedor.*

1. *Fatores quantitativos*   idade   educação (incluindo qualificação profissional)   experiência   qualificações especiais (línguas, estado civil, carro próprio etc.)   inteligência   disponibilidade   saúde
2. *Características*   estabilidade   assiduidade – disposição de trabalho   perseverança   habilidade – para executar as tarefas de vendas   lealdade – como empregado   honestidade   autorrealização   liderança   conhecimento – do mercado e de suas necessidades, dos produtos e seus benefícios
3. *Motivação para o trabalho*   dinheiro   segurança   *status*   poder   perfeição   competitividade   serviço – gostar do que faz

> 4. *Grau de imaturidade emocional*
>   dependência
>   negligência
>   egoísmo
>   amor-próprio
>   exibicionismo

17.2 O PAPEL DO SUPERVISOR DE VENDAS[4]

O papel do supervisor é um dos mais antigos da história do mundo. Se imaginarmos as tribos primitivas, com aquela divisão perfeita de trabalho, veremos que já havia uma supervisão instalada.

O papel da supervisão sempre foi garantir que as tarefas sejam cumpridas conforme o combinado. Do capataz da fazenda ao mestre de obras, a supervisão é o acompanhamento diário do resultado do trabalho. É o treinamento da melhor maneira de fazer, é o aconselhamento da equipe, é o dividir tarefas e aplicar sanções e menções.

Supervisionar é uma ciência e uma arte.

A – O SUPERVISOR É UM SUPERVENDEDOR OU UM MINIGERENTE?

Qual é o papel de um Supervisor de Vendas? Treinador, supervendedor ou minigerente de área?

Como funções básicas, o Supervisor deve:

- Planejar o trabalho da sua equipe.
- Coordenar o esforço de vendas.
- Dirigir as equipes de vendas.
- Desenvolver a sua equipe através do treinamento e da motivação.
- Controlar os resultados de cada homem da sua equipe.

Portanto, o seu papel não é vender, mas orientar a venda através de seus vendedores. Caracteriza-se assim o seu papel como o de um gestor de sua equipe de vendas em sua área geográfica ou aglomeração de clientes em seu território de vendas.

Assim como no exército é o sargento quem comanda as tropas, é o Supervisor, guardadas as devidas proporções, o elo entre o campo de vendas e a administração de vendas.

---

4 Colaboração da Maria Elisa de Oliveira Nogueira Cobra.

Cada dia mais torna-se fundamental o trabalho de Supervisão. O vendedor é um ser isolado, solitário, que carece da orientação do seu supervisor para se ligar mais à sua empresa para a consecução dos objetivos dela.

O Supervisor deve sair a campo com todos os vendedores e anotar os resultados das visitas aos clientes, bem como os métodos de trabalho do vendedor, na *folha de avaliação do vendedor* e na *folha de avaliação – resultados da avaliação,* que se encontram representadas nos Quadros 17.3 e 17.4.

Quadro 17.3   *Folha de avaliação do vendedor.*

Vendedor		
Escritório de Vendas/Filial		Mês
NOME DOS CLIENTES VISITADOS	CLASSIFICAÇÃO	DATA
1. CLIENTE 1	A	
2. CLIENTE 2	B	
3. CLIENTE 3	C	
4. CLIENTE 4	A	
5. CLIENTE 5	D	
6. CLIENTE 6	A	

Exemplo: DE ACOMPANHAMENTO DO TRABALHO DO VENDEDOR

PARÂMETRO MENSAL

1. Ficha de Cliente	correção preenchimento
2. Relatório de Visita	.. ..
3. Preenchimento de Pedidos	.. ..
4. Roteiros de Visita e Viagem	adequação do cumprimento
5. Número Mínimo de Visitas Diárias	..
6. Promoção de Vendas	..
7. Negócios Fechados pela Concorrência	acompanhamento
8. Atendimento a Clientes	adequação
9. Abertura de Novos Clientes	número
10. Nº de Contatos para Assistência Técnica ao Cliente	..
11. Crédito/Cobrança-índice de Atraso da Carteira de Cobrança	nº de dias

Quadro 17.4   *Resultados da avaliação do vendedor.*

	Supervisor		Gerente
PONDERAÇÃO	SIM	NÃO	PONTOS
1. Preenche todas as fichas de clientes de forma clara e objetiva?			
2. Preenche os relatórios de visita corretamente logo após a visita?			
3. O preenchimento dos pedidos é correto?			
4. Cumpre os roteiros de visitação?			
5. Cumpre o numero mínimo de visitas diárias?			
6. Realizou no mês todas as promoções de vendas programadas?			
7. Acompanha todos os negócios fechados pela concorrência?			
8. Atende bem a todos os seus clientes?			
9. Efetuou no mês a abertura de novos clientes?			
10. Crédito/Cobrança – o seu desempenho esteve acima ou abaixo do parâmetro estabelecido?			
TOTAL DE PONTOS			

DATA   SUPERVISOR   GERENTE

B – FUNÇÕES BÁSICAS

- Planejar o seu trabalho e o de sua equipe.
- Atribuir responsabilidade e delegar autoridade.
- Dirigir tarefas e modo de conduzir seu pessoal.
- Melhorar métodos de trabalho e reduzir custos.
- Avaliar, recomendar e exercer a supervisão de sua equipe de vendas com respeito à política, métodos e recursos.
- Propor sistema de remuneração de seus vendedores.
- Elaborar os roteiros de viagem e de visitação para cada vendedor sob sua supervisão.
- Orientar, dirigir e treinar a sua equipe de vendas, nos trabalhos de campo, conhecimento de produtos e técnica de vendas e na execução das tarefas promocionais e administrativas.
- Propor reduções, ampliações ou remanejamento de territórios de vendas de seus vendedores.

C – RESPONSABILIDADES

- Selecionar, treinar e desenvolver os recursos humanos em sua área.
- Propor à Gerência Geral de Vendas métodos de administração de vendas no seu campo de atuação.
- Aplicar a política de preços e as condições de vendas determinadas pela empresa.
- Propor alterações nas estratégias de vendas relativas a seu campo de atuação.
- Executar e controlar os planos de vendas relativos a seu campo de atuação.
- Supervisionar os roteiros de viagem e de visitação para cada vendedor sob sua supervisão.
- Efetuar contratos com vendedores e clientes especiais de sua região.
- Supervisionar, orientar, programar e se responsabilizar pelas tarefas relativas à cobrança.
- Atingir metas de vendas, de cobrança, de participação de mercado e outras metas fixadas para a sua equipe.
- Zelar pelo cumprimento de tarefas administrativas de sua equipe.
- Solicitar sempre que necessário a interferência do Gerente de Vendas.
- Orientar os vendedores com relação às condições de vendas vigentes.
- Ser corresponsável pela concessão de crédito a clientes dentro dos limites estabelecidos nas "Condições de Vendas".

- Acompanhar os trabalhos da equipe de vendas analisando e avaliando-os no campo e nas atividades promocionais e administrativas.
- Supervisionar a cobertura de promoção de vendas.
- Verificar se os vendedores sob sua responsabilidade atuam junto a todos os clientes potenciais.
- Verificar se os vendedores exploram toda a capacidade de compra dos clientes existentes.
- Verificar se os vendedores vendem igualmente toda a linha de produtos necessária para cada cliente.
- Verificar se os fichários de clientes em poder dos vendedores se encontram devidamente atualizados.
- Verificar os relatórios de visitas e encaminhá-los com suas observações ao seu Gerente.
- Realizar previsões de vendas na área de atuação de sua equipe, com base em pesquisas capilares, determinação de potenciais de compra por clientes, previsão de grandes negócios, potencial de mercado e desenvolvimento econômico da região.
- Realizar sempre que solicitado levantamento de mercado, tais como: pesquisa capilar, de produto etc.
- Atender a clientes quando é necessária a presença do próprio supervisor.
- Ser responsável pela avaliação periódica de desempenho de seus vendedores.
- Fazer com que sua equipe de vendas levante todos os clientes existentes em sua área e participe de todos os negócios existentes em sua área de atuação.
- Organizar e preparar mensalmente as reuniões com a sua equipe de vendas para análise de resultados de metas de vendas, de cobrança e de desempenho pessoal.

D - SISTEMA DE INFORMAÇÃO

- Fornecer subsídios e informações relativas a seu campo de atuação para a composição do Plano Anual de Marketing.
- Observar, analisar e relatar à Gerência Geral de Vendas as mudanças econômicas de sua região de vendas, bem como da atuação da concorrência.
- Manter seus superiores imediatos informados sobre todas as atividades da concorrência, novos produtos, alterações de preços, condições de pagamento dos territórios sob sua jurisdição.
- Relatar suas observações e os resultados dos trabalhos de seus subordinados ao seu superior, através do relatório de supervisão.
- Prestar todas as informações solicitadas pelo departamento de Gerência de Vendas, para efeito de concessão de crédito etc.

- Encaminhar os relatórios de visita com suas observações ao seu Gerente.

E – SISTEMAS DE RELAÇÃO

- *Superior Direto:* Gerente de Vendas.
- *Subordinados:* Vendedores.

F – ÁREA DE RESULTADOS

- Realização de metas de vendas e de participação de mercado por vendedor de sua equipe de vendas.
- Bom relacionamento de sua equipe e o seu, em particular, com a clientela.
- Cobrança efetuada dentro dos padrões estabelecidos pela empresa.
- Concessões de crédito dentro dos padrões estabelecidos pela empresa.
- Pessoal treinado.
- Contatos para Assistência Técnica.
- Aumento do número de clientes.

G – PADRÃO DE DESEMPENHO

- Atingimento quantitativo, qualitativo, por vendedor da equipe de vendas por linha de produtos.
- Nível de satisfação dos clientes quanto aos serviços de atendimento em geral.
- Nível de desempenho em cobrança por vendedores e representantes da equipe de vendas.
- Nível de devedores duvidosos por vendedor da equipe de vendas.
- Nível de treinamento de pessoal.
- Nível de contatos mensais para Assistência Técnica (pré e pós-venda).
- Número médio mensal de novos clientes.

H – INDICADORES

- Relatório comercial mensal que apresenta os índices de realização de metas de vendas de acordo com critério estabelecido pela Gerência de Vendas.
- Padrão de atendimento a clientes.
- Índices adequados de cobrança por vendedor da equipe de vendas.

- Índice adequado de devedores duvidosos, por vendedor da equipe de vendas – relatório periódico de cumprimento de orçamento.

- Padrão adequado de desempenho da sua equipe de vendas.

- Índice médio mensal de contatos para Assistência Técnica.

- Índice médio mensal de novos clientes (existentes *versus* ganhos).

COM RELAÇÃO A SI MESMO, UM SUPERVISOR, PARA O BOM DESEMPENHO DE SEU PAPEL, DEVE:

- Buscar seu próprio desenvolvimento.

- Aperfeiçoar sua técnica de supervisão.

- Preparar-se para ser "um agente da mudança".

- Desenvolver a autocrítica e conhecer seu estilo de liderança.

Para o bom desempenho de seu papel é extremamente importante que o supervisor:

- Goste de lidar com as pessoas e as respeite.

- Conheça as bases do comportamento humano e saiba lidar com o desempenho.

- Conheça as regras comerciais da empresa, o mercado e a concorrência.

- Acompanhe as estratégias da concorrência.

- Seja paciente, persistente e goste de ensinar, mais do que "aparecer".

- Saiba negociar recursos para sua equipe.

- Goste de buscar informações e saiba informar.

- Seja justo, saiba avaliar e tenha a credibilidade da equipe.

17.2.1 O SUPERVISOR DE VENDAS E O SEU LUGAR NA ORGANIZAÇÃO

O que se espera de um supervisor de vendas:

- Os supervisores de vendas são administradores de linha que possibilitam contatos entre a força de vendas e a Gerência de Vendas.

- Para o Gerente de Vendas, os supervisores de vendas constituem seu prolongamento no campo: os "olhos e os braços da Gerência".

- A supervisão de vendas permite aos executivos principais de vendas manter contatos com os seus mercados e o seu pessoal de vendas, e é através dessa hierarquia que as comunicações fluem entre o escritório central e os territórios de vendas.

- Para os vendedores, o supervisor de vendas representa a própria companhia, seu único ponto de contato com o escritório central.
- O supervisor de vendas não encarna apenas a autoridade da companhia; ele é o indivíduo a quem os vendedores devem recorrer em busca de orientação, estímulo e progresso em suas carreiras.

É axiomático, portanto, que o *sistema de supervisão de vendas no campo* implique um elevado grau de *relação pessoal entre os vendedores e os seus supervisores*. Esta relação representa o núcleo básico de um sistema eficiente de comunicações.

O supervisor de vendas estabelece os padrões de avaliação do desempenho dos homens de vendas, bem como do seu comportamento. As expectativas, as ações e as atitudes dos supervisores de vendas estabelecem, sem sombra de dúvida, o ambiente de trabalho que *ajuda* ou *prejudica* os seus subordinados.

O sucesso de um vendedor, muito mais do que se pode realmente imaginar, depende da eficácia da sua supervisão de vendas.

Para uma direção efetiva do esforço de vendas, é necessário que os objetivos e as políticas da companhia sejam traduzidos em ação qualitativa e quantitativa.

O supervisor de vendas constitui uma unidade de inteligência mercadológica da maior importância: identifica prontamente as condições de mercado para a alta administração, e, na hora de elaborar a estratégia de vendas global da empresa, funciona como canal de comunicação das políticas e programas para os vendedores.

O PAPEL DO SUPERVISOR SEMPRE FOI *GARANTIR* QUE A COISA SEJA CONFORME FOI COMBINADA. DO CAPATAZ DA FAZENDA AO MESTRE DE OBRAS, A SUPERVISÃO É O ACOMPANHAMENTO *DIÁRIO* DO RESULTADO DO TRABALHO.

17.2.2 RESPONSABILIDADES GERENCIAIS BÁSICAS DO SUPERVISOR DE VENDAS

- O supervisor de vendas deve procurar definir claramente suas funções e responsabilidades em relação aos objetivos que a empresa espera alcançar.

- O supervisor de vendas deve criar padrões para selecionar e treinar subordinados capazes e adequados às políticas da empresa e, ao mesmo tempo, ter a disposição de delegar autoridade suficiente para permitir que seus subordinados desempenhem suas tarefas com o mínimo de supervisão necessária.

- O supervisor de vendas deve usar o seu tempo com eficácia. Estabelecer prioridades, atender a todos sem se prender aos papéis.

- O supervisor de vendas deve possuir em grau elevado a capacidade de controlar suas emoções.

- O supervisor de vendas deve exercer uma liderança capaz sobre seus subordinados (assistentes e vendedores).

- O supervisor de vendas deve procurar compreender como as pessoas pensam e reagem e saber lidar com elas de forma individual e constante.

- Deve ter a disposição e a capacidade de tomar decisões.

- Deve aceitar responsabilidades e não fugir delas.

- Sua inteligência e seus recursos mentais devem ser superiores à maioria dos seus subordinados.

- Deve ser tecnicamente competente. (Conhecimento da tarefa de chefia, conhecimento da empresa, conhecimento da tarefa dos subordinados, por exemplo.)

- Deve ser capaz de comunicar suas ideias e pensamentos com clareza.

- Deve possuir a habilidade de ensinar e estimular pessoas.

- Deve possuir saúde e energia acima da média (tônus vital).

- Deve agir como um administrador e líder de homens.

17.2.3 O PAPEL DE TREINAMENTO E DE DESENVOLVIMENTO DE VENDEDORES

Cabe ainda ao supervisor:

- Treinamento nas atividades de campo dos seus vendedores.

- Supervisão pessoal para cada vendedor.

- Discussões em grupo ou individuais.

- Visitas de demonstração.
- Conferências na calçada, após a visita ao cliente com os vendedores.
- Reuniões de vendas.
- Dirigir os estudos de cada vendedor.
- Preparar um plano de treinamento por escrito.
- Concentrar seus esforços no desenvolvimento de habilidades de vendas.
- Treinar não só os vendedores experientes, como também os vendedores novos.
- Procurar desenvolver as qualidades e habilitações dos vendedores; não exagerar muito na tarefa de corrigir os seus defeitos.
- Dizer ao vendedor como fazer.
- Mostrar ao vendedor como fazer.
- Fazer com que o vendedor faça.
- Revisar o desempenho do vendedor.

O supervisor, recebendo as normas e diretrizes da empresa, através de objetivos departamentais, deve fixar novos objetivos sob a forma de metas. Isto significa que deverá planejar e coordenar as tarefas de campo, orientar o desempenho de seus vendedores. Isto pode ser esquematizado na Figura 17.2.

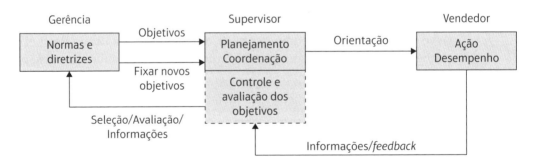

Figura 17.2 *Supervisão: processos que a envolvem.*

Deve, ainda, avaliar e controlar os resultados de sua equipe. Para isso, apresentamos dois exemplos de controle de vendas, um representado na Figura 17.3 e o outro, no Quadro 17.5.

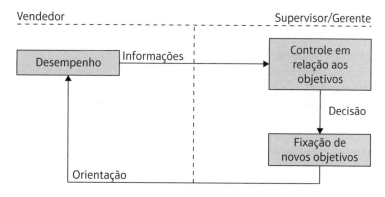

Informações: Relatório de visitas
Ficha de cliente
Cadastro de cliente
Negócios fechados pela concorrência

Figura 17.3 *Controle de vendas.*

O trabalho de supervisão é avaliado em conformidade com os padrões de desempenho para o seu cargo e para a sua área de atuação:

Quadro 17.5 *Controle de vendas.*

Controles/Informações	Importância

Controle por relatório
1. Relatórios de visitas
2. Fichas de clientes
3. Cadastro de clientes
4. Negócios fechados pela concorrência
5. Roteiro de visitas/viagens
Controle por contato pessoal (supervisão)
	• Processo de vendas; normas da empresa; mudanças no mercado.
	• Planejamento das atividades; aprimoramento de venda pessoal.
	• Novos clientes em perspectivas; planos especiais de marketing para tais clientes; prospecção do vendedor.
	• Avaliação e eficiência do vendedor.
	• Esforços dos concorrentes; melhorias nos produtos.
	• Avaliação e eficiência do vendedor.
	• Dirige as atividades de visitas; cobertura da clientela; aproveitamento do tempo disponível.
	  – Conhecer, comparar, analisar e avaliar o promotor na sua atividade.
	  – Outros aspectos importantes:
	    a) Controle e avaliação de fatores que escapam a outros tipos de controles.
	    b) Teste de avaliação de outros tipos de controle.

17.2.4 SUPERVISÃO DE VENDAS

Padrões de Desempenho Quantitativo:

- Realização das metas de vendas da sua equipe.
- Percentual médio de despesas de vendas.
- Lucro líquido por território ou margem de contribuição por território.
- Participação de mercado em cada território de vendas.
- Frequência de visita em média por classe de cliente.
- Média diária de visitas da equipe e por vendedor.
- Relação do número de visitas/número de pedidos.
- Desempenho do custo por visita.
- Tamanho médio do pedido.
- Atividades outras além de vendas.

17.3 O PAPEL DO GERENTE DE VENDAS

O papel primordial do gerente de vendas é, sem dúvida, gerenciar, isto é, obter resultados através do trabalho de pessoas: seus subordinados. Para tanto, deve conduzir planos estratégicos para "fazer gols" e operações táticas para vender bem, isto é, com lucro. Deve estabelecer critérios adequados de trabalho, ou seja, a metodologia de operação para toda a área de vendas. Deve ser um líder, um verdadeiro desencadeador de sucessos, um homem que consiga estimular sua equipe para a consecução dos objetivos da empresa.

Enfim, podem-se estabelecer as "seis funções básicas do gerente de vendas":

- Planejar os objetivos e estabelecer as estratégias para alcançá-los.
- Desenvolver uma estrutura organizacional capaz de atingir os objetivos.
- Recrutar e selecionar o *staff* que desempenhará o trabalho dentro de sua estrutura organizacional.
- Desenvolver os conhecimentos, as habilidades e as atitudes em sua equipe necessários ao bom desempenho.
- Motivar a equipe de vendas ao melhor desempenho possível em seus respectivos trabalhos, de conformidade com suas habilidades.
- Avaliar e controlar o trabalho de sua equipe, visando atingir objetivos.

17.3.1 O GERENTE DE VENDAS COMO DECISOR

Tomar decisões é sempre algo crítico para o administrador de empresa, mas sem dúvida o gerente de vendas, como homem de linha, deve estar preparado e habilitado a fazê-lo.

Os critérios de julgamento para a tomada de decisão, quase sempre, estão apoiados no princípio da analogia, isto é, na retrospectiva de fatos passados que possam apoiar uma decisão. Mas a falta de experiência poderá ser um fator limitativo para a analogia histórica. Para impedir o insucesso de um gerente de vendas é preciso orientar o seu trabalho.

Um dos critérios-chave para isto é dizer com toda clareza o que se espera do seu trabalho, onde ele deverá agir e qual o seu nível de autoridade. Uma descrição de cargos, acompanhada da área de resultados esperados, é fundamental. De qualquer maneira, é importante que se formalize por escrito quais as principais decisões que ele deve tomar e quais serão os critérios para avaliar o seu desempenho.

- *Passo nº 1 – Estabelecer objetivos:* antes de qualquer atividade de campo, é preciso que o gerente de vendas estabeleça os objetivos gerais de seu departamento e de cada um de seus homens, tanto vendedores externos, vendedores internos e o pessoal da administração de vendas.

- *Passo nº 2 – Avaliar os objetivos estabelecidos* à *luz de outros objetivos da empresa:* é preciso que os objetivos e metas fixados sejam compatíveis com os demais objetivos da empresa. Não pode haver confusão, por exemplo, nem com os objetivos financeiros nem, ainda, com os de créditos e de cobrança.

- *Passo nº 3 – Coletar informações:* o sucesso de todo planejamento estratégico pode ser comprometido se as informações vindas da área de vendas não forem fidedignas.

- *Passo nº 4 – Analisar as informações:* o boato, a notícia incorreta devem ser examinados pelo gerente para que sejam impedidas decisões errôneas apoiadas em informações imprecisas.

- *Passo nº 5 – Desenvolver alternativas:* desenvolver um plano de alternativas criativas significa minimizar o risco da tomada de decisão apoiada em premissas falsas.

- *Passo nº 6 – Escolher a melhor alternativa:* o discernimento sobre a melhor alternativa, entre todas as existentes, pode apoiar-se na análise da relação custo-benefício de cada uma delas.

- *Passo nº 7 – Comunicar a decisão:* esse passo é frequentemente omitido.

  Sem que a decisão seja comunicada, não se pode esperar o apoio de subordinados e de superiores.

- *Passo nº 8 – Estabelecer um sistema de controle:* sem um sistema de controle, a expectativa de sucesso de uma decisão correta pode frustrar-se.

Não haverá resultado para uma decisão sem um plano de acompanhamento, isto é, de controle.

- *Passo nº 9 – Implementar a decisão:* não basta tomar uma decisão corretamente; é preciso implementá-la em tempo hábil.

17.3.2 O gerente de vendas como um homem de marketing

Sem dúvida, o papel do gerente de vendas dentro de estratégia de marketing é fundamental, pois quase todo o desencadeamento tático-operacional das estratégias gerais cabe à área de vendas. Dessa forma, ele deve estar apto a prover o Departamento de Pesquisa de Mercado de dados de campo e precisa conhecer as técnicas usadas.

Deve estar, ainda, habilitado a ajudar:

- No desenvolvimento de novos produtos.
- Na distribuição.
- Na previsão de vendas.
- Na política de preços (condições de vendas).
- Na publicidade, *merchandising* e promoção de vendas.
- Nas relações públicas.
- No planejamento e controle mercadológico, particularmente no que diz respeito aos aspectos financeiros.

Na verdade, o grau de utilização do gerente de vendas dentro do contexto de marketing tem variado de empresa para empresa, mas, sem dúvida alguma, na realidade brasileira a venda ainda é o principal desafio do marketing.

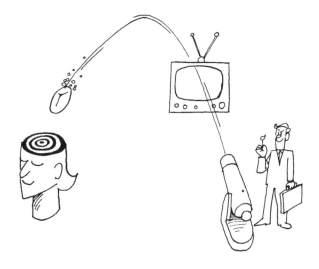

17.3.3 As responsabilidades financeiras do gerente de vendas

Tradicionalmente, a principal responsabilidade do gerente de vendas tem sido a receita de vendas. Contudo, a responsabilidade sobre os gastos de vendas é sua. Isso, por si só, já representa uma grande mudança na descrição de funções do gerente de vendas. Na prática, a receita de vendas é conseguida através da venda a clientes de pequeno, médio e grande portes.

Se o gerente estimular muito a venda a clientes de grande porte, isso poderá significar maiores descontos por quantidade vendida e, portanto, menor receita de vendas. Os clientes de grande porte, normalmente, também exigem maiores prazos de pagamento. Isso tudo poderá significar, no conjunto, menores lucros.

Portanto, não basta vender muito: é preciso associar à quantidade de receita uma qualidade de venda, que é o lucro. À empresa interessa o retorno do capital empregado, traduzido pela fórmula:

$$\frac{\text{Lucro}}{\text{Capital Empregado}} = \frac{\text{Lucro}}{\text{Receita de Vendas}} \times \frac{\text{Receita de Vendas}}{\text{Capital Empregado}}$$

Assim, caberá ao gerente de vendas maximizar seus resultados operacionais através da rentabilidade de seus negócios, e isso pode ser assim apresentado:

- *Incremento no lucro através da venda*
  - incrementar o volume de vendas a preços e custos correntes (atualizado);
  - incrementar o volume de vendas, minimizando os descontos;
  - incrementar o lucro, reduzindo os custos;
  - enfatizar a venda do *mix* de produtos e de clientes mais lucrativos.
- *Incrementar as vendas em relação ao capital empregado, isto é, melhorar o retorno*
  - incrementar o volume de vendas ao capital empregado corrente, ou seja, não aumentar estoques, minimizar riscos de créditos, reduzir custos de força de vendas etc.;
  - aumentar as vendas, mas reduzir o capital empregado; isto significa cortar estoques, reduzir o crédito, cortar custos fixos da força de vendas, cortar escritórios de vendas ou filiais etc.

17.3.4 Descrição de cargo, funções e responsabilidades

17.3.4.1 Gerente de vendas

A – FUNÇÕES BÁSICAS

- Planejar, organizar e definir cargos e responsabilidades em sua área de atuação.
- Delegar autoridade.
- Dirigir tarefas e modos de conduzir seu pessoal.
- Melhorar os métodos de trabalho e reduzir custos, estabelecendo controles que podem verificar a *performance* da empresa, com a aplicação das devidas correções.
- Avaliar, orientar e exercer a supervisão de seu *staff* com respeito a políticas, métodos de trabalho e emprego de recursos disponíveis.
- Selecionar, treinar, desenvolver, motivar, avaliar e integrar os recursos humanos dentro de sua área de atuação.
- Analisar e aprimorar os métodos de distribuição, adequação de níveis de estoque e serviços especiais ao cliente.
- Analisar e controlar a política de preços da empresa.
- Estudar e analisar as condições econômicas e de mercado, os controles governamentais e seus efeitos nas metas da empresa.
- Planejar e coordenar programas de integração interdepartamental da área de vendas com as demais áreas da empresa.

B – RESPONSABILIDADES

1. Propor o aperfeiçoamento dos métodos administrativos da área de vendas.
2. Formular o plano anual de vendas.

C – COM RELAÇÃO AO MERCADO/CLIENTE

- Analisar e aprimorar os métodos de distribuição, adequação de níveis de estoque e serviços especiais ao cliente.
- Estudar e analisar as condições econômicas e de mercado, os controles governamentais e seus efeitos nas metas da empresa.
- Avaliar a eficácia dos programas de promoção, propaganda e *merchandising* no que se refere a incremento de vendas e lucro da empresa.
- Propor uma política de relações públicas e *merchandising*.

- Coletar e relatar informações a respeito do mercado, visando à otimização das previsões orçamentárias e de vendas.
- Propor modelos de distribuição.

D – COM RELAÇÃO À EMPRESA

- Melhorar os métodos de trabalho e reduzir custos, estabelecendo controles que possam verificar o desempenho da empresa, com a aplicação das devidas correções.
- Selecionar, treinar, desenvolver, motivar, avaliar e integrar os recursos humanos dentro de sua área de atuação.
- Analisar e controlar a política de preços da empresa.
- Planejar e coordenar programas de integração interdepartamental da área de vendas com as demais áreas da empresa.
- Propor o aperfeiçoamento dos métodos administrativos da área de vendas.
- Formular o plano anual de vendas.
- Acompanhar e revisar, periodicamente, a operacionalização do plano anual de vendas.
- Propor, desenvolver e controlar uma política anual de vendas.
- Supervisionar e controlar as atividades de distribuição.
- Supervisionar ou propor uma política de concessão de crédito e controlar a cobrança.
- Fiscalizar as atividades da concorrência.
- Apresentar à diretoria uma proposta de delegações de autoridades e responsabilidades da área de vendas.
- Propor a criação de novos produtos.
- Propor a manutenção ou extinção de produtos de linha.
- Discutir e avaliar as previsões de vendas e apresentá-las à gerência de marketing.
- Propor táticas de atuação de vendas.

E – COM RELAÇÃO AO PESSOAL

- Planejar, organizar e definir cargos e responsabilidades em sua área de atuação.
- Delegar autoridade.
- Dirigir tarefas e modos de conduzir seu pessoal.

- Avaliar, orientar e exercer a supervisão de seu grupo, no que se refere à política, métodos de trabalho e emprego de recursos disponíveis, para realização de metas de vendas e promoção.
- Levantar necessidades de treinamento, remanejamento ou desligamento em suas equipes.
- Orientar as equipes de sua região para a adequada cobertura de mercado.
- Verificar os desempenhos das zonas de vendas e seu zoneamento.

F – ÁREA DE RESULTADOS/RESPONSABILIDADES

- Proposta aceita de uma política anual de vendas e técnicas de vendas, aplicadas com sucesso.
- Atividades de vendas executadas de acordo com as metas traçadas e dentro dos prazos determinados.
- Orçamento de vendas cumprido e aperfeiçoado.

G – PADRÃO DE DESEMPENHO

- Atingir as metas estabelecidas para a área de vendas dentro dos padrões de qualidade e de prazo determinado (produto, cliente e regiões).
- Nível de treinamento do pessoal.
- Cumprimento do orçamento estabelecido.

H – INDICADORES

- Relatórios mensais de metas estabelecidas por produto, cliente e região.
- Padrão de desempenho do pessoal da área de vendas.
- Índice do lucro por produto, cliente e região.
- Relatório do orçamento.
- Relatório de participação de mercado por produto, cliente e região.

17.3.4.2 *Gerente administrativo de vendas*

A – COM RELAÇÃO AO MERCADO/CLIENTE

- Propor política de preços e controlar o cumprimento dos preços por produto e região.
- Avaliar a política de preços da concorrência.

- Coletar periodicamente dados de vendas e analisá-los, propondo soluções e sugestões para a melhoria dos resultados.

- Registrar concorrências no campo e propor soluções no que se refere a comportamento do mercado, concorrência e situação econômica.

- Fazer análise da situação econômica das diversas regiões.

- Fazer análise financeira e creditícia por cliente, percebendo os riscos (se houver) na concessão de crédito.

- Propor política de atendimento por tipo de cliente.

B – COM RELAÇÃO À EMPRESA

- Participar da formulação do plano anual de marketing.

- Produzir dados comparativos, gráficos demonstrativos sobre o desempenho de vendas dos produtos e, se possível, da concorrência.

- Definir com a área de marketing a política de crédito e cobrança e política de distribuição.

- Aperfeiçoar, simplificar e otimizar o processo administrativo, propondo novos métodos de trabalho.

- Elaborar e distribuir tabelas de preços, controlando sua montagem, produção e distribuição, atualizando-as periodicamente.

- Controlar quotas de vendas, sua realização, superação e resultado por tipo de cliente.

- Controlar relatórios e pedidos de vendas.

- Obter informações sobre o controle de estoque.

- Conferir a aprovação de crédito e cobrança para os pedidos solicitados.

- Controlar o consumo de materiais e recursos de vendas, aplicando eficazmente esses recursos.

- Estimular o vendedor no apoio às informações creditícias e na cobrança.

- Apresentar e controlar o orçamento.

- Aperfeiçoar o desempenho das vendas (de um modo geral), propondo mecanismo de integração entre estoque, crédito e cobrança.

C – COM RELAÇÃO AO PESSOAL

- Selecionar, integrar, motivar, avaliar e treinar eficazmente seu pessoal.

- Propor e avaliar padrões de desempenho.

- Planejar, organizar e definir cargos e responsabilidades em sua área de atuação.
- Delegar autoridade.
- Propor, avaliar e manter as condições de higiene e segurança no trabalho.

D – ÁREA DE RESULTADOS/RESPONSABILIDADES

- Relatórios de lucratividade por produto e por linha de produto realizados periodicamente.
- Relatório sobre a posição do produto em seu ciclo de vida realizados periodicamente.
- Atividades de administração de vendas compatibilizadas com as metas de marketing.
- Política de preços cumprida.
- Métodos administrativos aperfeiçoados.
- Orçamento da área controlado.
- Condições de higiene no trabalho mantidas.

E – PADRÃO DE DESEMPENHO

- Grau de cumprimento da política de preços e avaliação da política da concorrência.
- Grau de avaliação do comportamento de mercado, da concorrência e da situação econômica.
- Grau de rapidez e eficácia da análise financeira e creditícia.
- Graus de aperfeiçoamento dos métodos administrativos.
- Graus de controle das quotas de vendas e estoques.
- Grau de aplicação dos recursos de vendas e materiais.

F – INDICADORES

- Relatórios de metas estabelecidas por produto, cliente e região.
- Índice do lucro por produto, cliente e região.
- Relatório do orçamento.
- Relatório da situação econômica e do comportamento de mercado e da concorrência.
- Padrão de desempenho do pessoal de sua área.

17.4 TELEMARKETING COMO UMA FERRAMENTA PROMOCIONAL[5]

O telemarketing permite conduzir campanhas de marketing direto e tem se tornado bastante popular nos últimos anos. Seu uso em pesquisa de mercado, em promoção de vendas e em vendas é crescente. Mesmo setores mais técnicos, como produtos de serviços industriais, utilizam em larga escala o uso do telemarketing.

A – O PAPEL DO TELEMARKETING NO MARKETING DE CONSUMO

Dentre os vários usos que o telefone conquista espaço na prestação de serviço, desde o telerrecado, o telepiada, informação do tempo e das estradas, *disk* amizade etc., começa a surgir uma nova saída.

O usuário chama mediante uma ligação gratuita determinado número para ouvir uma informação de interesse e são inseridos alguns comerciais em meio à informação. Exemplo: O seu refrigerante preferido informa a hora certa. As condições nas estradas são boas para quem usa pneus da marca X. Nas próximas horas deve chover, mas não haverá resfriado para quem tomar o analgésico Y.

O sistema de videotexto permite fazer compras domiciliares. O uso do telefone é crescente para reservas de passagens, ingressos de teatro, cinema, e nesses serviços se pode incluir nova mídia.

B – VANTAGENS DO TELEMARKETING NA VENDA

O telemarketing oferece inúmeras vantagens, além de se constituir em mais uma mídia de propaganda. Dentre elas, se pode citar:

- *Contato pessoal* – o telemarketing é mais pessoal do que as outras mídias, porém menos pessoal do que a visita do próprio vendedor. No entanto, substitui uma visita quando o vendedor se encontra impossibilitado de fazê-la. Serve de canal de comunicação entre a administração de vendas e o cliente, para resolver problemas de pré-venda, venda, pós-venda.

- *Flexibilidade* – mediante a preparação e leitura de mensagens é possível estabelecer formas de pré-testar campanhas de propaganda ou mesmo de alguns argumentos de venda a serem utilizados pelos vendedores. E flexível também porque através da conversação a negociação pode caminhar com facilidade.

---

[5] Adaptado de: SCHNEIDER, Kenneth C. Telemarketing as a promotional tool – It's effects and side effects. *The journal of consumer marketing*, 2(1):29-39, Winter 1985.

- *Mensurável* – é possível medir diretamente o efeito do telemarketing, através do volume de vendas efetuado ou da mudança de atitudes dos clientes.

- *Rapidez* – é possível obter a colocação de campanhas de vendas junto a um público maior do que a força de vendas poderia alcançar num mesmo tempo.

- *Eficácia* – a utilização do telemarketing é mais eficaz do que diversas outras mídias diretas. Os índices de respostas têm-se revelado mais auspiciosos do que outros meios utilizados na venda de produtos ou serviços.

C – LIMITAÇÕES DO TELEMARKETING

- *Custo* – à primeira vista é mais barato do que a visita pessoal, porém, com o uso indiscriminado por parte da administração de vendas ele pode atingir níveis não vantajosos.

- *Produto não aparece* – para venda de produtos industriais e de consumo durável, muitas vezes é importante o cliente ver o produto e o seu funcionamento.

- *Requer um novo marketing* – é preciso não confundir a venda por telefone com o telemarketing. A sistemática do telemarketing exige desafios maiores que objetivem combinar o esforço promocional, o esforço de vendas e o uso do telefone. É preciso criar mensagens estruturadas, trabalhar com talento, criatividade, muito cuidado, pois contatos malfeitos podem gerar animosidades.

- *Imagem da empresa* – a empresa passa a ser vista através de sons, e se isto não for bem feito, ela acaba perdendo sua personalidade, e a sua própria imagem corporativa pode ser afetada. Quando as mensagens são excessivamente computadorizadas, isto acaba por despersonalizar a imagem da empresa perante seus clientes e consumidores. A mensagem viva grava um atendimento mais personalizado.

17.5 O TELEFONE PODE SER USADO COMO UMA ARMA NA NEGOCIAÇÃO DE VENDAS?

A – O TELEFONE COMO FERRAMENTA NA VENDA

"O uso do telefone, de forma passiva, nos negócios em geral, tornou-se tão rotineiro em algumas empresas que não lhe tem sido dada a atenção que merece.

Se observarmos a relevante importância desse equipamento no mundo dos negócios, facilmente concluiremos que grandes benefícios podem ser obtidos quando o transformamos de objeto passivo em arma agressiva, no sentido das vendas."[6]

O telefone é um canal de comunicação instantâneo aberto para o mundo. O seu uso no mundo dos negócios é antigo, contudo, só mais recentemente as empresas o estão descobrindo como uma arma de vendas. Para engatilhá-lo basta discar, mas para acertar o alvo da venda é preciso boa pontaria ou antes um bom planejamento, pois do contrário o resultado pode ser parcial ou mesmo nulo, isto é, o tiro pode sair pela culatra.

B – O TELEFONE PODE SER USADO:

- *Como instrumento promocional*

  Em uma empresa, além das atribuições burocráticas, o telefone ajuda a vender a imagem da empresa. Desde telefonistas, recepcionistas, até o presidente da empresa, todos, sem exceção, ao atender ao telefone estão vendendo algo muito importante: a imagem da empresa. Mais do que uma rotina de trabalho, isso significa atender a uma missão da empresa – servir ao seu público: desde clientes até simples consulentes.

  A presteza no atendimento e a clareza das soluções são partes dessa função promocional do telefone.

- *Como instrumento de vendas*

  Na função de vendas, o telefone desempenha um papel semelhante ao do vendedor, visitando clientes ativos, inativos, ajudando a fazer a prospecção de nossos clientes e fechando a venda.

  É ainda um auxiliar importante para a mala direta, pois verifica se a mala foi recebida ou não e avalia instantaneamente as suas possibilidades de sucesso.

- *Como prestador de serviços aos clientes*

  Pode informar sobre entrega, sobre a assistência técnica etc. Nesse sentido, é preciso que os vendedores internos, recepcionistas e telefonistas estejam orientados e tenham à sua frente informações sobre o fluxo de pedidos de cada cliente.

- *Como detector de oportunidades*

  Com uma boa listagem de clientes potenciais e através de algumas consultas, pode-se detectar áreas de oportunidade e áreas problemáticas. Basta, para isso, que a segmentação de mercado e a amostragem tenham sido feitas.

---

[6] D'ONOFRIO, Engel. *O sistema de vendas por telefone*. Out. 1981.

300 ADMINISTRAÇÃO DE VENDAS • COBRA

- *Como instrumento de avaliação*

A pesquisa de mercado se utiliza hoje, em larga escala, do telefone. No marketing político, por exemplo, pode-se avaliar em poucas horas, após um debate político pela televisão, qual foi o candidato que ganhou (isto na opinião de uma maioria representada por uma amostragem devidamente selecionada).

O *recall* de anúncios de televisão e a imagem de marca de produtos são, entre outros, alguns dos usos do telefone em pesquisa de marketing. Serve também para o supervisor de vendas avaliar o cumprimento do roteiro de visitação pelo vendedor, para se sentir o mercado potencial e o atual e, é claro, para se avaliar o trabalho de vendas do vendedor.

C – O SISTEMA DE VENDAS PELO TELEFONE

A venda por telefone ainda é para muitas empresas uma ação passiva, isto é, depende da iniciativa do cliente procurar o vendedor, na chamada "venda balcão"; o telefone é um mero instrumento receptor de um pedido.

A recente crise econômica brasileira está ensinando mais rapidamente às empresas o caminho da venda pelo telefone. No auge da crise da indústria automobilística de 1981, as revendas de carro colocaram diversos funcionários ociosos a tentar a venda pelo telefone.

Não basta a iniciativa e a criatividade no uso da venda pelo telefone, é preciso metodologia e planejamento.

Quase tudo o que o vendedor faz pessoalmente um telefone pode fazer na venda, menos, é claro, entre outras coisas, demonstrar o produto; contudo, o Sistema de Vendas pelo Telefone (SVT) não substitui o vendedor, antes disso, complementa o seu trabalho.

O próprio vendedor deve ser um divulgador a clientes atuais e potenciais do SVT. Com o SVT a empresa agiliza as suas comunicações e passa a "estar presente" mais rapidamente em um número maior de clientes. O sistema é muito útil para contatar clientes eventuais e de compra esporádica, reduzindo o custo de visitação da equipe de vendas.

Como instrumento de planejamento de visitas, ajuda o vendedor a marcar visitas nos clientes e economizar tempo e combustível, pois racionaliza os roteiros de visita e evita despesas para o atendimento.

O zoneamento de vendas pode ser revisto para: clientes que compram por telefone, clientes que só compram do vendedor e novos clientes, para prospecção inicial telefônica.

Como um planejamento de marketing direto, o sucesso da venda por telefone depende de:

- *Listagem de clientes potenciais e atuais*

  A elaboração adequada da lista de clientes a ser contatados, por segmento de mercado, é a razão do sucesso ou fracasso do sistema.

- *A razão de compra*

  Na venda por telefone, o vendedor não se poderá utilizar de expressões faciais ou corporais, apenas da voz; por essa razão a fala deve ser bem estudada.

  Antes de ele falar sobre o produto e seus atributos é preciso que identifique rapidamente as necessidades do cliente. A identificação de possíveis razões de compra deve ser a meta do diálogo a ser estabelecido.

  Para facilitar essa tarefa, o vendedor poderá trabalhar com um questionário, do *script* de rádio, fazendo perguntas e anotando as respostas em espaços próprios da folha de papel.

  A rápida avaliação das respostas do cliente poderá dar "dicas" dos benefícios que o cliente compraria. Esse trabalho é difícil e exige perspicácia.

  O vendedor deve tentar identificar o nível de necessidades do comprador dentro, por exemplo, da escala de Maslow. Nessa hipótese, um comprador no estágio de segurança gostaria de receber garantias de que seu investimento é seguro e aí estariam levantados alguns argumentos de venda.

- *A apresentação: o telefonema*

  Nos primeiros segundos, afirma Engel,[7] o contato deverá dedicar-se à identificação: a empresa, o nome e o cargo de quem está falando. O passo seguinte é conseguir a atenção do interlocutor. Na continuação do diálogo, é preciso identificar as necessidades do cliente, demonstrar o benefício do produto ou serviço, que cria o interesse, e tentar vencer objeções para fechar a venda. Por fim, deve ser obtida a confirmação do fechamento e os detalhes para se tirar o pedido ou emitir a nota fiscal fatura.

- *Um telefone de exclusivo uso externo e sequencial*

  O telefone deve ser secreto e sequencial, para evitar chamadas internas e não estar nunca ocupado. Na ausência de atendimento direto, como em feriados locais e horas de almoço, uma secretária eletrônica pode gravar os pedidos e evitar que a concorrência roube negócios.

- *O treinamento*

  Além de instruções sobre o uso do telefone, o vendedor deve ser treinado em comunicações verbais, ter boa dicção e ser simpático. O uso de gravação em simulações será útil para o vendedor se autoavaliar, corrigir suas falhas e buscar o aprimoramento.

---

[7] Idem.

- *Possíveis usos do Serviço Vendas por Telefone*

  Dentre os vários usos, pode-se destacar:

  – Lançamento de novos produtos aos clientes tradicionais.

  – Clientes resistentes a determinados produtos da linha atual.

  – Reforço das vendas sazonais, como "Volta à Escola", "Dia das Crianças", "Páscoa" etc.

  – Reativação de clientes inativos.

  – Clientes em declínio, onde o vendedor não vem obtendo o resultado esperado.

  – Renovação de contratos.

  – Prospecção de novos clientes.

  – Preparação da visita pessoal do vendedor de campo.

  – Venda a clientes esporádicos.

- *Vantagens para o cliente*

  Os clientes rotineiros, lembra Engel D'Onofrio,[8] habituam-se ao contato telefônico e predispõem-se ao SVT.

  Ganham tempo e segurança. Primeiro, porque o telefone exige rapidez; segundo, porque no telefone os assuntos não são desviados, evitando mal entendidos que podem resultar em devoluções e cancelamentos.

  O cliente ficará tranquilo ao saber que a sua empresa fará a oferta adequada, no momento apropriado, propiciando que ele próprio aumente as suas vendas e ganhos.

  A reposição do estoque pode ser feita de forma automática.

17.6 AS REDES SOCIAIS EM APOIO A VENDAS

A Internet está por trás das principais inovações e a prioridade dos fabricantes é facilitar o dia a dia do consumidor. E, por outro lado, também as redes sociais estão sendo usadas em larga escala como suporte de vendas. Até há pouco utilizadas como mais uma ferramenta de marketing, as redes sociais ganharam um papel relevante como aliadas nas vendas. O Magazine Luiza e a Netshoes encampam o movimento de uso dos *sites* de relacionamento como uma arma comercial. Embora tenha uma função social que mais se assemelha a uma "festa entre amigos", as redes sociais estão sendo usadas como uma ferramenta a mais na venda de produtos e serviços.

---

[8] Idem.

SUMÁRIO

A função do vendedor continua evoluindo no tempo. E hoje outras funções passam a integrar as funções normais de vendas, como fazer *merchandising*, cobrar, analisar créditos, pesquisar o mercado e outras, configurando-se, dessa forma, o papel do marketing na venda e caracterizando-se como um verdadeiro gerente de território.

O Supervisor de Vendas é o elo entre a empresa e os vendedores no campo. O sucesso de vendas da empresa depende em larga escala desse homem.

Ele integra no campo as principais funções de um administrador, ou seja: deve *planejar* as atividades de vendas a nível tático, *organizar* o esforço de vendas, *dirigir* os vendedores e *controlar* os resultados de vendas.

O papel do Gerente de Vendas na moderna organização é o de um desencadeador da produtividade de sua equipe e isto exige, além da metodologia de trabalho, muita criatividade e bom-senso.

E, por outro lado, o uso das ferramentas do telemarketing e das redes sociais funcionam como um suporte de vendas ao trabalho do vendedor na linha de frente no mercado. E mais do que isso, as técnicas de rastreamento na Internet dão novo sentido à palavra *anonimato*. E conseguem saber o que as pessoas estão querendo comprar. A busca social do Facebook encontra até o que o usuário não quer mais ver, encontra itens banidos e começa a incitar debate acerca da privacidade. A era de produtos inteligentes tira a autonomia de escolhas e substitui o trabalho de vendas. A tecnologia dos produtos informa acerca do uso adequado e até mesmo do momento para a compra de um novo aparelho. E assim a Internet cria a mente global e instrui as melhores práticas publicitárias e de vendas. As redes sociais se integram às vendas como se fossem parte do time de vendas. Lojas de varejo virtual e mesmo vendedores usam os canais de relacionamento como forma de atingir diversos públicos compradores.

PALAVRAS-CHAVE

- Perfil do vendedor
- Supervisão de vendas
- Gerente de vendas
- Vendas por telefone

QUESTÕES

Vendedor

1. Quais as características básicas para um vendedor de produtos de consumo de massa?

2. Que perfil deve ter um vendedor industrial de máquinas e equipamentos de pintura?

304 Administração de Vendas • Cobra

3. Que tipo de motivação para o trabalho pode ter um vendedor de tecidos?

4. Até que ponto a imaturidade emocional de um vendedor pode comprometer o seu desempenho?

Supervisor

1. Discuta quando um Supervisor de Vendas pode e quando não pode vender.

2. O relacionamento do Supervisor com seus subordinados deve ser amistoso ou familiar?

3. Quando um Supervisor pode substituir um vendedor no campo e quando ele pode substituir um Gerente na Chefia de Vendas?

Gerente de Vendas

1. Deve o Departamento de Vendas ser subordinado ou funcionalmente paralelo à área de marketing? Justifique.

2. O gerente de vendas deve ser um ex-vendedor ou um homem advindo da área de planejamento de marketing? Discuta as vantagens e as desvantagens de cada hipótese.

3. Os objetivos de vendas e as metas devem ser fixados pelo Departamento de Marketing ou pelo Departamento de Vendas?

4. O gerente de vendas tem condições de ser um bom controlador de resultados financeiros de vendas e de desempenho de vendas?

5. Deve ou não o gerente de vendas agir como um braço de marketing? Discuta vantagens e desvantagens.

PONTOS DE AÇÃO

1. Defina os objetivos da supervisão de vendas.

2. Levante a necessidade de treinamento da equipe de vendas.

3. Monte um Plano de Avaliação de desempenho da equipe de vendas.

4. Defina parâmetros para a avaliação de desempenho por função da equipe de vendas.

BIBLIOGRAFIA

LIDSTONE, John. *Negotiating profitable safes.* Londres: Gower Press, 1977.

SIMÕES, Roberto. Anotações de aula na ADVB, São Paulo, (s.d.).

STILL, Richard R.; CUNDIFF, Edward; GOVONI, Norman A. P. *Sales management*: decisions, policies and cases. 3. ed. Englewood Cliffs: Prentice Hall, 1976.

WILSON, H. T. *Managing a safes force.* Londres: Gower Press, 1974.

18

GESTÃO DE COMPETÊNCIAS

"Se você não tem fracassos na vida, é porque deixou de assumir os riscos que devia."

Julio Lobos

18.1 REFLEXÕES ACERCA DO SIGNIFICADO DA VENDA

1. *"Esperteza, quando é demais, come o dono."* (Tancredo Neves)

Se tomarmos ao pé da letra essa frase de Tancredo Neves, poderíamos dizer que o vendedor correto é aquele que não procura enganar seu cliente com promessas que não possa cumprir, pois o feitiço pode se voltar contra o feiticeiro.

2. *"O pior vendedor do mundo é aquele que não quer ser."* (Anônimo)

3. *"O melhor vendedor do mundo é aquele que procura ser."* (O autor)

4. *"É preferível aprender com o erro dos outros."* (Comandante Rolim Amaro fundador da TAM Linhas Aéreas)

O vendedor não deve desenvolver seu negócio com base em artifícios, ou malabarismos escusos, mas acima de tudo com competência para tornar sua presença importante e se possível imprescindível. O vendedor competente é aquele que consegue transformar oportunidades em vendas e clientes em amigos. Portanto, competência é a diferença entre um vendedor qualquer e um vendedor de sucesso. Sabendo unir conhecimentos e habilidades com atitudes positivas, o vendedor pode tornar sua atuação importante para sua empresa e para seus clientes.

18.2 GESTÃO DE COMPETÊNCIAS

O conceito de competência foi proposto de forma estruturada pela primeira vez em 1973, por David McClelland, na busca de uma abordagem mais efetiva que os testes de inteligência nos processos de escolha de pessoas para as organizações. O conceito foi rapidamente ampliado para dar suporte a processos de avaliação e para orientar ações ou comportamentos efetivos esperados.

> "Existem desempenhos diferentes das pessoas no trabalho, em função de conhecimentos, habilidades e atitudes distintas."

O **conhecimento** é inerente ao desempenho necessário na função de vendas, tais como conhecimento do produto, das necessidades de cada cliente, da atuação da concorrência etc.

Habilidade do vendedor para operar a sua função de vendas, usando a capacidade de negociar com os clientes e com seus superiores e com outros setores na organização.

Atitude, postura diante do cliente e do grupo de pessoas dentro da sua organização, e proatividade em função de todo e quaisquer possíveis eventos.

> "Diferentemente da avaliação de atitudes, a avaliação de conhecimentos e habilidades pode ser realizada por meio de provas ou simulações, pela aferição por parte de um profissional especializado no conhecimento ou habilidades

analisadas (por exemplo, em processos de certificação) ou por intermédio da percepção do gestor."[1]

Competências em vendas

O que mais se exige de um profissional de vendas é competência em atender o cliente, atingir metas, vender com lucro, entre outras tarefas que exigem dedicação e capacidade.

Competências individuais e gerenciais

Todo vendedor é um misto de profissional que age isoladamente e em equipe, e isso exige, além de bom senso e discernimento, capacidade de ver os problemas de seus clientes como se fossem seus. Cabe ainda ao vendedor a competência de vencer a solidão e ser capaz de superar traumas de rejeição face ao "não do cliente".

Competência coletiva e grupal

O vendedor deve ter a competência de saber agir em equipe, procurando se entrosar e superar as crises do individualismo de cada colega.

Competência organizacional

O vendedor deve ter competência para agir com o espírito do bem servir, voltado para a satisfação dos clientes.

Formação e desenvolvimento de competências

As competências normalmente mais requeridas dos vendedores são, entre outras:

1. No papel de mentor – o vendedor deve ter competência para orientar os seus clientes sob a melhor forma de uso de seus produtos. Deve ajudar o cliente a organizar melhor seu esforço de marketing e vendas.

2. No papel de monitor e coordenador – o vendedor deve agir como um monitor de mercado, identificando problemas e oportunidades para seus produtos no mercado, bem como agir como um coordenador do esforço de marketing e vendas.

---

[1] DUTRA, Joel Souza; FLEURY, Maria Tereza Leme; RUAS, Roberto. *Competências*: conceitos, métodos e experiências. São Paulo: Atlas, 2008. Capítulo 7 – Dimensões de avaliação de pessoas e o conceito de competências – Bruno Henrique Rocha Fernandes e José Antonio Monteiro Hipólito – p. 157.

3. No papel de gestor – o vendedor deve ser responsável pelos resultados de vendas e de marketing, sendo um sensor das oportunidades e das ameaças no mercado.

4. No papel de produtor – deve o vendedor ter competência para gerar vendas e ser o desencadeador dos bons resultados financeiros em sua área de negócios.

5. No papel de negociador – o vendedor deve ter competência em negociar com seus clientes, procurando obter sempre o melhor resultado financeiro para sua empresa. E isso envolve viabilizar a venda de produtos, procurando sempre rentabilizá-las.

6. No papel de inovador – o vendedor deve ter a competência em agir como um empreendedor, procurando inovar em vendas.

A capacidade plena

Para poder agir de forma holística, um vendedor deve ter capacidade plena, para agir como gestor, coordenador, monitor, produtor, negociador, inovando e buscando a satisfação de seus clientes e seus superiores.

Segundo o Centro de Referência Educacional Consultoria e Assessoria em Educação:

1. As competências e as habilidades são inseparáveis da ação, mas exigem domínio do conhecimento.

2. A competência se constitui num conjunto de conhecimentos, atitudes, capacidades e aptidões que habilitam alguém para vários desempenhos na vida.

3. Habilidades se ligam a atributos relacionados não apenas ao saber-conhecer, mas ao saber-fazer, saber-conviver e ao saber-ser.

4. As competências pressupõem operações mentais que ensejam a capacidade para usar as habilidades, emprego de atitudes, adequadas à realização de tarefas e conhecimentos.

Para o Professor Vasco Moretto – Universidade Laval de Quebec – Canadá:

"As habilidades estão associadas à capacidade adquirida. Assim, identificar variáveis, compreender fenômenos, relacionar informações, analisar situações-problema, sintetizar, julgar, correlacionar e manipular são exemplos de habilidade do vendedor."

As competências são um conjunto de habilidades harmonicamente desenvolvidas e que caracterizam uma função ou profissão específica: ser arquiteto, médico ou professor. As habilidades devem ser desenvolvidas na busca de competências."

O vendedor precisa reunir um elenco de competências que o tornem metacompetente, e isso inclui as seguintes competências:

1. *Proatividade* – significa a capacidade de se antecipar aos fatos, tomando decisões que inibam ocorrências inadequadas ao seu dia a dia. Isso exige do vendedor conhecimentos de planejamento, técnicas de comunicação, técnicas de mediação, uma postura empreendedora, além de conhecer bem cada cliente e seu negócio. Deve ter a habilidade de comunicar-se, de tomar decisão, saber negociar do tipo ganha-ganha, saber trabalhar em equipe. E, para isso, deve ter atitude de iniciativa, autonomia, dedicação ao trabalho, agilidade de raciocínio, criatividade e raciocínio lógico, além de versatilidade, determinação, interesse e visão dos negócios, interesse, disponibilidade e comprometimento com o trabalho.

Proatividade

CONHECIMENTOS	HABILIDADES	ATITUDES
– Noções de Planejamento	– Comunicar-se	– Iniciativa
– Conhece a Área de Atuação	– Tomada de Decisão	– Autonomia
– Técnicas de Comunicação	– Negociar: Ganha-Ganha	– Dedicação
– Técnicas de Mediação	– Capacidade de Realização	– Agilidade de Raciocínio
– Empreendedorismo	– Capacidade de Trabalhar	– Criatividade
– Conhecimento do Cliente	em Equipes	– Raciocínio Lógico
		– Versatilidade
		– Determinação
		– Visão Estratégica
		– Interesse
		– Disponibilidade
		– Persistência
		– Comprometimento

2. *Aprendizagem* – corresponde à capacidade de saber aprender. Ter humildade de reconhecer que precisa se dedicar à busca do saber. Ou seja, precisa saber que não sabe. Ter habilidade para o estudo dirigido, saber administrar o tempo, buscar o autodesenvolvimento.

Aprendizagem

CONHECIMENTOS	HABILIDADES	ATITUDES
– *Saber que não sabe*	– Técnica de Estudo Dirigido	– Curiosidade
– Conhecer os Objetivos e Metas	– Saber Administrar o Tempo	– Interesse
	– Autodesenvolvimento	– Disponibilidade
	– Planejamento	– Concentração
		– Boa Memória
		– Disciplina
		– Gosto pela Leitura
		– Motivação

3. *Adaptabilidade* – ter a capacidade de se adequar a toda e qualquer situação. Precisa ter consciência da interdependência entre os vários tipos de interesse, conhecer o contexto em que vive. Necessita ter capacidade de trabalhar em equipe, saber negociar, ter boa comunicação e conviver com ambiguidades; a atitude de cooperativismo, flexibilidade, bom humor, observação, comprometimento, versatilidade, paciência e dinamismo.

Adaptabilidade

CONHECIMENTOS	HABILIDADES	ATITUDES
– Consciência de Interdependência	– Capacidade de Trabalhar em equipe	– Inter-relacionamento Pessoal
– Conhecer o Contexto	– Motivação	– Cooperativismo
	– Comunicação	– Flexibilidade
	– Negociação	– Bom Humor
	– Conviver com Ambiguidades	– Observação
		– Comprometimento
		– Versatilidade
		– Paciência
		– Dinamismo
		– Tolerância

4. *Comunicação* – capacidade de expressão de ideias de forma clara, concisa e persuasiva.

5. *Capacidade de análise* – saber reunir conhecimento e bom senso para interpretar dados e fatos para a tomada de decisão.

Capacidade de Análise

CONHECIMENTOS	HABILIDADES	ATITUDES
– Conhecer o Negócio	– Redigir	– Imparcialidade
– Metodologia de Pesquisa	– Argumentar	– Raciocínio Lógico
– Redação em Língua Portuguesa	– Planejar	– Agilidade de Raciocínio
	– Analisar Criteriosamente	– Concentração
	– Ter Visão Sistêmica	– Boa Memória
		– Posicionamento

6. *Conhecimentos específicos do seu negócio.*

Conhecimentos Específicos

CONHECIMENTOS	HABILIDADES	ATITUDES
– Conhecimentos Técnicos	– Administrar Tempo	– Discernimento
– Conhecimentos dos Processos, Normas e Procedimentos	– Capacidade de Síntese	– Raciocínio Lógico
	– Planejar	– Agilidade de Raciocínio
	– Capacidade Analítica	– *Interesse*
– Conhecimento do Cliente	– Autodesenvolvimento	– Pré-disposição a Aprender
– Redação e Língua Portuguesa	– Destreza	– Comprometimento
		– Concentração
– Tecnologia de Ponta		– Boa Memória

7. *Trabalho em equipe.*

Trabalho em Equipe

CONHECIMENTOS	HABILIDADES	ATITUDES
– Técnicas de Motivação	– Administrar Conflitos	– Respeitar Diferenças
– Técnicas de Resolução de Conflitos	– Acolher Opiniões	– Cordialidade
– Sistemas Humanos de Personalidade	– Capacidade de Trabalhar em Times	– Flexibilidade
	– Negociar	– Bom Humor
– *Coaching*	– Persuadir e Convencer	– Autocontrole
– Comunicação Interpessoal	– Capacidade de Argumentar	– Cooperativismo
	– Emitir e Receber *Feedback*	– Respeito à Hierarquia
	– Observar	– Empatia
	– Delegar	– Comprometimento
		– Conviver com Ambiguidades
		– Proatividade

8. *Visão estratégica.*

   Ter clareza dos objetivos e valores a serem alcançados e discernimento para esclarecer e estabelecer metas exequíveis:

   "Onde está e aonde pretende chegar."

   O vendedor que possui esse tipo de visão consegue maximizar os resultados da sua empresa e ampliar a satisfação de seus clientes.

9. *Negociação.*

   Todo vendedor deve ter conhecimento de técnicas de negociação, técnicas de comunicação, conhecer sua organização, bem como a de seus clientes, conhecer os seus produtos e serviços e respectivas aplicações, ter noção de técnicas de planejamento e orçamento e finanças. Deve ter habilidade de gerenciar equipes, sabendo administrar conflitos, motivar, delegar, peticionar, orientar e ensinar, persuadir e convencer. Deve ainda ter habilidade em expor ideias com clareza, dialogar, apresentar-se em público, ter poder de síntese, autoconfiança e poder de decisão. A atitude deve ser de respeitar a opinião do outro, imparcial, de inter-relacionamento pessoal, empatia e senso de humor. Deve ainda ter carisma, capacidade de influenciar e comprometimento, flexibilidade, capacidade estratégica, versatilidade e agilidade de raciocínio.

Negociação

CONHECIMENTOS	HABILIDADES	ATITUDES
– Técnicas de Negociação	– *Gerenciar Equipes*	– Respeitar a Opinião do Outro
– Técnicas de Comunicação	– Administrar Conflitos	– Imparcialidade
– Gestão da Informação	– Motivar	– Inter-relacionamento Pessoal
– Conhecer a Organização	– Delegar	– Senso de Humor
– Conhecimento do Assunto	– Peticionar	– Empatia
– Técnicas de Planejamento	– Orientar e Ensinar	– *Carisma*
– Noções de Orçamento e	– Persuadir e Convencer	– Capacidade de Influenciar
Finanças	– *Feedback*	– Comprometimento
	– *Comunicação*	– Capacidade Estratégica
	– Expor Ideias com Clareza	– Flexibilidade
	– Dialogar	– Agilidade de Raciocínio
	– Apresentar-se em Público	– Versatilidade
	– Poder de Síntese	
	– Administrar Recursos	
	– Autoconfiança	
	– Decisão	

10. *Liderança.*

Capacidade de influenciar e conduzir pessoas para alcançar objetivos profissionais e sociais.

O profissional de vendas deve ter a competência para liderar as negociações de vendas, sabendo conduzir o fechamento da venda.

Liderança

Em síntese, o vendedor deve reunir diversas competências, que se constituem em metacompetência. Segundo a Professora Neide Noffs, o prefixo grego meta exprime a ideia de "depois de", sucessão. Entende-se, então, metacompetência como a capacidade dos profissionais de vendas de articular as diferentes competências, sejam elas intelectuais, sociais, práticas ou emocionais, em seu cotidiano de vida e de trabalho. Segundo Carl Gustav Jung, há quatro canais pelos quais o homem se comunica: razão, emoção, percepção e intuição. Como trabalhar com esses canais é a essência do trabalho organizado e direcionado para resultados, há vendedores que são mais racionais e outros mais emocionais. Assim, um vendedor pode ter boa percepção do mundo dos negócios e também pode ser intuitivo.

SUMÁRIO

O modelo de gestão estratégica empresarial se defronta com um dilema:

Gestão Estratégica:
Gestão de Pessoas ou Gestão de Competências?

A gestão de vendedores é, acima de tudo, uma administração de pessoas diferentes em gênero, número e grau e, sobretudo, em competências distintas.

Cada vendedor é uma pessoa diferente das demais em função de níveis educacionais, sociais, culturais e percepções de vida individuais e, sobretudo, em termos de capacidade de trabalho inerentes a cada um. Por essa razão, a gestão de pessoas deve levar em conta as competências individuais e distintas e procurar agrupá-las para produzir os resultados esperados. Ou seja, formar uma equipe em vendas depende em larga escala em reconhecer as individualidades e procurar constituir times com base em competências.

PALAVRAS-CHAVE

- Conhecimento
- Habilidade
- Atitude
- Capacidade
- Competência

QUESTÕES

1. Qual é a diferença entre gestão de pessoas e gestão de competências?
2. O que vem a ser habilidade em vendas?
3. Qual é o significado da atitude de um vendedor e sua importância na obtenção de resultados em vendas?
4. Qual é a importância do conhecimento em vendas?

PONTOS DE AÇÃO

1. Formar times de vendedores com competências realizadoras.
2. Desenvolver competências na equipe de vendas.
3. Tornar a competência individual competência organizacional.
4. Procurar comprometer cada vendedor com o desenvolvimento de suas competências.

BIBLIOGRAFIA

COBRA, Marcos (participação: Neide Noffs, Giuliana Isabela e Claudia Soares de Oliveira). *Metacompetência em gestão estratégica de vendas*. São Paulo: Cobra Editora & Marketing, 2010.

FLEURY, Maria Tereza Leme; RUAS, Roberto; DUTRA, Joel Souza. *Competências*: conceitos, métodos e experiências. São Paulo: Atlas, 2008.

QUINN, Robert E.; ROBERT, Michael P. Thompson; FAERMAN, Sue R.; MC GRATH, Michael. *Competências gerenciais*: princípios e aplicações. Rio de Janeiro: Elsevier, 2004.

19

TREINAMENTO DE VENDAS

Numa situação de compra é comum que qualquer pessoa deseje satisfazer suas necessidades.

Dois fatores são observáveis em quase todas as vendas.

O primeiro: as situações de venda são, tanto para o comprador quanto para o vendedor, relações sociais artificiais.

O segundo: o que é importante para o comprador nem sempre é importante do ponto de vista do vendedor.

19.1 OS REQUISITOS BÁSICOS PARA O SUCESSO EM VENDAS

O sucesso em uma atividade de vendas depende da realização das expectativas de ambas as partes: comprador e vendedor. Vejamos como isso ocorre diante das seguintes prioridades:

Quadro 19.1   *Prioridades do comprador e do vendedor.*

Comprador	Vendedor
1. Busca satisfação de suas necessidades e desejos	1. Busca realizar suas metas de vendas e maximizar o seu ganho
2. Considera o vendedor um chato que só fala de si e da sua empresa	2. Busca fechar a venda de qualquer maneira
3. Tem dúvida se vale a pena comprar desse vendedor	3. Busca benefícios próprios e relega os do seu cliente

O comprador não enxerga uma negociação de vendas do mesmo ponto de vista do vendedor. Cada um é, para si mesmo, a pessoa mais importante do mundo. Consequentemente, para obter sucesso, o vendedor deve ser capaz de ver as coisas da mesma ótica do comprador e demonstrar isso, com palavras e ações. Suas chances de sucesso serão maiores se ele conseguir entender as necessidades das pessoas e mostrar-lhes que pode ajudá-las plenamente a realizar suas necessidades.

A capacidade de realizar essas tarefas depende da combinação de características inatas da personalidade com aquisição de conhecimentos que pode ser definida em quatro partes: a correta atitude de trabalho, conhecimento do produto e serviço, técnica de vendas e organização do trabalho.

A – ATITUDE CORRETA DE TRABALHO

O homem de vendas deve ter uma atitude que combine entusiasmo e empatia. Entusiasmo é querer afirmar-se, ser aceito pelos outros e exercer controle sobre as decisões dos outros. Empatia envolve a capacidade de reagir a experiências e emoções de outras pessoas sem necessariamente tomar suas posições. Aparentemente, esses dois atributos cancelam-se mutuamente; o bom vendedor deve combiná-los de maneira a satisfazer as necessidades do cliente e concretizar seus próprios objetivos de venda.

B – CONHECIMENTO DO PRODUTO OU SERVIÇO

Muito frequentemente, as empresas supõem que o vendedor tem, naturalmente, o conhecimento dos produtos que vende. Infelizmente, a experiência de ouvir centenas de vendedores falando da maneira ininteligível não confirma essa presunção.

Usualmente atribui-se ao vendedor um conhecimento que ele nem sempre possui: uma vez que ele é mais orientado para atender a sua própria empresa do que as necessidades do cliente, todo vendedor deve ser ensinado sobre os produtos em relação ao ponto de vista do cliente. Esse é um conselho bastante difícil de ser usado. Os clientes compram para satisfazer suas necessidades e essas necessidades serão satisfeitas pelos benefícios do produto ou serviço. Assim sendo, toda a orientação é em relação ao cliente. Nada poderá ser mais proveitoso para um vendedor do que analisar dessa maneira seus produtos.

C – TÉCNICA DE VENDAS

A habilidade para vendas é, frequentemente, considerada mais como talento natural do que como técnica que pode ser adquirida. Um bom vendedor é um mestre na arte de persuadir. A técnica de vendas é para entender as reações lógicas e emocionais de indivíduos a uma apresentação de venda.

Os vendedores estão frequentemente sujeitos a recusas. As pessoas falam mais "não" do que "sim" a vendedores. Isso tende a desmoralizar o vendedor porque ele pode sentir uma recusa do produto como uma rejeição social de sua própria pessoa. A técnica de vendas consiste em fazer e dizer coisas que reduzam o risco de recusa e que facilitem ao vendedor atingir seu objetivo de venda.

A entrevista de vendas deve ser preparada; essa preparação propicia ao vendedor maior controle sobre a entrevista. A entrevista de vendas passa por diferentes estágios: identificar as necessidades do consumidor, criar interesse pelos benefícios que lhe estão sendo oferecidos, prevenir objeções e fechar a entrevista com a decisão de compra.

O Quadro 19.2 ilustra como a técnica de vendas é aplicada à sequência de compra pela qual passa toda venda.

D – ORGANIZAÇÃO DE TRABALHO

Os vendedores devem desenvolver bons hábitos de trabalho e organizar-se para realizar os outros requisitos de um bom vendedor, que são: estabelecer uma classificação de clientes, planejar suas visitas antecipadamente, melhorar visitas futuras analisando cada entrevista feita e os problemas surgidos, relatar precisamente suas atividades quando necessário.

Quadro 19.2   *A sequência de compra.*

As maneiras pelas quais as pessoas compram	Como vender	
	Objetivos de vendas	Técnica de vendas
1. Eu sou importante 2. Leve em conta as minhas necessidades	Explorar e identificar as necessidades do cliente	Começar a entrevista de venda
3. Como suas ideias poderiam ajudar-me? 4. Quais são os fatos?	Selecionar e apresentar unicamente os benefícios que trarão satisfação ao cliente	Apresentar a venda
5. Quais são as dificuldades?	Prevenir-se antecipando dificuldades contra o surgimento de objeções de maneira a poder dirigi-las para que o cliente fique satisfeito com as respostas	Dirigir as objeções de compra
6. O que decidirei? 7. Eu aprovo	Obter do cliente uma decisão de compra ou um compromisso em relação à proposta que lhe foi apresentada	Fechar a venda

19.2 TREINAMENTO: PONTOS IMPORTANTES

A – O VENDEDOR DEVE CONHECER A SUA EMPRESA E IDENTIFICAR-SE COM ELA

A maioria das empresas dedica a primeira parte do treinamento a temas institucionais, nos quais estão incluídos a história e os objetivos da empresa, o esquema de organização e as linhas de autoridade, os nomes dos chefes, a estrutura, os principais produtos e o volume de vendas da unidade de vendas, sendo isso apresentado com a ideia de desenvolver respeito, lealdade e o senso de oportunidade do indivíduo.

B – O VENDEDOR DEVE CONHECER SEUS PRODUTOS

Durante o treinamento deve ser mostrado ao *trainee* como são julgados os produtos e como funcionam em várias utilizações, isto é, os seus benefícios para os clientes.

C – O VENDEDOR DEVE CONHECER AS CARACTERÍSTICAS DOS CLIENTES E DA CONCORRÊNCIA

O vendedor deve conhecer perfeitamente os diferentes tipos de clientes, suas necessidades, motivos e hábitos de compra. Deve aprender, também, a política de crédito, distribuição etc., tanto da empresa como da concorrência, bem como toda a linha de produtos similares desta.

D – O VENDEDOR DEVE APRENDER COMO FAZER APRESENTAÇÕES DE VENDA EFICIENTES

O vendedor deve receber os maiores argumentos de vendas existentes para cada produto e, se possível, sob a forma de roteiro exploratório.

Parte do período de treinamento deve ser utilizado também para desenvolver a personalidade do vendedor e sugerir pontos para seu autodesenvolvimento.

E – O VENDEDOR DEVE CONHECER OS PROCEDIMENTOS DE CAMPO E SUAS RESPONSABILIDADES GERAIS

O vendedor deve saber como se espera que ele divida seu tempo entre clientes ativos e clientes potenciais (abrir novos clientes). Como deve preparar os relatórios de visitas, como preencher o formulário de pedidos, como preencher a ficha do cliente e como seguir um roteiro programado com base na visitação a clientes de acordo com a classificação A, B, C e D de clientes.

F – O VENDEDOR DEVE CONHECER SEU TERRITÓRIO DE VENDAS

É importante que conheça os limites do seu território, os clientes potenciais e os atuais etc.

G – O VENDEDOR DEVE SER ORIENTADO PARA CUMPRIR ROTEIROS

Deste modo, evita perda de tempo por falta de programação de visitas.

H – O VENDEDOR DEVE ADMINISTRAR SEU TEMPO

Deve programar seu tempo entre visitas e locomoção, entre visitas de prospecção de negócios e visitas a clientes atuais, entre atividades burocráticas etc.

O vendedor deve ser treinado para ter:

- habilidade de vendas;
- comunicação – saber expressar-se junto ao cliente;
- capacidade de ouvir – saber ouvir o cliente;
- apresentação em grupo – ajuda o vendedor a corrigir suas deficiências;
- programas de sensibilidade;
- planejamento de mercado;
- noções de gerente de território;
- noções de *merchandising*;
- noções de crédito e cobrança;
- noções de pesquisa de mercado;
- habilidade para sentir as pessoas.

I – AVALIAR OS RESULTADOS DE UM TREINAMENTO DE VENDAS

Os investimentos realizados em um treinamento de vendas devem ser avaliados, segundo Donald Kirkpatrick, com base nos resultados alcançados em termos de melhoria de desempenho da equipe de vendas que justifiquem a realização de novos treinamentos de vendas. São quatro os pontos a serem avaliados:

1. **Reações:** Constatar se os participantes do treinamento de vendas acreditaram, após a sua realização, que os objetivos estabelecidos para o programa foram atingidos e se foi positivo.

Geralmente se pode avaliar se o conteúdo aplicado atendeu as expectativas do *briefing* elaborado no momento da elaboração do programa e se foram percebidos na equipe empolgação, comprometimento, atenção e motivação durante e logo após a aplicação do treinamento de vendas.

2. **Aprendizado:** Segundo Kirkpatrick, o aprendizado pode ser adquirido através da mudança na forma de perceber a realidade, do aumento de conhecimentos ou do aumento de habilidades. A transmissão de conhecimento desse aspecto de resultado considera quantas informações foram absorvidas pelos vendedores após o treinamento de vendas e geralmente envolve a aplicação de algum tipo de teste, que pode ser aplicado "antes" ou "depois" do treinamento de vendas, ou apenas um, feito depois que o treinamento de vendas estiver concluído.

É importante verificar o grau de conhecimento adquirido pelos vendedores dentro do que se esperava que eles aprendessem durante a elaboração das estratégias de aplicação do treinamento de vendas. Especificamente em vendas, os treinamentos de vendas que obtêm os melhores resultados são aqueles que são aplicados por um treinador de vendas que possui vivência prática como vendedor e possui um conhecimento de alto nível intelectual e acadêmico, alinhado a experiência prática em vendas com um conhecimento extremamente atualizado na área. A capacidade de alinhar tudo isso, as especificidades e características de cada empresa, faz com que os resultados sejam muito mais latentes e mensuráveis para a organização. Durante o treinamento de vendas, são fundamentais dinâmicas práticas e vivências sobre o conteúdo trabalhado durante o treinamento de vendas, de forma que os vendedores pratiquem o conteúdo ainda durante a aplicação do treinamento de vendas para desenvolverem, ainda durante o processo, novas habilidades comerciais.

3. **Comportamento:** Esse resultado permite avaliar se o vendedor teve efetivamente uma mudança comportamental. A avaliação do comportamento é, na maioria das vezes, feita por um supervisor que pode observar diretamente o vendedor ou representante de vendas durante os dias, semanas e meses seguintes após a aplicação do treinamento de vendas. Pode-se incluir ainda a autoavaliação ou as opiniões de clientes. Kirkpatrick define esse nível como a extensão da mudança de conduta e de procedimento que ocorre porque a pessoa participou do treinamento de vendas. Espera-se uma melhoria no comportamento do vendedor no que tange a sua organização e ao seu planejamento do trabalho, e ainda ao seu relacionamento com os gerentes e diretoria, bem como com os colegas de trabalhos e clientes.

No entanto, é utópico esperar resultados mágicos de um palestrante de vendas quando a empresa não propicia aos seus vendedores e representantes de vendas estrutura adequada para que as mudanças aconteçam e se consolidem.

4. **Resultados:** Indicam se o treinamento de vendas está se transformando em resultados melhores de desempenho de cada vendedor. É o último teste para verificar se os benefícios do treinamento de vendas contrabalançam seu investimento. Medidas como aumento de vendas e de rentabilidade, maior retenção de clientes, quantidade de cliente inativos transformados em ativos novamente, redução de custos, redução da rotatividade de pessoal, aumento da satisfação dos clientes quanto ao atendimento e número de novas contas podem ser usadas para avaliar resultados.

19.3 COMO TREINAR NOVOS VENDEDORES

Cada novo vendedor admitido na empresa deve receber de forma prática e não de forma exaustiva e teórica as seguintes informações:

- Os objetivos da empresa.
- Os produtos da empresa e seus mercados: características, benefícios e aplicações.
- As normas e procedimentos da empresa.
- Os deveres e obrigações do vendedor.
- As responsabilidades e as autoridades do vendedor.
- A área de resultados, isto é, os gols que o vendedor deve marcar.

19.4 TREINAMENTO DE CAMPO: MÉTODOS E TÉCNICAS PARA O SUPERVISOR DE VENDAS COMO TREINADOR

Quais são os objetivos de cada visita? Como planejar uma visita? Como elaborar um plano de visitas? O que fazer durante a visita?

O treinamento, para reciclagem de vendedores, deve levar em conta as seguintes premissas:

- O vendedor deve conhecer a sua empresa e vestir a camisa dela.
- Deve conhecer os produtos e os seus benefícios.
- Deve conhecer os clientes e suas necessidades.
- Deve conhecer a concorrência e seus métodos de atuação.
- Deve saber fazer apresentações de vendas convincentes.
- Deve saber vencer objeções.
- Deve conhecer a zona de vendas.
- Deve cumprir roteiros e administrar o seu tempo.
- Deve conhecer os procedimentos de campo e responsabilidades.

Uma das técnicas de treinamento de muito bons resultados é o treinamento do vendedor no campo. Para essa tarefa o supervisor de vendas deve ser transformado em um treinador. Veja os passos a serem seguidos no Quadro 19.3.

Quadro 19.3 *Exemplo de treinamento de campo.*

Passos	Objetivos
PASSO 1	Antes de cada visita, análise a ficha do cliente • Quando foi a última visita? • Que produtos foram apresentados? • Que objeções o cliente apresentou? • Que produtos foram vendidos? • Que produtos não foram vendidos? • Que informações foram obtidas?
PASSO 2	Ajude o vendedor a planejar e preparar a visita • Quais são os objetivos da visita? • Quais são as necessidades do cliente? • Que produtos devem ser apresentados e em que ordem? • Qual será a abordagem inicial? • Que ajudas de vendas devem ser utilizadas? • Que benefícios devem ser mencionados e em que ordem? • Que fatos devem ser usados como suporte e prova desses benefícios? • Que pontos devem ser levantados para sentir se o cliente está de acordo? • Que tipo de objeções o cliente pode levantar e como superá-las? • Como deverá ser o encerramento da visita?
PASSO 3	Faça o vendedor entender e concordar com o plano de visitas Se necessário destaque os pontos de abertura e encerramento da visita e as formas de vencer objeções

Passos	Objetivos
PASSO 4	Determine qual o papel do supervisor de vendas na visita Diga que você observará a visita toda, mas apenas participará quando necessário Lembre-se dos perigos de intervenções não planejadas
PASSO 5	Durante a visita assista e ouça • Olhe o vendedor, não o cliente • Evite intervenções não planejadas • Observe as mudanças no plano • Quais foram as razões para elas ocorrerem? • Quais foram os pontos fracos da apresentação? • O que pode ser feito para melhorar?
PASSO 6	Após a visita Acompanhe o vendedor no preenchimento do relatório de visita e da ficha do cliente • Observe ao vendedor que ele anote os resultados imediatamente após a visita Este é um passo importante que auxiliará o vendedor na próxima visita a esse cliente
PASSO 7	Estabeleça objetivos específicos para a próxima visita a esse cliente
PASSO 8	Esteja certo de que esses objetivos foram bem gravados pelo vendedor
PASSO 9	Estabeleça um prazo certo para o atingimento do objetivo • Na próxima visita? • Na próxima semana? Quando?

PASSO 10 – *APÓS AS VISITAS*

Analise o desempenho do vendedor

• Comente em detalhes todas as coisas bem feitas.

• Pergunte-lhe acerca dos pontos fracos da visita.

• Se ele não for capaz de identificar os pontos fracos, ajude-o a encontrá-los.

• Ajude-os a concordar com os pontos fracos.

• Mostre-lhe como corrigir os pontos fracos através de demonstração de vendas.

Quadro 19.4 *Formulário para a análise de vendedores: levantamento das necessidades.*

Vendedor _____

Região _____

Data _____

Desempenho

1. excelente ( )
2. bom ( )
3. regular ( )
4. mau ( )

	Análise Geral	Recomendações p/ Treinamento	Comentários do Supervisor	Comentários do Gerente de Vendas
Atitude Mental — Gera novas ideias				
Só a promoção ajuda a vender				
Veste a camisa da empresa				
Hábitos de Trabalho — Estilo de trabalho				
Planejamento de visitas				
Administração do tempo				
Administração de recursos				
Ajuda de vendas, pesquisas etc.				
Método de Vendas — *Merchandising*				
Fechamento				
Objeções				
Apresentação				
Abordagem				
Pré-abordagem				
Preparação				
Conhecimento de produtos — Concorrência				
Empresa				

19.5 LEVANTAMENTO DE NECESSIDADES DE TREINAMENTO

Uma das maneiras eficazes de suprir as deficiências das equipes de vendas é através de um programa de treinamento moldado pelas suas necessidades.

Como identificar os pontos fracos da força de vendas?

O método desenvolvido consiste na montagem de uma matriz de avaliação de pontos fortes e fracos de cada vendedor.

Matriz de levantamento

A matriz de levantamento, conforme o Quadro 19.5, é composta do seguinte:

- A partir da *descrição de cargos* ou de função – coluna 1.

- Para cada item da descrição de cargo ou função correspondente à execução de uma *tarefa* – coluna 2.

- A avaliação das tarefas que não estão sendo bem desempenhadas significa uma anotação correspondente na coluna 3 de *pontos fracos*.

- *Conhecimento* – para a execução de cada tarefa pressupõe-se um conhecimento – coluna 4.

- A identificação de conhecimentos falhos significa uma anotação correspondente na coluna 5 – *pontos fracos*.

- *Habilidade* – para a execução de cada tarefa, além de conhecimento, o vendedor deverá ter *habilidade* – coluna 6.

- As habilidades deficientes devem ser anotadas em pontos fracos – coluna 7.

- *Atitude* – não basta ao vendedor ter conhecimento e habilidades para executar as tarefas; é preciso ter atitude, isto é, comportamento – coluna 8.

- Os pontos fracos de atitude são anotados na coluna 9.

Quadro 19.5 *Exemplo de matriz de levantamento de necessidades de treinamento.*

DESCRIÇÃO DE CARGOS	TAREFA	PONTOS FRACOS	CONHECIMENTO	PONTOS FRACOS	HABILIDADE	PONTOS FRACOS	ATITUDE	PONTOS FRACOS
(1)	(2)	(3)	(4)	(5)	(6)	(7)	(8)	(9)
Eficácia do contato de vendas	Planejamento do roteiro		Geográfico da área Onde os encontros podem ser realizados Restrições de visitas		Habilidade para planejar o tempo de visitas individuais Habilidade para planejar roteiros econômicos		Esforço e tempo economizado torna o trabalho mais fácil, mais agradável, menos frustrante, mais eficaz	
	Estabelecimento de objetivos para cada visita		Necessidades e prioridades da empresa Necessidades dos clientes		Habilidade para reconhecer as prioridades da empresa Habilidade para reconhecer as necessidades dos clientes			
	Realizar uma apresentação de vendas eficaz		Produtos e sistemas Necessidades do cliente Técnica de vendas		Como iniciar uma entrevista Como criar interesse e construir o desejo Como apresentar os benefícios Como usar amostras e ajudas de vendas Como atingir os objetivos Como fechar a venda		A venda como profissão O profissional de vendas é um homem de negócios criativo que procura beneficiar seus clientes, sua empresa e sua família	

19.6 MÉTODOS DE TREINAMENTO

A partir das necessidades constatadas pelo levantamento inicia-se a identificação do método de treinamento mais indicado, como se depreende da Figura 19.1.

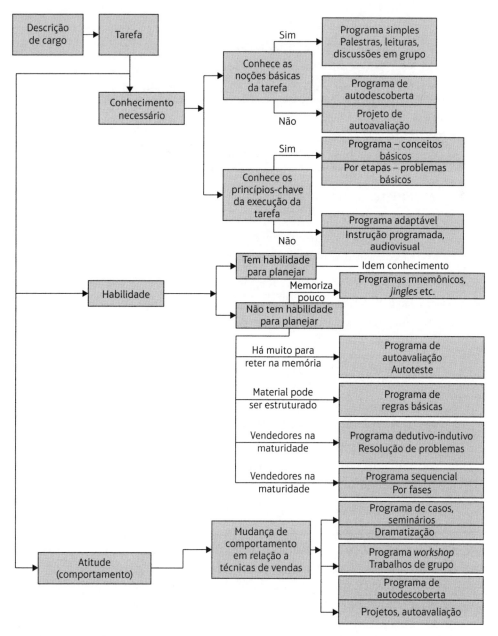

Figura 19.1 *Identificação do tipo de programa de treinamento.*

Vejamos alguns métodos indicados por tipo de necessidade:

a) *Conhecimento:* o conhecimento dos vendedores para a execução de suas tarefas poderá ser transmitido, por exemplo, através dos seguintes métodos:

- Programa simples: leituras, palestras, discussões em grupo.
- Programa de autodescoberta: autoavaliação e seminários de projetos de vendas e/ou de marketing.
- Programa de conceitos básicos: desenvolvido por etapas de conhecimentos.
- Programa adaptável: através de audiovisual ou instrução programada.

b) *Habilidade:* a habilidade dos vendedores para desempenharem melhor as suas tarefas pode ser desenvolvida através dos seguintes programas:

- Programa mnemônico: através de *jingles* e outros recursos que ativem a memória do vendedor.
- Programa de autoavaliação: autoteste conduzido através de sequência de passos, ajudando o *trainee* a memorizar o que já foi aprendido.
- Programa de regras básicas: para facilitar o esforço de memorização de grande quantidade de conhecimento.
- Programa dedutivo-indutivo: conduzido para o aprendizado de como *resolver problemas.*
- Programa sequencial: como dividir as tarefas em partes simples de serem aprendidas.

c) *Atitude:* a mudança comportamental do vendedor pode ser obtida por meio do treinamento, utilizando-se métodos tais como:

- *Dramatização:* o chamado programa de desempenho de papéis (*role playing*) que ajuda o vendedor a vivenciar, numa teatralização, as mais variadas situações de simulação de vendas.

d) *Work-shop:* através de trabalhos de grupo nos quais são discutidas várias situações de vendas.

e) *Autodescoberta:* o desenvolvimento de trabalhos de elaboração de projetos de marketing ou de vendas ajuda o vendedor a se posicionar perante o universo de situações no qual o seu dia a dia se vê envolvido. Pode ser desenvolvido, ainda, através de jogos e simulações.

A venda tem sido entendida ao longo do tempo como uma transação entre duas partes, ditas comprador e vendedor, na qual há a transferência de posse de um produto, de um serviço ou mesmo de uma ideia.

Tendo em vista essa compreensão, o processo de venda passa a incluir a adoção das técnicas de persuasão no contrato entre vendedor e comprador.

Tantas têm sido as técnicas de *marketing* utilizadas na persuasão ou sedução de um comprador que o vendedor deixou de ser um mero "tirador de pedidos".

Aliás, a época do vendedor "tomador de pedidos" está acabando e com ela a era das certezas: certeza da venda fácil, quando tudo que produzia se vendia.

O mercado mudou; os tempos são outros e eles são de incertezas.

O homem de vendas deve ser moldado e treinado para fazer *marketing*. Aliás, não só *marketing,* pois as condições de mudança do mercado estão levando os vendedores a ampliar o escopo de suas atividades.

O aumento do custo do combustível, por exemplo, tem estimulado os vendedores a economizar gasolina, e se o roteiro não estiver otimizado, na certa o custo por visita crescerá ou ele tenderá a diminuir o número diário delas. Isto, é claro, se as despesas de locomoção correrem por sua conta.

O vendedor sabe identificar desejos e necessidades de seus clientes?

A transferência de posse de um produto ou serviço deveria ser definida como um processo que se inicia com a análise das necessidades e desejos dos consumidores ou clientes potenciais.

A esse ato se agregaria ainda a assistência a esses clientes potenciais no sentido de ajudá-los a identificar de que maneira esses desejos e necessidades podem ser mais bem satisfeitos, através de aquisição de um produto, serviço ou mesmo de uma ideia.

Dessa maneira, a venda poderia ser identificada como ato de persuasão e isto significa saber identificar os fatores que interagem positiva ou negativamente no processo de vendas. Segundo os psicólogos, há um sem-número de fatores que agem sobre o comprador no momento da compra, mas cabe ao vendedor identificar, canalizar ou neutralizá-los conforme o caso. E será importante para isso que o vendedor tenha fato dirigido ao cliente comprador.

É por essa razão que vendedores que pesquisam o mercado estão mais aptos a ajudar o comprador na hora de sua decisão de compra.

Os vendedores podem permitir aos compradores descobrir as suas próprias razões de compra, ouvindo, observando e compreendendo as comunicações não verbais.

Esses tipos de vendedores se apresentarão aos compradores como "consultor". Eles não tentarão iludir o comprador com *blá blá blá.*

Necessidades e Motivações

As pessoas são motivadas por necessidades, algumas das quais são físicas e outras psicológicas. Os consumidores têm sempre algumas necessidades a serem satisfeitas, e a menos que elas os satisfaçam, tenderão a sofrer tensão. A fome, a falta de afeição são algumas das causas de tensão.

Muitos cientistas comportamentais têm investigado o impacto das necessidades no comportamento humano e todos concordam que as necessidades podem ser categorizadas sob a forma de significados.

Dentre essas análises de comportamento, uma das mais conhecidas é a do Dr. Abraham Maslow, que descreveu a chamada "hierarquia das necessidades"; por sinal, de extraordinária utilidade para se analisar os estágios das equipes de vendas e também para se compreender melhor consumidores e clientes.

Cada nível da pirâmide de Maslow, conforme a Figura 19.2, representa uma necessidade básica.

- *As necessidades biológicas*

São intrínsecas a qualquer ser humano e visam satisfazer sua individualidade: a necessidade de alimentos, oxigênio, água etc. A menos que estas necessidades estejam satisfeitas, o indivíduo estará impossibilitado de satisfazer as demais.

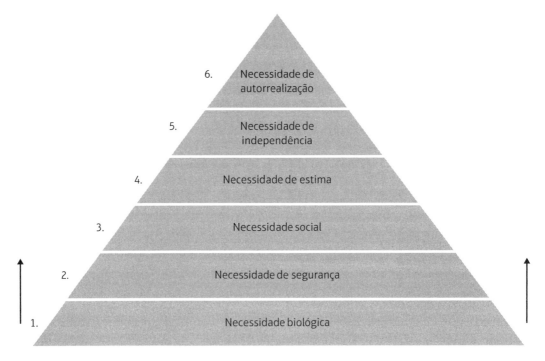

Figura 19.2 *Hierarquia de necessidades segundo Maslow.*

As necessidades de segurança

Após satisfazer suas necessidades biológicas, o indivíduo tenta satisfazer suas necessidades de segurança: proteção física, familiar etc. como forma de se proteger de acidentes, crimes, catástrofes etc. Sem essas proteções, o mundo pode ficar um pouco mais caótico.

As necessidades sociais

O ser humano é gregário por natureza, isto é, ele necessita de pessoas à sua volta. A necessidade social varia de pessoa para pessoa, mas todos nós temos necessidades que somente outras pessoas podem satisfazer, como amor, companhia, afeição e aprovação. O vendedor satisfaz em parte essas necessidades, sendo membro de associações, almoçando com o cliente, vendendo etc.

As necessidades de estima

Todos nós necessitamos ouvir alguém falar bem de nós. Após satisfazermos nossas necessidades biológicas, de segurança e as sociais, concentramo-nos em reconhecimento, reputação e *status*. No trabalho, isso pode significar satisfação através de promoções, premiação, títulos e símbolos de *status* profissional.

As necessidades de independência

O sentido de independência está ligado à necessidade de nos sentirmos fortes o suficiente para nos sustentarmos por nossas próprias pernas, assumindo responsabilidades. Um vendedor, por exemplo, se sente senhor da situação quando tem bom conhecimento técnico, sólida habilidade para lidar com as pessoas e para compreender o comportamento humano. É o desejo de possuir competência e talento.

As necessidades de autorrealização

São difíceis de serem descritas, pois variam de pessoa para pessoa. Algumas pessoas se realizam escrevendo poemas, outras pescando, outras andando de bicicleta e outras trabalhando.

Contudo, nem todas as pessoas sentem necessidade de autorrealização, ao contrário dos estágios anteriores, que são comuns a todas as pessoas.

Tarefas necessárias

Descritas por uma margem à esquerda na pirâmide da hierarquia de necessidades de Maslow, conforme a Figura 19.3, Buzzotta e outros[1] descrevem-nas como sendo:

---

[1] BUZZOTTA, V. R.; NEFTON, R. E.; SHERBERG, M. *Effective selling through psychology dimensional sales and sales management*. New York: John Wiley, 1972. p. 151 ss.

"Todas as necessidades que precisam ser preenchidas no desempenho do trabalho." Elas incluem desde os clipes, computadores, cursos de vendas até milhões de outros produtos ou serviços. A tarefa pode ser uma simples carta que pode ser realizada por um datilógrafo, por um papel, envelope etc., até uma tarefa complexa que envolva diferentes talentos, como contadores, advogados, secretárias e conselheiros, por exemplo.

A necessidade de desempenho das "tarefas" pode estar presente a qualquer tempo, independentemente de qual necessidade básica a pessoa esteja tentando realizar.

Na verdade, ambas as necessidades (psicológicas e de realização física) coexistem. O vendedor, por exemplo, ao exceder a quota de vendas, estará realizando sua necessidade de estima, mas não poderá realizar essa tarefa específica sem os meios e os equipamentos necessários.

- *Necessidades, motivação e estratégia comportamentais*

Como pode o vendedor descobrir as necessidades de um cliente-consumidor?

A resposta é simples: através da observação do comportamento do consumidor e através de uma comunicação bem-sucedida.

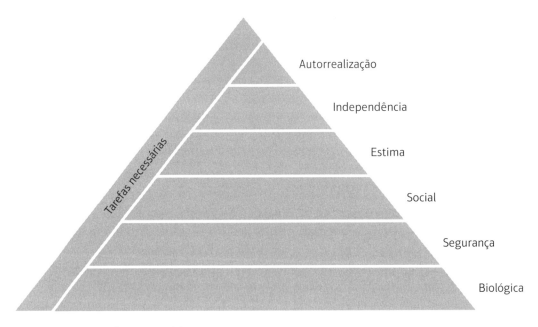

Figura 19.3   *Tarefas necessárias.*

- *As necessidades do vendedor*

1º Estágio

Supõe-se que, assim como qualquer consumidor, o vendedor é motivado por forte necessidade de *estima* e *independência*.

2º Estágio

À medida que o mercado se torna recessivo, por exemplo, o vendedor tem necessidade de segurança, como uma proteção à sua ansiedade de não perder o emprego.

3º Estágio

O vendedor neste estágio é motivado basicamente pelas necessidades de segurança e estima.

4º Estágio

À medida que o vendedor se desenvolve em seus negócios, ele tende a buscar a autorrealização e a independência.

É importante lembrar, finalizando, que as necessidades pessoais se sobrepõem, isto é, elas não subexistem isoladamente. A força de cada necessidade pessoal varia de pessoa para pessoa; em muitos casos, uma pessoa é fundamentalmente mais motivada por suas necessidades básicas mais elementares, como as biológicas e segurança. O vendedor pode satisfazer as necessidades pessoais do cliente de duas maneiras: pelos seus métodos de apresentação e por seu produto.

O vendedor deve fazer pesquisa?

A despeito do avanço das técnicas da pesquisa de marketing, o pessoal de vendas ainda pode suprir a empresa de informações valiosas, permitindo a ela dirigir melhor o seu "tiro ao alvo" no combate à concorrência, o que não seria muito rápido pelos caminhos normais da pesquisa mercadológica.

O vendedor deve maximizar o volume de vendas ou o lucro?

Há um ditado popular que diz "que um negócio só é bom quando é bom para ambas as partes, ou melhor, para todas as partes: comprador, vendedor, consumidor e produtor".

O pressuposto básico de qualquer transação comercial é o lucro. E a preocupação do lucro não deve ser unicamente do departamento financeiro de uma empresa. Os vendedores, via de regra, tomam decisões que influem na qualidade do lucro.

O vendedor, ao analisar e determinar os segmentos do mercado e que produtos proporcionarão melhores negócios, estará se orientando para o lucro.

As vendas são mais lucrativas quando os vendedores colaboram. A empresa se beneficia quando o pessoal de vendas mantém espírito de equipe, confraterniza-se e intercambia conhecimentos e dicas de persuasão.

Tanto para o comprador quanto para o vendedor, o objetivo último é a lucratividade, embora ambos tenham outros "gols" que as empresas e as pessoas procuram marcar. Porém, o lucro é a essência pela qual as empresas são avaliadas.

O homem de vendas deve vender os atributos de um produto ou serviço ou deve vender benefícios? Ou ainda, deve vender *insights*?

Os compradores não adquirem somente um produto ou serviço, mas um bando de benefícios e satisfações, e muitos destes são proporcionados pelo pessoal de vendas.

Cada consumidor compra três coisas em proporções variadas: o produto e o que ele faz, a reputação da empresa vendedora, o tratamento e o serviço proporcionado pelo vendedor.

Na verdade, o vendedor confunde o que o produto faz, que são os atributos implícitos à natureza do produto, com o que o consumidor quer que seja feito.

As pessoas compram o que o produto pode fazer por elas mais o que elas querem que ele faça; isto é um benefício.

Para a criança, o benefício do doce não está no seu conteúdo, mas na sua aparência.

O afogado não quer saber o que a corda faz, mas que o salve, retirando-o da água.

Em resumo, a fórmula do benefício é: *necessidades do consumidor + atributos do produto = benefício ao consumidor.*

O vendedor deve saber vencer resistências?

- *O profissional de venda*[2]

Infelizmente, muitas pessoas resistem tremendamente a mudanças. Seu cliente não é diferente. Ele resiste – mesmo quando sua ideia pode ajudá-lo, a não ser que você goze de muita credibilidade junto a ele.

Segundo algumas pesquisas, a humanidade confia muito: nos professores, padres, engenheiros e bombeiros. E está cada vez menos acreditando nos médicos, políticos, imprensa, propaganda e... vendedores.[3] Péssimo, não é mesmo?

Mas não é a primeira vez que o vendedor rema contra a maré. Tudo depende da sua postura. Ser um profissional significa fazer com fé aquilo a que se propõe. Portanto, o primeiro passo é:

---

[2] Colaboração de Maria Elisa de Oliveira Nogueira Cobra.

[3] A imprensa mal julgada. *Veja*. São Paulo: Abril, nº 814, p. 42-50, 11-4-1984.

Treinamento de vendas 337

- *Atitude adequada*

Os atletas, por exemplo, estão sempre empenhados em superar seus recordes. E você, vendedor? Onde você coloca sua energia? O atleta treina diariamente. O bom médico estuda, pesquisa, observa. Quanto tempo você se dedica às coisas do seu trabalho?

Talvez seja por isso que você já entre *derrotado* frente ao cliente. Você *aceita* estar por baixo.

- *Vender é e pode ser uma boa profissão*

Se você quer manter-se por cima, deve:

- – *Aceitar* os *desafios* e manter suas antenas ligadas para tudo o que está acontecendo.
- – *Conhecer o seu trabalho, seus produtos e seus benefícios para cada tipo de cliente.*
- – *Gostar de pessoas e comunicar-se bem com elas.*
- – *Não temer o preço.*

O preço não é um aspecto objetivo. Ou seja, o que pode parecer caro para um cliente pode parecer barato para outro. É preciso avaliar por que o cliente acha caro. Talvez ele não esteja enxergando todos os benefícios que o seu produto pode fazer por ele.

O conceito do preço é: soma em dinheiro ou valor equivalente pelo qual o vendedor pede por seu produto. Mas quando você fala em *valor,* você está falando em benefícios, ou conjunto integrado de benefícios (sistema) ou serviços (conjunto integrado de soluções técnicas).

Muitos vendedores temem as objeções dos clientes porque acreditam mais nelas do que no seu produto, serviço e nos benefícios que ele pode oferecer aos clientes. Os vendedores não devem temer o *não.*

- *Quando um cliente diz não, você pode imaginar que ele está com mais medo do que você*

Ele tem um enorme medo de perder o que já conseguiu, portanto, ele tem mais a perder do que você. Isto é fundamental você perceber. O cliente compra seus produtos não para beneficiar você, mas para tirar proveito deles.

Nós, vendedores, temos a obrigação moral de ajudá-lo a vencer o medo e a confiar nos benefícios dos nossos produtos. Para tanto, você tem de conhecer os produtos tão bem que possa ajudá-lo a solucionar problemas com seus produtos.

- *O cliente precisa de você*

O cliente depende *muito de você* e não gosta disso. Por melhor que sejam seus produtos, você ouvirá mais "não" do que "sim". Isso tem destruído a autoestima de muitos vendedores, que se esquecem que o "não" faz parte do jogo.

- *Como trabalhar as objeções*

As causas mais frequentes de objeções são:

- O comprador não confia na empresa e no vendedor.
- O comprador resiste à mudança de seus hábitos de compra.
- O comprador não tem condições financeiras necessárias para efetuar a compra.
- O comprador não necessita do benefício do produto.
- O comprador necessita de informação adicional para atender seu interesse.
- O comprador estabeleceu prioridades na compra de outro produto.

As objeções ao preço podem ser expressadas das seguintes formas:

- É muito caro.
- Vou esperar melhorar o preço.
- Não quero gastar tanto.

As objeções ao produto podem ser:

- Não gosto do desenho ou do modelo.
- Prefiro algo de melhor qualidade.
- Não serve para o que quero.

As objeções à empresa, às vezes, são:

- Não gosto da maneira dessa empresa atuar.
- Prefiro uma empresa que eu conheça melhor.
- Prefiro tratar com uma empresa menor.

As objeções em relação ao vendedor podem surgir nas seguintes afirmações:

- Simplesmente não quero comprar.
- Você me pressiona demais.
- Você me irrita.

As objeções baseadas em um mau atendimento:

- – Vocês não têm um supervisor de atendimento na área?
- – Demoram muito na reposição e reparo.

Uma atitude mental positiva facilita muito ao vendedor para vencer as objeções. Considerando que os métodos de vencer as objeções vão variar de acordo com a personalidade do comprador e o tipo de objeção apresentada, ofereceremos alguns métodos cuja aplicação depende muito de sua habilidade em lidar com a situação.

- *Estar de acordo e qualificar a objeção*

Antes de mais nada, não conteste o cliente. Fique de acordo e verifique em que gênero se qualifica a objeção (preço, empresa, vendedor, atendimento) e apresente com tato uma informação que combata a resistência. Por exemplo:

Um vendedor de calçados está oferecendo um sapato de preço superior e a compradora diz:

– Na loja em frente tem um sapato parecido, por preço inferior.

Vendedor:

– Sim, já vi na vitrina, mas se a senhora calçá-lo vai sentir a diferença. O nosso tem um desenho perfeito, calça bem, não fere seus pés e certamente não se vai desmanchar com a primeira chuva.

- *Fazer com que a objeção sirva de motivo de venda*

Por exemplo, a cliente diz:

– Não me interessa esse modelo, porque está fora de moda. O vendedor responde:

– Tem razão. Tem pouca gente usando esse modelo porque é ainda muito recente. Creio que, em pouco tempo, muitas pessoas vão imitar a senhora, porque, por não concordar com a moda, a senhora lança a moda.

- *Faça perguntas para abrir seu "leque" de argumentos*

Por exemplo, se o cliente diz:

– Seu sistema provavelmente sirva para a maioria das empresas, mas não há dúvidas de que não funcionará para a minha.

O vendedor, em vez de contestar, poderá solicitar do cliente que lhe explique sua atividade atual e por que o outro sistema lhe atende melhor.

340 Administração de Vendas • Cobra

- *Fique de acordo se a objeção é válida*

Há ocasiões em que o cliente formula objeções válidas. Concorde e tente mostrar o que o seu produto pode fazer por ele, enfatize aspectos positivos.

- *Muitas vezes a objeção vem antes que você consiga expor seus benefícios*

O vendedor poderá dizer:

– É uma opinião interessante, gostaria de falar sobre isso daqui a pouco. Gostaria de lhe mostrar, antes de mais nada, alguns aspectos do nosso produto.

Se a objeção não for válida, diga apenas:

– Informaram muito mal ao senhor.

E nunca:

– O senhor está mal-informado.

- *Às vezes, a ironia esconde uma objeção*

O cliente poderá dizer:

– Dizem que vocês entregam uma arrumadeira com a enceradeira.

O vendedor deverá manter o humor:

– Gostaríamos de fazê-lo, mas as arrumadeiras estão em extinção.

Planilha do comportamento do cliente

Características de estilos de comportamento intuitivo:

Entusiasta	Impulsivo	Arrojado
Estimulador	Egoísta	Confiante
Criativo	Agressivo	Indagante
Envolvido com pessoas	Agitado	Informal
Generalista	Provocador	Enérgico

Características de estilo de comportamento analítico:

Culpado	Comandante	Prudente
Detalhista	Ordeiro	Quieto
Perfeccionista	Sistemático	Frio
Persistente	Consciencioso	Seguro
Empacado	Metódico	Formal
Contido	Conselheiro	Inquisidor
Deliberado		

Essas características não devem ser consideradas separadamente; o vendedor deve procurar o correto perfil do seu cliente e estudar maneiras adequadas de lidar com ele em cada situação.

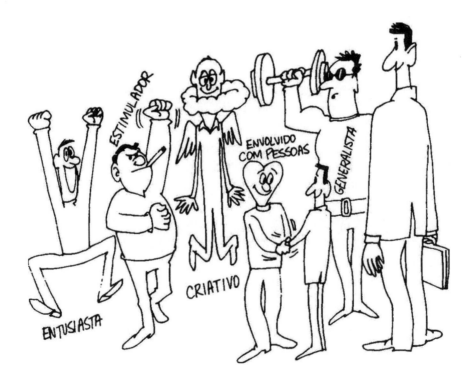

O vendedor deve também semear para o futuro ou apenas colher?

Os homens de marketing tratam de criar coisas que produzirão vendas no futuro; o pessoal de vendas tenta tirar pedido hoje.

As empresas e os vendedores que entendem que essa diferenciação está correta tonar-se-ão estagnados; as empresas que adotarem o marketing como um sistema serão mais bem-sucedidas. Mesmo as técnicas que foram persuasivas alguma vez agora estão se tornando ineficazes, porque são tão comumente usadas que se tornaram conhecidas pelos compradores.

O vendedor que só colhe é do tipo que vende preço e qualidade e o seu "prato cheio" é a nova tabela de preços. O seu argumento persuasivo chave é: "Compre agora e goze das vantagens da penúltima tabela de preços sem o novo aumento."

A qualidade e o preço são essenciais, mas não bastam. É preciso segmentar o mercado e analisar o comportamento do comprador sistematicamente.

O consumidor e o comprador devem, mais do que nunca, estar satisfeitos com o que compram, pois só assim eles serão um poderoso desencadeador de novos negócios.

O que é que mudou na venda, nos últimos anos?

A produção em massa e o acesso às novas tecnologias têm propiciado a empresas concorrentes tendência a ser similares, senão até mesmo frequentemente idênticas em aparência e vantagens, pois há até similaridade proposital entre preços e descontos concedidos.

As principais diferenças entre empresas concorrentes são os canais de comunicação com o seu mercado: serviços e benefícios oferecidos, promoção e propaganda, venda *on-line* e a força de vendas.

Ao vendedor inexperiente o seu concorrente sempre parece ter melhores condições a oferecer do que ele – preço melhor, condições de vendas melhores e até mesmo um produto melhor. Tudo isso é fruto de insegurança ou de falta de conhecimento do seu próprio negócio?

Não importa qual seja a conclusão, a verdade é que falta a muitos vendedores conhecimento do seu negócio e a habilidade para lidar com todos os tipos de clientes.

Por isso os vendedores necessitam conhecer algumas regras básicas da administração de negócios e saber como aplicar e usá-las nas vendas:

- Os clientes compram produtos como parte de seus esquemas gerenciais para ajudá-los a atingir seus objetivos de lucro. Os compradores estão se tornando mais eficazes na administração de suas compras e astutos na negociação, como parte de suas lutas contra seus concorrentes no mercado.

- O crescimento das empresas leva a ordem de compras a ser também maior e para tal negociação o comprador impõe mais condições, isto é, aumenta sensivelmente o poder de barganha do comprador.

- Por causa da rapidez com que produtos novos e de sucesso são copiados, as empresas precisam tornar-se especialistas em controles financeiros e contabilidade gerencial. Do contrário, o resultado em oportunidades de lucro é carregado do dia para a noite pela concorrência.

É nesse ponto que o próprio vendedor deve agir como uma sentinela avançada em seu território, atuando como um gerente de território preocupado com os resultados financeiros e não apenas como um mero tomador de pedidos.

- Os compradores precisam também de uma prova clara e objetiva de lucro financeiro para sua decisão de compra.

- O vendedor deve dominar conhecimentos de finanças para:

  – saber calcular a operação financeira em um negócio;

  – saber como medir o desempenho dos negócios através de uma análise financeira.

- O vendedor deve saber que produtos ofertar e em quais mercados. Com as dificuldades econômicas dos novos tempos, o consumidor brasileiro está redirecionando o próprio ato de consumir. As pessoas mudam os padrões de consumo, redirecionando suas necessidades, mas não deixam de consumir. Ao contrário, passam a buscar produtos ou serviços que efetivamente contribuam para a melhoria da sua qualidade de vida.

- As pessoas compram expectativas e não coisas. E a venda por si só não é mais suficiente. Assim, uma decisão de compra não significa somente a decisão de comprar um item, mas a decisão de estabelecer um vínculo duradouro. Isto exige do vendedor potencial uma nova orientação e estratégia.[4]

- "O vendedor precisa de carisma, porque é o carisma, mais do que a qualidade do produto, que promove a venda." Esta era uma tese aceita. Hoje não é mais.[5] É por essa razão que hoje as empresas buscam um canal de comunicação direta com o consumidor, através das mídias sociais, para fornecer-lhe assessoria sobre os produtos e seus usos, buscando consolidar a lealdade do consumidor àquela marca.

---

[4] LEVITT, T. After the sale is over... HBR. Depois que a venda é concluída. *Revista Exame*, São Paulo, p. 49-54, 11-1-84.

[5] Ibidem.

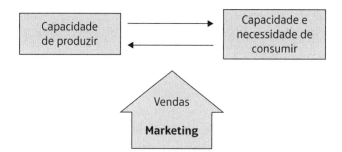

Figura 19.4 *Representação gráfica da administração de negócios.*

Tradicionalmente se entende a venda como a arte ou habilidade de persuadir alguém que numa entrevista de venda é relutante em comprar. Para conseguir esse objetivo de venda, o vendedor usa um repertório de técnicas pelas quais descobre a necessidade do comprador (sobre o que ele entende que deve ser oferecido) a ponto de poder atuar sobre essa necessidade.

Mas a negociação não é só persuasão. A persuasão pode ser um elemento útil na negociação.

Podemos abordar esse processo de negociação em vendas de várias maneiras. Vejamos como a negociação se cruza com a sigla AIDA, para criar: Atenção, Interesse, Desejo e Ação de compra do cliente.

1º Preparação da visita: ATENÇÃO

Para criar atenção no cliente (abrindo questões ou pontos sobre as necessidades dos clientes). Esta é a fase da preparação da visita. O vendedor, por exemplo, pode começar o processo de comunicação olhando os olhos do cliente e identificando expectativas. Mas, o primeiro princípio da eficácia da comunicação em vendas é baseado nos dados levantados acerca do cliente e de seus negócios obtidos antes da entrevista. Com isso fica mais fácil ao vendedor abrir a entrevista, formulando questões específicas acerca do negócio do cliente.

2º A abertura: INTERESSE

Uma boa abertura de vendas deveria apoiar-se em três pontos:

- Dizer ao cliente os objetivos da visita.
- Explicar por que ele deveria tomar parte na visita.
- Estabelecer um clima receptivo à continuidade da entrevista de vendas.

3º *Exploração de necessidades*

Para criar interesses benéficos baseados nas necessidades do cliente e despertá-lo para essas necessidades.

4º *Demonstração dos benefícios: DESEJO*

Para criar desejo no cliente após se eliminar ou minimizar as barreiras de comunicação pela identificação de necessidades do cliente, o vendedor deve levantar e vencer as objeções apresentadas pelo cliente, com a finalidade de remover os obstáculos que podem evitar a compra. Para isso é preciso que o vendedor saiba demonstrar os benefícios e não apenas falar sobre os atributos do produto.

5º *Fechamento da venda: AÇÃO*

Com a finalidade de obter o "sim" e de estabelecer um clima favorável para as futuras visitas. É a ação do fechamento do pedido.

Outras abordagens nos falam mais das necessidades do cliente:

- "Sou importante e mereço ser respeitado..."
- "Considere minhas necessidades..."
- "Suas ideias vão me ajudar..."
- "O que posso fazer..."
- "Aprovo".

Qualquer que seja o enfoque, o objetivo em termos de resultado é aumentar a necessidade do consumidor pelos benefícios dos produtos que o vendedor oferece, a tal nível que a necessidade de satisfação serviços/ideias leve à decisão de compra. Ao se examinar o movimento das duas partes envolvidas (vendedor e comprador), na abordagem da venda, pode-se observar que a necessidade do vendedor de negociar é muito maior que a necessidade do comprador de adquirir. Sem dúvida alguma, ele usa a venda como um processo de induzir o comprador a uma posição em que a necessidade deste pelo produto/serviço coincida com a necessidade dele de vendê-lo.

Embora o vendedor vá frequente e fisicamente ver o comprador para lhe vender algo, sua proposição de venda é frequentemente inflexível. O vendedor nesse sentido não se movimenta, usa a venda como um meio de induzir o comprador a mudar.

19.7 PASSOS BÁSICOS DE VENDA PERSUASIVA

A abordagem persuasiva de vendas é utilizada em muitas empresas. Em muitos casos, isto é não somente compreensível, mas também apropriado.

Mas, utilizar essa abordagem nos negócios sem estabelecer seus limites pode ser perigoso, pois pode levar o vendedor à generalização de que o comprador não tem necessidade de adquirir, o *que não é verdade.*

O comprador tenta é evitar ou adiar a decisão de compra.

Embora no mundo dos negócios haja sempre uma guerra não declarada entre o vendedor e o comprador, é preciso que o vendedor evite sempre deflagrá-la. Na negociação não deve haver perdedores nem ganhadores, por essa razão não deve ser um troféu de conquista do vendedor, mas de ambos, pois um negócio só é bom quando o é para o vendedor e para o comprador.

A – AS CIRCUNSTÂNCIAS QUE CERCAM A VENDA

Técnicas bem-sucedidas de venda produzem bases para qualquer negociação. O cliente é levado, pelas técnicas de venda, a uma posição onde, no sentido de satisfazer sua atual elevada percepção de necessidades, ele considera a decisão de compra. Ele depois volta sua atenção para os termos e condições da compra e venda.

Estando satisfeito, após a fase de venda, onde o produto ou serviço tem benefícios que atendam às necessidades (sendo mais adequado do que os que estão sendo oferecidos pelos competidores), o cliente então focaliza mais de perto os fatores que circundam as decisões.

A ênfase global gira em direção às implicações de lucro da decisão. Esta é a diferença fundamental entre venda e negociação – a natureza do resultado final para ambos os lados. Na venda, estamos preocupados com o fechamento do negócio e com os possíveis lucros envolvidos unilateralmente. Na negociação estamos preocupados com os benefícios relacionados ao produto ou serviço e estamos motivados pelo efeito da lucratividade ou redução de custos para ambos os lados.

O comprador estará perguntando detalhadamente o seguinte:

- *Preço Atual*
  - Qual é o preço?
  - Qual é o desconto?
  - Qual é a redução adicional?
  - Quanto terei de pagar?
- *Serviços Auxiliares*
  - Quando vou ter isso liberado?
  - Qual o preço dessa liberação?
  - Qual o custo da distribuição?
  - O que eu posso evitar?
  - Que suporte técnico vou precisar usar no produto?
  - Como posso evitar pagamentos extras por esse suporte?
  - Que suporte de *merchandising* e propaganda vou receber?

O que é negociação?

É o relacionamento entre supridor e comprador, onde a necessidade de suprir está altamente equilibrada com a necessidade de comprar. É evidente, em última análise, que na negociação o comprador precisa dos produtos, porque eles fazem o seu lucro atendendo às necessidades de seus consumidores, e eles sendo oferecidos, possibilitam-no a fazer isso. Por razões óbvias, esses fatos são raramente discutidos (ou admitidos) durante a negociação, mas formam um pano de fundo implícito e essencial.

B – AS CIRCUNSTÂNCIAS DA NEGOCIAÇÃO

Dado um rol de necessidades, que durante certo período de tempo afetam o comprador, isso não significa que a decorrência automática será que o cliente irá comprar em qualquer ocasião e ao nível de negociação que o produtor prefira estabelecer.

C – MEIO AMBIENTE DA NEGOCIAÇÃO

A habilidade do vendedor em estabelecer a negociação é influenciada, conforme se vê na Figura 19.5, por quatro outros fatores: de um lado a imagem da sua empresa no mercado, as políticas de marketing e de vendas e as convicções ideológicas dela, e de outro as satisfações buscadas pelo seu cliente na compra. A habilidade de acomodar esses interesses conflitantes faz parte da estratégia de negociação.

A negociação é, então, o processo de dar e tomar através do qual as condições da transação devem provocar concordância. Este é o processo onde o entendimento é alcançado através dos benefícios da linha de produto/serviço ofertado e de conselhos técnicos prestados de preços praticados e de suportes promocionais, prazos de entrega, termos de pagamento e onde, por fim, a satisfação mútua possa ser atingida.

Fonte: Adaptada de: MACK, H.; CRIBLIM, J.; BEERAN H. *Sales negotiation strategies.* New York: AMACON, 1977.

Figura 19.5   *Fatores que exercem influência numa negociação.*

Enfim, a estratégia de negociação é extremamente ampla para cada nível de necessidade e de variedade estratégica. O seu conhecimento e aplicação é de extrema validade na negociação em vendas.

Em resumo, o sucesso do trabalho do vendedor, hoje mais do que nunca, depende de seus *conhecimentos* sobre os produtos e seus benefícios, sobre as necessidades do cliente, sobre o ramo do cliente, seus problemas e oportunidades. Depende também de sua *habilidade* na condução da venda e sobretudo de sua atitude, isto é, de seu comportamento ao longo de todo o processo de vendas.

Há hoje um sem-número de técnicas e de programas de treinamento para vendedores, mas nenhum funcionará se não estiver voltado à realidade da empresa e de seu mercado, isto é, se não for um programa sob medida. Aliás, não acreditamos em programas enlatados.

O vendedor deve conhecer em primeiro lugar a sua empresa e seus produtos, isto é, os benefícios. Deve conhecer o ramo e a concorrência.

Existem diversos métodos de treinamento em vendas, desde a aplicação de instrução programada até programas comportamentais com a aplicação de análise transacional.

De maneira geral, a maioria dos programas procura enfatizar o adestramento para que o vencedor saiba:

- Como se apresentar ao cliente – a postura e a adequação ao se vestir são importantes.
- Como organizar o itinerário de visitas, respeitando quatro aspectos importantes:
  - As características de acesso e circulação dentro da zona de vendas.
  - O número de clientes a visitar.
  - A escala de importância dos clientes.
  - Os horários de visitas dos clientes.
- A psicologia do cliente

  Cada cliente tem sua personalidade e o vendedor deverá conhecer e estudar como abordar cada uma. Há os clientes afáveis e democráticos, há os tímidos e com complexo de inferioridade, há os rudes e "incomunicáveis", há os soberbos, há os especuladores. Enfim, cada tipo de personalidade requer uma abordagem específica.
- Avaliar o potencial do cliente

  É fundamental que o vendedor saiba avaliar o potencial econômico do cliente para minimizar riscos com vendas incobráveis.
- Abrir novos clientes

  Para detectar novas oportunidades de mercado é preciso muitas vezes que o vendedor faça sondagens do tipo pente fino. E se ele não for treinado nessa tarefa, talvez os resultados não sejam satisfatórios.
- Administrar o tempo

  O vendedor ganha se vender, mas se ele não souber administrar o seu tempo, acabará realizando menos visitas e certamente perdendo vendas. Há uma série de atividades sociais e funcionais que roubam tempo do vendedor: a espera para ser atendido quando não marcou hora com o cliente, o tempo de locomoção quando o roteiro de visitas não foi bem elaborado e assim por diante. Administrar o tempo, mais do que uma metodologia a ser ensinada, é uma filosofia de vida a ser comprada, pois do contrário acabará não funcionando.
- Explodir os mitos de vendas

  Todo vendedor traz consigo certos vícios ou tabus. Do tipo: sexta-feira à tarde não é um bom dia para vendas, em véspera de feriado o cliente não compra, o produto do concorrente é melhor, o meu preço é muito alto, e assim por diante.

  É preciso que o programa de treinamento motive os homens de vendas a explodir esses mitos, com soluções práticas e criativas.

350 ADMINISTRAÇÃO DE VENDAS • COBRA

- Vencer objeções

  As objeções dos clientes fazem parte do processo de vendas, mas poucos vendedores sabem como conviver e vencer essas objeções. As objeções mais comuns são: é muito caro (como se uma qualidade e um serviço melhor não justificassem um preço alto), vou esperar que abaixe o preço (esse tipo de objeção é de quem não quer comprar ou acredita no governo), não quero gastar tanto, não gosto do modelo etc. Há uma série de métodos que podem ajudar o vendedor a transformar objeções em oportunidades de vendas:

  – formular perguntas para obter razões mais amplas acerca das objeções;

  – estar de acordo que a objeção é válido e passar a falar dos aspectos positivos que podem superar paulatinamente as objeções;

  – negar amavelmente a validade da objeção ou ignorá-la e com bom humor demonstrar que a objeção nem sequer é válida.

19.8 TÉCNICAS DE NEGOCIAÇÃO EM VENDAS

Em quase todos os processos de troca existe algum tipo de negociação entre as partes. A busca da satisfação entre vendedor e cliente em uma transação é a chave da negociação bem-sucedida, sobretudo quando as partes buscam um acordo entre si.[6]

O fato base é que o vendedor precisa saber negociar com equilíbrio e bom senso. Os tipos mais conhecidos de negociação em vendas são:

Ganha-ganha – é a relação ideal, pois cliente e vendedor ganham. O preço é ajustado para favorecer igualmente quem compra e quem vende.

E ambos saem satisfeitos. E o clima da negociação é bom.

Ganha-perde – o vendedor ganha, mas o cliente sai perdendo, ou seja, as condições de vendas favorecem apenas o vendedor. O clima da negociação nessas condições não é bom, uma vez que o cliente pode se sentir lesado. E pode deixar de ser cliente.

Perde-perde – nenhuma das partes sai ganhando. Os descontos eventualmente concedidos comprometem o lucro da empresa do vendedor, mas não favorecem o cliente. Nesse caso, a negociação tende a ser desconfortável para ambas as partes.

Perde-ganha. O vendedor pratica preços baixos, o que favorece o ganho do cliente. Essa estratégia é adotada quando se pretende manter o cliente, mesmo considerando eventuais perdas.

Em uma negociação, os relacionamentos realmente importam. A primeira de todas as artes de negociação é obter a confiança da pessoa com a qual se negocia.

Algumas regrinhas podem ajudar uma negociação mais equilibrada:

---

6 TEJON; COBRA. *Gestão de vendas*: os 21 segredos do sucesso. São Paulo: Saraiva, 2007.

1ª Separar as pessoas dos problemas – ou seja, não confundir o cliente como pessoa física e levar as coisas para o lado pessoal.

2ª Manter o foco nos interesses e não nas posições – não se deve radicalizar a posição, ou seja, ganhar por querer ganhar. É preciso valorizar os interesses comerciais acima de tudo.

3ª Criar alternativas para ganhos mútuos – possibilitar tornar a transação boa para ambas as partes.

4ª Insistir no uso de critérios objetivos – evitar a subjetividade das partes na transação.

5ª É importante lembrar que poder percebido e real podem não ser iguais. O que vale não é como a transação é percebida, mas sim como ela realmente é para cada uma das partes.

6ª Desenvolver diferentes estilos de negociação – evite o uso de um estilo único, pois cada caso é um caso, ou seja, em cada negociação existem níveis de interesse distintos, mesmo se tratando do mesmo cliente.

7ª Conhecer a diferença entre o seu papel enquanto vendedor e a sua pessoa. O ator não é o personagem.

O vendedor deve conviver com diferentes estilos organizacionais, lembram Tejon e Cobra, e isso significa utilizar o modo "convergente" da busca de um ponto final, reunindo o lado das sinergias do negócio e diminuindo os pontos alérgicos, ou seja, os pontos que inibem a realização do negócio.

Os programas de treinamento de vendas em técnicas de negociação devem evitar alguns erros críticos na negociação de vendas, tais como:

1. Preparação inadequada de vendedor para negociar.
2. Ignorar o princípio de dar e receber.
3. Uso de comportamento intimidador.
4. Impaciência.
5. Comportamento estourado.
6. Falar muito e ouvir pouco.
7. Discutir ao invés de ouvir.
8. Ignorar e temer o conflito.

A humildade inteligente torna-se sabedoria na arte de negociar: quando o vendedor aprende a ouvir, ele ganha; se inclinar o ouvido, torna-se sábio.

O vendedor deve aprender no treinamento de negociação de vendas a harmonizar a cooperação com a assertividade, a minimizar os conflitos de interesse na negociação de vendas e, acima de tudo, evitar ser um "branca de neve" (bajulador), mas deve reunir as virtudes competitivas e colaborativas, sabendo vender, atender o que o cliente necessita e quer e cuidar para que o cliente se sinta satisfeito com a compra.

SUMÁRIO

A atitude correta do vendedor perante o seu trabalho só é obtida através da identificação das suas falhas e das respectivas correções.

O levantamento das necessidades de treinamento de cada homem, dentro da organização de vendas, permite a montagem de um programa operacional de treinamento moldado para eliminar fraquezas.

É preciso, no entanto, distinguir as vantagens de um programa sob medida de um programa enlatado. A realidade das empresas é diferente, bem como as suas necessidades, portanto, é preciso cuidado para não se introduzir, através de *enlatados,* soluções inadequadas ou mesmo irreais.

Por meio do treinamento em vendas, o vendedor deve estar preparado para negociar em situações concretas em que se separa o sonho da ilusão, do engano e do autoengano. Deve descobrir sempre algo admirável do seu ponto de vista e do ponto de vista do cliente e trazer à mente na hora do relacionamento de vendas. A verdade interior comunica e vende!

PALAVRAS-CHAVE

— Conhecimento do produto

— Técnica de vendas

— Treinamento de campo

— Técnica de negociações em vendas

QUESTÕES

Uma empresa seguradora, com necessidade de atuar mais agressivamente no mercado, pretende comercializar seguro junto ao público consumidor e pede a sua ajuda para:

1. Traçar perfil de um vendedor de seguros.

2. Estabelecer os critérios para recrutamento e seleção, inclusive com uma matriz de avaliação de candidatos.

3. Montar um programa de treinamento.

4. Montar um programa de vendas.

Os seguros a serem comercializados são: seguro de vida, seguro contra roubo, seguro residencial, seguro contra incêndio, seguro de acidentes pessoais, seguro de carro.

PONTOS DE AÇÃO

1. Levantar as necessidades de treinamento de vendas.

2. Estabelecer temas e cronogramas de programas de treinamento.

3. Estabelecer parâmetros para a avaliação dos resultados de treinamento de vendas.

4. Avaliar periodicamente os resultados de incremento de vendas obtidos após cada treinamento de vendas.

BIBLIOGRAFIA

BUZZOTIA, V. R.; LEFTON, R. E.; SHERBERG, Manuel. *Effective selling through psychology*. New York: John Wiley, 1972.

COBRA, Marcos; TEJON, José Luiz. *Gestão de vendas*: os 21 segredos do sucesso. São Paulo: Saraiva, 2007.

D'ONOFRIO, Engel. *O sistema de vendas por telefone*. Out. 1981.

HANAN, Mack; CRIBBIN, James; BERRIAN, Howard. *Sales negotiation strategies*. New York: Amacom (a division of American Management Associations), 1977.

HOPKINS, Tom. Como *ser um grande vendedor*. Rio de Janeiro: Record, 1980.

HOWLAND, R. H. *Técnica de venta*. 2. ed. Buenos Aires: Librería el Ateneo, 1972.

KIRKPATRICK, James D.; KIRKPATRICK, Wendy Kayser. *Training on trial*. Amacom, 2010.

KOSCHOREK, Gerhard. *Formação dinâmica de vendedores*. Lisboa: Pórtico, 1972.

LEVITT, Theodore. Depois que a venda é concluída. *Revista Exame*. São Paulo, 11, p. 49-50. (s.d.)

LIDSTONE, John. *Negotiating profitable safes*. Londres: Gower Press, 1977.

_____. *Training salesman on the job*. Londres: Gower Press, 1975.

MILLER, Robert B.; HEIMAN, Stephen E. *Strategic selling*. New York: Willian Morrow and Company, 1985.

NIGET, Pierre. Como *vender produtos industriais*. Lisboa: Pórtico, 1973.

NIRENBERG, Jesse S. *How to sell your ideas*. New York: McGraw-Hill, 1984.

SCHNEIDER, Kenneth C. Telemarketing as a promotional tool: its effects and side effects. Santa Barbara CA. *The Journal of Consumer Marketing*. 2(1): 29-39, Winter 1985.

STORHOLM, Gordon; KAUFMAN, Louis C. *Principles of selling*. Englewood Cliffs, New Jersey: Prentice Hall, 1985.

TELEFONE: poderosa arma de vendas. São Paulo: Telesp, fev. 1983.

VECCHIO, Egídio. *Análise transacional nas vendas*. Petrópolis: Vozes, 1979.

WHITNEY, Robert A.; HUBIN, Thomas; MURPHY, John D. *La nueva psicología de persuasión y motivación en las ventas*. 3. ed. México: Herrero Hnos, 1977.

20

Sistemas de remuneração de vendedores

A eficácia de vendas depende em larga escala de como os vendedores são estimulados a desempenhar suas tarefas de vendas e de marketing.

Colocar o sistema de remuneração de vendedores como uma "alavancagem" das estratégias de vendas é um dos grandes desafios do cotidiano.

Através da leitura deste capítulo é possível – "dando asas à imaginação" – criar sistemas de incentivos que maximizem os objetivos da empresa e minimizem seus custos de vendas.

20.1 CONSIDERAÇÕES INICIAIS

A mola propulsora do sistema capitalista é o lucro. E o passo decisivo em direção ao lucro está, sem dúvida, na venda, pois o lucro resulta de uma venda bem-feita.

Mas o que é uma venda bem feita?

Discussões à parte, a venda depende, em essência, de um esforço de negociação para a transferência de posse de um bem, de um serviço ou mesmo de uma ideia.

As pessoas compram "satisfações de necessidades". E cabe ao vendedor procurar proporcionar ao comprador todas as facilidades para que as satisfações ocorram plenamente.

A venda, dessa forma, deve dar tantas satisfações quanto possível ao comprador e ser uma justa retribuição ao capital e ao trabalho empregado na produção do bem ou serviço. Isto é, deve constituir-se em remuneração adequada para cobrir custos e proporcionar lucros.

Dentro deste enfoque, é possível dizer que um vendedor realizou uma boa venda se ela atendeu aos anseios de ambos: consumidor e produtor.

Mas será que os vendedores de um modo geral estão direcionados na consecução desses objetivos básicos: de lucro e de satisfação do comprador?

Nem sempre, pois muitas vezes o vendedor pretende apenas realizar seus próprios objetivos, e isto passa a conflitar com os objetivos da empresa e de seus clientes.

20.2 OS OBJETIVOS DA EMPRESA E O SISTEMA DE REMUNERAÇÃO DE VENDEDORES

> "O plano de remuneração de vendas pode ser utilizado como instrumento de administração, contudo, ninguém pode esperar que a força de vendas funcione como componente mercadológico, a não ser que o sistema empregado para a remuneração seja elaborado e aplicado de maneira a motivar vendedores e habilitar a empresa a atingir os seus objetivos mercadológicos."[1]

Considerando o enunciado de Charles Ames, o que se nota, não raro, é que o sistema conflita com os objetivos de Marketing. Em alguns casos, os níveis de remuneração, pagos à força de vendas, são simplesmente baixos demais para atrair e manter os melhores elementos e criar o tipo de força de vendas essencial ao sucesso mercadológico.

Em adição a esse enunciado de Ames, chegamos a outras conclusões semelhantes. Com base em um trabalho monográfico sobre o sistema de remuneração de vendedores no Brasil, a partir de entrevistas junto a 65 empresas entre as 500 maiores em vendas no país, foi possível formular a seguinte hipótese:[2]

> "As empresas em atuação no país não utilizam o plano de remuneração de vendedores, como um vetor de marketing."

Desta hipótese básica originam-se outras três subsidiárias:

- A remuneração de vendedores é fator preponderante na otimização do esforço de comunicação entre o produtor e o consumidor.
- A remuneração deve ser aplicada como uma área de eficácia da administração de marketing.

---

[1] AMES, Charles. *Ponha a força de marketing na sua venda industrial*. Biblioteca Harvard de Administração de Empresas. São Paulo: Abril, s.d., v. 3, artigo nº 5.

[2] COBRA, Marcos H. N. *O sistema de remuneração da força de vendas como um vetor de marketing*. São Paulo: EAESP/FGV, 1980.

- A remuneração, como um sistema de incentivo, deve estar em sintonia com a estratégia de marketing vigente.

Para que, a partir da aplicação prática dessas três hipóteses subsidiárias, se chegue efetivamente a uma otimização do esforço de marketing na venda, montar um plano que otimize os objetivos e as estratégias da empresa ao mesmo tempo em que se estimula a força de vendas é, sem dúvidas, um trabalho que exige muita criatividade e um esforço dirigido.

É bom lembrar que não existem planos ótimos de remuneração aplicáveis em todas as circunstâncias e a quaisquer empresas. Existem, sim, planos adequados a determinada realidade conjuntural da empresa. Da mesma forma, não existem modelos de planos mais indicados ao porte da empresa, ao tipo de produto comercializado, ou mesmo ao tipo de mercado.

O que existe é um plano ideal apenas a determinado momento da empresa para atender a um desafio de mercado.

A constatação de certas premissas por parte de muitas empresas tende a inibir a inovação criativa de sistemas ou planos de remuneração da força de vendas. Então, vejamos algumas observações constatadas ao longo da pesquisa já mencionada, junto a 65 empresas entre as 500 maiores em vendas.

- As empresas, de maneira geral, buscam aperfeiçoar os seus sistemas de incentivo. Contudo, o que está faltando é uma visão integrada do problema, pois os incentivos ainda estão desordenados e os custos, inadequados.

- As empresas que aceitam passivamente os critérios de mercado ou da líder de mercado para estimular a sua força de vendas admitem a sua fraqueza em criatividade de administrar o seu marketing e seus recursos humanos.

- Um bom plano de remuneração da força de vendas que leve em conta os objetivos e as estratégias de marketing não exaure a necessidade de sua integração a outros incentivos, como o plano de carreira e os benefícios que possam ser oferecidos.

- A experiência prática de algumas empresas limita-se a proporcionar uma orientação para determinar o adequado plano de incentivo de vendas. Hoje, a meta de muitas empresas prende-se a um programa de remuneração que atraia e retenha a qualidade e quantidade de mão de obra desejada, que motive cada vendedor a manter elevado nível de desempenho pessoal e habilite a empresa a atingir seus objetivos de marketing, concomitantemente.

- Alguns sistemas clássicos, baseados em comissão sobre vendas, estimulam os vendedores a "tirar a nata" do mercado, concentrando-se em volume rápido de poucos clientes, quando deveriam enfatizar o desenvolvimento da potencialidade em maior número de clientes. Outros sistemas de remuneração são planejados de tal modo que recompensam antiguidade em lugar de desempenho.

- É frequente, portanto, a administração da força de vendas não elaborar seu plano, correspondente às características ou requisitos singulares de venda, a se realizar em situações específicas.

É um erro adotar um sistema, apesar de ter dado bons resultados em outras empresas, sem estudar primeiro o ambiente de venda, isto é, os produtos, mercados e canais envolvidos, a fim de ter a certeza de que a situação é apropriada. Em muitos casos, os executivos de vendas preocupam-se tanto com a ideia de conservar de modo simples seu plano de remuneração que deixam de considerar variáveis-chave que afetam a *performance* de vendas.

Outra tese alegada e defendida por gerentes de vendas consiste em:

> "Sabemos que nosso plano de remuneração de vendas não é correto, mas é simples e não temos a menor dificuldade em fazer com que os vendedores o compreendam e acreditem nele."

Essa atitude simplista, para a qual a força de vendas é uma coleção de caixeiros--viajantes não muito inteligentes, não se justifica nos dias de hoje.

Em outras ocasiões, os executivos de vendas julgam ainda que, depois de estabelecido, o sistema não deve ser modificado, porque os vendedores ficariam confusos e desconfiados.

O fato, porém, é que os objetivos mercadológicos se alteram frequentemente e, a menos que o sistema de remuneração seja ajustado para refletir essas mudanças, por certo entrará em desarmonia com os objetivos de marketing da empresa. Assim, empresas monopolísticas, ou mesmo oligopolísticas, tendem a fixar planos de remuneração totalmente desvinculados da estratégia de marketing. Estratégia essa que, em alguns setores monopolísticos, deixa de ter sua razão, pois o mercado consumidor é francamente comprador.

Nas situações citadas, verificamos então que a tendência é estabelecer salários fixos ou semifixos ou, quando muito, à base de % de comissão sobre o volume de vendas.

Outro fator a ser ponderado, referente aos objetivos da empresa, é que estes, quase sempre, se alteram em função das mutações do ambiente. Assim, a tecnologia, o mercado, a concorrência, a economia, a política, a legislação e a sociedade agem sobre a empresa, provocando constantes reavaliações dos seus propósitos. Os afetados pela tecnologia podem ser:

- *Objetivos relativos à inovação* – a empresa deve buscar uma permanente atualização de métodos e processos de produção, para atender às exigências do mercado e, sobretudo, fazer frente à ação da concorrência.

Entre outros objetivos destacam-se:

- *Objetivos concernentes* a *recursos físicos* – disponíveis e necessários à sua operação.
- *Objetivos financeiros* – como o retorno de investimento (ROI), a lucratividade, a política de crédito e de cobrança etc.
- *Objetivos de produtividade* – de fabricação e de vendas.

Já o mercado, a concorrência, a economia, a política e a legislação interferem em aspectos como:

- *Objetivos de participação de mercado* – de crescimento, de manutenção ou de redução de participação de mercado.
- *Objetivos de lucro.*

Dessa maneira, um mercado em expansão pode propiciar metas mais ambiciosas de lucro e de participação de mercado, ao passo que a concorrência, bem como as alterações na economia, na política e na legislação, pode limitá-las. A sociedade faz com que a empresa reavalie seus propósitos de responsabilidade social perante a comunidade a que pertence.

Em conclusão, o objetivo tem-se tornado, então, um instrumento de mediação da eficácia da aplicação de recursos na empresa – recursos humanos, físicos e financeiros.

H. Igor Ansoff, ao definir o objetivo, indica que este se compõe de três elementos, como já foi visto:[3]

---

[3] ANSOFF, H. Igor. *Estratégia empresarial*. São Paulo: McGraw-Hill do Brasil, 1977.

360 ADMINISTRAÇÃO DE VENDAS • COBRA

- *Atributo específico,* escolhido como medida da eficiência;
- *Padrão* ou *Escala,* em que o atributo é medido; e
- *Meta,* o valor específico na escala que a empresa procura atingir.

Todavia, os objetivos mais comumente apontados como medida de desempenho da empresa, utilizados como coordenação e controle no processo de decisão, são: *participação de mercado* e o *lucro.* Este último efetuado sob a forma de retorno dos recursos aplicados, ou o chamado retorno sobre os investimentos (ROI), ou ainda o retorno sobre os ativos fixos (ROAM).

Uma empresa, por exemplo, que exerce o monopólio ou o oligopólio no mercado pode administrar seus preços a níveis elevados e obter retornos, considerados bons ou até mesmo elevados.

Outro fator desencadeador é a *economia de escala,* de acordo com a "curva de experiência", fenômeno interpretado e publicado pelo BCG *(Boston Consulting Group).*[4] Segundo este, o total de custo unitário de produção e de distribuição de um produto de uma empresa tende a declinar à medida que alcance uma economia de escala (de produção e de distribuição) dentro de um período. Apoiados numa participação de mercado decorrente de maiores vendas cumulativas do que de seus concorrentes menores, podem ser registrados custos mais baixos e, em decorrência, lucros maiores.

De qualquer forma, os objetivos de participação de mercado e rentabilidade ou de retorno sobre investimentos refletem a qualidade gerencial da empresa, pois bons administradores conseguem não só controlar custos, como também obter o máximo de produtividade de suas equipes de vendas.

Em conformidade com o enfoque gerencialista, as organizações não possuem objetivos, que são uma prerrogativa dos indivíduos. A negociação desses objetivos origina aqueles da empresa.

Dentro desta linha de raciocínio, o que podemos esperar do desempenho de uma equipe de vendas se ela não é orientada pela conjugação de objetivos comuns? Quando grandes preocupações na maioria das empresas são consideradas objetivos financeiros? E de que forma os objetivos interferem no desempenho da empresa e em especial na atuação da força de vendas? Responder a estas perguntas significa um exame mais cuidadoso das pretensões financeiras das organizações.

20.2.1 OBJETIVOS DO SISTEMA DE REMUNERAÇÃO DE VENDEDORES

Há necessidade de modelar o sistema de remuneração para atender aos requisitos particulares da situação de vendas em determinado ponto do tempo. Assim, não

---

[4] BUZZELL, Robert D. et al. Market share a key to profitability. *Harvard Business Review*, Boston, Jan./Feb. 1975.

se pode estabelecer um plano de remuneração condizente para todos. Contudo, todo sistema de remuneração deve ser elaborado e aplicado a fim de:

- Assegurar um serviço equilibrado de vendas, pagando pela abertura de novas contas, por novas aplicações, por novas introduções do produto e outras atividades essenciais ao fortalecimento da posição da empresa no mercado, a curto e a longo prazos.
- Proporcionar atraente nível de renda a vendedores novos, de modo que haja adequada matéria-prima para criar a espécie de organização necessária para alcançar os objetivos de marketing.
- Proporcionar uma oportunidade de rendimentos especialmente atraente para vendedores de carreira, de sorte que se crie um quadro de homens altamente capacitados, treinados e motivados para servir como auge do esforço mercadológico.
- Fazer clara distinção nas remunerações para vendedores medianos e excelentes.

O plano de remuneração bem-sucedido se elabora e se aplica para ajudar a administração a alcançar os quatro objetivos citados. Se estes não forem atingidos, o plano pouco vale, por mais complexo e sofisticado que seja, podendo causar mais mal do que bem.

Outro aspecto não menos importante é a participação do gerente de vendas no processo de planejamento de marketing. É essencial obter a calorosa colaboração da gerência de vendas para assegurar o sucesso dos planos de produto e de mercado da empresa.

Esse comprometimento é vital, pois, presumindo-se que o plano seja realisticamente adequado aos problemas e oportunidades do mercado, a *performance* de vendas decerto será o fator decisivo para determinar se ele está sendo executado com sucesso. Se, de um lado, os vendedores estão entusiasmados com o plano e acreditam sinceramente que podem vender o volume e a mistura de produtos esperados, farão um bom trabalho. Por outro lado, se os vendedores acharem que as expectativas não são realísticas ou que lhes foram impostas metas de vendas injustas, o plano não terá êxito, por mais brilhante que seja.

É comum encontrarmos vendedores e supervisores de campo que acusam:

"Nossas quotas de venda nada têm a ver com a lógica, razão ou mercado. Simplesmente são 10% ou 15% maiores do que no ano passado."

Com essa impressão, como pretender que façam o árduo trabalho necessário para atingir difíceis objetivos de vendas?

Considerando-se a importância da *performance* de vendas para o êxito dos planos de produto/mercado, cabe dar aos gerentes e supervisores de vendas uma participação em seu desenvolvimento. Incentivando este tipo de atitude poderíamos então esperar esforço total, por parte deles, no sentido de alcançar os objetivos planejados. Há, porém, quem insista em afirmar que esses profissionais não são orientados para o planejamento. Alguns argumentam que a preocupação absorvente deles com o volume os impossibilita de fazer os julgamentos comerciais básicos para os planos sólidos de marketing. Outros declaram ainda que o planejamento consome tempo excessivo, daí não o praticarem, pois precisam "trazer os negócios".

20.3 O PAPEL DO MARKETING

Devido a esse pensamento errôneo, poucos gerentes de vendas chegam realmente a envolver-se no processo de planejamento de marketing, quando deveriam fazê-lo ativamente. Quando muito são chamados para responder a algumas perguntas ou reagir a possíveis ações ou programas. Mas sua contribuição principal consiste, em geral, em fornecer uma lista de projeções de vendas para contas-chaves. É raro interessarem-se de fato pela plena escala de atividades que constituem o processo de planejamento. A verdadeira participação seria:

- Fechar o círculo de *feedback* do campo pela destilação e interpretação de informações sobre condições de mercado local e ações dos concorrentes.
- Participar de discussões com outros gerentes funcionais sobre as várias opções estratégicas para incremento do negócio.
- Ajudar a selecionar as opções mais promissoras *e* considerar os compromissos e programas para cada alternativa.
- Concordar quanto às metas realísticas de volume e parcelas de mercado dentro de várias opções, ajudando a decidir quais são as mais atraentes.
- Fazer seus altos executivos de vendas utilizarem esses planos para a empresa assegurar a força de vendas efetivamente com um braço de marketing, em lugar de desenvolver um sistema independente de vendas e distribuição, como ocorre com frequência.

Pelo exposto, percebemos claramente a correlação existente entre os objetivos da empresa e os sistemas de remuneração dos vendedores. À empresa fica o dever de interpretá-los e uni-los por meio do planejamento mercadológico ideal para seu campo de ação.

20.4 TIPOS DE SISTEMAS DE REMUNERAÇÃO

20.4.1 COMPONENTES DA REMUNERAÇÃO DO VENDEDOR

Nesse enfoque é importante realizar uma análise que investigue se os tipos de remuneração de vendedores existentes encontram-se ou não relacionados aos objetivos empresariais. Fundamentando-se nessa análise procuraremos, também, observar as vantagens e as desvantagens de alguns dos sistemas utilizados, quer para a empresa, quer para o vendedor.

A investigação proposta tem, como ponto de partida, as formas tradicionais de remuneração a um vendedor, que são:

- Salário fixo.
- Comissão.
- Sistemas mistos ou combinados, adicionados de ajuda de custo e viáticos; não constituem um processo de remuneração, mas uma parcela do total que recebem os vendedores em algumas empresas.

Efetuaremos, a seguir, o exame desses itens em condições semelhantes, ou seja: controle, estímulo, direção, risco e agressividade.

A – SALÁRIO FIXO

Essa forma de pagamento considera a determinação do *quantum* que o vendedor receberá, independentemente das vendas que efetuar. Uma série de efeitos pode ser identificada como decorrente desse sistema:

- *Controle:* o vendedor, ganhando um salário fixo, tende a diminuir seu ritmo de trabalho, em especial se sua atividade ocorrer em ambientes geograficamente distanciados da organização a que pertence. Surge, então, a necessidade de um controle, imposto pela empresa, mais rigoroso que no sistema proporcional.

- *Estímulo:* com um salário fixado, há a propensão de atingir o mínimo de venda que justifique o salário a receber, pois desaparece a motivação para se obter o maior número possível. Torna-se, portanto, necessário motivar o corpo de vendedores por meio de vários estimulantes que não o da recompensa financeira, proporcional à eficiência dos mesmos. Um exemplo seria entusiasmá-los pelo próprio ambiente de trabalho, pela empolgação dos supervisores e pelo espírito da equipe.

- *Direção:* pelo fato de receber um salário fixo garantido, independente de variações nos resultados de vendas, o vendedor busca aceitar, com mais facilidade, a orientação da empresa que se baseie em políticas traçadas para melhor desenvolvimento do mercado.

- *Risco:* se com o salário fixo desaparece o risco para o vendedor de que haja uma retração de mercado e, por conseguinte, uma redução da remuneração, para a empresa aumenta o risco de, nessas situações, arcar com um custo de vendas alto em relação às concorrentes que adotam o sistema de remuneração proporcional.

- *Agressividade:* o simples fato de o salário fixo independer dos resultados obtidos no campo leva o vendedor a assumir o padrão normal a se esperar de um elemento da organização. Desaparece, assim, a agressividade do trabalho de vendas, que é uma resultante natural do sistema de pagamento.

B – COMISSÃO

O sistema de comissão é mais usado para estabelecer uma proporção entre o trabalho efetuado e a remuneração do vendedor. Apresenta, por sua vez, contrastes em relação ao anterior, como podemos verificar se retomarmos as mesmas condições examinadas:

- *Controle:* como se estabelece uma relação direta entre o trabalho efetuado e a remuneração conseguida, a empresa tem menos necessidade de controle. Esse fator, na realidade, não desaparece, mas é transferido dela para o vendedor.

- *Estímulo:* trabalhando no regime de comissão, o vendedor sofre a influência de um incentivo direto: a recompensa econômica pelo trabalho realizado. Dependendo da ambição pessoal, poderá ser levado ao máximo de rendimento possível, por si próprio. Essa situação torna-se significativa não só pelo aspecto de sua eficiência relacionado com o número de horas trabalhadas e o rendimento máximo em termos de visitas, mas também por exigir habilidade no setor de vendas propriamente dito.

- *Direção:* pelo fato de a remuneração proporcional variar em função da capacidade de vendas, o vendedor, nesse tipo de sistema, procura tomar uma atitude de independência em relação à empresa. Conclui, pois, que não lhe deve obediência em relação a quaisquer políticas de mercado, a não ser àquelas que seguirá para garantir sua permanência no corpo de vendedores.

- *Risco:* do ponto de vista do vendedor, a não concretização de vendas significa redução ou desaparecimento da remuneração. Tal situação pode ocorrer devido a fatores que independem da capacidade profissional deste, tais como: retração total do mercado, conjuntura econômica desfavorável ou surgimento de produtos concorrentes com maior agressividade ou desenvolvimento de produtos substitutivos (decorrentes de tecnologia mais avançada).

- *Agressividade:* sendo proporcional aos resultados obtidos, em geral leva o vendedor ambicioso a maior agressividade no trabalho de vendas. Esse fenômeno, quando ocorre em extremos, mesmo nas situações em que se necessita de um trabalho agressivo, poderá apresentar para a empresa, a longo prazo, resultados negativos.

Uma vez examinados os dois processos de remuneração de vendedores, em suas implicações gerais, é importante ressaltar que, na prática, são mais comuns os sistemas mistos, em que o salário se compõe de uma parte fixa e uma parcela variável proporcional. Essa tendência demonstra o interesse de anular os efeitos negativos, tanto de um sistema quanto do outro, ao mesmo tempo que maximiza suas consequências favoráveis.

C – SISTEMAS MISTOS

Ocorre muitas vezes que o sistema de remuneração engloba uma parte fixa e uma variável, apresentando determinadas combinações, como:

- uma base de *salário fixo* mais *comissão*;
- uma base de *salário fixo* como *garantia mínima* mais comissão. Denominamos garantia mínima ao resultado mínimo a ser obtido pelo vendedor em sua área.

Entre essas variações distinguimos, ainda, outros meios usados como acessórios que afetam a remuneração do vendedor.

D – ACESSÓRIOS DE REMUNERAÇÃO

Entre os acessórios de remuneração dos sistemas mistos, incluem-se: retirada por conta de comissões, ajuda de custo, quotas, sistemas de pontos e outros tantos como concurso de vendas etc. Dada a sua importância para esse estudo, efetuaremos comentários.

- *Retirada por conta de comissões:* um artifício por meio do qual a empresa oferece ao vendedor garantia de uma remuneração mínima mensal. Esta, apesar de constituir-se como um salário fixo, serve apenas como adiantamento de comissões a serem creditadas posteriormente. Na prática, as empresas que adotam esse método enfrentam os problemas derivados da impossibilidade de o vendedor chegar a equilibrar seu débito. Quando tal sucede, a empresa arca com o ônus das retiradas passadas não resgatadas como se fosse salário fixo, sem obrigação de devolução para o vendedor, que se retira da organização.

- *Ajuda de custo:* constitui uma parcela adicionada à remuneração do vendedor para cobrir as despesas incorridas no exercício de suas funções. A complexidade dessas despesas cresce com os vendedores viajantes que, necessariamente, têm gastos maiores. Diversas maneiras existem para determinação da ajuda de custo. Em alguns casos, é calculada com base nas comprovações autorizadas pela direção de vendas. A ajuda de custo deve corresponder às despesas realmente efetuadas pelo vendedor e não constituir parte da remuneração.

- *Quotas:* a remuneração de vendedores pela utilização de quotas ocorre justamente com base de salário fixo ou de comissão. Nesse último caso, o processo confunde-se com o de comissões móveis, em escala crescente. Constituem-se elas uma identificação dos níveis de eficiência em termos de volume de vendas, a partir do qual se modifica a remuneração do vendedor pelo aumento da porcentagem da comissão ou pelo recebimento de uma quantia fixa. A principal diferença entre o sistema de quotas e o de comissão móvel reside no efeito psicológico mais atuante sobre o vendedor. Sabemos que as primeiras carecem de estimativa cuidadosa do potencial de vendas de cada área e a fixação do volume de venda, em condições ideais de eficiência.

  Fixam-se as quotas com base na adoção de três atitudes distintas, em relação ao desempenho do vendedor:

  - em limites inferiores aos atingidos em condições médias de eficiência;
  - em limites justos, quando alcançáveis em média por um vendedor, trabalhando em condições boas de eficiência;
  - acima dos limites médios; nesse caso, as quotas são determinadas acima dos níveis atingíveis por um vendedor médio.

  As quotas podem ser estabelecidas em forma de unidades ou de faturamento. Em situações de economias inflacionárias, são preferíveis às primeiras.

- *Sistema de pontos:* a remuneração de vendedores através do processo de pontos pode pressupor ou não o acompanhamento de um salário fixo ou de um mínimo garantido. Efetiva-se a atribuição de pontos a partir dos objetivos estabelecidos para o sistema.

Dessa forma, podem ser atribuídos com base em fatores vários, a saber:

- quota por produto (pontos por superação, por exemplo);
- atribuição variável de pontos por produto, em função de objetivos de vendas variáveis por produto;
- cobrança;
- desconto (minimização);
- prazos de pagamento (estimulam o vendedor a conceder prazos menores de pagamento aos seus clientes);
- lucro por produto, cliente ou margem de contribuição por produto ou cliente;
- abertura de novos clientes;
- realização de vendas de vulto;
- despesas e custos de vendas (minimização);
- realizar o potencial de vendas por região e/ou por cliente etc.

O sistema de pontos pode, em suma, premiar o trabalho individual e/ou trabalho de equipe.

Outros sistemas mistos ou combinados conhecidos, além dos descritos anteriormente:

- Salário fixo mais comissão sobre vendas.
- Salário fixo mais retirada por conta da comissão.
- Salário mais prêmios por desempenho (sistema de pontos).

Com relação a essa combinação, podem ocorrer casos como:

- *Salário fixo* mais *comissão sobre vendas* e mais *prêmios por desempenho*; gratificação com base nos objetivos fixados pela empresa para o trabalho individual e/ou de equipe. Os critérios utilizados podem estar ligados ao salário fixo ou à comissão sobre vendas ou a um valor fixo de prêmio ou, ainda, apurado através, como vimos anteriormente, de um sistema de pontos.
- *Comissão sobre cobrança* e mais *prêmio por cobertura de quotas*: o vendedor só faz jus à comissão sobre as vendas realizadas ao cliente quando este paga. E recebe ainda um prêmio para a cobertura da quota de vendas.
- *Salário fixo* mais *comissão sobre quotas*: nesse caso, a comissão sobre as vendas está diretamente ligada à cobertura de quotas.

Seja qual for a modalidade de sistemas empregada, de modo geral, examinando-a sob as condições já colocadas nos demais sistemas, teremos:

- *Controle:* os sistemas combinados de remuneração possibilitam maior controle das atividades múltiplas do vendedor. Para tanto, necessita de uma boa supervisão de campo, para captar não só a atuação do vendedor, como também as dificuldades que possa estar encontrando.

- *Estímulo:* o vendedor encontra, no critério combinado, uma motivação financeira para desempenhar outras tarefas, além da venda. É estimulado a exercer o papel de gerente de território, integrando, assim, uma variada gama de responsabilidades.

- *Risco:* se o processo adotado não estiver bem balanceado no que concerne aos estímulos gerados, o vendedor pode direcionar-se apenas a um dos objetivos da organização.

- *Agressividade:* o sistema combinado tende a diminuir a agressividade do vendedor em relação à venda exclusivamente e passa a orientá-lo mais aos objetivos financeiros e de marketing.

Esses são, em suma, os componentes de remuneração mais empregados. A adoção deles, no entanto, requer um cuidadoso exame, pois os resultados poderão ou não ser vantajosos.

20.5 AVALIAÇÃO DAS VANTAGENS E DESVANTAGENS DE ALGUNS SISTEMAS DE INCENTIVOS DE VENDAS

Não reconhecemos um sistema ótimo de remuneração para cada empresa ou ramo de atividades. O que existe é uma adequação de determinado sistema aos objetivos da empresa. Na verdade, todos os tipos possuem vantagens e desvantagens, quer para a empresa, quer para o vendedor. Para se adequar um deles à realidade da empresa é preciso, logo no início, balancear seus méritos e deméritos. Portanto, a título de facilitarmos a análise, elaboramos o Quadro 20.1, do qual constam as vantagens e as desvantagens de alguns dos processos de remuneração da força de vendas já apresentados. Pela observação desse quadro, podemos aquilatar as dificuldades de definir-se o melhor; mesmo assim, ao final do estudo de cada sistema listado, apontamos o tipo de empresa mais indicado.

Quadro 20.1   *Vantagens e desvantagens dos sistemas de remuneração.*

	Análise de algumas	Sistema de remuneração			
		Salário fixo	Comissão sobre vendas	Salário fixo – comissão sobre vendas	Salário fixo – comissão sobre vendas – prêmios
Para o vendedor	Vantagens	• Estabilidade e Segurança	• Possibilita ganhos ilimitados	• Estabilidade econômica • Estímulos permanentes • Segurança e motivação • Diminuição da ansiedade do vendedor	• Melhores possibilidades de ganhos • Maior segurança pelo fixo • A comissão premia o esforço de venda • O prêmio é um desafio para a superação pessoal
	Desvantagens	• O salário independe do esforço de vendas • Gera acomodação • Não estimula a agressividade e a ambição • Proporciona salários iguais em que pesem esforços diferentes	• Na retração de mercado, os ganhos se reduzem • Não permite um cálculo antecipado do ganho mensal • Instabilidade emocional decorrente da incerteza financeira	• Quando a proporção do salário fixo é pequena, o ganho total depende das condições de negócios	• - Com o fixo em valor baixo, na época de recessão de vendas, o nível de ganho baixa
	Vantagens	• Vincula o vendedor à empresa • Facilidade de administrar salários • Estimula a venda de toda a linha de produtos • Custo fixo em relação ao volume de vendas • Facilidade de elaborar orçamentos • Elimina o atrito entre vendedores • Fácil remanejo de zonas de trabalho • Fácil aplicação de dissídio coletivo • Possibilita a cobertura de clientes • O vendedor aceita realizar serviços técnicos e burocráticos • Integra mais fácil o vendedor à empresa	• O custo é variável e proporcional às vendas • Dá ao vendedor um estímulo próprio para aumentar o desempenho de vendas • Menor necessidade de supervisão e de controle • Possibilita uma cobertura rápida de mercado • Diminui os riscos na retração de mercado • Produz um trabalho de vendas mais agressivo	• Facilidade de controles • Menor necessidade de supervisão • Facilidade para a admissão de novos vendedores, porque não haverá problemas para a remuneração inicial • Estimula o vendedor a prestar serviços sem interesses imediatistas de venda	• Direcionamento de venda • Equipe motivada e homogênea • Baixo *turnover* • É fácil dirigir os esforços de vendas em função dos objetivos de marketing • Melhor avaliação de desempenho • Estimula a abertura de novos clientes • Custos de vendas proporcionais aos resultados • Pode dirigir a motivação pelos prêmios

Quadro 20.1 *(Continuação)*

| Para a empresa | Desvantagens | • Desestimula o aumento de vendas
• É preciso criar outros estímulos para a venda
• Não estimula nenhum objetivo
• Estimula a acomodação ou *turnover*
• É preciso muita supervisão ao trabalho do vendedor
• Não há preocupação do vendedor com os resultados de seu trabalho
• Exige estruturação de carreira na empresa | • O vendedor tende a pedir antecipação de comissões
• Gera ganhos ilimitados e provoca conflitos salariais
• Os clientes mais difíceis não são atendidos
• Não estimula a venda dos produtos mais lucrativos nos clientes e regiões mais lucrativas, apenas estimula a venda de produtos de maior comissão
• Gera pouco vínculo do vendedor à empresa
• *Turnover* alto
• Limita as vendas à ambição do vendedor, não estimula a cobrança etc.
• Problemas com produtos sazonais de baixo preço
• Oscilação de ganhos cria insegurança
• Dificulta obtenção de informações de mercado
• O vendedor não é estimulado a reduzir descontos e prazos de pagamentos | • Possibilita estouros de ganhos
• Não estimula produtos mais lucrativos nas regiões e nos clientes mais lucrativos
• Gera acomodação sobre o salário fixo
• Dificuldade no desenvolvimento dos objetivos de marketing
• Eleva o custo de vendas em épocas de retração de mercado | • Controles mais complexos e onerosos
• Risco de a produtividade do vendedor não cobrir o seu custo fixo
• Se o fixo representar uma porcentagem maior no ganho total, não direcionará os esforços de vendas de marketing
• Se o variável não estiver dentro dos limites, poderá gerar conflitos salariais a partir de ganhos ilimitados
• Não tem amparo legal, pois a comissão é devida ao vendedor quando a empresa aceita o pedido do cliente |
| Balanceamento/ diagnóstico | | Recomendável para situação de demanda reprimida e de venda fácil | Recomendável para pequena e média empresas de baixo volume de vendas, ou para abertura de territórios, e para vendedores sem vínculo empregatício | Recomendável para empresas que possuam desafio de vendas e necessidade de ter vendedores estáveis Não é interessante para as empresas com desafios de marketing | Recomendável para empresas com desafios múltiplos: vendas, promoção, cobrança etc. |

Quadro 20.1 *(Continuação)*

Análise de algumas	Sistema de remuneração			
	Salário fixo prêmios	Salário fixo sistema de pontos	Salário fixo + comissão sobre quotas	Comissão sobre cobrança +– prêmios
Vantagens	• Segurança pelo fixo e atração pelo ganho adicional do prêmio • Remunera outras atividades além da venda • Evita oscilação muito acentuada	• Permite estabilidade de ganhos • Dá mais segurança ao vendedor • É aberto quanto às informações e ganho	• Segurança maior • Maior estabilidade de ganhos	• Remunera as atividades básicas de vendas e de cobrança
Desvantagens	• Quando o volume de vendas é alto, o vendedor "sonha" com a comissão • Limita a liberdade do vendedor quanto ao que vender • Estimula muitos fatores, desviando a atenção de vendas	• É mais difícil de ser entendido • Deixar "saudades" da comissão sobre vendas • Desvantagens no recebimento monetário	• Pouca motivação além da quota, não estimula a realização de outras atividades e não as remunera • Quando há retração de mercado, fica difícil atingir a quota • Quando o mercado está em expansão, a quota limita o ganho	• Causa embaraço no relacionamento com o cliente • Quando há retração econômica, o vendedor é prejudicado
Vantagens	• Permite melhor controle sobre o trabalho e os ganhos do vendedor • Permite um direcionamento do esforço de vendas e de marketing e dos objetivos • Ha maior interesse do vendedor pelo treinamento • Possibilita colher informações de mercado • Motiva a equipe • Reduz o *turnover* e o custo passa a ser quase fixo • Torna a equipe mais homogênea	• Exige maior organização de marketing • É mais motivador • É mais seguro em termos de custos • Induz ao atingimento de objetivos • Estimula a realização de outros serviços • Estimula a concorrência entre os vendedores • Mantém a remuneração em níveis desejáveis	• Direciona os objetivos de vendas e de marketing • É fácil o ajuste do sistema • E motivador ao atingimento de metas • E seguro em termos de custos • Estimula a concorrência entre vendedores • Possibilita fixar quotas diferentes por produtos e nas sazonalidades de vendas	• Facilita a seletividade de clientes pelo vendedor • O vendedor só recebe a comissão quando o cliente paga • Induz à agressividade na venda e na cobrança • Conjuga o interesse de venda e cobrança • Ajuda a empresa a ter liquidez • Diminui os índices de devedores duvidosos e também os custos de cobrança

Para o vendedor

Quadro 20.1   *(Continuação)*

Para a empresa	Desvantagens	• O vendedor pode querer guardar pedidos de um mês para outro • Quando há retração de mercado, eleva-se o custo sobre vendas • O valor do ganho do vendedor oscila muito e pode chegar a valores muito altos • Controles mais complexos • A produtividade de vendas pode ficar comprometida • Possibilita acomodação do vendedor • Exige supervisão constante	• Exige maior controle administrativo • Mais difícil de ser explicado aos vendedores • Pode desviar a atenção do vendedor sobre o volume de vendas • Pode induzir o vendedor a segurar pedidos • Controle mais difícil e oneroso • Exige constante atualização	• Quando as quotas não são bem estabelecidas, desmotivam as equipes • Há também a dificuldade de fixação das quotas • Não estimula muito a superação da quota	• Dificulta a abertura de novos negócios • Quando as quotas não são bem estabelecidas, desmotivam as equipes • Há dificuldade no estabelecimento de quotas • Não estimula outros objetivos além de recebimento e venda • Há empenho maior na cobrança do que na venda
Balanceamento/ diagnóstico		Recomendável para empresas que não queiram ter vendedores com ganho ilimitado e necessitem direcionar mais os esforços de marketing	Recomendável para empresas oligopolíticas que necessitem criar estímulos motivacionais ao esforço de marketing sem inflacionar os custos de vendas	Recomendável para empresas que necessitem atingir determinados alvos de vendas rapidamente	Recomendável para empresas com ênfase na cobrança acima da ênfase de venda e que pretendam manter estímulos para venda equilibrada

20.6 SISTEMAS DE REMUNERAÇÃO MAIS UTILIZADOS NO BRASIL

Pelo Quadro 20.2 podemos averiguar que os sistemas de remuneração comumente empregados resumem-se em três versões mais citadas:

- Salário fixo mais comissão sobre vendas.
- Apenas salário fixo.
- Só comissão sobre vendas.

Quadro 20.2   *Classificação geral dos sistemas utilizados.*

Sistemas de remuneração	Classificação
Fixo + Comissão s/ Vendas	1º
Fixo	2º
Comissão s/ Vendas	3º
Fixo + Comissão s/ Vendas + Prêmios	4º
Fixo + Sistema de Pontos	5º
Fixo + Comissão s/ Quotas	6º
Fixo + Prêmios	6º
Comissão s/ Vendas + Prêmios	7º
Comissão s/ Cobrança + Prêmio Cobertura Quota	7º
TOTAL	–

Fonte: COBRA, Marcos. *O sistema de remuneração da força de vendas como um vetor de marketing.* São Paulo: EAESP/FGV, 1980.

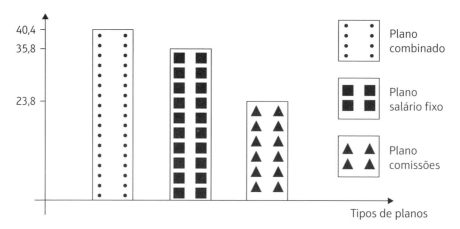

Figura 20.1 *Tipos de planos usados no Brasil.*

Assim, comparando a situação brasileira com a norte-americana, inferimos que os planos combinados de salário fixo mais incentivos diversos são preferidos nos Estados Unidos (50% do total) e, de igual modo, no Brasil (40% do total). Todavia, nos Estados Unidos, a tendência é a utilização de incentivos diversos, além da venda propriamente dita, ao passo que no Brasil desenvolvemos, como estímulo maior, a comissão sobre vendas. Estas inferências são fornecidas pelos valores dispostos no Quadro 20.3.

Quadro 20.3 *Tipos de remuneração: Brasil-Estados Unidos.*

Sistemas adotados	Empresas usando vários tipos de remuneração	
	Brasil	Estados Unidos
PLANOS COMBINADOS (salário fixo + incentivo)	40,4%	± 50%
PLANOS À BASE DE SALÁRIO FIXO	35,8%	± 30%
PLANOS À BASE DE COMISSÃO SOBRE VENDAS	23,8%	± 20%
TOTAL	100%	100%

Fonte: COBRA, Marcos. *O sistema de remuneração da força de vendas como um vetor de marketing.* São Paulo: EAESP/FGV, 1980.

A ótica dos vendedores acerca do sistema ideal de remuneração

A certo ponto da pesquisa realizada junto aos vendedores, nosso questionamento restringiu-se a duas perguntas: "Qual é, no entender dos vendedores entrevistados, o sistema mais motivador no seu trabalho?" e "O que eles esperam de um sistema de remuneração?" As respostas obtidas permitiram a montagem do Quadro 20.4.

Quadro 20.4   *Qual o sistema ideal de remuneração de vendedores?*[5]

Segundo a óptica de vendedores é:

Citação em ordem de Importância	Sistema Ideal	% Citações do total
1º	FIXO + COMISSÃO + PRÊMIOS	29,7
2º	FIXO + COMISSÃO	28,4
3º	NÃO RESPONDERAM	16,7
4º	COMISSÃO SOBRE VENDAS	5,8
4º	COMISSÃO + PRÊMIOS + AJUDA DE CUSTO	5,8
5º	FIXO + COMISSÃO + AJUDA DE CUSTO	5,2
6º	FIXO + COMISSÃO + PRÊMIOS + AJUDA DE CUSTO	2,6
7º	FIXO + PRÊMIOS + AJUDA DE CUSTO	1,2
7º	FIXO	1,2
7º	OUTROS	1,2
8º	COMISSÃO + PRÊMIOS	0,7
8º	FIXO + COMISSÃO + PARTICIPAÇÃO	0,7
8º	FIXO + PRÊMIOS	0,7
	TOTAL	100,0

Logo, as grandes preocupações demonstradas pelos vendedores ficam evidentes na análise dos resultados da pesquisa, e são, a nosso ver, as seguintes:

- Os vendedores sentem necessidade de uma segurança básica de ganho, através da existência de um salário fixo na remuneração.

- O atrativo da comissão sobre vendas, que possibilita um ganho ilimitado, ainda prevalece na maioria dos sistemas ideais apontados.

Em busca de um aprofundamento maior no assunto, formulamos nova pergunta: "Quais as implicações do fator ou dos fatores mercadológicos na remuneração dos vendedores na empresa?". As diversas modalidades de respostas também foram organizadas em forma de quadro (Quadro 20.5), o qual apresentamos a seguir.

---

5   Pesquisa realizada pelo autor junto a 200 vendedores em São Paulo e Rio de Janeiro.

376 Administração de Vendas • Cobra

Quadro 20.5   *Implicações dos fatores na remuneração dos vendedores.*

Fator	Implicação na remuneração
Cobertura de Quotas	Se cobrir a quota, recebe ajuda de custo, se não, só comissão.
	Recebem fixo, mas a partir de certo volume, isto é, quota mínima, passam a receber comissão.
	Para níveis acima das quotas a comissão é maior.
	Prêmio para a cobertura da quota.
Venda a Novos Clientes de Grupos de Produtos	Maior é a comissão para a venda a novos clientes.
Cobrança	Participação % no resultado financeiro da cobrança.

Fonte: COBRA, Marcos. *O sistema de remuneração da força de vendas como um vetor de marketing.* São Paulo: EAESP/FGV, 1980.

Em conclusão, podemos afirmar que os fatores do composto mercadológico, empregados na remuneração, relacionam-se sobretudo com o produto e seu incentivo de vendas, como a quota de vendas. Quanto à estratégia de marketing, a mais utilizada é a que estabelece novos empregos para produtos já existentes e a de segmentação de mercado, através da abertura de novos clientes.

20.7 FORMULAÇÃO DO PLANO DE INCENTIVOS

20.7.1 CHECK-LIST

Observado que às empresas possuidoras de sistemas de remuneração eficazes são obtidos, de igual modo, resultados financeiros e mercadológicos satisfatórios,[6] pretende-se, neste capítulo, esboçar alguns modelos de remuneração à base de incentivos, que visem maximizar os objetivos e as estratégias das empresas.

Para atingir tal escopo deve-se partir da elaboração de um *check-list* que, além de possibilitar o estabelecimento de planos de remuneração e de incentivos, permita, ainda, a elaboração de sugestões para o incremento da produtividade da força de vendas.

Nesse sentido veremos, a seguir, os parâmetros fundamentais que norteiam a formulação de planos de remuneração à base de incentivos.

---

[6] COBRA, Marcos. *O sistema de remuneração de vendedores como vetor de marketing.* São Paulo: EAESP/FGV, 1980.

20.7.2 Análise básica para montagem de um sistema de remuneração

Para a elaboração de um processo de sistema de remuneração de vendedores, ou mesmo revisão de um sistema em funcionamento, é necessário obedecer aos seguintes requisitos:

A – ANÁLISE DAS CONDIÇÕES INTERNAS E EXTERNAS DA EMPRESA

Isto significa que devem ser identificados os seguintes fatores:

- *Produto:* entre os aspectos a serem sondados destacam-se o preço unitário e sua respectiva margem, descontos concedidos pela natureza do comprador ou pelas quantidades compradas, existência de características técnicas no produto e seu grau de tecnologia. O fato, por exemplo, de o produto ser altamente técnico, aliado à análise do consumidor que revele fortes motivos racionais de compra, indica a necessidade de um vendedor treinado, em cuja remuneração exista uma parcela fixa, o que não se aplicará a um produto de baixo preço, pequena margem, sem problemas técnicos e que aponte um sistema de remuneração proporcional às vendas, como preferido.

- *Mercado:* o exame do mercado deverá evidenciar fatores tais como: concentração ou dispersão dos consumidores potenciais, caracterização do mercado industrial, fase do ciclo de vida em que o produto se encontra. O mesmo produto com a mesma margem, os mesmos descontos e o mesmo grau de tecnologia teria, por exemplo, dependendo da fase do ciclo de vida em que esteja no mercado, um outro sistema de remuneração.

- *Consumidor:* a identificação do consumidor, dos motivos de compra deste, tais como a predominância de motivos racionais ou emocionais, a identificação dos hábitos de compra e, ainda, o volume de compra são dados essenciais para análise.

- *Concorrência:* deverão ser colhidos todos os dados referentes às operações das empresas concorrentes, referentes ao exame dos seus produtos, às políticas de preço, vias de distribuição, sistemas de promoção e remuneração da força de vendas, buscando-se, enfim, o grau de agressividade da sua organização no mercado. Se, por exemplo, se tem um produto altamente técnico, nesse caso a decisão poderá ser tanto um sistema agressivo, ao procurar obter resultados a longo prazo, como utilizar processos menos agressivos, motivados pela natureza do produto e características do consumidor e mercado.

B – DETERMINAÇÃO CLARA DOS OBJETIVOS DA EMPRESA

Como objetivos, podemos citar:

- *Cobertura rápida do mercado:* necessária aos produtos considerados novidade, em que a perda de dias poderá significar grandes prejuízos em vendas pelo declínio da procura ou entrada da concorrência, ou ainda, quando *se* procura levar o produto por razões estratégicas o mais rápido possível às mãos dos consumidores, importando a venda rápida e agressiva, que dificilmente se obteria com vendedores trabalhando com salário fixo.

- *Atendimento dos pequenos clientes (pequena compra unitária):* visa conquistar um bom cliente a longo prazo, pelo atendimento e auxílio técnico ao que hoje compra pequenas quantidades, mas que poderá tornar-se um cliente de grande volume de compras. Situação em que, se não for estipulada uma percentagem especial, não apresentará o mesmo interesse de uma força de vendas com remuneração apenas proporcional ao volume de vendas gerado.

- *Venda lenta e firme:* quando a empresa busca permanência e crescimento no mercado a longo prazo e, portanto, adota uma política de satisfação máxima para seus clientes, procurando construir a reputação de uma marca ou da organização.

- *Desenvolvimento de um produto:* quando a empresa pretende o fortalecimento de um produto, por razões de mercado. Esse poderia ser, por exemplo, um "ponta de lança", cuja distribuição rápida servirá para vender outros produtos aos mesmos clientes.

- *Necessidade de maior controle sobre o cliente:* decorre de diversos fatores, quer da existência de pequeno número de consumidores potenciais para o produto, quer da natureza técnica dos mesmos. Esse objetivo poderá levar a empresa a inclinar-se mais ao sistema de remuneração fixa do que ao variável.

- *Expansão da sua participação de mercado:* na realidade, poderá ocorrer tanto na política de venda rápida quanto na de venda lenta e firme.

O levantamento desses parâmetros, no entanto, não dá por terminado o plano de remuneração. São necessários outros que se relacionem mais intimamente com o sistema de incentivos.

20.7.3 Passos básicos para estabelecimento de um sistema de incentivos

A elaboração de um plano de remuneração correto à base de incentivos para vendedores constitui um problema complexo, pois envolve comportamento humano e economicidade dos negócios. Portanto, não existe, na realidade, um plano ideal para todas as situações, porque os planos de incentivos de vendas, cujo índice de preferência é elevado, precisam ser adequados às necessidades de cada empresa, objetivando a otimização dos resultados a ela característicos. Todavia, há doze passos básicos altamente indicados. São eles:

- Fazer uma análise dos negócios da empresa, para levantar:
  - o número e porte de clientes por linhas de produto;
  - o tamanho médio de pedidos;
  - o volume de negócios recebidos repetitivamente;
  - a rotação anual de clientes;
  - o índice de rotação anual de vendedores, nos últimos anos;
  - a razão pela qual cada vendedor saiu da empresa;
  - o volume de vendas de cada vendedor durante os anos anteriores e a parcela de tempo anual que o vendedor gasta em vendas;
  - o salário e os ganhos de incentivos de cada vendedor durante os anos anteriores;
  - as despesas de viagem e estada de cada vendedor durante o ano;
  - a idade, o grau de escolaridade e a capacidade de trabalho de cada vendedor.
- Determinar as vendas atuais da empresa e os objetivos de marketing com razoável detalhamento e especificação.
- Determinar a ordem de prioridade de vendas da empresa e os objetivos de marketing.
- Determinar como o vendedor atualmente gasta o seu tempo.
- Determinar como o vendedor deveria gastar o seu tempo.
- Determinar quais funções dos vendedores podem ser medidas objetivamente e que unidades de medida precisam ser usadas (parâmetros).
- Determinar a percentagem de vendas da empresa que tem sido usada como despesas diretas de vendas no passado.
- Determinar a percentagem de vendas da empresa que pode e precisa ser usada como despesa direta de vendas no futuro.
- Determinar a remuneração bruta que precisa ser paga ao vendedor para atrair e reter bons vendedores.
- Determinar a composição apropriada necessária entre remuneração fixa: salário ou garantia de ganho e incentivos de remuneração – comissão ou prêmio para alcançar os resultados desejados.

- Desenvolver uma fórmula matemática simples que use como incentivo uma parte da remuneração bruta para motivar mais eficazmente os vendedores a alcançarem os objetivos mercadológicos e as vendas da empresa.

- Preparar um manual para o vendedor que descreva o plano de remuneração em detalhes, definindo os termos usados e os exemplos de como o vendedor deverá trabalhar.

Encontram-se então, nesse esboço geral, as principais considerações para a criação de um sistema de salários e de incentivos para vendedores, para cuja função se torna viável o estabelecimento de primeiros passos, ainda que rudimentares, para a designação de um sistema de remuneração da força de vendas. São eles:

- *Objetivo:* estabelecimento de propósito e políticas de plano de remuneração.

- *Qualificação:* definir quem deve participar.

- *Salário*
  - Estabelecer amplitude salarial (aplicar a relação salário/oportunidade de ganhos conforme os vários níveis de desempenho).

  - Estabelecer padrões para salário e critério para aumentos. Definir procedimentos e autoridades.

  - Proporção entre o salário fixo e o salário variável.

- *Incentivos*
  - Determinar o valor do incentivo normal – aplicar a relação incentivo e oportunidades de ganho.

  - Determinar os elementos de incentivo: volume de vendas, lucro bruto, novos clientes, produtos especiais etc.

- *Comunicação e revisão (auditoria)*
  - Esquematizar uma apresentação legível (entendível) do plano. Apresentar o plano aos gerentes.

  - Distribuir o plano aos vendedores.

  - Rever anualmente a operacionalidade do plano, custo e resultados de lucros, isto é, realizar uma auditoria do sistema de remuneração.

A auditoria no plano de remuneração é importante em dois momentos: o primeiro, para avaliar a situação vigente na empresa para a formulação de um novo plano; o segundo, para rever o plano atual visando a uma eventual reformulação. Com base na auditoria, pode-se estabelecer alguns dos objetivos mais frequentes na realização de um plano de incentivos de vendedores, a saber:

- Ênfase nos itens mais lucrativos ou de maior margem.

- Venda de toda a linha; venda mais balanceada.
- Controle das despesas de vendas.
- Vendas a novos clientes.
- Realizar novos negócios com velhos clientes.
- Rápido desenvolvimento de um território de vendas.
- Grande cooperação entre os vendedores.
- Grande participação nas vendas da empresa.

Todo plano de remuneração, por melhor que seja, sofre desatualização com o passar do tempo. Dessa forma, o plano deixa de atender aos objetivos da empresa e/ou aos anseios dos vendedores, cabendo, portanto, uma revisão no ciclo de vida do plano de acordo com indicação feita na Figura 20.2.

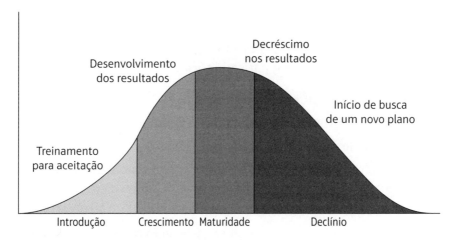

Figura 20.2 *Ciclo de vida do plano.*

O plano constitui-se sempre de quatro fases básicas:

- *Introdução,* na qual as equipes de vendas são treinadas para aceitar o novo plano.
- *Crescimento,* quando surgem os primeiros resultados.
- *Maturidade,* quando aparecem os primeiros sintomas de obsolescência do plano.
- *Declínio,* quando requer o início imediato de busca de um novo plano.

A eficácia do plano de remuneração pode ser examinada da seguinte forma:

- O plano de remuneração consta de um manual?

- O plano é administrado pelo pessoal de marketing?
- Qual a experiência de marketing que está relacionada ao plano?
- Há mecanismos estabelecidos para controlar a operação do plano?
- Os resultados do plano são revistos periodicamente? Com que frequência?
- Tem o plano resultado num incremento de vendas e de lucro?
- Tem o plano incrementado o *market-share* da empresa?
- Tem o plano melhorado o moral do pessoal?
- O plano afetou as relações com os clientes? Favoravelmente ou não? Por quê?
- Quanto custa administrar o plano?
- O plano reduziu o *turnover* de vendedores?
- É realmente necessário um plano de incentivos para a empresa? As oportunidades do plano de carreira da empresa são realmente tão boas a ponto de tornarem o plano de incentivos supérfluo?

A elaboração de um novo plano deve ser feita com base em alguns passos, como os que formulamos nesse *check-list* para auditoria:

- Realização do volume de vendas.

  Parâmetro: volume de vendas ou quotas unitárias.

- Abertura de novos clientes.

  Parâmetro: novos clientes abertos com compras acima de um valor mínimo, durante um período determinado de tempo.

- Venda de produtos com boa margem de contribuição unitária.

  Parâmetro: incremento do potencial de lucros pela venda de produtos com máxima margem bruta.

- Venda de novos produtos.

  Parâmetro: esforço adicional de vendas para introduzir novos produtos no mercado.

- Venda de produtos com grande estocagem.

  Parâmetro: esforço adicional para diminuir a estocagem.

- Explorar mais intensamente o território de vendas.

  Parâmetro: parcela de negócios adicionais de clientes atuais.

- Reduzir os custos de vendas.

  Parâmetro: incrementar o potencial de lucros pelo corte nas despesas controláveis de vendas.

- Participar no esforço coletivo.

Parâmetro: venda da equipe.

- Desempenho nas funções que não sejam diretamente de vendas.

  Parâmetro: contribuir para o atingimento de outros objetivos de marketing como promoção de produtos, auditoria de estoques etc.

Esses passos resumem, *grosso modo*, o procedimento prático adotado por algumas empresas. Porém, uma análise fundamentada em considerações teóricas poderá, ou não, estar em conformidade com os passos sugeridos. Para tanto, examinaremos algumas posturas teóricas.

20.8 DESENVOLVIMENTO DO PLANO DE REMUNERAÇÃO

O método para desenvolver um plano racional de remuneração de vendedores deve combinar as necessidades individuais do vendedor, as suas habilidades e suas preferências com os objetivos da gerência, dentro de um programa de remuneração que proporcione uma flexibilidade máxima, ao nível das condições do ambiente. Assim sendo, observamos alguns passos, como:

- Estabelecimento claro e consistente dos objetivos de remuneração.
- Determinação do nível salarial desejável para os vendedores.
- Determinação da proporção relativa de cada um dos três elementos:
  1. Salário-base.
  2. Incentivos individuais.
  3. Incentivos de grupo.
- Estabelecimento do critério de medida (parâmetro) a ser usado para avaliar desempenho.
- Descrição do método de pagamento de incentivos para estabelecer critérios de medidas e a "fórmula" de remuneração.
- Aplicação da "fórmula" à experiência passada de diversos vendedores, individualmente e em grupos, para testar os resultados, num desempenho histórico.
- Realização de um teste inicial do novo plano de remuneração em uma unidade (filial, região etc.) para determinar sua aceitação pela força de vendas e para medir sua influência no desempenho de vendas.

Não basta, porém, enumerá-los. Mais do que isso, torna-se necessário o entendimento completo do que estão apregoando; essa exigência leva-nos à análise de cada item.

20.8.1 Estabelecimento de objetivos

As premissas básicas a serem consideradas são:

- Remunerar vendedores na proporção dos esforços produzidos.
- Prover estímulos e incentivos máximos.
- Prover uma garantia de ganho, mais um índice regular de produção individual.
- Ajustar a parte de comissão do salário à produção individual e à iniciativa de vendas.
- Estimular o trabalho da equipe na maximização do volume de vendas através de um programa de incentivos de grupo.
- Definir alternativas flexíveis que proporcionem à gerência de vendas oportunidades de administrar regularmente o plano e ajustar o nível de remuneração dentro de sua estrutura.

20.8.2 Determinação do nível salarial para vendedores

Definidos os objetivos, cabe à área da gerência de vendas, na implantação do plano, estabelecer primeiramente um "alvo salarial" para cada vendedor sob sua supervisão. Esse alvo deve basear-se em experiência e capacidade, por meio de gráficos, como o que é apresentado pela Figura 20.3.

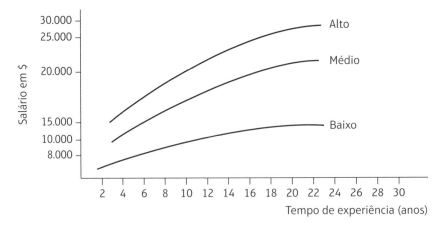

Figura 20.3 *Gráfico de avaliação da experiência de vendedores.*

20.8.3 Determinação da parcela do salário fixo

A gerência filial de vendas pode ser responsável pela determinação de um salário-base para seus vendedores, sujeita a restrições de que salário-base (fixo) pode variar de 30% a 90% do salário total.

A decisão acerca do valor do salário fixo, normalmente, influencia o valor da taxa de comissão. Quanto mais alto o salário fixo, menor será a taxa de comissão ou a parcela variável.

A composição do salário total levará, pois, em consideração a relação entre uma maior quantia através de um salário fixo maior ou de um risco maior através de salário fixo menor, acompanhado de maior percentagem de comissão sobre vendas.

Poderá, ainda, compor o salário total um prêmio por cobertura de quota de vendas que é avaliada individualmente ou pelo trabalho de equipe.

20.8.4 Estabelecimento de critérios de medidas

Em virtude de a composição salarial ter duas partes distintas, salário fixo e incentivos, dois critérios são necessários.

A parcela maior do salário total do vendedor é constituída do seu salário (fixo). Isso pode significar que uma parte do esforço do vendedor não produzirá resultados imediatos de vendas.

O salário fixo estabelecido é, portanto, um valor alto em relação ao salário total para cobrir atividades de suporte, ligadas às funções do vendedor. Dessa forma, essas atividades de suporte, tais como serviços ao cliente, acompanhamento do pedido, análises dos problemas do cliente e investigação de mercado etc., não são atividades diretas de vendas, mas importantes para sua realização. O salário fixo existe para cobrir exatamente esses serviços.

A gerência de vendas, ao estabelecer a faixa salarial de seus vendedores para o próximo período, deve basear-se no desempenho de seus vendedores, nas tarefas de vendas e nessas tarefas complementares.

Em comum acordo com o vendedor, o gerente pode fixar uma quota de vendas, baseada nos seguintes fatores:

- Uma análise de cada um de seus clientes, incluindo vendas passadas e oportunidades futuras.

- Previsão das condições econômicas para o próximo período, para cada segmento de mercado.

- Uma avaliação da atividade da concorrência em cada região, em cada cliente.

- Atividades promocionais planejadas pela empresa, incluindo introduções de novos produtos.

- Considerações do vendedor acerca do desenvolvimento das suas oportunidades e da realização e manutenção de sua eficácia.

Através do comprometimento do vendedor e da sua participação ao se estabelecer sua quota de vendas, criam-se melhores oportunidades para os alvos da empresa serem atingidos. Do somatório de quotas por vendedor chegamos à quota por região e, por fim, à quota de toda a empresa.

20.8.5 Escopo e objetivos da empresa

Cada empresa possui sua própria personalidade, que caracteriza suas forças e limitações, tanto internas, como externas. Tirar o melhor proveito possível destas forças é a função básica de seus dirigentes, não apenas para assegurar à empresa lucratividade, condições de sobrevivência e expansão, como também para integrá-la no sistema econômico e social da região da qual faz parte.

Contudo, vale lembrar Theodore Levitt, que, em seu artigo "Marketing Miopia", de 1960, publicado na *Harvard Business Review*, apontava como causa maior do fracasso de muitas empresas o fato de elas nunca terem definido a espécie de negócio que desenvolvem. Isto significa, em outras palavras, a necessidade de conceituar o "escopo" e a "missão" da empresa.

De outra parte, o estabelecimento dos "objetivos da empresa" marca a direção básica para todo o planejamento departamental.

A partir dos objetivos globais, outros propósitos podem incluir a manutenção de uma taxa de retorno nos investimentos e sustentar certas taxas de crescimento de receita e de lucro.

Os "objetivos mercadológicos" da empresa também fundamentam, não raras vezes, a determinação e a formulação de sua "missão" e "escopo", bem como seus objetivos globais que podem envolver investimentos, incrementar a participação de mercado da empresa como um todo, ou por região, por vendedor, ou tipo de cliente, ou ainda por linha de produtos.

O estabelecimento de objetivos mercadológicos requer uma estreita colaboração entre a alta administração e os executivos de marketing. Estes objetivos, por sua vez, serão exequíveis à medida que as oportunidades de mercado e a consideração simultânea de quais estratégias adotar para explorar essas oportunidades levarem em conta também uma avaliação das forças externas: social, tecnológica, governamental e concorrencial. Por outro lado, não basta formular objetivos, é preciso quantificá-los e integrá-los ao sistema de remuneração de vendedores, como, por exemplo:

- Incrementar a participação de mercado em 3% em relação ao ano anterior.
- Aumentar em 20% o número de clientes.
- Incrementar em 7% as vendas aos clientes existentes.

20.8.6 AVALIAÇÃO DAS OPORTUNIDADES DE MERCADO E SELEÇÃO DOS TIPOS DE ESTRATÉGIAS

Uma investigação de mercado não deve restringir-se apenas aos desejos dos clientes. As investigações de oportunidades devem, necessariamente, incluir, além da identificação de aspirações e necessidades, a determinação de características de clientes potenciais, desenvolver estratégias e programas para convertê-los de potenciais em clientes atuais. Deve considerar, cuidadosamente, a ação de forças internas e externas que afetem as atividades mercadológicas da empresa, desenvolver novas áreas; estar atenta à atuação da concorrência e se antecipar a ela. Seriam estes alguns critérios de avaliação das oportunidades de mercado que, em parte, consistem em formular métodos e estratégias para explorar eficazmente o potencial. De certo modo, estratégia é uma palavra de origem militar e significa a arte ou a ciência de conceber e organizar um plano de operações de guerra, conquistar territórios etc. Do grego *strategos,* significa general. Assim, ganhar a guerra seria uma estratégia, ganhar uma batalha seria um tática. Dessa maneira, o planejamento integrado em mercadologia, segundo o Prof. Raimar Richers, tem sido denominado Estratégia Mercadológica, ou seja, a função da estratégia é provar métodos que orientem a escolha dos caminhos para atingir os objetivos.

Mais especificamente, na área mercadológica encontramos diversas modalidades de estratégias que devem ser consideradas pelo plano de remuneração de vendedores. Elas são comentadas a seguir.

A – ESTRATÉGIAS PARA INCREMENTAR A PARTICIPAÇÃO DE MERCADO

Em síntese, este tipo de estratégia compreende:

- Diminuir os preços para incrementar as vendas e ampliar a participação do mercado.

- Adequar/aprimorar a qualidade do produto sem aumentar os preços; a menos que a demanda seja inelástica em relação à qualidade, pode resultar um incremento de participação de mercado.

- Intensificar o esforço de vendas pela contratação de mais vendedores que irão ampliar o mercado da empresa.

- Despender mais verbas em propaganda, de forma que se venda mais, tomando uma parcela de mercado da concorrência.

B – ESTRATÉGIAS PARA AMPLIAR O NÚMERO DE CLIENTES

Neste caso, entendemos:

388 Administração de Vendas • Cobra

- Dar prêmios e vantagens a novos compradores, atraindo-os para se tornarem clientes.

- Oferecer prêmios através de remuneração ao vendedor, pela abertura de novos clientes. Se tais prêmios já existem, aumentá-los de forma que estimulem o vendedor a ampliar sua carteira de clientes.

- Incrementar o número de unidades demonstradoras eficazes, que podem se deixadas nos escritórios de clientes potenciais.

C – ESTRATÉGIAS PARA INCREMENTAR A PENETRAÇÃO DO MERCADO

Consistem basicamente em:

- Aplicar descontos em função das quantidades, nos pedidos. Isto pode estimular o cliente a comprar mais de um mesmo fornecedor, para obter maiores descontos e permitir à empresa penetrar mais acentuadamente no mercado.

- Especializar a força de venda por tipo de cliente a ser atendido: contribui para uma maior penetração em cada tipo de cliente.

- Criar um programa de treinamento dirigido aos clientes sobre usos e aplicações dos produtos.

20.8.7 Escolha da melhor estratégia

A escolha da melhor estratégia implica, primeiramente, concordância acerca dos critérios a serem usados para a seleção. Convém, pois, recordar que as alternativas de estratégias foram geradas na expectativa de que estariam em conformidade com os objetivos mercadológicos e estes, por sua vez, em consonância com os objetivos da empresa.

Desse modo, poderíamos estabelecer um modelo resumido de quatro componentes:

- Relação de fatores externos (primeiramente econômico) para a obtenção de vendas pelo ramo de negócios, do qual a empresa participa.

- Relação entre as vendas do ramo de negócio e as vendas da empresa.

- Relação entre as vendas da empresa e os lucros da empresa antes de impostos.

- Relação entre lucro antes de impostos e após impostos.

Com base nesse modelo, encontramos alguns exemplos de determinação de metas que motivam a formulação dos planos de remuneração da força de vendas. Para maior clareza, consulte o Quadro 20.6.

Sistemas de remuneração de vendedores **389**

Quadro 20.6 *Exemplo de formulação de metas para remuneração a partir dos objetivos e estratégias de marketing.*

Missão e escopo da empresa	Objetivos da empresa	Objetivos de marketing	Estratégia de marketing	Planos e programas de marketing	Metas para o sistema de remuneração da força de vendas
Qual é seu negócio	Sobreviver	**VOLUME DE PRODUTIVIDADE DE VENDAS** • aumentar as vendas de determinado produto em X% para o próximo ano • aumentar a penetração em um mercado específico com produtos já existentes em X% até 31 de dezembro • aumentar o volume de vendas em X% em regiões selecionadas, territórios, em datas específicas **LUCRATIVIDADE** • aumentar o retorno geral sobre Investimentos em X% para o próximo ano fiscal • aumentar a taxa de lucro para regiões-chaves territórios em X% em data específica • aumentar a contribuição de lucro por vendedor em X% neste ano fiscal	• distinguir o produto dos concorrentes (não diferenciado) • desenvolver produtos e programas de marketing (diferenciação) • criar novos usos para produtos existentes • diversificar em novos mercados com produtos existentes • expandir as vendas para áreas geográficas com alto potencial de mercado e que não são frequentemente atingidas • aumentar o esforço de vendas nos produtos, clientes e regiões mais lucrativas	• conduzir concursos de vendas e oferecer incentivos para motivação • treinar a força de vendas sobre usos e aplicações dos produtos e dos produtos concorrentes • organizar vendas, serviços de engenharia de produtos • proporcionar incentivos a vendedores para a aquisição de novas contas • alocar vendedores para áreas com alto potencial ou rezonear para atingir áreas não visitadas • alocar um maior número de visitas a clientes a regiões mais lucrativas	**METAS DE DESEMPENHO POR VENDEDOR** • vendas por produtos que interessem ser mais vendidos • venda por região de produto • número de visitas por dia • volume de pedidos • volume por pedidos • despesas por visita etc. • novos clientes **METAS DE LUCRATIVIDADE** • X% de retorno (ROI ou ROAM) por região ou território de vendas ou anual • X% de lucro por região ou território de vendas • Incremento de X% na contribuição ao lucro por vendedor • X% de metas de lucro nos clientes mais lucrativos e nas regiões mais lucrativas
	Crescer	**PARTICIPAÇÃO DE MERCADO** • aumentar em X% a participação no mercado Y em 31 de dezembro de... **DISTRIBUIÇÃO** • estabelecer novos pontos de vendas ou distribuidores em regiões geográficas com potencial de mercado significativo	• diversificar em novos mercados com novos produtos • estratégia de segmentação de mercado • procurar uma participação do mercado significativo em cada segmento • estoque de produtos em locais que permitam uma rápida entrega em regiões com potencial de mercado significativo • etc.	• diversificação de mercados • diversificação de pontos • segmentar o mercado • localização de vendedores residentes em região com potencial	**METAS DE PARTICIPAÇÃO DE MERCADO** • Participar no território A em Y% do total do potencial de mercado • participar em X% do total do potencial de mercado do produto Z no território A **METAS DE DISTRIBUIÇÃO** • abrir Y novos pontos de vendas/ clientes com potencial de compras, sendo:

• obter melhor desempenho dos canais de distribuição em regiões de potencial relativo de mercado significativo			Classe A : Y1 Classe B : Y2 Classe C : Y3 Total Y novo clientes • metas de vendas por ponto de venda Classe A = Classe B = Classe C =
PROMOÇÃO/PROPAGANDA • conseguir uma boa cobertura da propaganda em mercados específicos para o ano • aumentar a imagem dos produtos da empresa entre influências-chaves de compra em novos mercados específicos em X% em 31 de dezembro de . . . • aumentar a imagem dos produtos da empresa entre influências-chave de compra em mercados onde a identidade da empresa já é estabelecida em X% em 31 de dezembro de . . .	• dirigir a propaganda e promoção para clientes-chaves e maximizar os benefícios destes gastos em um segmento de mercado limitado • utilizar a estratégia *push* para encorajar distribuidores, revendedores, pontos de vendas e a força de vendas a movimentar suas linhas de produtos (boas margens, bônus, serviços e subsídios de propaganda e promoção) • empregar a estratégia *push* para estimular a demanda do cliente através do aumento na aceitação dos produtos, conceito e marca • etc.	• plano de mídia dirigido para clientes-chaves • planos de descontos, benefícios e serviços para revendedores e distribuidores	**METAS DE PROMOÇÃO/PROPAGANDA** • metas de levantamento de cobertura da mídia eletrônica por número de cidades pesquisadas • metas de promoção de vendas por vendedor: – número de promoção de vendas efetuadas – etc.
DESENVOLVIMENTO DO PRODUTO • Introduzir novos produtos para preencher a oferta de linhas de produtos em datas específicas	• diversificar com novos produtos em novos mercados e mercados existentes	• campanha de produto e conceito de marca • diversificação de produtos • campanha de descontos	**METAS DE DESENVOLVIMENTO DE PRODUTO** • metas de vendas de novos produtos por regiões e por vendedor
PREÇOS • devem ser competitivos com os principais concorrentes e com uma contribuição unitária mínima de X% ao lucro	• desenvolver novos produtos a cada ano, para superar a concorrência • oferecer descontos por quantidade • preço baixo para novos produtos para desencorajar a concorrência • proporcionar um mínimo de serviços extras para obter preços baixos	• plano de redução de custos operacionais	**METAS DE PREÇO** • metas de descontos por quantidade • metas de preço médio mínimo praticado por linha de produto • metas de descontos médios • metas de preço médio por pedido e por tipo de cliente

Podemos, então, sumariar do exposto que a relação de objetivos de vendas visa a uma estimativa do potencial de mercado, a uma previsão de vendas, ao estabelecimento de quotas de vendas por produto, território e clientes e ao orçamento de vendas requerido, em que há que se observar os recursos da empresa.

A análise desses parâmetros possibilitou-nos a montagem de um esquema (Figura 20.4), no qual podem ser visualizados os principais fatores que interferem na "decisão estratégica de vendas".

De acordo com o esquema, podemos assim definir os elementos:

- *Mercado* – A partir da estimativa da Demanda de Mercado e do Cálculo do Potencial de Mercado, determina-se a Previsão de Vendas da empresa.

- *Empresa* – Em função da Demanda da Empresa, calcula-se o Potencial de Vendas da Empresa, para se chegar à Previsão de Vendas da Empresa e, por fim, às Metas de Vendas da empresa.

- *Meio Ambiente* – As influências do meio ambiente, como a concorrência, a economia, a legislação, o mercado consumidor, agem na determinação das Tendências do Ramo, que, por seu turno, influenciam o cálculo de Previsão de Vendas e a determinação de Metas de Vendas.

- *Objetivos* – O Escopo e a Missão da Empresa influem na definição de objetivos da empresa.

- *Recursos* – A avaliação dos Recursos Disponíveis e das Restrições da empresa serve de base para a Determinação do Tamanho e Tipo de Força de Vendas que, associados aos Objetivos da empresa, levam ao Orçamento de Vendas da empresa.

- *Estratégias* – O tipo de Estratégia de Marketing adotado pela empresa é determinante para a Estruturação da Força de Vendas.

- *Planos e programas de marketing* – O plano de marketing e o orçamento de vendas da empresa constituem elementos dos quais decorre a fixação de metas para o Sistema de Incentivos: metas de vendas, metas de lucros e de participação de mercado.

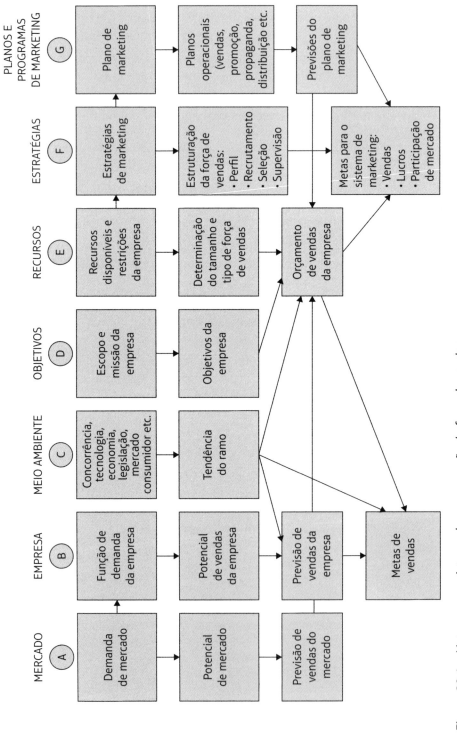

Figura 20.4 *Metas para o sistema de remuneração da força de vendas.*

Veremos, a seguir, alguns tipos de metas estratégicas na remuneração de vendedores. Para facilitar a exposição, resolvemos desenvolvê-las por meio dos exemplos 1 e 2, apresentados nas Tabelas 20.1 e 20.2.

Exemplo 1:

- *Objetivos:* lucratividade e participação de mercado.
- *Estratégias:* ênfase nos produtos e territórios lucrativos.
- *Programas de marketing:* incentivar as vendas dos produtos X, Y, T, nos territórios 1, 3 e 5.

Exemplo 2:

- *Objetivos:* Desenvolvimento de novos produtos e de novos segmentos de mercado e de promoção e de propaganda.

Tabela 20.1 *Metas estratégicas na remuneração de vendedores.*

Por vendedor: Mês:

Tipo de meta		Quantificação da meta	Realizado	% de realização da meta	Ponderação	Nº de pontos (ponderação multiplicada pelo % de realização da meta)
		Unidades físicas	Unidades físicas			
	X	10.000	8.000	80%	0,5	40
Vendas por linha de produto	Y	5.000	3.000	60%	0,25	15
	Z	15.000	12.000	80%	0,5	40
	T	15.000	14.000	93%	0,5	46,5
	W	5.000	4.000	80%	0,25	20
	Total	50.000			2	161,5
ROI, por território (Metas)	1	30%	30%	100%	0,8	80
	2	15%	10%	67%	0,3	20
	3	30%	25%	83%	0,8	66,4
	4	10%	5%	50%	0,3	15
	5	30%	20%	93%	0,8	74,4
TOTAL MÉDIO		23%		78,5%	3	255,8
Lucratividade por classe de cliente	A	10%	8	80%	1,0	80
	B	5%	5	100%	0.5	50
	C	10%	10	100%	1,0	100
	D	5%	5	100%	0,5	50
	Total	7,5%			3	280
Participação do mercado no território	1	30	30	100%	0,4	40
	2	10	10	100%	0,2	20
	3	40	20	50%	0,6	30
	4	20	10	50%	0,2	10
	5	50	40	80%	0,6	40
Total					2	148
Total geral					10	845,3 + 10 = 84,5

Tabela 20.2 *Metas estratégicas na remuneração de vendedores.*

Por Vendedor: Mês:

Tipo de meta	Quantificação da meta	Realizado	% de realização da meta	Ponderação	Nº de pontos (ponderação multiplicada pelo % de realização da meta)
Metas de vendas de novo produto por regiões/pot. mercado	Unidades físicas	Unidades físicas			
1	50.000	45.000	90%	0,5	45
2	70.000	75.000	107%	0,6	64,2
3	30.000	30.000	100%	0,3	30
4	40.000	25.000	62,5%	0,4	25
5	80.000	65.000	81,2%	0,7	56,8
Total				2,5	221
Metas de vendas para novos segmentos de mercado/pot. mercado					
A	35.000	30.000	85,7%	0,3	25,7
B	40.000	45.000	112,5%	0,4	45
C	90.000	85.000	94,4%	0,7	66
D	70.000	65.000	92,8%	0,6	55,7
E	60.000	65.000	108,3%	0,5	54,2
Total				2,5	246,6
Metas de promoção (nº de promoções)	50	45	90%	1,0	90
Total				1,0	90
Metas de cobrança					
(Volume a cobrir)	3.000.000	3.000.000	100%	3,0	300
Metas de levantamento de mídia eletrônica nº levantamentos 100		80	80%	1,0	80
Total				1,0	80
Total geral				10,0	937,6 + 10 = 93,7

Conforme podemos observar nas Tabelas 20.1 e 20.2, o número de pontos obtidos, em termos percentuais, e relacionados na Tabela 20.3, corresponde às seguintes alternativas de remuneração ou de concurso de vendas:

- A um valor a ser encontrado em uma tabela de percentagem da comissão sobre vendas (veja as Tabelas 20.4 e 20.5). Quanto maior o número de pontos calculados, maior será o valor do percentual de comissão sobre vendas.

- Ao valor do salário fixo. Dessa forma, 100% equivale a uma parcela variável de remuneração de igual valor à parcela fixa, 80% corresponderá a 80% da parcela fixa.

- A um valor de prêmio fixo. Por exemplo, $ 2.500,00.

Tabela 20.3 *Número de pontos em relação à comissão percentual.*

Nº de pontos	% de comissão sobre vendas
50- 69	–
70- 79	0,5
80- 89	1,0
90- 99	1,5
100- 109	2,0
110- 119	2,5
120- 129	3,0
130 ou mais	3,5

Tabela 20.4   Porcentagem de comissão sobre vendas – Exemplo 1.

Alternativas de métodos de cálculo da parcela variável	Valor da parcela fixa $	Nº de pontos para cálculo da parcela variável $	Valor da parcela variável $	Valor do descanso semanal remunerado (20%) – Incidente sobre a parcela variável $	Ganho total por vendedor $	Encargos sociais (50% do ganho total)	Reembolso de despesas (transporte, estadas, refeições) $	Custo total por vendedor $	Volume de vendas por vendedor $	Ponto de equilíbrio por vendedor $	% da taxa de custo por vendedor
1. % de comissão sobre vendas – Com base em desempenho Individual	25.000	93,7	45.000	9.000	79.000	39.500	25.000	143.500	3.000.000	(*)	4,7
2. % do valor da parcela fixa	25.000	93,7	23.440	4.688	53.128	26.564	25.000	104.692	3.000.000		3,4
3. % do valor fixo e prêmio em $	25.000	93,7	23.440	4.688	53.128	26.564	25.000	104.692	3.000.000		3,4

* Ponto de equilíbrio não calculado.

NOTA: O valor da parcela variável pode ser calculado ainda por critério de pontos, levando-se em conta o valor do ponto com base no desempenho médio da equipe de vendas. Exemplo: se o desempenho médio da equipe foi de 90 pontos e se esse valor é o valor do ponto, isto é, se cada ponto é igual a $ 90,00, então o número de pontos de cada vendedor deve ser multiplicado por $ 90,00 para se encontrar o valor monetário da parcela variável; no exemplo: 84,5 × 90,00 = $ 7.605,00.

Tabela 20.5   *Porcentagem de comissão sobre vendas – Exemplo 2.*

Alternativas de métodos de cálculo da parcela variável	Valor da parcela fixa	Nº de pontos para cálculo da parcela variável	Valor da parcela variável $	Valor do descanso semanal remunerado (20%) – incidente sobre a parcela variável $	Ganho total por vendedor $	Encargos sociais (50% do ganho total) $	Reembolso de despesas (transporte, estadas, refeições) $	Custo total por vendedor $	Volume de vendas por vendedor $	Ponto de equilíbrio por vendedor $	% da taxa de custo por vendedor
1. % da comissão sobre vendas – Com base em desempenho individual	25.000	84,5	20.000	4.000	49.000	24.500	25.000	98.500	2.000.000	(*)	4,9
2. % do valor da parcela fixa	25.000	84,5	21.125	4.225	50.350	25.175	25.000	100.525	2.000.000	(*)	5,0
3. % do valor fixo de prêmio em $	25.000	84,5	21.125	4.225	50.350	25.175	25.000	100.525	2.000.000		5,0

* Ponto de equilíbrio não calculado.

20.9 ASPECTOS LEGAIS DE REMUNERAÇÃO DE VENDEDORES

De modo geral, as atividades dos vendedores, viajantes ou pracistas encontram-se regulamentadas, no Brasil, pela Lei nº 3.207, de 18 de julho de 1957. Bem mais recente é a Lei nº 4.886, de 9 de dezembro de 1965, que regulamenta as atividades dos representantes comerciais autônomos, pessoas físicas ou jurídicas.

Vejamos os preceitos fundamentais de cada uma dessas leis, para o exercício da profissão de vendas:

- Lei nº 3.207, de 18-07-57:

  "Artigo 1º – As atividades dos empregados vendedores, viajantes ou pracistas serão regulamentadas pelos preceitos dessa lei, sem prejuízos das normas estabelecidas pela CLT – Decreto-lei nº 5.452, de 1º de maio de 1943 – no que lhes for aplicável."

- Lei nº 4.886, de 09-12-65:

  "Artigo 1º – Exerce a representação comercial autônoma a pessoa jurídica ou a pessoa física, sem relação de emprego, que desempenha, em caráter não eventual por conta de uma ou mais pessoas, a mediação para a realização de negócios mercantis, agenciando propostas ou pedidos, para transmiti-los aos representantes, praticando ou não atos relacionados com a execução dos negócios."

Em complemento, para o exercício da representação de vendas autônoma, torna-se necessário o registro nos Conselhos Regionais dos Representantes Comerciais, conforme dispõe o artigo 2º da mencionada Lei nº 4.886/65.

Os vendedores registrados como empregados pelas formas de Contrato CLT, sob a forma de Contrato Individual de Trabalho acordado tácita ou verbalmente ou por escrito e por prazo determinado ou indeterminado.

Já os contratos de representação comercial poderão ser celebrados verbalmente ou por escrito, sendo aconselhável que se adote sempre uma forma escrita e nos quais deverão constar obrigatoriamente:

- Condições e requisitos gerais da representação.

- Indicação genérica ou específica dos produtos.

- Artigos ou projetos da representação.

- Prazo certo ou indeterminado da representação.

- Indicação da zona ou zonas em que será exercida a representação, bem como da permissibilidade ou não de a representada ali poder negociar diretamente.

Sistemas de remuneração de vendedores **399**

- Garantia ou não, parcial ou total, ou por certo prazo, da exclusividade de zona ou setor de zona.

- Retribuição e época do pagamento, pelo exercício da representação, dependente da efetiva realização dos negócios e recebimento ou não, pelo representado, dos valores respectivos.

- Os casos em que se justifique a restrição de zona concedida com exclusividade.

- Obrigações e responsabilidades das partes contratantes.

- Exercício exclusivo ou não da representação a favor do representado.

- Indenização devida ao representante pela rescisão do contrato fora dos casos previstos no artigo 34, cujo montante não será inferior a um vinte avos (1/20) do total da retribuição auferida durante o tempo em que exerceu a representação, a contar da vigência da Lei nº 4.886/65.

20.9.1 A TRANSAÇÃO COMERCIAL

Disposta em forma legal, temos a Lei nº 3.207/57 (para o vendedor registrado como empregado):

"Artigo 3º – A transação será considerada aceita se o empregador não a recusar por escrito dentro de 10 (dez) dias, contados da data da proposta."

Tratando-se de transação a ser concluída com comerciante ou empresa estabelecida em outro Estado ou Exterior, o prazo para aceitação ou recusa da proposta de venda será de 90 (noventa) dias, podendo, ainda, ser prorrogado por tempo determinado, mediante comunicação escrita feita ao empregado.

20.9.2 REMUNERAÇÃO DE VENDEDORES

O trabalho é a manifestação ou modo de ser da personalidade humana, vinculada à própria pessoa; a remuneração, por sua vez, não é apenas a compensação ou o equivalente de um bem, devida para evitar um locupletamento injusto ou sem causa, mas é também, sobretudo, o meio mediante o qual a maior parte dos indivíduos provê a própria manutenção e a da família.

O sexo, a idade, a nacionalidade, o estado civil, a raça não podem ser causas de desigualdades de salário. A CLT prescreve: "Sendo idêntica a função, a todo o trabalho de igual valor, prestado ao mesmo empregador, na mesma localidade, corresponderá igual salário, sem distinção de sexo, nacionalidade ou idade."

A – SALÁRIO

Em conformidade com o § 1º do artigo 45 da Consolidação das Leis de Trabalho, encontra-se assim disposto:

"Fazem parte do salário, não só a importância fixa estipulada, como também comissões, percentagens, gratificações ajustadas, diárias para a viagem e abonos pagos pelo empregador."

Diz de outra parte o § 2º:

"Não se incluem nos salários as ajudas de custo, assim como as diárias para viagens que não excedam de cinquenta por cento do salário percebido pelo empregado."

"O salário pode ser fixo, mais comissão, fixo mais prêmios, só comissão etc."

B – COMISSÃO

Nesse sentido, a lei é explícita ao apregoar que:

- O pagamento de comissões e percentagens é exigível só depois de ultimada a transação a que se referem (art. 466 da CLI). Nas atividades comerciais é muito frequente o pagamento por comissões, ora como forma única de remuneração, ora como complemento de salário fixo.

  Ela significa uma participação do empregado no valor do negócio que encaminha e realiza. A percentagem não recai sobre o lucro da empresa ou do empregador, mas sobre o valor do negócio. Portanto, torna-se um salário variável, cuja forma de vencimento depende exclusivamente da atividade do empregado, não estando sujeita ao maior ou menor lucro do empregador no negócio realizado pelo empregado. Nisso se distingue de outras formas participativas de remuneração.

- O mesmo ocorre ao salário para autônomos.

- A comissão, em última análise, é remunerar o resultado de vendas; para o vendedor registrado, o salário fixo é para cobrir outras despesas próprias de sua atividade, como promoção de vendas, relatórios de visitas, controles de vendas etc.

- O mais importante, no entanto, é a determinação do momento em que o empregado faz jus às comissões. A CLT e a Lei Especial nº 3.207, de 18-7-57, dispõem que o pagamento só é exequível depois de ultimada a transação.

C – ESTORNO DE COMISSÕES

Quando, sem culpa do empregado, as transações não proporcionarem lucro ao empregador, ou mesmo lhe causarem prejuízo, as comissões serão devidas, porquanto se pagam pela atividade do empregado e não pelo ganho da empresa.

Entre nós, porém, a lei que regulou a situação dos viajantes e pracistas admite o estorno na contabilização das comissões pagas ao empregado toda vez que seja cancelado um pedido por insolvência daquele com quem negociou o comissionista, sem cogitar de existência, ou não, de sua culpa no cancelamento da transação. Parece, assim, que a lei recuou na orientação seguida pela Consolidação das Leis do Trabalho, que prescreve o direito à exigibilidade das comissões depois de ultimada a transação.

Nessa conformidade, terá a lei vigente admitido como de formulação implícita a controvertida cláusula *stare del credere*, que tem servido de obstáculo ao recebimento das comissões pelo comissionista, pelo simples fato da ausência de encaixe do débito do comprador. A solução legal, sem dúvida alguma, aumenta o risco do empregado--vendedor, fazendo incidir sobre a sua remuneração uma área maior, que não é compatível com o contrato de trabalho.

O direito de o comissionista exigir o pagamento das comissões só pode ser exercido em relação aos negócios que realizou diretamente. Quando o negócio é conduzido pela própria empresa ou por outro empregado, sem sua interferência, nada lhe cabe, salvo na hipótese de estar assegurado o monopólio de certa zona ou o privilégio de venda de certos negócios ou artigos. Poderá receber um adicional de um décimo da remuneração quando for prestado serviço de inspeção e fiscalização.

As comissões devem ser pagas sob a forma de percentagem sobre o valor do negócio concluído, o que a nossa lei denomina *transação*.

D – DIÁRIAS

As diárias são importâncias pagas ao viajante para atender às despesas de viagem e sua manutenção durante a mesma. De acordo com alguns autores, têm ainda por escopo "compensar o empregado de fadiga maior a que está sujeito por causa de sua transferência temporária". Anexadas ao conceito de "salário-indenização", constituem, aliás, forma típica das chamadas "indenizações" (*indenité, in denità*), pois delas, geralmente, os empregados não retiram nenhuma vantagem para o sustento da família ou para o seu próprio. Certas execuções de trabalhos expõem o empregado-viajante a despesas que não deve suportar, levando-o até a certos prejuízos. Por esta razão, o empregador concede, às vezes, ao empregado adiantamentos, pedindo-lhe a justificativa de gasto da quantia antecipada. São, em geral, "indenizações" de despesas de viagem, transporte, refeições (hotel e restaurante), além de "indenização de ida e volta", a qual permite ao empregado chegar à sua casa todos os meses, em caso de haver se deslocado a grandes distâncias.

402 ADMINISTRAÇÃO DE VENDAS • COBRA

Às vezes as indenizações excedem o montante das despesas realmente efetuadas, podendo, assim, dissimular um aumento de salário. Cabe ao juiz verificar a fraude. Podemos classificá-las em duas espécies:

- Diárias próprias – seriam a parte destinada rigorosamente a cobrir os gastos relacionados com a viagem.
- Diárias impróprias – seriam o excesso assegurado pelo empregador.

Não é fácil, na prática, precisar se a diária é o exato correspondente das despesas. Critérios distintos são apontados como os de prestação de conta e de correspondência entre as despesas e o *quantum* da diária.

O primeiro merece ser combatido, porque depende de circunstância eventual: a prestação de conta para efeito de controle e fiscalização das despesas. Ademais, pode ser imposta ao viajante a obrigação de prestar contas, mesmo que a importância paga seja desproporcional às despesas efetivamente realizadas. Mais positivo é o critério da correspondência, que mais facilmente permite identificar a diária como suplemento do salário. A diária própria, isto é, aquela que corresponde exatamente às despesas efetuadas, não tem caráter de salário. Mas, se ao atribuir importância maior, o empregador quer compensar a obrigação do viajante de ausentar-se da sede da empresa, não há, então, como lhe contestar a qualidade de autêntico salário suplementar. Em suma, os dois critérios se completam, desde que só a prestação de contas possa dar a medida do excesso.

O legislador prático, para contornar as dificuldades apontadas, estabeleceu a presunção legal de que a diária sempre será salário, quando exceda 50% da remuneração percebida pelo empregado.

O critério simplifica a solução do problema, mas não o resolve acertadamente. Em nenhuma hipótese a chamada diária própria deveria ser considerada salário, uma vez que não passa de puro e simples reembolso de despesas. Pode, entretanto, ter este caráter e ser salário se exceder a percentagem fixada na lei. E isto ocorrerá nos casos de baixa remuneração fixa do viajante. O critério legal permite, injustificadamente, que muita diária própria seja incluída no salário, e impede que o seja muita diária imprópria.

Em suma, a lei chancela o absurdo de mandar integrar ao salário, para todos os efeitos legais, despesas de viagem que não possuem, evidentemente, o caráter de correspondência do trabalho, nem têm função alimentar.

E – IRREDUTIBILIDADE DO SALÁRIO

A lei não aceita alteração do sistema, mesmo com o acordo do vendedor. Uma das mais importantes medidas de proteção ao salário contra abuso do empregador é a garantia da irredutibilidade do salário. O salário deve ser integralmente pago porque possui indiscutível caráter alimentar.

F – REPOUSO REMUNERADO

Um capítulo à parte é ocupado pelos comissionados ou comissionistas. A lei não indicou qual o modo de calcular o seu repouso semanal. Mas, como eles são empregados e como a lei diz, no seu art. 1º, que o repouso remunerado protege os empregados em geral, entendemos que houve uma omissão do legislador, a ser preenchida por interpretação e por analogia, aplicando-se, então, o mesmo critério escolhido para o trabalhador a domicílio.

Os tribunais adotaram solução diferente:

- ou os comissionados estão sujeitos a horários (como acontece com os balconistas) e têm direito ao repouso remunerado, de acordo com a média de sua produção durante a semana;

- ou não estão sujeitos a horário (como os vendedores em serviço externo) e não têm esse direito, pois não se podem apurar nem o número de horas normais ou extras trabalhadas, nem a sua frequência, que constituem dados essenciais para o cálculo do repouso semanal.

O interessante, porém, é que dessa forma um empregado autêntico (o comissionado em serviço externo) fica fora da proteção legal, embora a lei diga que ela se aplica aos empregados em geral. E tudo por mera interpretação dos juízes.

Além disso, o comissionado em serviço externo, quer quanto ao número de horas trabalhadas, quer quanto à frequência, é perfeitamente comparável ao empregado a domicílio. Não obstante, este, como vimos, por expressa disposição, goza do benefício do repouso semanal remunerado, o que demonstra, sem dúvida, que a distinção feita pela jurisprudência, e hoje aceita pacificamente, não corresponde ao espírito do legislador.

SUMÁRIO

Não existe um sistema ótimo para uma empresa ou mesmo para um ramo de atividades. O que existe é um sistema adequado a determinada realidade. E essa realidade pode ser a condição de mercado, da economia em geral, dos objetivos da empresa ou mesmo o grau de satisfação ou insatisfação reinante na equipe de vendas.

O que se precisa é avaliar as vantagens e desvantagens de cada tipo de plano remuneratório antes de moldar-se o plano básico.

As fórmulas matemáticas ajudam a montagem de planos considerados ótimos de remuneração. Contudo, é preciso o cuidado de não se deixar levar pelas ferramentas, esquecendo-se dos objetivos gerais do plano e do grau de motivação que o plano possa gerar na equipe de vendas.

PALAVRAS-CHAVE

– Objetivos da empresa

– Sistemas de incentivo

– Formulação do plano de incentivo

– Ciclo de vida do plano remuneração

QUESTÕES

1. A quem cabe a responsabilidade pela administração do plano de remuneração de vendedores: à área de vendas ou à área de Recursos Humanos?

2. Quais são os requisitos de simplicidade e objetividade que devem constar de um plano de remuneração?

3. Como compatibilizar salários de mercado com a proporção entre ganhos fixos e variáveis dos vendedores?

4. Um plano de remuneração deve estabelecer uma proporção adequada entre:

   1. salário-base;

   2. incentivos individuais;

   3. incentivos de grupo.

   Discuta como essa proporção pode ser determinada e analise as vantagens e desvantagens dessa composição.

5. Considerando as dificuldades de montagem de um plano de quotas, discuta as vantagens e desvantagens de utilizá-lo no plano de remuneração.

6. No seu modo de entender, faz sentido moldar um plano de remuneração à base de lucro bruto? Por quê?

7. Um plano de remuneração deve considerar os objetivos e estratégias de marketing?

8. Discuta a importância da auditoria periódica do sistema de remuneração.

PONTOS DE AÇÃO

1. Estabelecer o percentual de custo com a remuneração da equipe de vendas.

2. Definir os objetivos de Marketing e de vendas que devem constar do plano de incentivo de vendas.

3. Definir os valores máximo e mínimo da remuneração da equipe de vendas.

4. Estabelecer outros objetivos que devem constar do incentivo da remuneração de vendas.

BIBLIOGRAFIA

AMES, Charles. *Ponha a força de marketing na sua venda industrial.* Biblioteca Harvard de Administração de Empresa. São Paulo: Abril, 1891, v. 3, art. nº 5.

ANSOFF, H. Igor. *Corporate strategy.* New York: McGraw-Hill, 1968.

_____. *Estratégia empresarial.* São Paulo: McGraw-Hill, 1977.

BUZZEL, Robert D. et al. Market share a key to profitability. *Harvard Business Review.* Boston Consulting Group, Curva de Experiência, p. 98, jan./fev. 1975.

CARDONE, Marly Antonieta. *Seguro social e contrato de trabalho.* São Paulo: Saraiva, 1973.

COBRA, Marcos. *O sistema de remuneração da força de vendas como um vetor de marketing* (monografia). São Paulo: EAESP-FGV, 1980/81.

DAVIS, O. A.; FARLEY, J. U. Allocating sales force effort with commissions and quotas. *Management Science.* Providence, 18-12-1971.

FARLEY, J. U. An optimal plan for salesmen's compensation. *Journal of Marketing Research,* Los Angeles, p. 39-43, 1-5-1964.

GOMES, Orlando; GOTTSCHALK, Elson. *Curso elementar de Direito do Trabalho.* 2. ed. 1964.

RICHERS, Raimar. *Ensaios de administração mercadológica.* Rio de Janeiro: FGV, 1972.

SMYTH, Richard C.; MURPHY, Mattew J. *Compensating and motivating salesmen.* New York: American Management Association, 1969.

WEBSTER JR.; Frederich E. Rationalising salesmen's compensation plan. *Journal of Marketing,* jan. 1966.

SÜSSEKIND, Arnaldo. *Comentários à CLT.* Rio de Janeiro: Freitas Bastos, 1960.

CONTROLE DE GESTÃO DE VENDAS

Parte VI

21

O CONTROLE DE QUALIDADE DA VENDA

A qualidade da venda pode ser a razão do sucesso ou do fracasso de uma empresa. E para evitar surpresas desagradáveis é preciso a adoção de uma adequada metodologia de vendas suportada por uma excelente organização de vendas que proporcione serviços de qualidade aos clientes.

Embora a área de vendas seja muito ciosa de sua atuação, o fato é que no mundo dos negócios, por mais aperfeiçoado que seja o sistema de vendas, ele quase sempre admite mudanças que o aperfeiçoe.

Como o comportamento de compra dos clientes e consumidores pode se alterar, ou ainda como a concorrência pode se tornar mais agressiva, é preciso que a empresa faça um contínuo esforço em busca de uma atuação impecável.

"A concorrência mundial – movida por um estilo de gerenciamento novo e mais engenhoso – nunca foi tão intensa como hoje. Muitas empresas estão descobrindo que precisam agir de modo diferente para sobreviver no mercado de hoje em dia", afirma a empresa de consultoria Joiner Associados em seu livro *Times de qualidade* (Qualitymark Editora, 1992).

E esse novo agir implica em busca de padrões de qualidade nunca antes imaginados. É preciso, portanto, aprender a controlar e melhorar os sistemas de vendas, possibilitando melhor atendimento aos clientes.

Até hoje os ensinamentos de melhoria de qualidade do Dr. W. Edwards Deming, o estatístico americano que ajudou na recuperação da indústria japonesa após a Segunda Guerra Mundial, ainda ecoam em todas as áreas de administração do mundo inteiro.

No aprimoramento do processo de vendas, adaptando as ideias de Deming e da Joiner Associados, teríamos de observar que o triângulo de qualidade para simbolizar as relações que devem existir entre qualidade, abordagem científica e espírito de equipe estão presentes em quase todas as atividades de vendas.

A *qualidade* em *vendas* depende de dois outros vértices de um triângulo, a *abordagem científica na venda,* ou seja, a metodologia de vendas, e o *espírito de equipe* de todo o pessoal de vendas.

Agindo de forma integrada, esses elementos podem ser um poderoso instrumento de controle do esforço de vendas.

Portanto, a qualidade da venda depende de uma abordagem científica quanto à metodologia empregada e depende ainda de um trabalho de equipe bem entrosado entre vendedores, serviços ao cliente e administração de vendas entre outras áreas voltadas ao atendimento das necessidades e expectativas dos clientes.

Enquanto as empresas voltadas para o resultado estão centradas em lucros e perdas e retorno do investimento, as direcionadas para qualidade estão centradas no cliente.

Sob a égide da busca da qualidade em vendas, a meta da empresa é satisfazer as mais exigentes expectativas de seus clientes, dando a eles algo de valor duradouro. O retorno ocorre automaticamente, na exata proporção que os clientes elogiam a qualidade e os serviços da empresa.

Para satisfazer os clientes externos é preciso que os clientes internos da área de vendas trabalhem motivados e integrados ao princípio de que a meta da empresa é encantar os clientes.

21.1 A BUSCA OBSESSIVA DA QUALIDADE

Todos na empresa devem estar obcecados por qualidade. A qualidade em vendas deve ser buscada incessantemente através de produtos e serviços que agradem ao cliente e de métodos de execução eficientes e eficazes.

A qualidade em vendas deve ter o foco no cliente. E para que o cliente esteja satisfeito com os produtos e serviços da empresa é preciso controlar a metodologia de vendas através de uma abordagem científica.

21.2 A ABORDAGEM CIENTÍFICA

A organização do esforço de vendas, representada pela metodologia empregada para direcionar as equipes de vendas, precisa ser estabelecida com base em modelos científicos. Isso significa que os critérios de zoneamento de vendas, de recrutamento e seleção de vendedores, de remuneração e incentivos, de planejamento de visitas e de todo o controle de desempenho de vendas precisam estar sob a égide da abordagem científica.

21.3 O ESPÍRITO DE EQUIPE

A remoção de obstáculos, rivalidades e desconfianças entre os integrantes da equipe de vendas pode ser conduzida através de programas de qualidade para incentivar o trabalho em equipe e a parceria entre a força de vendas e o pessoal de suporte a vendas. Esta parceria não pode ser uma farsa, uma nova visão de uma velha luta – deve ser uma luta por clientes.

Em uma organização de vendas voltadas para a qualidade, todos estão aprendendo o tempo todo. O Gerente de Vendas deve incentivar os vendedores a perseguir permanentemente o aprimoramento técnico e profissional em vendas, pois as pessoas adquirem um domínio maior de suas tarefas quando aprendem a ampliar sua capacidade de raciocínio e de atuação no atendimento aos clientes.

21.4 OBJETIVOS DA QUALIDADE EM VENDAS

O objetivo de todos na organização de vendas deve ser procurar não apenas satisfazer as necessidades dos clientes, mas também às mais exigentes expectativas do cliente. Para tanto, é preciso identificar as necessidades e expectativas de cada cliente. Ao realizar este trabalho, o pessoal de vendas poderá descobrir se seus processos estão bem dirigidos e esta ação poderá ser aplicada para identificar projetos de melhoria de qualidade em vendas, estabelecendo-se programas e metas de melhoria.

Identificar necessidades e interesses dos clientes

1. Especular sobre os resultados

   Especular sobre quanto cada cliente irá comprar e depois comparar os resultados alcançados.

2. Planejar a obtenção de informações

   Identificar os clientes-chave e em potencial de cada vendedor que podem fornecer boas informações de mercado.

3. Tabular as informações

   Após a coleta de informações, elas devem ser tabuladas e confrontadas com as expectativas de vendas a cada cliente. Isto significa confrontar o que o vendedor espera vender e o interesse que cada cliente manifesta de comprar.

4. Analisar as informações

- O que os clientes têm sugerido de importante para melhorar o atendimento?

- Que tipos de problemas mais frequentes têm sido relatados?

- Que problemas tiveram os clientes? Quantos clientes relataram problemas?

- Quantos problemas são relacionados a atendimento do vendedor, quantos são relativos a entrega, quantos são decorrentes de produtos ou serviços?

5. Verificar a procedência dos problemas

Muitos problemas podem estar sendo interpretados equivocadamente, portanto, antes de qualquer ação é importante verificar se o problema é procedente ou não.

6. Ação

Uma vez identificadas as causas dos problemas, é preciso eliminá-las. A programação de visitas regulares aos clientes-chave pode revelar-se uma importante ação para a melhoria da qualidade do serviço ao cliente. É preciso contar aos clientes acerca dos problemas e discutir formas de solução que sejam de interesse mútuo.

21.5 OS 14 PONTOS DE DEMING APLICADOS À QUALIDADE EM VENDAS

Ao longo de sua trajetória como consultor, Deming desenvolveu 14 pontos, que, adaptados de forma livre à área de vendas, seriam os seguintes:

1. É preciso criar um propósito de melhoria constante de produtos e serviços, com o objetivo de tornar a empresa competitiva através de um esforço permanente de aprimoramento da atuação da equipe de vendas.

   Ou seja, o propósito de melhoria de produtos e serviços pode e deve ser oriundo de sugestões do pessoal de vendas, que em contato com clientes e usuários tem condições de identificar o que o mercado efetivamente deseja.

2. Adotar uma nova filosofia em que os vendedores estejam despertos para o desafio de, em conhecendo suas responsabilidades, assumir a liderança para as mudanças.

   Ou seja, os vendedores devem agir como desencadeadores do processo de mudança na empresa para melhor atender às necessidades do mercado.

O CONTROLE DE QUALIDADE DA VENDA **413**

3. O vendedor não deve depender da Supervisão para garantir a qualidade da sua venda.

   Ou seja, o vendedor deve se autodirigir para a busca da venda com qualidade independentemente da orientação de seu supervisor.

4. O vendedor deve perder o hábito de fechar negócios apenas com base no preço e minimizar o custo total de sua venda objetivando o lucro. Ou seja, o vendedor consciente deve viabilizar a venda com lucro, só assim a venda pode ser considerada de qualidade.

5. Os vendedores e todo o pessoal que atua em vendas devem buscar o aperfeiçoamento do sistema de vendas e de atendimento ao cliente, objetivando a melhoria da qualidade e da produtividade, para diminuir custos.

   Ou seja, um cliente atendido personalizadamente por um sistema de vendas simples e desburocratizado ficará satisfeito e provavelmente disposto a comprar contínua e programadamente, diminuindo com isso os custos de vendas da empresa.

6. O vendedor precisa ser treinado no campo.

   Ou seja, o melhor lugar para um vendedor receber treinamento é diretamente no campo, na hora da negociação com os clientes.

7. O vendedor deve assumir liderança com o objetivo de ajudar seus clientes.

   Ou seja, o vendedor deve liderar a negociação de vendas com uma postura de ajudar seu cliente a resolver problemas através de seus produtos ou serviços.

8. É preciso eliminar o medo, de modo que todos em vendas possam trabalhar sem medo de errar.

   Ou seja, quando uma venda é perdida, de nada vale a caça aos culpados, é preciso dar liberdade e autoridade para que vendedores e assistentes administrativos de vendas possam realizar negociações de vendas sem medo de cometer enganos.

9. É preciso derrubar as barreiras entre marketing e vendas, entre produção e vendas, entre finanças e vendas etc. As pessoas envolvidas em vendas, marketing, produção e finanças devem trabalhar em equipe para se antecipar aos problemas buscando soluções.

   Ou seja, a empresa deve atuar em cada cliente como um time unido e coeso, buscando ajudar o cliente a resolver seus problemas.

10. Eliminar slogans, exortações e metas para a força de vendas que exijam resultados inacessíveis. Tais exortações apenas criam desânimo e antagonismo, uma vez que a maioria das causas da baixa qualidade em vendas e baixa produtividade encontra-se no sistema de vendas.

Ou seja, de nada valem campanhas de vendas que provoquem disputas desnecessárias entre as equipes e a consequente redução da produtividade de vendas.

11. Eliminar os padrões de trabalho sob a forma de quotas, substituindo-os por liderança. Eliminar o gerenciamento de vendas por objetivos, por números, metas numéricas, substituindo-os por liderança.

Ou seja, mais do que a realização de números, os vendedores devem ser estimulados por meio de lideranças efetivas a buscar a maximização de resultados, pois há casos em que a quota de vendas é uma limitação em relação ao potencial de mercado.

12. Remover barreiras que tolham o trabalho do vendedor, eliminando a avaliação anual de desempenho.

Ou seja, o vendedor deve ser estimulado à melhoria constante do seu método de trabalho independente dos critérios semestrais ou anuais de avaliação de desempenho.

13. Instituir um vigoroso programa de educação e autodesenvolvimento.

Ou seja, a equipe de vendas precisa ser estimulada à busca do autoaprimoramento do desempenho.

14. Colocar todo o pessoal de vendas comprometido com o processo de melhoria de qualidade, como uma tarefa de todos.

Ou seja, o processo de melhoria de qualidade deve ser contínuo, envolvendo todas as pessoas de todas as áreas e não apenas um pequeno grupo responsável pelo programa de qualidade.

21.6 OBJETIVOS DA QUALIDADE DE SERVIÇOS AO CLIENTE

Tratar bem um cliente não significa apenas respeitá-lo pelo que ele representa em termos monetários, significa procurar manter um relacionamento duradouro na base do respeito pessoa-pessoa.

Hoje em dia, a principal vantagem competitiva para diferenciar produtos é anexar serviços de qualidade e se possível personalizados a cada cliente. Para configurar um serviço de qualidade é preciso, entre outros aspectos, que todos na organização e não apenas o pessoal de vendas estejam conscientes de que o cliente é a razão de ser da empresa. E, portanto, todo funcionário deve ter em si a filosofia de qualidade no atendimento, quer aos clientes internos, quer aos externos. Qualidade, na verdade, deve ser um estado de espírito que norteie o trabalho de todos na organização.

Deve-se ter no "Serviço ao cliente" uma dedicação à excelência e se procurar ir além da expectativa normal do cliente.

No incentivo à busca da qualidade de serviços ao cliente a área de vendas deve:

1. Procurar identificar as necessidades e expectativas de cada cliente.
2. Diagnosticar como está a administração das relações com os clientes.
3. Identificar o padrão de serviços aos clientes, sob a ótica da expectativa de cada cliente.
4. Determinar o nível de satisfação de cada cliente.
5. Estabelecer indicadores de satisfação dos clientes com os serviços da empresa e da área de vendas em especial.
6. Comparar o nível de satisfação dos clientes da empresa com o nível de satisfação dos clientes com a concorrência, ou ainda com o nível de satisfação dos clientes da concorrência.

Cliente

satisfação do cliente   *satisfação do cliente*

Empresa _____ *diferenciação* _____ *Concorrência*

21.7 ROTEIRO PARA A IMPLANTAÇÃO DE UM PROGRAMA DE QUALIDADE DE SERVIÇOS AO CLIENTE

Um programa pode ser implantado em oito etapas:

1ª etapa – É preciso definir os principais problemas que afetam a qualidade do serviço ao cliente.

A equipe de vendas e a equipe de administração de vendas, com o apoio do telemarketing e do próprio setor de serviços ao cliente, podem realizar pesquisas junto a uma amostra de clientes, visando definir os principais problemas de atendimento.

2ª etapa – É necessário selecionar o problema mais importante.

Quando uma empresa não consegue atacar todos os problemas ao mesmo tempo, é conveniente escolher inicialmente o que mais aflige os clientes.

3ª etapa – É importante analisar as causas e os efeitos do problema.

O estudo da relação causa-efeito pode indicar soluções para um adequado atendimento aos clientes.

4ª etapa – É importante identificar quais são as principais ações potenciais que devem ser geradas.

416 Administração de Vendas • Cobra

Uma vez identificados os principais problemas que inibem um correto atendimento aos clientes, é fundamental verificar as ações a serem tomadas.

5ª etapa – É preciso avaliar e selecionar as ações prioritárias.

Uma vez elencadas as ações necessárias, elas devem ser avaliadas, selecionadas e priorizadas.

6ª etapa – Antes de se adotar qualquer medida é preciso testar a eficácia das ações.

Antes de qualquer mudança, o processo de serviço ao cliente precisa ser estudado e avaliado quanto a sua eficácia.

7ª etapa – Implementar as ações.

O sucesso do programa depende da velocidade em que ações corretivas são adotadas e implementadas.

8ª etapa – É preciso monitorar as correções necessárias.

Ou seja, uma vez implantadas as ações, é preciso que elas efetivamente conduzam a empresa a um melhor relacionamento com os seus clientes e isso só é possível se as ações adotadas estiverem sendo permanentemente monitoradas.

Enfim, é importante que o "Serviço ao Cliente" seja uma importante arma na diferenciação de produtos para conquistar e encantar clientes e consumidores finais. E para que a qualidade seja total no serviço ao cliente é preciso que ela seja uma filosofia de liderança que crie um clima organizacional no trabalho, que promova o esforço de equipe, a confiança e a busca de uma melhoria contínua com o objetivo de bem servir.

SUMÁRIO

CONCEITOS-CHAVE DE QUALIDADE TOTAL

Para que a qualidade do serviço seja conquistada e mantida é preciso que:

1. A alta administração da empresa esteja envolvida e comprometida com o processo.
2. O foco seja o cliente e não a melhoria de produtos.
3. O compromisso com a qualidade seja com o longo prazo e não com o curto prazo.
4. Se planeje e se estabeleçam metas.
5. Todos os funcionários da empresa sejam envolvidos.
6. A comunicação sobre serviços ao cliente seja eficaz interna e externamente e ainda constantemente renovada.

O CONTROLE DE QUALIDADE DA VENDA **417**

7. Reavaliar os padrões e os critérios de desempenho, quer das equipes de vendas e administração de vendas, quer da equipe de serviços aos clientes e todas as demais áreas que tenham interface.

8. Que haja reconhecimento e recompensa aos esforços de atendimento.

9. Todos que lidam direta ou indiretamente com clientes sejam treinados.

10. As barreiras à qualidade sejam reduzidas.

11. Se incremente um contínuo desenvolvimento da qualidade, considerando o tempo de atendimento e a eficiência do serviço.

PALAVRAS-CHAVE

– Abordagem científica
– Objetivos da qualidade
– Espírito de equipe
– Os 14 pontos de qualidade Deming

QUESTÕES

1. A qualidade em vendas depende da qualidade do produto.

( ) Certo   ( ) Errado

2. A qualidade do trabalho do vendedor é inata, portanto, não há nada a se fazer.

( ) Certo   ( ) Errado

3. A venda é dita de qualidade quando o cliente compra.

( ) Certo   ( ) Errado

4. Para a busca da qualidade em vendas, o vendedor deve ser autocrítico de seu trabalho e não ter medo de errar.

( ) Certo   ( ) Errado

5. É preciso colocar todo o pessoal de vendas comprometido com a qualidade.

( ) Certo   ( ) Errado

PONTOS DE AÇÃO

1. Definir quais são os fatores de qualidade da venda.
2. Definir ações para implantar um programa de qualidade em vendas.
3. Treinar a equipe de vendas para realizar vendas de qualidade.
4. Estabelecer parâmetros de aferição da qualidade da venda.

BIBLIOGRAFIA

COBRA, Marcos. *Serviços ao cliente*. 2. ed. São Paulo: Cobra Editora, 1993.

FERREL, O. C.; HARTLINE, Michael D. *Estratégia de marketing*. 3. ed. São Paulo: Thomson, 2005.

KOTLER, Philip; KELLER, Kevin Lane. *Administração de marketing*: a bíblia do marketing. 12. ed. São Paulo: Prentice Hall Brasil, 2006.

SEGGEV, Eli. *Management uses of customer satisfaction measurement systems.*

Paper presented at the American Marketing Association. Annual Services Marketing Conference. Hyatt, Orlando, Oct. 23, 1991.

SHOLTES, Peter R. *Times da qualidade*. Rio de Janeiro: Qualitymark, 1992.

TEJON, José Luiz; COBRA, Marcos. *Gestão de vendas*. São Paulo: Saraiva, 2007.

ZULZKE, Maria Lucia. *Abrindo a empresa para o consumidor.* 3. ed. Rio de Janeiro: Qualitymark, 1992.

22

CONTROLE DE VENDAS

"Se você pensa que tudo vai bem é porque você não olhou direito." (Lei de Murphy)

22.1 O ESFORÇO DE MARKETING E O VENDEDOR

Todo esforço de uma campanha de marketing para um produto pode ser perdido se o vendedor, lá na linha de frente, não souber oferecê-lo convenientemente aos seus clientes.

Portanto, para evitar uma dispersão de esforços entre marketing e vendas, os vendedores precisam estar adequadamente treinados e estimulados a agirem como uma extensão do marketing da sua empresa.

Dessa forma, para garantir a atuação correta do marketing, na linha de frente, é preciso um controle da atuação do vendedor.

Cabe, dessa maneira, ao controle de vendas zelar para que o esforço de marketing atinja aos objetivos fixados, evitando que uma negligência de um vendedor possa colocar em risco as estratégias de marketing no ponto de venda.

Portanto, o sistema de controle de vendas é um dos pilares essenciais para se aferir os desempenhos em Marketing e Vendas. Uma vez que sem controle, muito esforço pode ser desperdiçado.

O sucesso em vendas depende da utilização de sistemas de controle de vendas eficazes, e por isso capazes de detectar quaisquer deslizes da atuação do vendedor ou da ineficácia dos métodos de vendas empregados. Um dos parâmetros de aferição é a comparação entre a previsão de vendas realizada e os resultados de vendas alcançados.

Diversos autores têm procurado identificar o melhor e mais eficaz tipo de controle do esforço de vendas.

420 ADMINISTRAÇÃO DE VENDAS • COBRA

Anderson e Oliver (1987), apoiados em pesquisa de marketing, concluíram que o sistema de controle de vendas deve ser baseado em abordagens teóricas de economia, e ainda em comportamentos organizacionais e psicológicos, criando uma estrutura formal para o controle de vendas.

Esses estudos formularam proposições a respeito das diferenças e consequências dos sistemas de controle da força de vendas baseados em *comportamento* e em *resultado*, levando em consideração as cognições e potencialidades dos vendedores, atitudes, motivação, estratégias comportamentais e desempenho.

22.2 CONTROLE DE VENDAS

Historicamente, os gerentes de vendas, com os seus sistemas empíricos de avaliação de desempenho da equipe de vendas, sempre tenderam a enfatizar mais os resultados do que os comportamentos (CHURCHILL et al., 1985). Isso tem ocorrido principalmente face ao atrelamento dos sistemas de controles de vendas, aos critérios de remuneração de vendedores. E por que isso ocorre? Por um simples motivo: há uma grande tendência da maior parte dos gerentes de vendas em acreditar que o sistema de remuneração deva ser simples, para que todos os vendedores o compreendam sem dificuldades e também que seja fácil de se administrar.

Baseados nesses dois pressupostos, os sistemas de controle de vendas foram também simplificados e até certo ponto negligenciados. Ou seja, como o sistema de remuneração de vendedores, nessa ótica, não deve ser complexo, os controles de vendas também não, pois se apoiam basicamente na aferição das metas de vendas fixadas.

E com isso, são deixados de lado outros critérios, como a paridade de vendas em relação ao potencial de mercado do território de cada vendedor; bem como o controle de gastos de vendas, e, ainda, diversos outros parâmetros de desempenho de vendas.

Isso se deve ao fato de que a principal métrica utilizada, na maioria das empresas, é simplesmente o volume de vendas (WEITZ, 1981).

Outros índices bastante utilizados são: margem bruta sobre vendas, margem líquida (vendas menos o custo do vendedor) e a relação da despesa ou custo de vendas em relação às vendas realizadas (BEHRMAN; PERREAULT, 1982).

Tipos de controle em vendas:

1. Análise da concessão de crédito. Quando pressionado a atingir metas, o vendedor pode negligenciar os critérios de concessão de crédito a seus clientes. Portanto, é essencial controlar o volume de crédito concedido em relação ao índice de atraso de pagamentos dos clientes de cada vendedor, para minimizar a carteira de clientes duvidosos, ou maus pagadores.

2. Controle do desempenho de compras por cliente. Em função do potencial de compra de cada cliente é preciso observar se o volume de vendas alcançado condiz com a sua potencialidade.

3. Controle do volume diário de vendas por vendedor. As vendas devem ser acompanhadas diariamente, para evitar perdas por omissão de visitas ou outros fatores de falta de empenho do vendedor.

4. Controle do índice de vendas por vendedor e controle de visitas por vendedor. O quanto cada vendedor vende para cada cliente visitado deve fazer parte do controle de visitas e de vendas.

5. Controle dos relatórios de vendas. A leitura diária dos relatórios de vendas, por vendedor e por tipo de cliente, permite identificar e inibir resultados inadequados.

Com a utilização de parâmetros de lucratividade no controle de vendas se objetiva reduzir os incentivos para maximizar apenas o volume de vendas. Assim, a preocupação com o rendimento da venda objetiva colocar o lucro no escopo do esforço de vendas, evitando assim que somente o volume de vendas seja considerado.

Outros fatores de resultados utilizados no controle de vendas, cujas características são descritas por Anderson e Oliver (1987), são os seguintes:

a) a baixa monitoração dos vendedores pela gerência de vendas;

b) o baixo direcionamento gerencial no incentivo ao desempenho da força de vendas;

c) o foco maior do controle de vendas está centrado no cumprimento de metas de vendas, como forma de avaliação de desempenho e de remuneração da força de vendas. Dessa maneira, os resultados numéricos são mais importantes do que os métodos baseados em processos organizacionais.

Os controles de vendas baseados em resultados numéricos, do tipo controle de metas alcançadas, por produto, por cliente e por território de vendas, são os que mais se aproximam dos métodos introduzidos pelo setor de administração de vendas da empresa, que constam dos manuais de vendas e ainda dos contratos de trabalho de vendedores e de sistemas de remuneração da força de vendas.

Os métodos de controle de vendas, que dão liberdade ao trabalho do vendedor, partem do pressuposto de que o bom vendedor "nasce feito" e como tal ele é consciente de suas responsabilidades e busca sempre o melhor desempenho possível. Isso permite que os vendedores atinjam os resultados de vendas usando suas próprias estratégias, portanto, sem muito controle. Assim, os vendedores não são avaliados pela forma como atingiram as metas, mas sim pelo fato de as terem alcançado (ANDERSON; OLIVER, 1987).

As empresas que utilizam esse sistema de controle de vendas com base em resultados têm como objetivo a redução das despesas gerais com as equipes de vendas, deixando-as se direcionar pelas pressões do mercado, transferindo, dessa forma, o risco para a própria equipe (BASU et al., 1985). Dessa maneira, há um compartilhamento de recompensas entre a equipe de vendas, tendo como base o desempenho individual de cada vendedor.

No controle baseado em resultado, o vendedor se torna um empreendedor, responsável pelo seu desempenho, mas livre para selecionar os métodos que utilizará, sendo sua remuneração geralmente constituída de um salário fixo baixo e outra grande parte baseada em comissão ou bônus conforme a meta seja atingida.

22.2.1 VANTAGENS DO CONTROLE BASEADO EM RESULTADOS

Cada vez mais vender é uma ocupação cujo sucesso é difícil de predizer. Contrariamente à opinião popular, é extremamente difícil identificar um profissional de vendas bem-sucedido e definir regras universais para indicar o que faz um vendedor mais eficaz do que outro (WEITZ, 1981). O controle de vendas baseado em resultados reduz custos e estipula uma regra clara para identificar se o vendedor atingiu o resultado esperado.

Esses métodos propiciam também uma motivação individual, uma vez que os vendedores que não são produtivos não recebem nenhuma compensação ou remuneração. E isso só faz por tornar ainda mais difícil o ato de vender.

Vender não é fácil, principalmente devido à possibilidade de rejeição dos clientes, o que torna ainda mais desanimadora a tarefa, considerando ainda que há um baixo reconhecimento social da função do vendedor.

Enfim, o ato de vender é uma tarefa ambígua e muitos gerentes de vendas acreditam que as recompensas baseadas no resultado de vendas são essenciais para manter a motivação do vendedor.

22.2.2 DESVANTAGENS DO CONTROLE BASEADO EM RESULTADOS

Apesar de seus inúmeros benefícios, os sistemas de controle de vendas, baseados em resultados, têm alguns inconvenientes, como a apatia e a inércia do vendedor.

Como exemplo disso, temos a falta de atenção com a satisfação de parte da clientela, uma vez que o vendedor tende a focar apenas os clientes mais rentáveis ou, alternativamente, os produtos ou serviços de maior giro.

Os sistemas baseados em resultados tendem a deixar o profissional de vendas direcionado em atividades com recompensas imediatas em detrimento das de resultados a longo prazo (SMYTH, 1968). Por exemplo, os vendedores podem resistir em dedicar um esforço extra para vender novos produtos, ou ainda em prospectar novos clientes (aos quais frequentemente é mais difícil vender), ou em fornecer algum tipo de serviço aos seus clientes.

Todo o esforço de vendas passa a ser direcionado apenas aos retornos rápidos; minimizando o seu trabalho, o vendedor passa a oferecer apenas produtos mais fáceis de serem vendidos e ainda assim dando ênfase a clientes frequentes (MOYNAHAN, 1983).

O gerente de vendas pode evitar esse tipo de problema usando indicadores múltiplos de resultados, como vendas por produto ou por categoria de cliente. Entretanto, o uso desses indicadores aumenta a complexidade do sistema de controle, uma vez que necessita de um número maior de informações e análises, podendo envolver julgamentos subjetivos para combinar índices em uma avaliação geral de desempenho. Isso levaria tal sistema para uma filosofia de controle baseado em comportamento (ANDERSON; OLIVER, 1987).

22.2.3 CONTROLE BASEADO EM COMPORTAMENTO

O controle baseado em comportamento foca no processo de venda e não apenas em resultados. Os vendedores, nesse sistema, podem ser avaliados e remunerados com base em um grande número de fatores que não são necessariamente medidas de cumprimento de metas, mas que podem influenciar no desempenho geral de vendas, tais como motivação e habilidade para vender.

Alguns dos fatores que podem levar o vendedor ao bom desempenho na sua função são: a facilidade no relacionamento pessoal, o bom conhecimento do produto, a qualidade da sua apresentação de vendas, e, ainda, a sua habilidade para o fechamento da venda; bem como os serviços prestados que favorecem vendas futuras.

Isso considerando o número de contas ativas, o número de chamadas de vendas atendidas e o número de dias trabalhados no mês. Esses são exemplos de fatores comumente considerados nesse tipo de controle (JACKSON; KEITH; SCHLACTER, 1983).

Com base em fatores de comportamento funcional, os vendedores podem ser avaliados por diversas variáveis, qualitativas, que podem ter pesos e combinações diferentes para compor suas bases salariais e também decisões de promoção na carreira de vendas.

Em contraste com o controle baseado em resultados, nos sistemas de controle baseados em comportamento:

a) há uma considerável monitoração das atividades de vendas e dos resultados alcançados por vendedor em seu ciclo de carreira na empresa;

b) há níveis elevados de direcionamento por parte da gerência de vendas e que leva muitas vezes a uma intervenção direta nas atividades dos vendedores;

c) os métodos tendem a ser mais subjetivos e mais complexos para avaliar e remunerar a equipe de vendas. Geralmente são baseados em características pessoais do vendedor (por exemplo: aptidão ou habilidade para vender, além do bom conhecimento do produto) e também baseados em suas atividades (por exemplo, número de contratos de vendas convertidos em venda efetiva), e ainda estratégias de vendas utilizadas, que proporcionaram um melhor resultado de vendas.

Os sistemas de controle baseados em comportamento representam uma alternativa ao controle baseado em resultados. Os gerentes de vendas, apoiados por uma equipe de funcionários responsáveis pelo levantamento e processamento de informações, monitoram e dirigem as operações da força de vendas, possuindo uma ideia muito bem definida da forma de atuação dos vendedores. O seu trabalho é assegurar que a força de vendas se comporte de acordo com os objetivos traçados. Os resultados são voltados para o longo prazo. Para assegurar uma maior cooperação da equipe de vendas, a remuneração do vendedor passa a ser baseada em uma maior proporção de salário fixo.

Assim, a empresa assume um custo fixo e também um risco maior para obter o controle dos vendedores. E dessa forma o controle do desempenho de vendas por vendedor fica atrelado à remuneração de vendas e esta passa a ser baseada em um sistema mais complexo e subjetivo (ANDERSON; OLIVER, 1987).

22.2.4 Vantagens do controle baseado em comportamento

Segundo Anderson e Oliver (1987), no tipo de controle baseado em comportamento o gerente de vendas impõe a sua ideia de como a equipe de vendas deve atuar e o que cada vendedor deve fazer para atingir os resultados esperados, tanto de curto como de longo prazo. Um exemplo dessa troca compensatória é o maior controle para a introdução de uma nova linha de produtos no mercado. Ou, ainda, uma imposição ao vendedor de uma melhor abordagem de vendas em cada visita a cliente.

Nesse sistema é mais fácil controlar as atitudes dos vendedores, possibilitando homogeneizar a imagem da empresa no mercado, bem como facilita a adoção de estratégias de posicionamento da marca de produtos e da organização como um todo. Outra vantagem do controle baseado em comportamento é o comprometimento e dedicação da força de vendas na realização das vendas planejadas.

Através dessa prática os gerentes de vendas conseguem identificar fatores que não estão sob o controle dos vendedores (RYANS; WEINBERG, 1979) e ajustar os critérios de desempenho para que sua equipe seja avaliada corretamente (CHURCHILL et al., 1985).

22.2.5 Desvantagens do controle baseado em comportamento

A complexidade e subjetividade desse tipo de controle são as principais desvantagens (ADKINS, 1979; COCANOUGHER; IVANCEVICH, 1978), uma vez que introduzem ambiguidade, desconhecimento e certa falta de credibilidade no sistema de avaliação (BEHRMAN; PERREAULT, 1982; JACKSON; KEITH; SCHALACTER, 1983), pois o modelo de avaliação e controle construído pela gerência de vendas pode ser percebido como injusto pela equipe de vendas.

Outro problema com esse sistema é que quanto maior a complexidade, maior será a necessidade de levantamentos, combinações e análises de informação pela gerência de vendas, o que dificulta a tarefa de avaliar e controlar os vendedores, além de aumentar consideravelmente a equipe de apoio, elevando assim os custos de vendas.

Essas dificuldades podem explicar a razão pela qual gerentes de vendas comumente avaliam os seus vendedores utilizando apenas alguns indicadores, em sua maioria qualitativos, sobre uma gama limitada de atividades (JACKSON; KEITH; SCHALACTER, 1983).

Esses extremos são estereótipos. Muitos sistemas de controle da força de vendas possuem vários elementos de cada uma dessas abordagens, com características de estratégias baseadas em comportamento e resultado (CHURCHILL et al., 1985). Anderson e Oliver (1987) consolidaram estratégias de controle para cada teoria conforme as características do ambiente de negócio, da empresa e dos vendedores.

Oliver e Anderson (1995) estenderam seus estudos e mostraram que as organizações não apresentam um único tipo de controle, mas uma forma integrada ou híbrida, que combina esses dois tipos de controle, por resultados e por comportamento, utilizando diferentes níveis de cada um.

22.2.6 Outros aspectos importantes dos controles baseados em resultados e comportamentos

"Trabalhar inteligentemente" *versus* **"trabalhar arduamente."**

Levando em consideração o modelo proposto por Anderson e Oliver (1987) e as características do modelo de negócio, Sujan, Weitz e Kumar (1994) analisaram o conhecimento do processo de venda e a volatilidade do ambiente e classificam a atuação das equipes de vendas com relação aos sistemas de controle de vendas como "trabalho inteligente" e "trabalho árduo".

"Trabalhar inteligentemente" está relacionado a comportamentos ligados ao desenvolvimento do conhecimento adquirido em situações de vendas, já "trabalhar arduamente" é definido como a quantidade de esforço do vendedor dedicada ao seu trabalho e é, normalmente, verificado pela quantidade de tempo que dedicou ao trabalho. "Trabalhar inteligentemente" apresenta um componente relacionado à atividade, por exemplo, planejamento da abordagem e adaptabilidade às situações de vendas, e um componente relacionado à capacidade, por exemplo, habilidade para se ocupar de uma vasta gama de comportamentos de vendas (SUJAN; WEITZ; KUMAR, 1994). Em outras palavras, "trabalhar inteligentemente" é a forma de atuação que visa reduzir o esforço, enquanto "trabalhar arduamente" é considerado como o esforço adicional em termos de continuidade e tempo que o vendedor dedica ao seu trabalho, continuando mesmo diante de fracassos (SUJAN, 1986).

Na literatura de vendas, o desempenho do trabalho dos vendedores é frequentemente avaliado com base nos resultados numéricos alcançados e também nos seus comportamentos, por exemplo, atividades, capacidades e habilidades. Altos níveis de controle das atividades e capacidades do vendedor o incentivam a trabalhar de forma inteligente. Em contraste, altos níveis de controle de resultado induzem a força de vendas a se enquadrar em comportamentos relacionados ao "trabalho árduo" (CRAVENS et al., 1993).

Foi constatado em pesquisa que uma orientação voltada para aprendizagem motiva o vendedor a planejar e melhorar habilidades e conhecimentos, fazendo-o buscar novas abordagens de vendas, além de motivá-lo a trabalhar longas horas e também não desistir diante dos fracassos, porque ele tem ciência de que nas próximas situações desafiadoras ele estará melhor preparado. Esse tipo de postura resulta em um melhor desempenho de vendas (SUJAN; WEITZ; KUMAR, 1994).

Observou-se ainda na mesma pesquisa que os vendedores que são orientados apenas para a obtenção de resultados quase sempre são desestimulados a experimentar métodos novos que poderiam trazer melhores resultados, e como acreditam que suas habilidades são fixas, creem que somente aumentando o esforço no trabalho alcançarão um melhor desempenho.

22.3 DISTRIBUIÇÃO DE CONTAS

Outra consideração com relação aos controles baseados tanto em resultados como em comportamentos é a distribuição de contas, também conhecida como desenho dos territórios de vendas, que tem a sua importância na literatura sobre vendas já muito bem reconhecida, mas esse tema ainda é muito pouco explorado pelos pesquisadores (BABAKUS et al., 1996).

A distribuição de contas consiste em determinar a unidade de trabalho pela qual o vendedor é responsável, que pode ser uma área geográfica determinada, um conjunto de contas, ou uma combinação dos dois. Cravens et al. (1992) ressaltam a importância da distribuição de contas e o seu impacto no desempenho de vendedor. Quando o número de contas ou os territórios a serem atendidos são muito grandes, ou muito pequenos, ou a distribuição não permite que sejam utilizados os esforços e as habilidades do vendedor efetivamente, o desempenho pode ser negativamente impactado (GRANT; CRAVENS, 1999).

Gerentes de vendas que baseiam os seus trabalhos no controle dos comportamentos de seus vendedores dedicam uma parcela maior do seu tempo ao estudo de quais clientes serão atendidos por quais vendedores, isso porque determinadas contas exigem características específicas dos vendedores, além de procurar atingir um equilíbrio de forma que não gere insatisfação na sua equipe (PIERCY; CRAVENS; MORGAN; 1999).

Dentre as possíveis divisões de vendedores, há uma classificação dos integrantes da equipe de vendas conforme características de *hunters* e *farmers*. Os vendedores orientados para resultados de curto prazo e mais voltados para a obtenção de clientes sem relacionamento anterior com a empresa são chamados de *hunters*. Em contraste, *farmers* são vendedores focados no longo prazo, que costumam cultivar constantemente relacionamentos existentes e obterem os seus resultados regularmente (DARMON; ROUZIÉS, 2002).

Alterações na distribuição de contas geralmente enfrentam resistências da equipe de vendas, pois para o vendedor esse é um dos aspectos de maior importância sobre a gerência de vendas, uma vez que sua remuneração variável, baseada na obtenção de resultados, em que o volume de vendas é um dos principais indicadores, depende fortemente dessa distribuição. Cada cliente, região de vendas ou mercado a ser atendido possui um potencial de vendas que exige um maior esforço ou não, do vendedor, sendo que o objetivo individual (maior retorno financeiro individual com o menor esforço) pode diferir do objetivo da organização, que busca o maior volume e lucratividade (PIERCY; CRAVENS; MORGAN, 1999).

Operando com um sistema de controle baseado em comportamentos, os gerentes de vendas tendem a concentrar mais suas atividades em operar com a estrutura correta, com o número ótimo de vendedores, com a distribuição de contas mais efetiva e a alocação mais produtiva do esforço de vendas, porque esses fatores afetam o desempenho dos vendedores e da organização de vendas (BABAKUS et al., 1996).

Foram encontradas evidências empíricas em pesquisas realizadas de que quanto maior a satisfação com a distribuição de contas, maior a efetividade da área comercial, o que reforça a importância desse aspecto do controle da gerência de vendas (PIERCY; CRAVENS; MORGAN, 1999). A distribuição de contas permite ainda um controle com base em quotas de vendas por vendedor e análise de custos de vendas.

22.3.1 CONTROLE DO ESFORÇO DE VENDAS: QUOTAS DE VENDAS

Os padrões mais comuns utilizados para metas ou quotas de vendas para controlar o desempenho da força de vendas são: volume de vendas, despesas de vendas, cobrança, margem de contribuição, lucro líquido, retorno sobre investimentos e retorno sobre ativos imobilizados e, ainda, atividades específicas de vendas, como: número de visitas realizadas, número de clientes visitados, promoções de vendas efetuadas, novos clientes abertos etc.

A sua eficácia depende sobretudo da confiabilidade das informações de mercado, dos critérios utilizados e da habilidade para se estabelecer e administrar o sistema de quotas.

428 ADMINISTRAÇÃO DE VENDAS • COBRA

As quotas ou metas são, normalmente, estabelecidas a partir de informações de previsão de vendas, de estudos de mercado e potencial de vendas, bem como do orçamento de vendas e dos custos estimados. E, quando bem administradas, através de um perfeito conhecimento de mercado, constituem-se em instrumentos adequados de direção e controle do esforço de vendas.

No entanto, as quotas não devem ser utilizadas como fim. Quando são bem administradas, o valor delas, como instrumentos de controle, se perde. A validade da quota como instrumento de direção e controle do esforço de vendas dilui-se à medida que ela não é suficientemente flexível para acompanhar as mutações do meio ambiente, uma vez que dos objetivos da empresa decorre a definição das quotas e estas são frequentemente alteradas em função da relação empresa-meio ambiente.

Uma quota é, além de tudo, uma parte do trabalho de vendas da empresa. Ela é estabelecida como uma meta de *performance* para algumas unidades de vendas, num esforço em ajudar no planejamento, na organização, na direção e no controle e avaliação das atividades de vendas, bem como para incrementar a eficácia do Marketing da empresa.

A unidade para a qual a quota é estabelecida pode ser um produto, um vendedor, uma filial, uma região, um revendedor, um distribuidor ou um cliente.

A quota de vendas pode ser utilizada para estimular o trabalho do vendedor, mas nunca motivá-lo. A motivação é uma resposta aos estímulos recebidos.

O vendedor pode ser estimulado através da remuneração, das metas de um concurso de vendas ou mesmo através de uma atraente carreira na empresa.

22.3.2 CONTROLE BASEADO EM CUSTOS DE VENDAS

O custo percentual da equipe de vendas deve normalmente estar de acordo com valores preestabelecidos, com base na média de custo da empresa e também de mercado. Ou seja, quando uma equipe de vendas de uma empresa tem custos percentuais mais elevados do que os valores da concorrência, algo está errado e precisa ser rapidamente corrigido. A relação de custo de vendas é normalmente calculada pelas vendas realizadas em relação aos custos de locomoção, remuneração de vendas, entre outros que incidem sobre o trabalho do vendedor.

22.4 AS FERRAMENTAS DE CONTROLE DE VENDAS

Há diversas ferramentas que permitem uma correta avaliação do esforço de vendas realizado, tais como: índices de desempenho de vendas e outros indicadores relacionados ao mercado, à lucratividade ou à atividade do vendedor. A seguir, citamos alguns dos principais pontos relacionados ao controle de vendas para exemplificar a complexidade do tema.

Indicadores de desempenho de vendas

Dentre os indicadores que permitem avaliar e controlar os desempenhos em vendas, destacam-se os seguintes:

1. Capacidade do vendedor de obtenção de demanda para os seus produtos na sua região de vendas. Análise qualitativa e quantitativa, que avalia os resultado obtidos a nível quali e quantitativo.

2. Índice de vendas realizadas em relação ao potencial por território de vendas, que é a capacidade do vendedor de realizar o potencial de mercado de seu território de vendas.

3. Índice de vendas por tipo de cliente. Uma interessante anotação é o índice de vendas por tipo de cliente em função do número de visitas realizadas.

4. Índice de vendas por produto e por segmento de mercado. Para cada segmento de mercado é importante controlar as vendas realizadas por produto.

Competências de vendas por vendedor

Um dos fatores que propicia bons desempenhos em vendas é a competência do vendedor, sendo, portanto, de grande importância controlá-las. Esse é um dos desafios de todo gestor de vendas que pretenda ampliar os desempenhos de sua equipe, seja ele um supervisor ou gerente.

Dentre as competências que propiciam um melhor desempenho do vendedor, destacam-se:

1. Criatividade e flexibilidade. O vendedor, para ter um bom desempenho, precisa ser criativo e se possível flexível, para se adequar aos diversos desafios de sua atividade diária. Ou seja, muitas vezes o vendedor precisa "matar um leão todos os dias", e para isso ele necessita ser criativo, para inventar novas saídas, e ainda ser flexível para "driblar" as muitas armadilhas de vendas.

2. Capacidade de superar objeções de compra. Em tese um cliente "nunca quer comprar" e tenta fugir do vendedor alegando um sem-número de desculpas para retardar a decisão de compra. E para ajudar o cliente a comprar o vendedor precisa se colocar no lugar dele e ajudá-lo a superar as objeções sinceras e insinceras de compra.

3. Competência em negociação de vendas. A venda é uma arte em que cada qual, comprador e vendedor, procura ser o melhor esgrimista. Saber negociar não é apenas oferecer as melhores condições e superar as objeções do cliente. É, sobretudo, a difícil arte do convencimento, em que o vendedor deve sempre ver os interesses dos dois lados, sem no entanto se tornar um chato.

430 ADMINISTRAÇÃO DE VENDAS • COBRA

4. Competência na retenção de clientes. A venda é a arte de tornar um comprador eventual em um comprador frequente, ou seja, um cliente. Para evitar a perda de clientes o vendedor deve agir com persistência e bom atendimento, para que o cliente se torne leal – que procura comprar do vendedor, e se possível fiel – que só compra de um determinado vendedor.

5. Competência em ampliar sua clientela. Tão importante para o vendedor quanto manter clientes é conquistar novos clientes, ampliando a sua carteira de clientes. Essa é uma tarefa diária de todo e qualquer vendedor de sucesso.

22.5 O CONTROLE DE VENDAS: VENDEDORES E ADMINISTRAÇÃO DE VENDAS

Existem dois tipos de controle de vendas que são indispensáveis ao sucesso de uma empresa: o controle de vendedores e da administração de vendas.

O controle do desempenho de vendedores pode ser realizado da seguinte maneira:

1. Controle do desempenho do território de vendas.

   As estatísticas de vendas realizadas por território de vendas permitem uma confrontação entre os diversos territórios de vendas, identificando-se o melhor e o pior desempenho.

2. Paridade de vendas da equipe de vendas em relação ao potencial de mercado.

   Para cada região geográfica é possível se fazer um controle para identificar se as vendas realizadas atingiram ou não o potencial de mercado existente.

O controle do desempenho da administração de vendas pode ser realizado da seguinte maneira:

1. Controle do resultado do treinamento de vendas.

   Os resultados de vendas alcançados após o treinamento de vendas podem indicar se ele foi eficaz ou não.

2. Controle do custo da equipe de vendas.

   As vendas realizadas precisam ser monitoradas pelo custo incorrido. Ou seja, uma venda, para ser adequada, precisa ter um custo compatível com os valores médios praticados pela empresa e pela concorrência.

3. Controle do desempenho de vendas por cliente e por vendedor.

   O desempenho de vendas deve ser avaliado para cada cliente da carteira de cada vendedor. Se os valores de vendas estiverem abaixo da média da empresa, é sinal que o esforço de vendas deve ser melhorado. Ou seja, o vendedor precisa se esforçar para alcançar a média de vendas da empresa e se possível superar.

4. Controle do desempenho do sistema de remuneração da equipe de vendas.

Quanto custa o sistema de remuneração de vendas de uma empresa é algo importante de ser controlado. Há setores em que o custo da equipe de vendas é inferior a 3% das vendas realizadas. E há outros em que o custo é superior. Mas o que importa é que os resultados de vendas precisam estar sob custos de comercialização compatíveis com a média do mercado. Um sistema de remuneração pode ser ótimo para um setor de atividades ou mesmo para uma empresa e não adequado a outros setores ou mesmo empresas concorrentes.

5. Controle do grau de customização de clientes.

É importante controlar o grau de customização, ou seja, em valores percentuais, quantos compradores eventuais se tornam compradores frequentes.

SUMÁRIO

Quando a equipe de vendas é bem estruturada e os esforços de vendas devidamente alocados, há um pressuposto de que o desempenho é melhor. Ou seja, por meio de um controle de vendas bem construído se conseguem desempenhos ascendentes.

Mas nem sempre isso é verdade. Na medida em que os instrumentos de controle se apoiam na subjetividade do julgamento, a imprecisão dos resultados alcançados pode comprometer a eficácia do sistema adotado. Portanto, seja o método de controle adotado por resultados ou por comportamentos, é preciso atenção redobrada para evitar que a subjetividade comprometa o sistema de controle como um todo.

PALAVRAS-CHAVE

– Controle por resultados
– Controle por comportamento
– Trabalho árduo
– Trabalho inteligente

QUESTÕES

1. Qual é a importância do controle de vendas por resultado?

432 ADMINISTRAÇÃO DE VENDAS • COBRA

2. Quais são os cuidados que um controle de vendas por comportamento requer?

3. Quais são as principais diferenças entre o controle de vendas por resultado e por comportamento?

4. Em controle de vendas, o que significa trabalhar arduamente e trabalhar inteligentemente?

5. A seu ver, qual é o melhor tipo de controle de vendas? Justifique.

PONTOS DE AÇÃO

1. Estabelecer parâmetros de desempenhos de vendas: qualitativo e quantitativo.

2. Trabalhar inteligentemente o mercado.

3. Desenvolver o comprometimento emocional em vendas.

4. Analisar os desempenhos comportamentais individuais e de equipe de vendas.

BIBLIOGRAFIA

ADKINS, R. T. Evaluating and comparing salesmen's performance. *Industrial Marketing Management*, 8, p. 207-212, June 1979.

ANDERSON, E.; OLIVER, R. L. Perspectives on behavior-based versus outcome-based salesforce control systems. *Journal of Marketing*, v. 51, p. 76-88, Oct. 1987.

BABAKUS, E. et al. Investigating the relationships between sales management control, sales territory design, salesperson performance, and sales organization effectiveness. *International Journal of Research in Marketing*, v. 13, p. 345-363, 1996.

BASU, A. K.; LAL, R.; SRINIVASAN, V.; STAELIN, R. Salesforce compesation plans: an agency theoretic perspective. *Marketing Science*, v. 4, nº 4, p. 267-291, 1985.

BEHRMAN, D. N.; PERREAULT, W. D. Measuring the performance of industrial salesperson. *Journal of Business Research*, p. 355-370, Sept. 1982.

CHURCHIL, G. A.; FORD, N. M.; HARTLEY, S. W.; WALKER, O. C. The determinants of salesperson performance: a meta-analysis. *Journal of Marketing Research*, v. XXII, p. 103-118, May 1985.

COBRA, Marcos. *Controle de vendas*. São Paulo: Marcos Cobra Editora, 1996.

_____; CAMPOS, Marcelo. *Controle de vendas*. São Paulo: Cobra Editora, 2010.

COUGHLAN, A. B.; IVANCEVICH, J. M. BARS' Performance rating for sales force personnel. *Journal of Marketing*, v. 52, p. 87-95, July 1978.

CRAVENS, D. W. et al. Behavior-based and outcome-based salesforce control systems. *Journal of Marketing*, v. 57, p. 47-59, Oct. 1993.

CRAVENS, D. W. et al. The hallmarks of effective sales organizations. *Marketing Management*, p. 57-67, Winter 1992.

DARMON, R. Y.; ROUZIÉS, D. Optimal sales force compensation plans: an operational procedure. *Journal of the Operational Research Society*, v. 53, p. 447-456, 2002.

GRANT, K.; CRAVENS, D. W. Examining the antecedents of sales organization effectiveness: an Australian study. *European Journal of Marketing*, v. 33, p. 945-957, 1999.

JACKSON, D. W.; KEITH J. E.; SCHLACTER J. L. Evaluation of selling performance: a study of current practices. *Journal of Personal Selling & Sales Management*, p. 43-52, Nov. 1983.

MOYNAHAN, J. K. Salary plus comission, despite its drawbacks, is right for some situations. *Sales and Marketing Management*, 130, p. 106-108, Mar. 1983.

OLIVER, R. L.; ANDERSON, E. Behavior – and outcome-based control systems: evidence and consequences of pure-form and hybrid governance. *Journal of Personal Selling & Sales Management*, v. 15, nº 4, p. 1-15, Fall 1995.

PIERCY, N. F.; CRAVENS, D. W.; MORGAN, N. A. Relationships between sales management control, territory design, salesforce performance and sales organization effectiveness. *British Journal of Management*, v. 10, p. 95-111, 1999.

RYANS, A. B.; WEINBERG C. B. Territory sales response. *Journal of Marketing Research*, 16, p. 453-465, Nov. 1979.

SMYTH, R. C. Financial incentives for salesmen. *Harvard Business Review*, p. 109-117, Jan.-Feb. 1968.

SUJAN, H. Smarter versus harder: an exploratory attributional analysis of salespeoples's motivation. *Journal of Marketing*, v. 23, p. 41-49, Feb. 1986.

SUJAN, H.; WEITZ, B. A.; KUMAR, N. Learning, orientation, working smart, and effective selling. *Journal of Marketing*, v. 58, p. 39-52, July 1994.

WEITZ, B. A. Effectiveness in sales interactions: a contingency framework. *Journal of Marketing*, v. 45, p. 85-103, Winter 1981.

Formato	17 × 24 cm
Tipologia	Charter 10,5/13
Papel	Offset Sun Paper 75 g/m^2 (miolo)
	Supremo 250 g/m^2 (capa)
Número de páginas	456
Impressão	HR Gráfica